CHILE-MÉXICO
DOS TRANSICIONES
FRENTE A FRENTE

Carlos Elizondo y Luis Maira, eds.

CHILE-MÉXICO
DOS TRANSICIONES
FRENTE A FRENTE

CIDE

grijalbo

CHILE
PROCHILE
MINISTERIO DE
RELACIONES EXTERIORES

CHILE-MÉXICO
Dos transiciones frente a frente

© 2000, Carlos Elizondo y Luis Maira

D. R. © 2000 por EDITORIAL GRIJALBO, S. A. de C. V.
    (Grijalbo Mondadori)
    Av. Homero núm. 544,
    Col. Chapultepec Morales. C. P. 11570
    Miguel Hidalgo. México, D. F.
    www.grijalbo.com.mx

D. R. © 2000 por PROCHILE
    Andrés Bello núm. 18
    Col. Polanco, C. P. 11560
    Miguel Hidalgo. México, D. F.

D. R. © 2000 por Centro de Investigaciones y Docencia Económicas (CIDE)
    Carretera México-Toluca núm. 3655
    Col. Lomas de Santa Fe, C. P. 01210
    Álvaro Obregòn, México, D. F.

ISBN 970-05-1267-3

IMPRESO EN MÉXICO

Índice

Presentación

Las elecciones presidenciales del 2 de julio de 2000 colocaron a México en el centro de la atención internacional como el primer gran cambio político del nuevo siglo. Luego de más de setenta años de vigencia de un régimen político de contornos semiautoritarios, heredero de la primera revolución social del siglo XX, y ajeno de sus orígenes a la lógica democrático-liberal, con un singular partido dominante y fuertes poderes presidenciales, la gradual reforma política que el país había emprendido en la última década culminó en la alternancia del poder, dato clave para la credibilidad externa e interna de los cambios mexicanos.

De esta manera, el mayor país de habla española en el mundo, avanza de lleno a una dinámica de transformaciones políticas que, como todos estos procesos conllevará importantes modificaciones económicas y productivas, cambios culturales y ajustes en su inserción internacional. México llega a esta nueva etapa en condiciones relativamente favorables dada la credibilidad de los organismos encargados de organizar y vigilar los procesos electorales, lo institucional del cambio de poderes, el crecimiento reciente de la economía y un ordenamiento de los indicadores macroeconómicos que no proyectan tendencias preocupantes en el futuro.

En el otro extremo de América Latina, Chile encarna, desde finales de la década de los 80, una experiencia nacional igualmente relevante de superación de un régimen que allí fue abiertamente autoritario, lo que obligó a un esfuerzo profundo de reconstrucción de las instituciones políticas y de acomodo de las estrategias de desarrollo y de la reinserción del país en el orden global.

En una época como la actual, en que cobran creciente importancia los ejercicios de política comparativa, es difícil encontrar en la región latinoamericana dos casos más interesantes y diferentes de rápido cambio político que el mexicano y el chileno. La pertinencia del libro *Chile y México: dos transiciones frente a frente* es que viene a llenar, no sólo la falta de trabajos comparativos de estas experiencias, sino que, hasta donde llegan nuestras noticias, constituye un primer intento de mirar, en sus distintos ángulos y perspectivas, dos casos de transición a la democracia, de los muchos que han tenido lugar en las últimas décadas. Se trata, además, de dos países con una estrecha relación en los años recientes y con un Tratado de Libre Comercio que ha reforzado los vínculos económicos muy por arriba de lo esperable, dada la distancia geográfica que los separa.

Este ejercicio plantea de entrada una importante cuestión conceptual: ¿es el mexicano un caso que se pueda caracterizar como una transición en un sentido estricto?

La idea básica de la transición es la de un proceso —relativamente corto en el tiempo— en que se produce el cambio de un régimen político autoritario a uno democrático en condiciones de negociación y consenso con quienes se retiran de la dirección del país. Hasta ahora, los procesos de transición han supuesto la superación de dictaduras debilitadas por la movilización social o por las iniciativas políticas de sus opositores democráticos, que se ven forzadas a emprender un retiro ordenado del poder, generando una situación temporal de doble autoridad en donde esto ocurre, la que a su vez debe resolverse a favor del nuevo gobierno democrático que se instala, hasta darle a éste el pleno ejercicio de las competencias y atribuciones de la conducción estatal.

Este doble rasgo de un régimen autoritario como antecedente inmediato y de un mecanismo de "poder dual", temporal y pactado, distingue a las transiciones de otras modalidades de conclusión de una dictadura. En el año 1979, por ejemplo, se vivió el impactante término de dos regímenes de fuerza. la Nicaragua de Anastasio Somoza hijo, en América Central, y el Irán del Shah Mohamed Reza Palevi, en Medio Oriente. En ninguno de estos dos casos lo que siguió fue un proceso de transición. La caída abrumadora del viejo régimen dio lugar simplemente a un proceso de cambio político, una vez que los sandinistas y los partidarios del Ayatola Jomeini, tomaron el poder, pero esto no tuvo los equilibrios ni las características graduales de una transición.

10

En el caso mexicano, diversos factores hacen difícil conceptualizarlo como una transición. En primer lugar, el sistema político mexicano, especialmente después de los cambios que experimentó a contar de la reforma electoral impulsada por el Secretario de Gobernación Jesús Reyes Heroles, en la segunda mitad de los años 70, ofreció oportunidades de participación y representación a un número creciente de partidos políticos. A partir de allí, México fue construyendo una red cada vez más dinámica de organizaciones sociales independientes y abrió paso a un ejercicio plural de la libertad de prensa que acabó de madurar en los años 90, dando al quehacer de los medios de comunicación una amplia posibilidad de presentar sus propios puntos de vista al informar. Sí hubo una transición mexicana, la fecha de su inicio es materia de amplio debate. Para algunos comenzó con el jaque que el movimiento estudiantil de 1968 puso al régimen encabezado por el PRI. Otros creen que partió con la reforma política del Presidente José López Portillo en 1977. No pocos la hacen arrancar de la reñida contienda presidencial de 1988, entre Cuauhtémoc Cárdenas y Carlos Salinas de Gortari. Finalmente, hay quienes creen que el término del antiguo orden sólo se hizo posible luego de las elecciones de julio de 1997 en que el partido oficial perdió el control de la mayoría de la Cámara de Diputados y el gobierno de la Ciudad de México.

Como quiera que sea, en México el cambio político gradual ya ha recorrido una importante trayectoria y origina un contexto histórico bastante distinto al que se planteó luego de la muerte de Franco en España, tras la derrota de las Fuerzas Armadas argentinas en la Guerra de las Malvinas o luego de que Augusto Pinochet perdiera el plebiscito de 1988 en Chile. En todos esos casos hubo casi hasta al final una dictadura de verdad y se puede situar exactamente el principio del cambio del régimen político.

A pesar de ello, asumiremos para la situación mexicana la condición de una transición política sui generis, que por sus propios elementos originales hace más interesante el ejercicio de comparación con una situación como la de Chile, en que se pasó de una dictadura militar con ideología de Seguridad Nacional a la reedificación de un orden político democrático. El enorme interés internacional que rodea a ambos procesos políticos es un factor mas para no utilizar en esta ocasión con demasiado rigor la noción de transición referida a los acontecimientos mexicanos.

11

Al abordar la comparación de los procesos políticos de México y Chile abarcaremos seis campos, cuyo contenido en breve es el siguiente:

1. *El marco histórico.* Interesa aquí recapitular los grandes lineamientos del acontecer histórico de ambos países a lo largo del siglo XX. Esto incluye una descripción de las grandes fuerzas políticas y sus proyectos, de los rasgos constitutivos del pensamiento político y los proyectos nacionales que fueron originando, la continuidad y quiebre de sus diversos momentos históricos, con particular énfasis en la situación que antecede al inicio de las experiencias de apertura política. Parafraseando la referencia que hiciera George Kennan en su libro *Al final del siglo XX,* de lo que se trata es de subrayar "las grandes cordilleras y alturas que dan forma al proceso histórico" tanto mexicano como chileno.

2. *Los procesos políticos de la transición a la democracia.* En esta sección se trata de caracterizar las singularidades de la transición vivida en los dos países, los actores políticos y sociales que las desencadenan, los pactos y entendimientos políticos que les sirven de guía, la construcción de nuevos ordenamientos jurídico institucionales, así como las agendas mismas de estas y los obstáculos que limitan su cumplimiento.

3. *Modelos económicos y estrategias de desarrollo.* La parte inicial de este segmento apunta a examinar las condiciones que enfrentan las economías de ambos países al iniciarse esta etapa de cambio político, las acciones que han hecho posible las reformas, así como las propuestas hechas por los formuladores de las políticas económicas con miras a compatibilizar los avances y el crecimiento de la economía con los logros políticos o sociales que se buscaba afianzar. Un segmento particular de interés será hacer un recuento de la inserción económica internacional de ambos países en la economía global, de los tratados y otros instrumentos jurídicos que han buscado favorecer este objetivo, así como las restricciones al crecimiento que hoy enfrentan.

4. *Políticas exteriores e inserción internacional.* Este apartado intenta explicar la visión del sistema internacional que anima a los actores políticos que conducen las transiciones, las oportunidades y límites que encuentran los países al iniciarlas frente a los demás gobiernos y entidades constitutivas de la comunidad internacional. Aquí interesa explorar la mayor legitimidad internacional

lograda por los gobiernos democráticos, la ampliación de sus márgenes de acción para construir nuevas alianzas y el papel que desempeñan en el reforzamiento de los procesos de integración y cooperación internacional, tanto regionales como globales.

5. *Los espacios y el impacto de la cultura*. Vivir y actuar con eficacia frente al complejo fenómeno de la globalización supone un reforzamiento de las raíces, identidades y culturas nacionales. México y Chile son dos países que tienen una cultura particularmente fuerte dentro de América Latina. De este ámbito se desprenden valores, consensos y héroes simbólicos que han tenido y tendrán una fuerte influencia en sus procesos políticos. Todos los grandes cambios democráticos, y estos casos confirman la regla, han tenido además a los creadores culturales como protagonistas determinantes en la preparación y, más tarde, en el examen crítico de las trayectorias políticas y los avances a la democracia.

6. *Perspectivas*. Para concluir el volumen los editores harán un breve examen de las perspectivas que México y Chile enfrentan hacia delante en función de los análisis realizados a lo largo de los diversos artículos del libro. Un punto de especial interés será ordenar los mayores desafíos que es preciso encarar para consolidar la convivencia política en México y Chile.

Para abordar esta extensa agenda hemos contado con un grupo de autores que han desempeñado una función de primera línea en el quehacer reciente de los dos países. Normalmente se trata de personas que combinan una valiosa experiencia en la vida académica con una importante actividad política y que han sido testigos o actores de primera fila de los acontecimientos analizados. El resultado es una colección de ensayos frescos que, sin renunciar a la rigurosidad propia del examen académico, nos permite disponer de las lecciones y aprendizajes que derivan del protagonismo de los actores.

Todo lo anterior nos entrega la certeza de que este libro será de utilidad para todos los que se interesan por el futuro de la democracia y el progreso económico y social en la región latinoamericana.

CARLOS ELIZONDO
LUIS MAIRA

PRIMERA PARTE

EL MARCO HISTÓRICO

Una mirada al siglo XX mexicano

Eugenia Meyer*

En un esfuerzo significativo por reescribir la historia universal, Eric Hobsbawm insistía recientemente en que la del siglo XX planteó un problema que concierne a todos. Ahora, dice, la gran diferencia es que estamos trabajando en una época que no podemos observar, analizar e interpretar desde fuera, con la ventaja del tiempo y la distancia. Nos enfrentamos a la dualidad de ser a la vez tanto protagonistas como historiadores, por lo que tenemos que considerar y explicar históricamente diversas prácticas culturales, modos de pensar y de crear, lo mismo que entender a los actores sociales, sus estructuras históricas y sus experiencias cotidianas.

Construir las historias de ese siglo que ha terminado exigió transitar con cautela por diversos caminos. En primer lugar, debimos reconocer la gran diferencia entre descripción y explicación, y considerar que la orientación narrativa de la historia suele poner en riesgo el discurso histórico. Asimismo, ser muy autocríticos frente a la hiperespecialización, que amenaza con llevarnos a una muy endeble cultura histórica;

* Doctora en Historia por la Universidad Nacional Autónoma de México. Es miembro del Sistema Nacional de Investigadores del Conacyt y de la Academia Mexicana de Ciencias Sociales. Ha sido directora general del Instituto Doctor José María Luis Mora. En el INAH ha desempañado varios cargos, entre ellos destaca su participación como investigadora, coordinadora del Programa de Historia Oral y jefa del Departamento de Estudios Contemporáneos. También ha sido directora general del Publicaciones de Conaculta. Ha recibido la beca Guggenheim y, por mandato presidencial, actualmente es consejera vitalicia de la Crónica de la Ciudad de México.

un buen ejemplo de esta circunstancia es la historia regional o local que en ocasiones, de tanto centrar la atención en los "árboles", se olvida de mirar el bosque; además, es necesario reconsiderar a los sujetos, a los individuos, a la historia biográfica, pero sin olvidar los acontecimientos. Como historiadores habremos de privilegiar el espíritu científico sobre el literario, a fin de recuperar la dimensión global, la capacidad para integrar otras realidades históricas cuyos ritmos corran con mayor lentitud y rechacen la tentación de narrar lo frívolo, superficial, anecdótico o intrascendente.

Quizá también haya que aceptar como útil la interdisciplina, el tratamiento de nuevos temas y la identificación de los problemas contemporáneos como parte de los viejos procesos. Se debe reconocer que es preciso pensar en historias que resulten interesantes y constituyan un reto para las escritas tradicionalmente: regionales, micros o nacionales o totales. Historias, al fin, que integren lo social, lo económico, lo político, lo cotidiano; que vayan más allá de una visión aislada y que planteen una historia comparativa. Hay que pensar en una historia de vencidos más que de vencedores, en una historia "revisionista", en el sentido filosófico, que permita escuchar muchas voces en una visión múltiple y plural.

Habrá que romper esquemas y abandonar visiones subordinadas a conceptos y parámetros occidentales, eurocéntricos, que suelen olvidar el ámbito propiamente americano. En el caso de México, y su inexorable frontera con el país más poderoso del mundo, ello significa una llamada de atención y una condición de alerta permanente.

Frente a las alternativas que hoy se nos plantean como historiadores, cabe la pregunta: ¿es cierto que la historia ha llegado a su fin, como sentenció Francis Fukuyama, de acuerdo con los intereses del imperio, o estamos frente a los caminos para empezar una nueva aventura por vías desconocidas?

La esencia del problema está en saber cómo los historiadores contemporáneos se relacionan con su tiempo y realidad, cómo participan y hasta qué punto se comprometen. Por último, aunque no sea lo menos importante, se asume la necesidad de hacer inteligible el pasado y recuperar la función crítica que da sentido a la historia.

Vayamos pues a lo concreto: ¿qué tanto sabemos del siglo XX? Conforme nos acercamos a los tiempos recientes, nuestras fuentes se complican porque, además de ser periódicos, ensayos, editoriales, encuestas, publicaciones oficiales y otras generadas por organismos no gubernamentales, son también recursos audiovisuales e informática virtual. De hecho, somos observadores participativos, como se describían a sí mismos los antropólogos al realizar su trabajo de campo: al tiempo que cumplimos con el papel de protagonistas, somos historiadores que observamos, analizamos e interpretamos los procesos.

Tal vez el siglo XX, como ningún otro, revistió un dramatismo a flor de piel, con una enorme cantidad de datos y fechas que en esa centuria de las comunicaciones, de lo que Castells llama Estados-red, resultan conocidos cuando, además, nos convirtieron en espectadores pasivos de espectáculos sorprendentes: la Guerra del Desierto, la ocupación armada de la Embajada japonesa en Perú que, como clásica película *hollywoodesca*, concluyó con la entrada triunfal y la arenga del presidente Fujimori. ¿Negaremos el papel de testigos y sobrevivientes de estos "encuadres" subjetivos de la realidad?

Así las cosas, nuestro quehacer no ha de ser otro que el de recordar lo que algunos parecen no percibir o prefieren olvidar, consciente o inconscientemente, así como entender por qué ocurren los sucesos y por qué se vinculan unos con otros. De hecho, lo que nos ayuda a entender los procesos no son las conexiones pasionales, sino la experiencia histórica que les ha dado forma. Finalmente, ¿habremos de asentir de acuerdo con la máxima según la cual "comprender es perdonar"? De lo que se trata siempre es de no olvidar, para evitar la repetición del horror.

¿Cómo vivimos la historia en México? Para nosotros, sin duda, el pasado es indestructible: las ciudades, los pueblos, las calles, la nomenclatura en todos los ámbitos de la República, las plazas públicas, nos recuerdan permanentemente el pasado y se convierten en hitos de nuestra vida pública y privada. Muchos nos sentimos tentados a opinar, a escribir o a pensar históricamente. Dos ejemplos dan cuenta de esta situación: durante el gobierno de Carlos Salinas de Gortari se decidió reescribir la historia de México que se enseñaría en la educación básica; esto es, se pretendió una suerte de revisionismo histórico en los libros de texto gratuitos y obligatorios. El resultado fue caótico: hubo una serie de protestas de los maestros, padres de familia, sindicatos y miembros de la sociedad civil, ante las fallas de esos documentos en fechas, omisiones, interpretaciones incorrectas y sobre todo por temas soslayados. Ante la avalancha de cuestionamientos y presiones, el régimen se vio obligado a retirar dichos libros de texto. El análisis de esta situación específica nos lleva a reconocer el significado esencial de la historia en la cotidianidad de los mexicanos. La intención de Salinas de Gortari de reescribir la historia, cambiar su rumbo, para insertarse primero en ella, de acuerdo con su muy personal concepto de la nación, y luego trazar el camino hacia una probable modificación constitucional que le permitiese reelegirse terminó en un fracaso absoluto.

Otro ejemplo: hace más de un año algunos presidentes municipales y gobernadores del Partido Acción Nacional esbozaron la posibilidad de cambiar los nombres de las calles que por tradición han honrado a los hombres de la Reforma, empezando por Benito Juárez. La reacción de la gente constituyó un escándalo de dimensiones considerables, mismo que influyó hasta en la elección del Congreso. Intelectuales y políticos, así como ciudadanos comunes, se lanzaron al contraataque.

Estos hechos recientes, tomados al azar, prueban que los mexicanos somos un pueblo con profunda identidad histórica, con celo por nuestro pasado, por encontrar raíces y sentido de pertenencia. Y por esa conciencia colectiva es riesgoso plantearse la historia del siglo XX como un desafío sensacional para los historiadores comprometidos con su tiempo.

Aquí se trata no de ideologías *per se*, de credos o de bandos, sino de ver la historia mexicana en su contexto, al igual que en su integración a la historia universal. De hecho, el meollo del asunto está en cómo los historiadores participan en la historia, de acuerdo con su orientación política y su compromiso profesional. En consecuencia, no es casual que la historia reciente de México, de la década de 1950 a la fecha, la hayan escrito otros científicos sociales y no los historiadores, sean nacionales o extranjeros. Entonces, el asunto es hacia dónde y cómo orientar esta nueva historia, cargada de problemas tradicionales y convencionales como datos, nombres, lo mismo que de orientaciones política, biográfica, elitista, íntimamente relacionada con el poder y con las instituciones, que subsidian y promueven una historia oficial o, más claramente, una historia "conveniente".

El siglo XX mexicano empezó de hecho en el esplendor del porfiriato, durante la década de 1890. El proyecto de modernidad rige la vida nacional y resulta clara la ambición de alcanzar el progreso por la vía pacífica, luego de más de 100 años de luchas intestinas y mutilaciones territoriales, así como de interferencias extranjeras. El siglo XIX mexicano fue capitalista en su economía, liberal en su estructura, legalista y constitucionalista. Buscamos sin descanso un modelo propio; para lograrlo, copiamos o imitamos lo que nos parecía adecuado, ya fuese el federalismo estadounidense o el liberalismo francés.

La lucha de los positivistas por la modernidad empezó alrededor de 1890, con una serie de congresos educativos y, dos años más tarde, con el Manifiesto de la Unión Liberal Nacional, obra del gran intelectual Justo Sierra, el cual estableció que las clases ilustradas deberían promover leyes e instituciones que alentaran la industria, el comercio y las artes. Reconocían que el pueblo necesitaba la guía de un grupo que pudiese encaminar al país hacia el progreso. En consecuencia, los positivistas, enarbolando las banderas de la libertad y la democracia, fortalecieron el mito del liberalismo mexicano, se olvidaron de la utopía de la democracia y, al mismo tiempo, se comprometieron con la panacea de la modernidad y la tecnocracia. Poco a poco hemos comenzado a dar vuelta a la página al respecto.

Hasta hace apenas unas décadas era un requerimiento permanente satanizar el largo gobierno de Porfirio Díaz. Había que condenar la dictadura, con el fin de explicar la Revolución; sin embargo, si somos congruentes y pensamos históricamente, habremos de reconocer que los logros de los liberales —que más tarde devendrían porfiristas— gestaron la lucha revolucionaria. Así, aunque tarde, los mexicanos adquirimos carta de naturalización cuando, como bien decía Octavio Paz, nos "atrevimos a ser". La intención de definir el ser del mexicano y lo mexicano determinó la vida nacional durante todo el siglo xx.

Si el maniqueísmo histórico ha cedido su lugar a una visión más madura y menos pasional del porfiriato, aspiramos a que suceda otro tanto con el gran tema mexicano del siglo pasado: la Revolución. Si bien tal gesta es significativa, por constituirse como la primera gran revolución social, democrática, burguesa y fundamentalmente agraria y campesina de esa centuria, no podemos asumir, pese al discurso oficial y oficialista, que la historia de esos 100 años sea sólo la de la Revolución Mexicana. La concebimos como un capítulo conmovedor del siglo xx que, frente a movimientos populares como las malogradas revoluciones socialistas, la recomposición de los poderíos, la amenaza de las balcanizaciones en que se invocaban principios nacionalistas y la consolidación de una sola hegemonía, la estadounidense, lleva a vislumbrar en el año 2000 un mundo inmerso en el neoliberalismo. El cambio histórico parece inevitable, pero con el predominio del modelo capitalista se presenta y se anuncia en una forma que no imaginábamos. Por ende, el imperativo de un solo modelo de vida elimina la confrontación dialéctica entre proyectos, prototipos e intereses, a la vez que nos hace olvidar la búsqueda de la justicia social. A pesar de todo, ello no significa el fin de la historia.

Baste recordar que, para la década de 1940, se definía a la Revolución como un "hecho histórico". En efecto, como sentenció Jesús Silva Herzog en 1949, el proceso pertenecía ya al ámbito del pasado analizable e interpretable, pero no explotable. Otros antes que él, como Luis Cabrera, el ideólogo revolucionario por excelencia, al inicio de la década de 1930 había definido la revolución y a los revolucionarios "de entonces". Estos últimos, en una u otra facciones, habían participado en la lucha armada: constitucionalistas, villistas o zapatistas, y "de ahora", quienes a partir de la reconstrucción, tras la muerte de Venustiano Carranza, enarbolaron la cómoda y conveniente bandera de los vencedores, en el apogeo del caudillismo, para planear el nuevo Estado mexicano, presidencialista, institucionalizado y corporativista, y ostentarse como los herederos del movimiento.

No en balde en 1929, Plutarco Elías Calles, el creador de instituciones, recuperó la demanda generalizada de estabilidad y progreso, casi a la manera del porfiriato, con aquella consigna de "orden y progreso"; convocó a los diferentes grupos políticos y partidos electoreros en turno y, con agudeza y agilidad sin iguales, procedió a crear el Partido Nacional Revolucionario, convertido durante el cardenismo en Partido de la Revolución Mexicana que en 1946 se transformara en Partido Revolucionario Institucional. Es decir, casi paradójicamente y contraviniendo su principio de ruptura, la Revolución se institucionalizaba y así, con comodidad, la fracción en el poder se adueñaba del proceso, de su historia, a la vez que se legitimaba.

En la década de 1960, luego del sobresalto por la declaración del carácter socialista de la revolución cubana, la atención brindada al proceso mexicano fue mayor. Los estudios y centros académicos ocupados en nosotros crecieron notoriamente. Casi de inmediato ocurrió un fenómeno interno muy particular: los estudiosos de la Revolución, científicos sociales, empezaron a evaluarla con un punto de vista diferente. Es claro que los historiadores no llevaron a cabo esa tarea; por el contrario, quedamos a la zaga, nos despojaron o nos arrebataron la estafeta de los estudios sobre el desarrollo de la gran guerra civil. Múltiples explicaciones obligan a concluir que si bien nos ocupamos del México prehispánico, de la Conquista, la Colonia, la Independencia e, incluso del siglo XIX, con sus experiencias federalista y centralista, así como de los tropiezos de la Reforma hasta el porfiriato, tratábamos de evitar el compromiso para no romper lanzas por nada y asumir una posición responsable con el presente.

La Revolución ha sido recurso histórico inspirador de muchos movimientos y muchas acciones cimarronas y clandestinas. Baste mencionar, por su notoriedad en el fin del siglo XX mexicano, sus implicaciones y contundentes demandas, al Ejército Zapatista de Liberación Nacional, que se pronuncia por recuperar el nombre del líder campesino. Y así, hoy —cuando cada vez se hace menos referencia, por ejemplo, a Lenin—, Zapata y Villa son, a todas luces, figuras legítimas de nuestra historia.[1]

Sin duda, la Revolución está en deuda permanente con el pueblo. Sus demandas y reivindicaciones no se cumplieron y, sin embargo, los mexicanos se niegan a abandonarla como símbolo; nuestro pueblo insiste en resignificar los viejos emblemas. De hecho, los estudiosos de la historia y los académicos en general han sido incapaces de impedir que los políticos se apropien del discurso revolucionario para manipularlo en su beneficio. La Revolución inspiró proyectos buenos y malos. Probablemente los resultados no nos satisfagan si se considera el grado de miseria y analfabetismo del pueblo mexicano. Pobreza y hambre, discriminación, explotación, abandono y abuso son factores presentes de cara al nuevo milenio.

Luego de los cruentos años de lucha civil, la llegada de Álvaro Obregón a la Presidencia marcó un hito en la historia del México posrevolucionario. Sin duda, era el más significativo representante de una generación distinta, surgido de las clases medias, sin vínculo con el viejo orden. Militar con glorias y popularidad fue, de hecho, el gran triunfador y mediador que, tras alcanzar el más alto estrato durante la guerra civil, sería el único que llegaría a la primera magistratura. Por ende, resultó la figura central de un nuevo estilo de ese sector de pequeños propietarios que se habían elevado al nivel más alto y cuya preocupación sustantiva consistía en alcanzar el equilibrio entre las demandas populares y su poder personal.

El fin esencial alrededor del cual gira toda la acción del caudillo-presidente era dar sentido y rumbo a la conciliación de clases y a los diversos grupos de la sociedad mexicana surgida de la Revolución. Se

[1] Tampoco es casual que varias generaciones de mexicanos tomaran el nombre de Emiliano como símbolo de su filiación o su simpatía, como el caso de Carlos Salinas de Gortari y Ernesto Zedillo, que tienen sendos hijos Emilianos.

trataba entonces de iniciar el proceso de reconstrucción, a partir de los lineamientos de un nuevo código político, bajo la égida del Estado benefactor y protector de los desposeídos o desclasados, concebido como responsable y supremo juez de los derechos de las clases propietarias. El gran reto del gobierno obregonista sería convertir a los grupos de campesinos y de trabajadores en organizaciones de masas que formasen parte del aparato estatal, controladas por los mecanismos de intermediación y patronazgo.

Es también el tiempo de las grandes transformaciones en la vida cotidiana. El orden había sido trastocado por la lucha civil, por los ires y venires de ejércitos, mandos y gobiernos, por lo que resultaba imperativo replantear los quehaceres social, cultural y educativo. Las nuevas circunstancias exigían también un proyecto de nación en el que la educación dejara de ser privilegio de ciertos sectores, en un país donde se registraban cifras aterradoras de analfabetismo, marginación e incluso de desconocimiento de una lengua nacional que nos identificara.

Se trataba de encontrar la unidad sin dejar de reconocer y respetar la pluralidad étnico-cultural. Así, se definió y reglamentó una educación primaria libre, gratuita, obligatoria y laica, y en 1921 se creó la Secretaría de Educación Pública, con jurisdicción nacional. José Vasconcelos, hasta entonces rector de la Universidad Nacional de México, encabezó y estructuró un proyecto caracterizado por un vínculo compacto entre los intelectuales y los gobernantes, tendiente a crear fórmulas que permitieran desarrollar un programa integral de educación y cultura nacionales, así como una enseñanza elemental igualitaria, sin soslayar las diferencias lingüísticas y sociales.

Se reconocía igualmente la rectoría del Estado en cuanto a las formas e instrumentos para alcanzar las metas propuestas. Autoridades y maestros aportaron esfuerzos y talentos para la campaña alfabetizadora. Se multiplicaron las misiones educativas y se entregaron los muros de edificios públicos a los artistas plásticos con objeto de que expresaran en ellos su versión de la historia nacional e hicieran surgir así uno de los más grandes movimientos pictóricos del siglo XX: el muralismo mexicano.

Vasconcelos insistió en acercar la cultura al pueblo; por ello, fomentó toda clase de expresiones artísticas y emprendió una singular tarea editorial. Con esta última se proponía responder a la necesidad de enseñar a leer y escribir al pueblo, de proporcionarle lecturas y de poner a su alcance las obras cumbre de la literatura universal, especialmente, de la latinoamericana. Insistía en "inundar el país de libros", repartiéndolos de modo gratuito en bibliotecas, escuelas, universidades de los estados, locales sindicales, sociedades obreras y hasta pulquerías. Como fuese posible, a "lomo de mula", en ferrocarriles y barcos o, en fin, de mano en mano, los libros deberían llegar a todos.

Fueron años de gran actividad de los creadores e intelectuales. Entonces llegó a México, allá por 1922, Gabriela Mistral, quien de inmediato se sumó a la aventura educativa de Vasconcelos y cuya contribución resultó fundamental en las ediciones de literatura para niños que caracterizaron la etapa a la que nos referimos.

Esta nueva concepción educativa, profundamente liberal e igualitaria, generó con el tiempo un distanciamiento con los católicos y el clero. Ya la Constitución de 1917 había vuelto a poner de relieve las ideas del liberalismo decimonónico que frenaron la influencia e injerencia de la Iglesia en los asuntos del Estado. Muy pronto los católicos, azuzados por el clero, empezaron a expresar su insatisfacción y a incurrir en actos de provocación y enfrentamiento con el gobierno. Éste habría de insistir en la legalidad constitucional de un Estado laico que no toleraría presión alguna. Los primeros incidentes y rupturas anunciaban tiempos aciagos, mismos que desembocarían en la rebelión cristera, entendida como el epílogo de la Reforma mexicana, durante el gobierno de Plutarco Elías Calles, quien en 1924 tomaba las riendas de una nación empeñada en un largo, difícil y doloroso proceso de reconstrucción. Aunque carecía de los atributos de la figura carismática de Obregón, y los méritos militares de éste, habría de distinguirse como político fundamental del siglo XX.

Calles es el hombre fuerte de la década de 1920 y su liderazgo fue sin duda el más innovador de la política mexicana, pues consolida el sistema personalista y autoritario. La definición del poder tanto local como regional y nacional caracteriza este periodo, en un escenario convulsionado por la depresión de 1929 y el proceso que se enfila hacia la recuperación económica alrededor de 1933.

Los cambios experimentados por el país desde los albores de la lucha armada revelaban el poder absoluto del Estado, que había sometido por entero a la sociedad. La mayoría de los campesinos y los obreros habían logrado mejorar las precarias condiciones en que se hallaban cuando arribaron a la gesta; las clases medias crecían en número y en influencia; pese a los altibajos mundiales, los empresarios progresaban, aunque no se sentían vinculados con los hombres del poder. Todo ello patentizaba la fuerza, pero no la legitimidad del nuevo Estado. Era preciso lograr la institucionalización del gobierno, es decir, acabar de construir el moderno Estado mexicano.

Éstos fueron años de grandes sucesos en el contexto mundial: la crisis de 1929 y el reacomodo de fuerzas en Europa, luego del triunfo de la revolución bolchevique. En ese lapso se observa también el peligro del fascismo y se asigna en México un valor esencial a los principios de democracia y libre albedrío, así como al de soberanía nacional. Nuestro país recobró su buena fama en el campo de las relaciones internacionales, de acuerdo con lo que ya había planteado Carranza, quien esgrimió una doctrina que ponía alto al abuso del extranjerismo tan padecido por los mexicanos, al defender y fortalecer la autodeterminación y la soberanía y, por consecuencia, al nacionalismo como sentido de identidad y pertenencia. Todo ello fue fruto de la amarga experiencia mexicana como nación empeñada en ser independiente y de la consagración de principios de derecho internacional que todos los países sostenían, como la no intervención en asuntos internos y la facultad de todas las naciones de preservar su soberanía y autodeterminación.

Surgió así la Doctrina Estrada, que defendía la capacidad de cada Estado para gobernarse a sí mismo. De hecho, se reafirmaba la posición de México frente a la permanente amenaza del intervencionismo estadounidense. Años después, sin embargo, veríamos otras formas de presión en las maniobras de Washington para participar en la vida de los pueblos latinoamericanos; caso concreto al respecto fue sin duda el papel reprobable que desempeñaron durante el golpe militar que derrocó al gobierno legalmente constituido de Salvador Allende. Más aún, es evidente la forma unilateral y prepotente que han impuesto para certificar y otorgar "cartas de buena conducta" a los países de nuestra América, sin considerar que ellos ocupan el primer lugar en el mundo en consumo de drogas.

Etapa singular y por demás paradigmática es el cardenismo, entendido como la reconquista de la Revolución. Entre 1935 y 1938 se concreta el Estado corporativo y se impulsa la reforma agraria en ciertas zonas del país, como en el territorio yaqui de Sonora y los ejidos colectivos de La Laguna y Yucatán. Era tiempo de aglutinar a los campesinos y a los obreros, aunque no juntos, en una sola y peligrosa fuerza. Así, con el lema inicial de "Por una sociedad sin clases", se integra en 1936 la Confederación de Trabajadores de México y dos años después la Confederación Nacional Campesina, cuyo lema era éste: "Campesinos de América, uníos".

De cierta manera, los asuntos campesino y obrero, así como el nacionalismo, desentonaban con el acontecer mundial, donde reinaban condiciones políticas internacionales candentes, como preámbulo de una ruptura con el orden económico heredado del siglo XIX. Lo mismo ocurría con la llamada educación socialista y el apoyo incondicional brindado a los maestros, a quienes Lázaro Cárdenas consideró sus más importantes aliados. Este último gobernante insistió siempre en que la educación debería servir como instrumento de cambio social y para colocar las necesidades sociales por encima de las individuales. Se trataba de expresar que, en un sistema no explotador, habría una verdadera libertad dentro de un contexto social igualmente libre; se trataba de hacer llegar la educación a todo el país, a todos los sectores. Con la reforma educativa resurgió el optimismo característico de la etapa vasconcelista, aunque al mismo tiempo se agudizó la oposición religiosa.

En 1938, México llevó a cabo la nacionalización de la industria petrolera, reafirmando con determinación el derecho patrimonial de la nación sobre las riquezas del subsuelo y retando a los grandes emporios extranjeros. También reconoció y apoyó a la República española cuando ésta fue derrotada, con lo cual se generó el fenómeno del exilio español.

A partir de 1940, el país se aprestó a vivir bajo el impulso constante de una modernización de todo tipo, en los órdenes industrial, administrativo, económico y hasta en el político. Durante la siguiente década se trató de elevar a México a un nivel de desarrollo comparable con el de los demás países y también de generar la conciencia de que modernidad era sinónimo de bienestar social. Sin embargo, la realidad habría de probar que, al asignar prioridad a determinado modelo de desarrollo económico, se relegaban los intereses de las mayorías.

Se optó por una estrategia de industrialización conocida como de "sustitución de importaciones", la cual pudo materializarse gracias a que Estados Unidos, nuestro principal proveedor de manufacturas, durante la Segunda Guerra Mundial estaba inmerso en la producción bélica. Esta coyuntura permitió también acelerar la agricultura mexicana, a fin de convertir al país en proveedor principal de productos agrícolas y materias primas. Junto a ello habría que señalar el crecimiento significativo de la emigración de los "braceros" para trabajar en la agricultura, la industria y los servicios de la nación vecina.

Este planteamiento económico pretendió igualmente conducir la vida política por la vía moderada, con el fin de desarticular las tensiones políticas y sociales acentuadas durante el cardenismo. Ello significó un modelo de desarrollo que, al tiempo que se acercara a las economías más avanzadas, empezara a modificar la imagen de radicalismo que alarmaba y preocupaba a Estados Unidos. Éstos fueron los años de la "unidad nacional" que evitó, con el pretexto de la guerra, enfrentar las demandas sociales de las organizaciones laborales descontentas por sus condiciones económicas o bien, frenar las demandas de reparto agrario de las organizaciones campesinas.

Luego de la guerra, se perdió gran parte de la bonanza de las exportaciones. La industria estadounidense intentó recuperar sus mercados y los productos mexicanos no tuvieron la demanda de otros tiempos. Esta situación obligó al país a volcarse hacia el mercado interno, estimulando la inversión extranjera. Poco tiempo después, durante la administración de Miguel Alemán, el primer presidente que pertenecía a una generación diferente de la de los revolucionarios y que además era un abogado egresado de la UNAM, se empezaron a agudizar los problemas estructurales. La inflación no cedía y el gobierno tendía al gasto deficitario. Para evitar una elevación de impuestos, se optó por fortalecer el ahorro interno y buscar créditos en el extranjero. Se trató de impulsar el crecimiento de las producciones agrícola e industrial y, con ello, detener la inflación. La consecuencia más sobresaliente fue que Estados Unidos se convirtió en el principal socio de México.

No fue fácil llevar a cabo los planes económicos. Empezamos una carrera sexenal de devaluaciones, con efectos regresivos sobre la población que provocaban su descontento, por lo que el gobierno tuvo que refrenar éste. Fue la época de las grandes construcciones de infraestructura en carreteras, de la electrificación e irrigación de extensas áreas, así como de la forja de cuantiosas fortunas por los hombres en el poder.

Era evidente que la vieja imagen agraria del país había cambiado; ahora nos empeñábamos por alcanzar una modernidad urbano-industrial. Los sucesivos gobiernos detuvieron prácticamente el reparto agrario y la lucha contra los latifundios pareció terminar. Se otorgó amparo a los dueños de predios agrícolas y ganaderos, y se limitaron las extensiones de la pequeña propiedad. La política crediticia favoreció a otros antes que a los campesinos.

Son los años de la promoción de campañas alfabetizadoras y de la extensión de la seguridad social. La Revolución había quedado atrás, al igual que el país de empistolados y militarotes. Por primera vez en el siglo XX, México ofrecía otro rostro al mundo: el de una nación pujante, en paz, que trataba de cambiar la imagen tradicional que se tenía de ella; en gran medida, esto se logró a partir del cine, especialmente durante la llamada "época de oro". Se exportaron películas que daban una idea distinta de los mexicanos en las ciudades y en el campo; aunque no dejaron de hacerse cintas en las cuales imperaba la permanente tendencia "indigenista" que ahora se antoja mero folclorismo deforme, aquéllos se vieron y entendieron de manera diferente.

Con la llegada a la Presidencia de Adolfo Ruiz Cortines se inaugura un estilo distinto, parco, que condena y persigue la corrupción porque admite que éste es un problema grave, que emprende acciones para contrarrestar la carestía y que adopta medidas económicas para enfrentar la crisis recesiva del momento. Empezó entonces una época de austeridad, se restringió considerablemente el gasto del gobierno y se suspendieron los programas de obra pública. Así se inicia la "marcha al mar" con el propósito de recuperar recursos y generar empleos. Son años muy significativos para la insurgencia sindical: maestros, ferrocarrileros, petroleros, etc., inician movimientos de reivindicación salarial, que más tarde impugnan de frente el control corporativo del Estado sobre las organizaciones sociales.

A partir de 1957, el proceso de industrialización tendió a desacelerarse. En realidad se estaba frente al agotamiento de un modelo al respecto que ya no tenía cabida en el contexto internacional. La situación económica mostró signos negativos: las exportaciones caían, la producción agrícola era escasa, la deuda externa crecía y los inversionistas extranjeros empezaban una retirada masiva.

Al cambiar el gobierno, se definió el rumbo económico que se tomaría hasta la década de 1970, el del "desarrollo estabilizador", que logró mantener la economía en condiciones de equilibrio, evitando problemas de inflación y desequilibrio externo. A la larga, el gran crecimiento de la economía mexicana en ese periodo dio origen a la expresión el "milagro mexicano" de la década de 1960. Todo ello se sustentó en una política proteccionista de estímulos fiscales, así como en el establecimiento de empresas públicas y sectores estratégicos.

Sin embargo, al término de esa época, México se convierte en el principal receptor de deuda externa de América Latina. Son muy claras las señales de que el modelo no había corregido los viejos problemas y que estaba agotado. Se replantea la relación de México con el resto de los pueblos americanos. Así, desde 1961, luego del triunfo de la Revolución cubana, de la declaración del carácter socialista de ésta y la posterior ruptura con Estados Unidos, que impone al país caribeño un injusto e injustificable bloqueo, México esgrimirá de nueva cuenta la política de autodeterminación y respeto a la soberanía de los pueblos, oponiéndose a la expulsión de Cuba del ámbito de la Organización de Estados Americanos. Ésta fue una actitud de dignidad y desafío a los caprichos del poder imperial. De una u otra formas, tal situación trajo aparejados conflictos y tensiones permanentes en el ámbito de las relaciones internacionales de México.

También son tiempos caracterizados por la intolerancia desde el poder. Se aplican con rigor las leyes relativas a la tipificación penal de los presos políticos. A prisión van a dar líderes sindicales, dirigentes políticos y hasta artistas radicales, como David Alfaro Siqueiros. Cuando el gobierno siente que se le escapa el control de las diversas actividades políticas, opta por apresar y acallar a los cabecillas de los movimientos. La respuesta, como es lógico suponer, provino de las nuevas generaciones que, entre otras cosas, se empeñaron en desacralizar la figura presidencial, suprimir los amarres a la libertad de expresión, cancelar el delito de disolución social y ampliar el registro legal a los partidos de izquierda, como el PCM. Serán los estudiantes quienes planteen que el saber era y es un poder.

1968 es sin duda de ruptura y transformación. México no será ajeno a los cambios ocurridos en otras partes: París, Praga, California. Las nuevas generaciones exigen una participación más activa en la vida nacional. Frases como "prohibido prohibir" y la "imaginación al poder" determinan las acciones de toda una generación que quizá no saldrá tan bien librada. Hay confrontaciones violentas. Surgen guerrillas urbanas y campesinas. Desde la cúpula del poder partidista se pretende una reforma política que falla. El autoritarismo del último presidente de toda una corriente se expresa de manera dramática en su empecinada y cerrada actitud frente al movimiento estudiantil. Las universidades y las escuelas politécnicas serán prueba fehaciente del anhelo de la Revolución: representan la posibilidad de los hijos de las clases medias de tener acceso a la educación superior, donde se enseña y prepara a pensar y donde se capacita para el ascenso social.

No sólo era cuestión de escuchar a los estudiantes y reconocer que los mexicanos de las nuevas generaciones reclamaban espacios económicos y políticos, buscaban una movilidad social efectiva y deseaban un proceso que realmente encaminara al país a la democracia, tan ansiada y peleada desde tiempos de Francisco I. Madero. También era preciso identificar el escenario de la contienda interna por el poder. El desenlace, dramático y sangriento, no se detuvo en la matanza del 2 de octubre en Tlatelolco. Se pugnaba por la vigencia efectiva de la Constitución, sacralizada en la forma y vulnerada en los hechos desde el poder público. En consecuencia, surgieron diversos proyectos, algunos por la vía pacífica, y se conformaron grupos, partidos y revistas en busca del ejercicio real de la democracia; otros optaron por tomar las armas, generaron guerrillas urbanas y rurales.

Hubo entonces una toma de conciencia sobre los derechos humanos, los derechos civiles, frente a la cual los historiadores han tenido que trazar nuevas tácticas de análisis y hasta etiquetar de forma diferente este siglo, para observar desde otra perspectiva el desfile de héroes y caudillos, de levantamientos, de la construcción de aquellas fuerzas armadas populares, en la cual la creación de los ejércitos de castas, muy al estilo sudamericano, no tuvo cabida. Era, pues, otra forma de escrutar a los mexicanos empeñados en imprimir cambios sustantivos a la realidad inequitativa y socialmente injusta.

El reacomodo de fuerzas permitiría la llegada al poder del populismo a la manera mexicana. Corresponde a esta época una retórica triunfalista. Si bien no estábamos aún en el primer mundo, éramos los adalides del tercero.

Al tiempo que el gobierno de Luis Echeverría confeccionaba esta nueva imagen, en América del Sur sucede una serie de transformaciones que sofocan las expresiones democráticas y se insertan en procesos fascistas a partir de golpes de Estado. Son los años de las guerras sucias en Argentina, Brasil, Chile y Uruguay, cuando se instauran las dictaduras militares; de la puesta en marcha de una maquinaria genocida que elevó al rango de política estatal prácticas generalizadas de represión y exterminio de opositores políticos o de sospechosos de serlo. Frente a este panorama, miles de sudamericanos fueron obligados a abandonar sus países. Para ellos, México representa la posibilidad, en primera instancia, de conservar la vida.

De cara al exterior, como siempre, México defendió la democracia y dio señales contundentes de oposición a los regímenes dictatoriales. En 1974, un año después del golpe militar que derrocó al presidente Salvador Allende, nuestro país rompió relaciones diplomáticas con la administración de Augusto Pinochet, no sin antes haber articulado un verdadero puente aéreo entre Santiago y México por el que transitaron miles de chilenos rumbo a un exilio que se prolongaría durante tres lustros.

De esta forma, al promediar la década de 1970, desde Sudamérica comenzaron a llegar centenares de asilados, así como perseguidos políticos que por su cuenta y riesgo se lanzaron a la aventura de viajar a México. Este universo de hombres y mujeres del sur se sumó al de los centroamericanos que desde tiempo atrás radicaban en el país. De esta forma, durante más de una década, México se constituyó en territorio de refugio para millares de perseguidos.

En cuanto al desarrollo interno, la euforia nacionalista y populista permitió a Luis Echeverría terminar su gobierno con el informe al Congreso más largo del cual se tiene noticia: su lectura se prolongó durante 5 horas y 45 minutos. Desde entonces, la vida nacional se caracteriza por una enorme desilusión y la puesta en práctica del nuevo modelo: el desarrollo sustentable.

Lo sucede José López Portillo, su amigo de juventud, quien plantea la Alianza para la Producción. Son años de bonanza petrolera, se apuesta demasiado a los precios internacionales del crudo, se descubren nuevos yacimientos y se desarrolla la industria petroquímica. La euforia de la riqueza no da para una planeación efectiva y realista de los recursos; se formula el Sistema Alimentario Mexicano, irónicamente conocido como el SAM, y en un acto más pasional que reflexivo, López Portillo decreta la nacionalización de la banca con una deuda de más de 80,000 millones de dólares.

En este periodo se plantean ajustes ideológicos de cuentas, surgen nuevos partidos políticos, se redefine el *status* de la Iglesia. El país se endeuda más allá de lo permisible e imaginable. Nuevamente desde la cúpula política, se pretende una reforma del Partido Revolucionario Institucional (PRI); Federico Reyes Heroles sería el artífice de este proyecto fallido, como lo fue tiempo después de la pretendida reforma política y, en los 80, de la reforma educativa.

Empieza entonces la tríada de tecnócratas en el poder. Ya no serán las generaciones salidas de una universidad nacional, autónoma y popular las que gobiernen el país, sino la camada formada en los centros académicos de Estados Unidos. Así, los Chicago, los Harvard y los Yale *boys* dominan el panorama.

Al tomar posesión de la Presidencia, Miguel de la Madrid formula la tesis de construir una sociedad igualitaria, para enfrentar la enorme crisis económica que azotaba al país. Se crea el Plan Global de Desarrollo, el cual no sólo imprimía un cambio radical a la política económica, que implicaba una caída más que evidente del nivel de bienestar de la mayoría de la población, sino que, conforme a la idea de modernización, replanteó el ya caduco modelo de la Revolución Mexicana. Las condiciones coyunturales del mundo entero agudizaron violentamente las desigualdades sociales y económicas provocadas por ello.

En cuanto a lo político, durante el sexenio de Miguel de la Madrid se intentó imponer la legitimidad perdida por el sistema a lo largo de varias décadas. Por vez primera los mexicanos observaron el fraccionamiento real del poder priísta, cuando el Partido Acción Nacional (PAN) comenzó a arrebatarle presidencias municipales en el norte del país, incluida la de la capital del estado de Chihuahua. Se redactó también un nuevo Código Federal Electoral, con el que se fundó una verdadera reforma política; paradójicamente, desde el interior del partido en el poder brotaron inconformidades ante el autoritarismo y la verticalidad, por lo que se constituyó la corriente democrática.

Por otro lado, se intensifican varios problemas: no obstante el propósito oficial de moralizar la vida política, se agudiza la corrupción; en forma creciente, la frontera norte servía y sirve de puente a sinnúmero de latinoamericanos para llegar a Estados Unidos, aunque también involucra seriamente a México con el narcotráfico.

Al mismo tiempo, los mexicanos hacemos, luego de muchos años, un ejercicio de introspección en la búsqueda de valores. Empezamos a preguntarnos qué pasó con la Revolución y con los ideales nacionalistas y democráticos. Con el dramático terremoto de 1985, emerge una sociedad civil fortalecida, mucho más consciente de su papel y sus derechos, que suple el inmovilismo y la ineficiencia del gobierno.

En el PRI hay reacciones ante la forma autoritaria y vertical de su organización, y así surge la primera escisión real en este órgano monolítico después de más de 50 años.

En 1987, las reservas internacionales de México son las más altas en su historia, con 15,000 millones de dólares; un año después, México ingresa al GATT, al tiempo que llega al poder, mediante una elección dudosa, Carlos Salinas de Gortari. Si de alguna manera habría que caracterizar su sexenio podría ser como un esfuerzo fallido por legitimarse. Impone nuevas pautas de populismo, a partir de la fórmula de "solidaridad". Tuerce la historia, con poco éxito por cierto, y establece aquello del "liberalismo social". Un fantástico aparato de relaciones públicas le permite ubicarse en la plataforma internacional; a él, no a México. El fantasma del posmodernismo y del neoliberalismo rebasan los seis años de su gobierno. Por vez primera, el partido oficial acepta la derrota en elecciones para gobernadores. Se logran más créditos y mayor endeudamiento. En lugar de tener en la cúpula a una llamada "clase política" , ahora existe una "clase tecnocrática". Se lleva a cabo un costosísimo proceso de reprivatización de la banca y de algunas industrias. Se modifica la ley con el fin de atraer el capital extranjero.

A este periodo corresponde el proceso de las "concertacesiones", de un nuevo pacto económico, de nuevos préstamos, de nuevos libros de texto. Entonces los cambios constitucionales arrasan con principios ganados a sangre y fuego: el artículo 27 constitucional define al ejido como propiedad privada, cuando ni en los más remotos tiempos de la proposición de esta forma jurídica de explotación de la tierra se le concebía como tal. Con ello se da paso a un nuevo reacomodo de propietarios en el campo, a nuevos despojos, a marginación.

Vivimos la ilusión de casi formar parte del "primer mundo"; ya casi estábamos ahí, pues empezamos nuestro acercamiento a la globalización; y parte de ella fue la tenaz batalla librada para concretar el Tratado de Libre Comercio (TLC). Ahora ya no somos parte de la América Latina, de la América española, sino, por derecho geográfico, de América del Norte. Todo lo demás era secundario. Así, Salinas emprende esfuerzos sorprendentes por acallar cualquier nota discordante. A sabiendas de lo que sucedía en el país, centró su atención en su proyecto neoliberal; sin embargo, un día allá en el sur, en las primeras horas de 1994, nos enteramos de que había un levantamiento indígena y campesino en Chiapas. El gobierno no pudo ocultarlo más. Las consignas zapatistas y las simpatías que despertaron entre diversos sectores se adueñaron del ciberespacio gracias a los prodigios de la cibernética. Pronto aparecerían otros levantamientos en diferentes regiones y el México bronco pareció despertar, se alebrestó otra vez, tocando ya el fin de siglo.

Meses después, arrancada la campaña para las elecciones presidenciales, vimos atónitos el espectáculo televisivo de cómo se asesinaba al candidato del partido en el poder. La descomposición dentro del gobierno era obvia. Luego de la sacudida surgieron las campañas electorales, a lo largo de las cuales por primera vez los mexicanos pudimos escuchar y conocer a los tres candidatos. Con bastante distancia de la maquinaria del poder, se llevaron a cabo las elecciones y, apenas llegado Zedillo a la Presidencia, enfrentamos el "error de diciembre", al que se sumaban los de muchos otros diciembres, para colocar al país en una situación crítica.

México no ha podido sustraerse al contexto de las naciones vulneradas por la dramática desigualdad social, la permanente violación de los derechos humanos, la irracional destrucción de los recursos naturales frente a una evidente inconciencia colectiva. Hoy somos casi 100 millones de personas, de las que más de 40% viven en condiciones de miseria; de éstas, aproximadamente 26 millones sufren lo que se ha dado en llamar pobreza extrema. Todos los días se descubren o revelan nuevas cifras, nuevos negocios, nuevos actos de corrupción de la "familia feliz". Y, en efecto, estamos convencidos de que hemos superado la ficción vergonzosa de ser observados como un país de un solo hombre.

Al mismo tiempo iniciamos el proceso de transición hacia la democracia. La elección de jefe de gobierno del Distrito Federal, la capital del país, celebrada en 1997 fue prueba fehaciente de que los ciudadanos reclamamos por derecho propio la libertad del sufragio, la participación directa en las decisiones tanto políticas como sociales y económicas.

El desarrollo mexicano bajo los gobiernos posrevolucionarios tuvo un costo oculto que empezó a aflorar conforme la sociedad cambiaba de rural a urbana, se alfabetizaba y entraba en contacto con el resto del mundo: la pasividad ciudadana. Esta pasividad se fue trocando en participación de manera lenta y gradual en las zonas urbanas y modernas: el norte del país, la ciudad de México; de ahí la paradoja de que las derrotas priístas se inician en los medios y las regiones privilegiadas por el PRI, como Chihuahua, Nuevo León, Jalisco, Aguascalientes y el Distrito Federal.

Las nuevas condiciones que vive el país reconocen la autonomía del Instituto Federal Electoral, y a partir del 2 de julio del 2000 han permitido una proyección diferente de los caminos por los que México transitará en la democracia durante el presente milenio. Así también habrá que reflexionar sobre la forma en que se pensará y escribirá la historia del siglo XX mexicano, que, finalmente, logra un viraje fundamental en su vida política con repercusiones en lo social y económico.

Luego de más de siete décadas de predominio de un partido que se asumió como heredero de los ideales de la Revolución de 1910, hasta convertirse de hecho en *partido de Estado,* que insistió e insiste en llevar en sus siglas el sello de la gesta armada que definió y determinó el nuevo Estado nacional (PNR-PRM-PRI), hoy recuperamos la historia. Se trata de un nuevo tratamiento a la representatividad al romperse la idea del jefe nato del partido, toda vez que permite la generación, el fortalecimiento y el crecimiento de otros poderes en los estados y los municipios. Se trata también del fortalecimiento de la libertad e igualdad de los poderes, recuperando el principio de autonomía entre uno y otro y respetando la división en poderes Legislativo, Ejecutivo y Judicial.

Cuestiones como el presidencialismo, el unipartidismo, el patrimonialismo, el corporativismo y otros han quedado atrás. Así también el nuevo equilibrio entre los poderes marcará condiciones distintas y por demás sugerentes. Tendremos un Congreso que por vez primera carece de una mayoría absoluta en sus dos cámaras, lo que expresa sin duda rasgos que tienden a recuperar espacios locales y regionales, frente a la avasalladora fuerza del centralismo. Ya en 1996 se generaron mayores recursos para los municipios y, por tanto, un creciente poder regional.

Aunado a ello, hay que reconocer los cambios en la comunicación masiva, que ha dejado de estar supeditada al *poder hegemónico*. De cierta manera, la revolución teconológica y el ingreso de México, voluntario o por mera inercia, en la globalización han revolucionado la relación entre la sociedad y los medios.

Somos testigos, sin lugar a dudas, de una experiencia fundamental que permitirá una profunda revisión del quehacer histórico, de una toma de conciencia y de acción respecto de cómo interpretar el pasado inmediato, despojado del oficialismo y el *deber ser* de la clase en el poder.[2]

Resulta paradójico que, frente al nuevo milenio, estemos obligados a preguntarnos acerca de cómo se inscribe México en la historia del mundo. De igual manera nos interrogamos respecto de cuestiones como la identidad nacional, la soberanía y el nacionalismo, que permanentemente debemos recrear frente al poderío de Estados Unidos de América. Ningún pueblo como el nuestro ha tenido que luchar tanto e invariablemente en etapas que van del expansionismo al colonialismo y el imperialismo, traducidos hoy en globalización, por defender su identidad frente al coloso del norte.

---

[2] Parece importante detenernos a reflexionar en el cambio que se ha dado en la gente, antes y después del 2 de julio. *Grosso modo*, antes de la elecciones federales, 30% de la población consideraba que vivíamos la democracia, porcentaje que aumentó al doble, tras los resultados que expresaron la voluntad popular de buscar el cambio y la alternancia (cf. periódico *Reforma*, México, 9 de septiembre del 2000).

A pesar de todo, problemas añejos se agitan en nuestra conciencia. Así, los historiadores siguen cuestionándose acerca de los indígenas de nuestro país, de los campesinos, del desarrollo de la vida urbana, de las diferencias y las similitudes de nuestra muy plural y heterogénea sociedad. También se cuestiona el destino futuro de la organización política de México surgida de la Revolución de 1910 que ahora, a todas luces, se ve obligada a transformarse si desea sobrevivir.

El nuestro ya no es un país de campesinos; por tanto, deberá aceptarse que han perdido la trascendencia que tuvieron por siglos. Hoy, el país es urbano, inequitativo; la realidad injusta tendrá que confrontar condiciones como las de los muchos Chiapas, Morelos o Guerrero, e incluso peores. Las heridas están a flor de piel y con seguridad no cerrarán hasta que no entendamos la historia del México profundo.

En el país actual, millones de mexicanos viven en la pobreza extrema, porque al fin del siglo no se terminó de construir el orden democrático. Habrá que luchar contra los fantasmas y las realidades del narcotráfico, de la narcopolítica, de la narcoeconomía, incluidas las finanzas, todo ello en la realidad de las relaciones narcointernacionales.

Para el historiador persisten problemas de ortodoxia histórica y otros no resueltos. Por ello, pensar en la historia del siglo XX sigue pareciendo el gran desafío: se trata de entender primero y analizar después, para interpretar y finalmente explicar, por medio de una narrativa coherente, los esfuerzos del pueblo mexicano.

Si bien reconocemos los cambios y avances, ¿por qué terminó el siglo XX con la incómoda sensación de intranquilidad más que de celebración? ¿Por qué cunden la desilusión, el desencanto y la desesperanza? La visión, ciertamente cruda, del México que era y del que se deseaba que fuese al empezar la centuria anterior define los capítulos fundamentales de una perspectiva integral de la historia vinculada de forma estrecha con el imaginario colectivo.

Es necesario reconocer que los grandes movimientos del siglo XX ocurrieron en el plano regional. De hecho, en el caso de México se manifestaron como un reto para la consolidación del Estado moderno y marcaron un paso adelante en el entendimiento de los orígenes y las funciones del poder local y del regional, a la vez que fueron una nueva forma de expresar la dialéctica entre nación y región-Estado. Además, conformaron y proyectaron un nuevo equilibrio entre las instituciones de gobierno y la fragmentación política derivada del movimiento armado de 1910. Desde entonces, se buscó garantizar el orden social, el buen funcionamiento y la reproducción del sistema productivo, pero, sobre todo, la estabilidad de la estructura de clases; no se pretendió cambiarla, sino hallar su justo balance.

En consecuencia, los diversos procesos que caracterizan la historia contemporánea de nuestro país corresponden a procesos étnicos, sociales y hasta de género, que en esencia resultan desafiantes e intolerables para la clase en el poder. Y, al igual que en el resto del mundo, quizá puede vislumbrarse una nueva tendencia orientada a la desaparición de esos Estados nacionales y al establecimiento de otra forma de organización y gobierno, basada en las regiones.

Seguimos en deuda permanente con el México que imaginaron los precursores de la nación, quienes atisbaron el cambio al inicio de la Revolución; aún no hemos realizado ajustes de cuentas con el pasado. Por ello, los nuevos mexicanos y la nueva sociedad exigirán razones, nuevas formas y actitudes para construir la nación, más allá de la trifulca o el engaño político, más allá de la lucha por la democracia.

Necesitamos quizás una llamada de atención, una voz de alerta y alarma, para plantear otra historia, más pensada, interdisciplinaria y creativa, que permita reconocer su dinámica permanente. Así, los tiempos y los espacios del México contemporáneo podrán servir de referencia para delinear visiones diferentes, más libres y menos anquilosadas, así como responder la interrogante acerca del tipo de país que hemos empezado a construir para el futuro.

Bibliografía:

Castells, Manuel, *La era de la información. Economía, sociedad y cultura*, Madrid, Alianza, 1997 (vol. 3, Fin de milenio).

Fontana, Josep, *La historia después del fin de la historia. Reflexiones después del fin de la historia*, Barcelona, Crítica, 1992.

Hobsbawm, Eric, *La historia del siglo XX*, México, Grijalbo, 1996.

O´Gorman, Edmundo, *México, el trauma de su historia*, México, Universidad Nacional Autónoma de México, 1977.

Reyes Heroles, Jesús, "La historia y la acción", en Eugenia Meyer (ed.), *Obras completas de Jesús Reyes Heroles, Historia,* Vol. IV, México, Fondo de Cultura Económica, 1999.

El siglo XX chileno: integración, exclusión y ruptura

SOL SERRANO*

I. LA SOLEMNIDAD DE LAS GRANDES CORTES

Luis Suárez Mujica era un representante típico de la república parlamentaria chilena de comienzos del siglo XX. Refinado, culto, radical laico y moderado, sensible a los rituales del poder, siempre aristocrático en sus maneras. Había sido parlamentario, ministro de justicia y subsecretario de relaciones exteriores antes de ser designado como el diplomático que abriría la primera legación permanente de Chile en México. No podía sospechar la relevancia de la fecha en que llegó: era abril de 1910. Tampoco, qué significaban los primeros movimientos de noviembre, tanto que le parecieron que "no valía la pena acudir al telégrafo" para informar sobre ellos. Más relevante le había parecido notificar a su cancillería que Porfirio Díaz había asistido a la misa solemne en memoria del presidente de Chile recién fallecido, Pedro Montt; gran reconocimiento al país, pues no había memoria de que el mandatario asistiera a un templo católico. Pero, sin duda, lo que más conmovió a

* Historiadora. Licenciada en historia de la Universidad Católica de Chile y Master of Arts de la Universidad de Yale. Es autora de la importante investigación *Universidad y Nación* y coautora del libro *Chile en el siglo XX*. En la actualidad se desempeña como investigadora en el Departamento de Historia de la Universidad Católica y asesora principal de la ministra de Educación. Ha sido integrante, además, de la Mesa del Diálogo sobre Derechos Humanos. Acaba de publicarse el libro *Vírgenes viajeras*, que estudia la organización e influencia de las órdenes religiosas femeninas en América Latina.

Suárez Mujica en ese año de 1910 fueron las fiestas del centenario de la Independencia, cuya suntuosidad no era superada "por las mayores solemnidades de las grandes cortes europeas".

Suárez Mujica no estaba solo en su desaprensiva confianza en la solidez del porfiriato, muchos mexicanos también la compartían. Tampoco lo estaba en su confianza de que la república oligárquica chilena era una sólida construcción institucional de su clase dirigente. Ésa era la visión del grupo gobernante chileno que en la misma fecha celebraba su propio Centenario. Y si bien esa mirada no veía los profundos conflictos sociales que gestaban la industrialización y la urbanización en todo el continente, no era enteramente ciega sobre su propia obra política. Ese mismo año, murieron por enfermedad dos presidentes de la República en Chile y las dos sucesiones no provocaron ningún conflicto político ni institucional: los mecanismos constitucionales y electorales funcionaron. Ese mismo año en México, la reelección de Porfirio Diaz y el encarcelamiento de su opositor serían el detonante de la primera revolución social del siglo XX.

La diferencia que las elecciones presidenciales tenían en uno y otro países puede comprenderse mejor si seguimos la impresión del diplomático chileno ante las fiestas del centenario: ésta era una corte europea. En cierto sentido, tenía razón. Para los ojos de un chileno, México había sido plenamente una sociedad de antiguo régimen, mientras Chile había sido una tierra de frontera.

Ello fue determinante y marcó los procesos de construcción republicana.

Chile y México compartieron una característica poco común en las demás regiones del continente al momento de su Independencia: eran los únicos reinos territoriales del Imperio español en América definidos con claridad y donde había coincidencia entre territorio administrativo, gobierno y sentimiento de pertenencia de sus élites. De hecho, ambos practicamente no cambiaron sus fronteras y el centro de sus dificultades no estuvo tanto en definir qué era México y qué era Chile —es decir, en la fragmentación de las antiguas demarcaciones administrativas del imperio, como en Nueva Granada y La Plata, donde no estaban bien asentadas— cuanto en construir un poder legítimo sobre ese territorio y esa población, luego del vacío de la ruptura del vínculo colonial. Como lo ha señalado el historiador Francois Xavier Guerra, esa característica común se dio por razones opuestas. En Chile por el alejamiento geográfico y la cohesión de una población reducida y homogénea, y en México "por la existencia de un espacio político estructurado en parte por el imperio azteca, por la precocidad de la Conquista y de la organización administrativa y eclesiástica, por la densidad de la población indígena, del poblamiento español y del mestizaje, por la intensa evangelización y culto común a la Virgen de Guadalupe, por un espacio económico bastante unificado y por el grado de elaboración de una identidad cultural propia llevado a cabo por sus élites" (66).

Ni México ni Chile tuvieron que imaginar de nuevo su territorio ni luchar por definirlo. Pero, al igual que el resto del continente, tuvieron que enfrentar las dificultades de construir una república basada en la soberanía popular, de construir una nación moderna concebida como una asociación voluntaria de individuos libres e iguales, en una sociedad donde ese ideario no nacía de una demanda social o de una presión democratizadora, sino del ideario criollo. La débil raigambre social del proyecto liberal decimonónico y su carácter elitista eran evidentes tanto en Chile como en México. Pero de esta semejanza —queremos proponer— nace la diferencia esencial de este periodo: esa debilidad sería una fortaleza para el caso chileno.

Existe cierto consenso en la historiografía de que Chile fue el país de Hispanoamérica que resolvió más tempranamente la construcción de un poder legítimo después de la Independencia y la consolidación de un estado nacional. La explicación de porqué fue así —si es que fue así— bien podría considerarse un eje divisorio de las distintas escuelas historiográficas. Para la escuela conservadora ello se debió al genio de la figura de Diego Portales, pragmático y realista, contrario a las especulaciones abstractas de corte liberal que había encarnado el grupo "pipiolo", responsable de la anarquía, quien tuvo el talento de formar un gobierno que reproducía sobre bases jurídicas republicanas el gobierno fuerte, centralizado y jerárquico de tipo colonial. Por el contrario, para la escuela liberal, la singularidad chilena se debió a la capacidad de sus intelectuales y padres fundadores para liberarse del oscurantismo colonial.

La historiografía fundante de mediados del siglo XIX tenía una sentida necesidad política de responderse esa pregunta. En efecto, en ella estaba el germen de la construcción de una identidad nacional que formaría a las siguientes generaciones, que se expandiría por el sistema publico de educación y pasaría a formar parte de la "sabiduría con-

41

vencional" del país. Diego Barros Arana, principal historiador chileno del siglo XIX, en su texto escolar en 1857 fijó una interpretación paradigmática de la historia de Chile al convertir la pobreza colonial en la fortaleza republicana: haber sido la colonia española más pobre, lejana y abandonada del Imperio "fue causa de que Chile recibiera una herencia menor de vicios y de corrupción... y se viera libre de muchas de las llagas que han demorado la organización de los otros pueblos del nuevo mundo".

Si despejamos los prejuicios ilustrados de Barros Arana, creemos que persiste la aguda intuición de que la debilidad colonial fue la fortaleza republicana en Chile. En otras palabras, el ideario liberal de las élites tuvo que enfrentarse a una sociedad pequeña de 900,000 habitantes, con 85% de población rural, con ciudades pequeñas donde la capital, Santiago, contaba con 30,000 y las que le seguían en importancia, no más de cuatro o cinco, bordeaban los 6,000. Su población era fundamentalmente mestiza; los pueblos de aborígenes habían desaparecido en el siglo XVIII y el pueblo mapuche mantenía su independencia en la frontera del sur. La población vivía dispersa en la hacienda, base de una economía agropecuaria y ganadera que hasta entonces sólo exportaba trigo a Perú. La clase dirigente chilena, debido a un proceso madurado en el siglo anterior, era para la Independencia un grupo pequeño, homogéneo, con su centro principal en Santiago, aunque con brotes regionales en la ciudad militar de Concepción en el sur y en el norte mineros. Comparada con la de México, era una sociedad casi sin densidad corporativa. Los conflictos en la construcción de un nuevo sistema eran internos de la élite y los sectores populares participaron como parte de sus ejércitos, pero no como movimientos sociales autónomos.

Las actuales naciones, herederas de imperios indígenas y asientos virreinales, tuvieron más dificultad para construir políticamente la nación moderna por la raigambre de la antigua sociedad, donde las comunidades indígenas podían encontrar formas de integración corporativa que la sociedad liberal e individualista les negó. En casos casi fronterizos del Imperio, como el de Chile, me atrevería a decir que la constitución de la nación moderna fue menos traumática por la "levedad" de su historia anterior. Quizá sólo por eso un país como Chile ha vivido una historia institucional en la cual los grupos marginados se han ido incorporando al sistema por medio de la reivindicación de derechos que la nación otorga de manera igualitaria a los ciudadanos. El estado nacional fue en lo evidente un proyecto de la élite, pero se fundaba en la soberanía popular y ello hacía de él un proyecto flexible y a la vez incendiario, al cual lucharían por incorporarse los nuevos grupos. El éxito que tuvo la élite al establecer la nueva institucionalidad republicana durante el siglo XIX, no significaba en absoluto un triunfo del proyecto de la nación moderna en un sentido democrático. En esta dificultad, ambas naciones vuelven a encontrarse. Ya fuera por la fuerza de ser una sociedad cortesana precolombina e hispánica y su enorme diversidad, ya por la debilidad social, ambas naciones recorrerían caminos difíciles y aún inacabados en la construcción de la ciudadanía moderna.

II. LA FORMACIÓN DEL SISTEMA POLÍTICO: ¿TRADICIÓN DEMOCRÁTICA O TRADICIÓN INSTITUCIONAL?

La dimensión del impacto que, dentro y fuera de Chile, tuvo el golpe de Estado de 1973 se debe en parte a la imagen —verdadera o falsa, pero arraigada— de que el país tenía una larga tradición democrática. La larga experiencia autoritaria obligó a la historiografía a replantearse esta interpretación. Para muchos, esa democracia no era sino un mito. Para otros, por el contrario, creció la nostalgia de ese país antiguo cuya tradición rescataban, pero cuya ruptura apenas se explicaban. ¿Cómo la nación con la tradición democrática más sólida del continente tuvo uno de los regímenes militares más largos en el último tercio del siglo? Nosotros quisiéramos sugerir que lo considerado una tradición democrática, antes del 73, habría que entenderlo más bien como una tradición institucional. Ésta contribuyó en muchos sentidos a la construcción democrática al buscar cauces pacíficos y negociados para la inclusión de nuevos sectores sociales, pero al mismo tiempo fue excluyente y jerárquica con severidad. La conjunción entre la exclusión social y la crítica de muchos sectores de la élite política sobre el valor de esa institucionalidad y su capacidad para resolver la exclusión ayuda a comprender la ruptura del sistema en el 73. El periodo autoritario debió parte de su fuerza a esa misma tradición institucional volcada ya no a la negociación y a la inclusión, sino a la represión y a la fundación de una nueva economía.

Junto con el triunfo definitivo de la Independencia en 1818, hubo consenso para la instauración de un régimen republicano, pero no en cuanto a las características del régimen político: si centralizado o federal, si presidencial o parlamentario, si autoritario o liberal. Ello dividió a los distintos bandos de la clase dirigente durante la siguiente década; aun así, siendo muchas las facciones, había un eje conservador-liberal que se expresó en los distintos ensayos constitucionales. El sector conservador se opuso por las armas en 1829 y triunfó. El régimen político que entonces se instauró, expresado en la Constitución de 1833, era fuertemente presidencialista, centralizado, autoritario. Era también un régimen constitucional, popular representativo, que establecía la separación de los poderes, la igualdad ante la ley y las garantías individuales. Era un gobierno civil que mantuvo al ejército bajo su control con base en la formación de una numerosa guardia nacional. Era un régimen, tal como lo concibieron sus principales políticos e ideólogos como Diego Portales, Mariano Egaña o Andrés Bello, capaz de evolucionar hacia un mayor liberalismo, en la medida en que no pusiera en juego el orden social ni la estabilidad política. En efecto, el presidente de la República tenía poderes casi omnímodos, pues controlaba los otros poderes del Estado y con ello la restringida arena política a través de los funcionarios locales y la guardia nacional. Pero, al mismo tiempo, el Congreso poseía atribuciones significativas para limitar el poder del gobierno. El poder del Estado estaba limitado por las garantías individuales establecidas en la Constitución (igualdad ante la ley, libertad de movimiento, inviolabilidad de las propiedades, derecho de petición y libertad de imprenta, entre otras), pero era posible suspenderlas con facilidad a través de las facultades extraordinarias que los gobiernos conservadores usaron durante un tercio de su periodo.

El conflicto político dominante al interior de la clase dirigente fue la liberalización del poder casi omnímodo que la Constitución de 1833 y las prácticas políticas le daban al presidente de la República. Surgieron diversas formas de oposición: primero un grupo afín al ministro del Interior que, al caer en desgracia en 1849, pasó a la oposición y que se identificaba confusamente con las ideas liberales. Más tarde, en 1850, jóvenes burgueses imbuidos del republicanismo francés organizaron la Sociedad de la Igualdad y, aliados con los artesanos, se opusieron con barricadas a la elección del autoritario Manuel Montt como presidente de la República. Al año siguiente, a liberales e igualitarios se sumó el general Cruz con las fuerzas militares de Concepción. La guerra civil de 1851 duró tres meses; enfrentó intereses y sentimientos muy diversos, unos contra el autoritarismo y otros contra el centralismo, y fue sofocada por el gobierno. En 1859 tendría que enfrentar otra guerra civil, esta vez liderada por las provincias mineras del norte.

El gobierno, como ha dicho Simon Collier, tuvo un triunfo militar pero una derrota política. Entre una y otra guerras civiles, las fuerzas conservadoras de gobierno se habían dividido en torno al tema religioso, dando origen a la formación de los partidos políticos. En 1856 se suscitó un conflicto de atribuciones entre el arzobispo y las cortes de justicia, lo que fue un punto de inflexión clave en la formación del sistema político, pues dividió el conservadurismo gobernante entre los regalistas que fueron llamados nacionales o monttvaristas y los ultramontanos que defendieron la independencia de la Iglesia y formaron el Partido Conservador. En la oposición, éstos hicieron alianza con los sectores liberales y participaron contra Montt en la revolución de 1859. Montt ya no pudo imponer a su propio candidato para el periodo siguiente y nombró a Jose Joaquín Pérez, que daba garantías a liberales y conservadores. Era el triunfo de la nueva alianza llamada Fusión Liberal-Conservadora. Los sectores más doctrinarios del liberalismo no aceptaron ese pacto y fundaron el Partido Radical. Al iniciarse 1860 los partidos ya estaban constituidos. Todos ellos, salvo el nacional de los conservadores regalistas, seguían vivos en 1973. Durante las tres décadas siguientes, los grupos liberales lucharon con éxito por consolidar un régimen de libertades en un estado secular y en una sociedad plural.

El conflicto religioso fue el que dio origen al sistema de partidos y, quizá por lo mismo, el conflicto se resolvió con gran pasión pero sin violencia. En la década de 1880 culminó la laicización del Estado, aunque no su separación de la Iglesia, y se recrudeció la pugna entre presidencialismo y parlamentarismo que llevó al triunfo de este último en la cruenta guerra civil de 1891. El triunfo del Parlamento y de los partidos políticos marca un cambio significativo; la república parlamentaria (1891) era el triunfo de una clase dirigente que ya no tenía conflictos programáticos entre sí y que, a través de sutiles y finos resquicios institucionales, gobernaba mediante el Parlamento un Estado que se había enriquecido enormemente gracias al impuesto del salitre del territorio conquistado en la guerra contra Perú y Bolivia en 1879. Los cronistas de la época la han llamado la "suave anarquía de salón". En efecto, ha sido un periodo denostado por la historiografía, que describe a una clase dirigente indolente, frívola y despilfarradora. Era, sin embargo, un sistema eficiente para una política competitiva de carácter restringido, pero no para enfrentar los nuevos problemas sociales que comenzaron a suscitarse hacia fines de siglo.

III. La crisis de la sociedad oligárquica

Durante el siglo XIX, Chile se había incorporado a la economía mundial a través del comercio como exportador de materia prima —plata y cobre— y alimentos —principalmente el trigo—, así como importador de manufacturas. Con dicha apertura, la economía se hizo más compleja en los sectores comercial y financiero, y la aristocracia criolla, colonial agraria y comercial se abrió a nuevos sectores de carácter más burgués, en su mayoría extranjeros. Era una clase abierta a la fortuna, pero cerrada en su estilo de vida. La conquista del salitre significó que 50% de las entradas fiscales proviniesen del derecho de exportación. El Estado profundizó su papel dinamizador de la economía expandiendo la burocracia estatal, la inversión en obras públicas y en educación, a la vez que permitió la exensión tributaria de la clase propietaria. La economía exportadora y la inversión estatal propiciaron el surgimiento de nuevos sectores sociales cuya emergencia mostraría las debilidades y fisuras de la república parlamentaria.

La composición de los sectores medios era hetereogénea hacia el cambio de siglo. Los formaban burócratas, militares, profesores, empleados, profesionistas, técnicos y pequeños comerciantes y empresarios. En su mayoría, pertenecían al sector servicios más que al sector productivo. Los empleados públicos crecieron de 4.5% a 8% de la población en el corto periodo entre 1895 y 1907. Eran también grupos urbanos. Hacia 1907, 43% de la población era urbana y había crecido 20 veces entre 1830 y 1920, mientras que la población total se triplicó. De allí surgió una clase intelectual, hija del liceo, del Partido Radical y de la masonería, que entró al debate público, al del Estado y al de la opinión, con una posición contestaria y crítica a la clase dirigente.

Por su parte, las industrias del salitre en el norte y del carbón en el sur, así como el desarrollo portuario, requerían de una intensísima mano de obra que fue reclutada del sector campesino, lo que produjo el gran crecimiento urbano. Las condiciones de vida de los obreros urbanos e industriales eran misérrimas, por lo que hacia finales de siglo estallaron las primeras huelgas, que se sucedieron con alta frecuencia en la primera década. Las sociedades anarquistas de resistencia fueron fuertes en las ciudades y en los puertos, mientras el mancomunalismo lo fue en el sector minero norteño. El naciente movimiento obrero recibió su golpe más fuerte en la matanza de Santa María de Iquique en 1907, que demostró, entre otras cosas, la ceguera de la clase dirigente para enfrentar la "cuestión social". La siguiente década, el sector resurgió más organizado y más ideológico. En 1912, Luis Emilio Recabarren fundó el Partido Obrero Socialista que en 1922 se transformó en el Partido Comunista, afiliado a la Tercera Internacional. La rama sindical se organizó en la Federación Obrera de Chile.

Los sectores medios y populares organizados encontraron una expresión política en su antagonismo a la República parlamentaria y oligárquica. Ése fue el sentimiento que, en forma algo vaga y populista, encabezó Arturo Alessandri en 1920. Su triunfo electoral apoyado por la Alianza Liberal fue estrecho y durante cuatro años intentó llevar a cabo un programa de reforma social que se detuvo en el Congreso. En 1924 entró en escena otro nuevo actor: los militares, que dieron un golpe de Estado de carácter progresista y en contra de lo que su líder, el coronel Carlos Ibañez, llamaría la "bacanal parlamentaria". Ibáñez gobernó en forma autoritaria entre 1926 y 1931 y reformó el Estado ampliando sus atribuciones en el area económica. La crisis económica mundial de 1929 afectó de tal manera a Chile que Ibáñez cayó, entrando el país en dos años de gran inestabilidad política que se asentó en 1932.

Este periodo corto e intenso de 1920 a 1932 marca los cambios que inauguran un lapso de la historia del país. En el sistema político fue el paso de un régimen parlamentario a uno presidencial guiado por la Constitución de 1925, de una política competitiva dentro del sector dirigente a una política competitiva de partidos que representaban a distintos sectores sociales. En la economía, se vivió la transición de un modelo primario exportador hacia uno de desarrollo hacia adentro, basado en la industria sustitutiva de importaciones. La estructura social pasó de la hegemonía indisputada de la clase dirigente tradicional al ascenso de los sectores medios al poder político y la formación del proletariado industrial organizado. En el campo ideológico, el liberalismo clásico perdía su ascendiente en favor de la democracia social y del socialismo. El Estado guardián se transformaba en el Estado benefactor. Era la crisis de la sociedad oligárquica que vivía toda América Latina y cuyas resoluciones políticas en los casos chileno y mexicano fueron muy distintas.

IV. Consenso industrial y democrático

La sociedad que surgió, junto con la recomposición del sistema político en 1932, era compleja y plural, cuyo sistema político reflejaba a todos los sectores sociales. Los partidos Conservador y Liberal representaban a la antigua oligarquía que había perdido su monopolio político pero que, al contrario de la mayoría de las derechas del continente, continuaba teniendo una importante base electoral. Los sectores medios representados por el Partido Radical estaban en el centro y los sectores obreros en la izquierda con los partidos Comunista y Socialista, recién fundado en 1933. El periodo que entonces se inaugura posee un continuo perfeccionamiento de la representatividad popular y la vigencia de un sistema político en constante ampliación; la incorporación progresiva de nuevos grupos sociales y la industrialización apoyada por el Estado y orientada al mercado interno. Ése fue el consenso que a lo largo de 40 años mostró una excepcional solidez y que se agotó estrepitosamente en 1973.

La caída del militar Carlos Ibáñez en 1931 produjo una seguidilla de gobiernos y de golpes que no lograban darle estabilidad al país, incluida una emblemática y legendaria República Socialista que duró 12 días. En octubre de 1932, se lograron las condiciones necesarias para realizar elecciones en las que triunfó Arturo Alessandri con el apoyo de la centro-izquierda. Salvo radicales y liberales, ninguna de las otras fuerzas políticas profesaban una profunda adhesión a la democracia ni a la nueva Constitución Política promulgada en 1925. En un contexto internacional de ascenso del fascismo y el comunismo, el gobierno de Alessandri logró legitimar el funcionamiento de la democracia liberal en todos los sectores políticos. Los militares se retiraron de la política y se legitimó el gobierno civil. La recomposición del juego político dentro de las reglas institucionales permitió cambios en las alianzas y si bien Alessandri fue elegido con el apoyo del Partido Radical y sectores de izquierda, gobernó luego con la coalición de derecha. Los comunistas habían seguido una estrategia revolucionara contraria a la política de alianzas hasta el VII Congreso de la Internacional, que oficializó una estrategia antifascista con fuerzas burguesas. En 1936 se formó el Frente Popular, que comprendía una alianza frágil y de difícil constitución, pero tremendamente novedosa y que sintonizaba con las peticiones de cambio, una vez que el gobierno de Alessandri había reconstruido el orden y saneado las exiguas arcas fiscales.

El triunfo del Frente Popular, en 1938, constituyó una de las experiencias políticas más interesantes del siglo XX chileno. Presidido por el radical Pedro Aguirre Cerda, fue un modelo de negociación política entre fuerzas más bien egoístas e inestables, que lograron acuerdos básicos que fueron respetados por un abanico que iba desde el conservadurismo liberal al Partido Comunista. El núcleo de este acuerdo era la legitimidad de la representación electoral como mecanismo de definición y participación del poder político. Esta "sacralización de las elecciones" (Boe 99) fue un elemento esencial de la cultura política chilena. Aunque el eje derecha-centro-izquierda definía el sistema político, las coaliciones eran frágiles, en particular en la centro-izquierda. Durante el periodo del Frente Popular, que culmina en 1952, el Partido Radical hizo de pivote, hasta que se rompió la alianza con la izquierda, debido a los conflictos con el Partido Comunista que fue proscrito en 1948 por el presidente Gabriel González Videla, en el marco de su alineamiento con Estados Unidos durante la guerra fría. Al año siguiente se dividía el Partido Socialista y el Partido Radical empezó a mirar hacia la derecha. En las elecciones presidenciales de 1952 triunfó el ex dictador Carlos Ibáñez con una propuesta populista que recogía el descrédito de los partidos, en especial del radical. Una escoba para barrer a los políticos fue su emblema, su gobierno significó en efecto un terremoto para el sistema político, pero que no puso en jaque los compromisos básicos del sistema democrático.

El acuerdo político comprendía un gran acuerdo de desarrollo económico, base del proyecto nacional entre 1932 y 1952.

De acuerdo con el informe de la Liga de las Naciones, Chile había sido el país más afectado por la crisis económica mundial de 1929. El volumen de su comercio cayó en 70%, el salitre ya había entrado en crisis por la invención de su equivalente sintético y estaba fuertemente endeudado. El modelo monoexportador se extinguía por sí mismo. La reacción en la década de los 30 fue disminuir la vulnerabilidad externa de la economía con base en una mayor inversión estatal, pero esta reacción inicial se transformó, con el triunfo del Frente Popular, en un modelo de desarrollo mediante la sustitución de importaciones, con base en la industrialización promovida por el Estado. La institución emblemática de este nuevo modelo fue la Corfo (Corporación de Fomento de la Producción). La derecha se opuso a su formación en el Parlamento, a pesar de que el empresariado la apoyaba. Se llegó a un acuerdo para que el empresariado estuviera representado y que su financiamiento proviniera de créditos externos y no de aumentos de impuestos. Pero la transacción principal fue otra: el gobierno no permitiría la sindicalización campesina. El modelo de sustitución de importaciones tuvo como base social el mundo urbano, incluido un fuerte movimiento sindical expresado en la Confederación de Trabajadores de Chile.

La política de industrialización, que fundó las grandes empresas públicas de infraescructura y base industrial en energía hidroeléctrica (ENDESA), petróleo (ENAP) y siderurgia (CAP), permitió también una importante intervención del Estado en el manejo de los precios, las remuneraciones, el comercio exterior y la política social. La primera fase fue exitosa, el PIB creció 3.4% al año entre 1929 y 1950, dentro del cual la industria manufacturera se incrementó 6.1%, la minería se redujo en 1% anual y la agricultura se expandió sólo a 1.9%. (Boe 83). Este modelo diversificó la producción industrial, y significó una enorme transferencia de tecnología y capacitación de obreros calificados. Sin embargo, este dinamismo era insuficiente en relación con las crecientes expectativas y presiones sociales que, dados los mecanismos de negociación política, se transformó en un perverso círculo inflacionario. A mediados de los 50, la inflación llegó a 85% en el marco de dos grandes huelgas que expresaban el descontento laboral, el estancamiento en el nivel de vida y la capacidad de presión del proletariado industrial.

En la década de los 40, los afiliados a la CTCH aumentaron en 40% y si bien el movimiento sindical chileno era menor que el de otras naciones latinoamericanas, tenía la singularidad de ser autónomo del Estado y de estar afiliado a los partidos políticos, principalmente al Comunista y al Socialista. Negociaban, por tanto, dentro del sistema y las huelgas se expresaron a través de canales legales. Hubo violencia en el periodo, pero no se constituyó en una expresión de demanda social predominante.

Hacia mediados de siglo, el modelo de sustitución de importaciones ya presentaba claros signos de agotamiento. Si bien la producción tuvo un crecimiento mayor que la población, subsistieron los bajos niveles de vida de los sectores populares, además del déficit habitacional, educacional, laboral, etc. La sociedad se hacía crecientemente urbana (60.2% en 1950), crecía la marginalidad en las metrópolis y aparecían las "ciudades perdidas" en los suburbios de la capital. La migración del campo a la urbe se acrecentaba con el estancamiento agrario. En esa misma coyuntura de mediados de siglo, la presión del movimiento social se fortalecía y las mujeres accedían finalmente al voto, municipal primero y luego presidencial en 1952.

V. Las paradojas de la profundización democrática

Durante el periodo que con justicia se ha denominado "Estado de Compromiso (1932-1970)" por la capacidad de inclusión negociada al sistema de los grupos sociales emergentes, la población chilena se duplicó llegando a 7'600,000 habitantes en 1960; se redujo considerablemente la mortalidad infantil y aumentaron las expectativas de vida. La educación se expandió en forma notable eliminando el analfabetismo y ampliando su cobertura a nivel medio, superior y técnico. Se desarrollaron los medios de comunicación de masas. En la década de los 40, el número de aparatos de radio se triplicó y a partir de los 60 se inició la televisión con cobertura nacional. Se desarrollaron también las organizaciones sociales de participación. Al sindicalismo de la clase obrera industrial, se sumó el sindicalismo campesino en la década de los 60 y nacieron las organizaciones comunitarias de base territorial como las juntas de vecinos y los centros de madres. Se amplió con decisión el cuerpo electoral y se perfeccionó su transparencia por medio de la cédula única que impedía el cohecho. En 1949, antes de la incorporación del voto femenino a las elecciones nacionales, el cuerpo electoral incluía a la quinta parte de la población y en 1970 a la mitad.

En todas estas transformaciones, el Estado tuvo un papel decisivo como también los partidos políticos y la estructuración de alianzas. La izquierda, por primera vez, afianzó su unidad rechazando unirse con partidos que no fueran obreros. El Partido Socialista reunió a sus facciones e hizo una opción ideológica por el marxismo-leninismo que facilitó su entendimiento con los comunistas y juntos formaron el Frente de Acción Popular. En el centro, el Partido Radical fue desplazado por un nuevo centro "excéntrico": la Democracia Cristiana fundada en 1957, que reunía principalmente a los jóvenes católicos progresistas de la Falange Nacional formada en los 30. La DC se definía contraria al liberalismo y al socialismo, y rechazaba jugar el papel negociador y pragmático que había jugado el radicalismo. Por el contrario, su programa era fuertemente doctrinario y proponía un camino propio. En la derecha, también conservadores y liberales consolidaban su alianza. Es así como, para las elecciones presidenciales de 1958, el sistema político chileno estaba dividido en tres tercios. El candidato de la derecha, Jorge Alessandri, triunfó con 31.6% de los votos; le siguió Salvador Allende, del FRAP, con 28.9%, y más atrás Eduardo Frei, demócrata cristiano, con 20.7%.

Alessandri pretendía hacer un gobierno eminentemente técnico, orientado al ordenamiento económico que se denominó la Revolución de los Gerentes. La reactivación económica tuvo éxito en un comienzo y el aumento anual del PNB per cápita del periodo 59-64 fue de 2.7%, en contraste con 0.3% del periodo anterior (AA39). Pero la política estabilizadora tuvo dificultades en el frente externo que la llevaron a una fuerte devualación. La inflación se aceleró, las huelgas de la CUT (Central Unica de Trabajadores) tuvieron amplio apoyo; el gobierno concedió demandas a costa de mayor inflación. La demanda social reforzaba las opciones de centro progresista y de izquierda en detrimento de la derecha, como se comprobó en las elecciones presidenciales de 1964, donde triunfó el candidato demócrata cristiano Eduardo Frei con 55%, seguido por Salvador Allende con 38.6. La derecha, ante el terror del triunfo de la izquierda y viendo su propia debilidad, no llevó candidato propio y votó por Frei. La Revolución en Libertad proponía una reforma estructural para originar el crecimiento económico y la redistribución del ingreso. Las principales reformas fueron la "chilenización del cobre", la reforma agraria con sindicalización campesina, y la Promoción Popular que organizaba a los sectores marginales urbanos y a las mujeres en juntas de vecinos y centros de madres.

La democracia cristiana debía mucho y era expresión de los cambios experimentados dentro del catolicismo. Tímidamente a comienzos de siglo y con mayor fuerza en los años 30, el catolicismo social había impregnado a los jóvenes de la clase media católica y a los miembros del clero. La fuerte ligazón de la jerarquía eclesiástica y el Partido Conservador también se debilitó, hasta romperse en los años 50. La jerarquía chilena estaba participando activamente en el Concilio Vaticano II y en la Iglesia latinoamericana; hasta tal punto ciertos sectores de ella se sintieron identificadas con los cambios, que hizo su propia reforma agraria en tierras pertenecientes a la Iglesia. El mundo católico tenía también una fuerte base popular que los demócrata-cristianos disputaron palmo a palmo con la izquierda.

Con gran euforia celebró el PDC 42.3% de los votos que obtuvo en competencia con los partidos de derecha e izquierda en las elecciones parlamentarias de 1965. De esta forma, logró la mayoría en la Cámara de Diputados y un número considerable de escaños en el Senado, pero no la mayoría absoluta (12 de 21). Dentro del partido, el grupo más conservador deseaba continuar con la tarea de Alessandri de modernizar el sistema capitalista e intensificar el proceso de industrialización.

Un segundo grupo, de carácter más populista, ponía énfasis en la redistribución del ingreso y en la organización de los sectores más pobres. Por último, el grupo más radical pretendía transformar profundamente el sistema de propiedad agraria y la concentración del poder económico, así como desarrollar formas comunitarias de propiedad.

La chilenización del cobre se consideraba la piedra angular de la política del gobierno, proyecto que asoció a este último con las empresas norteamericanas dueñas de las minas. El objetivo era duplicar la producción cuprífera para 1972, aumentar la cantidad de cobre refinado en Chile, integrar su industria a la economía chilena y asignar al gobierno un papel más activo en el comercio internacional. El trato con las empresas norteamericanas fue más que generoso, lo que provocó protestas políticas. Con el traspaso de las acciones y las nuevas inversiones realizadas en el proceso productivo, se logró aumentar significativamente la capacidad productiva y el gobierno acumuló experiencia en la comercialización, la fijación de precios y el control del producto. De esta forma, el ingreso fiscal pasó de 225 millones de dólares en el periodo anterior a 511 millones.

Una segunda prioridad era la reforma agraria combinada con organización y sindicalización rurales. La Iglesia defendía la idea de redistribución de la tierra y el gobierno de Estados Unidos, a través de la Alianza para el Progreso, apoyaba la reforma bajo el supuesto de que ésta frenaría la amenaza de las guerrillas rurales. Se consideraba que la estructura agraria tradicional impedía el desarrollo de la producción industrial. Más de la mitad de la tierra (55.3%) entre Coquimbo y Llanquihue correspondía a latifundios, en tanto que la concentración del crédito y los recursos era igual de dispar. Los dueños de la tierra, organizados en la Sociedad Nacional de Agricultura, aún poseían influencia suficiente como para suavizar los términos de esta reforma dentro del Congreso. La reforma se desarrolló con lentitud, si bien en 1969 ya se había expropiado 6% de la tierra cultivable del país y se habían creado alrededor de 650 asentamientos. Respecto de los sindicatos rurales, el gobierno los estimuló mediante la ley de 1967. De esta forma resultó que, de un número ínfimo de personas sindicalizadas en 1964, se llegó a 100 mil sindicalizados dentro de más de 400 sindicatos en 1969. Como contrapartida, la ley permitía a su vez la sindicalización de los empleadores, por lo que en 1970 la Confederación de Sindicatos de Empleadores Agrícolas agrupó a un tercio de los medianos y grandes agricultores del país.

Otro aspecto importante del programa político era la organización de los sectores populares para terminar con la marginalidad de pobladores y de mujeres; esto apoyado por la reforma educacional que logró aumentar el total de matriculados en el sistema educacional en 46% a partir de 1964. Se logró un verdadero progreso en cuanto a la superación de la pobreza, especialmente en el sector rural y se construyeron 250,000 nuevas viviendas.

El gobierno de Frei se benefició con elevados precios del cobre, aun cuando el PNB fue ligeramente menor que en el periodo de Alessandri. La deuda externa se duplicó y el control de la inflación fracasó. El gasto público creció de 35.7% en 1965 a 46.9% en 1970. Se gastó en reformas sociales más de lo que justificaba el ingreso estatal que, por concepto de recaudación de impuestos, financiaba sólo tres cuartas partes del gasto fiscal. Pero era difícil detener el proceso iniciado, alentado por el entusiasmo popular que exigía más.

El gobierno del PDC no pudo mantener su ritmo reformista inicial. La inflación amenazaba con desbocarse por lo que se intentó retroceder en la implantación de algunos beneficios. Pero el gobierno no logró el apoyo institucional ni de los trabajadores ni de los empleadores. El sector industrial estaba intranquilo por el posible alcance de la situación constitucional de la propiedad, redefinida en 1967 para permitir la Ley de Reforma Agraria. El sector privado estaba preocupado por las reformas, por lo cual redujo su inversión.

El ala más radical del PDC tomó el control del partido en 1967 y opinaba que era urgente intensificar el proceso de reforma. Se organizaron los sectores marginales y creció su militancia. Aumentaron las huelgas tanto urbanas como rurales. También, la confiscación de predios, industrias y sitios urbanos para viviendas.

En la oposición se formó el Partido Nacional, el cual obtuvo 14.3% de los votos en las elecciones municipales de 1967 y 20% en las parlamentarias de 1969. La derecha estimaba que el PDC había perdido la iniciativa y temía que la izquierda se beneficiara de esto.

A medida que se acercaba el fin del periodo de Frei la actividad política se volvió más álgida. Tanto la derecha como la izquierda habían extremado sus planteamientos, la primera hacia soluciones autoritarias y la segunda se adhería categóricamente al marxismo. El MIR —Movimiento de Izquierda Revolucionaria, desprendido del Partido Socialista— empezó a operar en la clandestinidad. Incluso en el ámbito militar se comenzó a respirar una atmósfera de intranquilidad. La campaña presidencial de 1970 se disputó entre tres movimientos de fuerzas bastante equilibradas: Allende triunfó con 36.2%, le siguieron Alessandri con 34.9% y Tomic con 27.8%.

El programa de Allende estaba muy cerca de ser revolucionario, aunque su puesta en marcha se efectuara dentro de los límites de un sistema constitucional preexistente. Evidentemente, este sistema sería modificado, pero el gobierno no veía ilegalidad revolucionaria ni insurrección en ello, como tampoco visualizó el peso del rechazo de esa mayoría de población que no había votado por la UP. En breve, el conjunto de medidas contemplaba la nacionalización de las áreas dominantes de la economía; el establecimiento de un programa masivo de redistribución del ingreso; el fin del latifundio; el cambio del sistema político, a través de la creación de una legislatura unicameral; el desarrollo de la participación popular en el manejo de la economía, en la toma de decisiones políticas y en la administración de justicia, y el ejercicio de una política exterior independiente. Por un lado, como señala el estudioso del periodo Alan Angell, los supuestos sobre los cuales el gobierno basaba la puesta en marcha de su programa resultaron ser poco realistas; mientras en forma paralela comenzó a evidenciarse la imposibilidad de satisfacer las demandas de todos los sectores políticos que integraban la alianza de gobierno. En este sentido, resultaron de vital importancia las diferencias entre socialistas y comunistas en cuanto a la velocidad de realización del programa y el equilibrio político entre la movilización popular y la necesidad de infundir confianza a los sectores de clase media.

Los problemas de Allende se hicieron aún más complejos con la indisciplina e insurrección de su propio partido, el Socialista. En su congreso de 1967 una parte importante del partido apoyó, al menos en teoría, la vía insurreccional sobre la pacífica, argumentando que la "violencia revolucionaria era inevitable y necesaria". Por su parte, el MIR se encargó de ponerlo en práctica. La respuesta ambivalente de algunos líderes socialistas de izquierda frente a la legitimidad de la violencia revolucionaria desconcertó al gobierno y le pavimentó el camino a la derecha en su esfuerzo por atemorizar a la opinión pública en cuanto a los verdaderos fines de la UP. El asesinato de Pérez Zujovic, líder demócrata cristiano, en junio de 1971, sumado al tono de la propaganda de izquierda, agudizó el clima de hostilidad política. Por otra parte, los conflictos dentro de la alianza gobernante hizo que la autoridad de los partidos superara a la administrativa y se debilitara el control del Poder Ejecutivo sobre la maquinaria gubernamental. Durante el transcurso de su gobierno, la UP debió enfrentar la hostilidad creciente del Congreso. Mientras la alianza con el PDC no se concretara, su única tabla de salvación era que la bonanza económica provocara un vuelco masivo en su favor. Pero luego de un primer año exitoso, la economía comenzó a deteriorarse.

En 1971 se nacionalizaron las minas de cobre con el apoyo de la oposición. Ese mismo año las empresas tomadas fueron más de 80 y la reforma agraria se aceleró. En sólo un año, las expropiaciones igualaron a todas las realizadas durante el gobierno del PDC, muchas de ellas como resultado de tomas de terrenos. Al finalizar el año, prácticamente todo el sector financiero estaba en manos del gobierno, traspasado al área de propiedad social (APS). La expansión estatal produjo una alta tasa de crecimiento económico y una serie de condiciones favorables permitieron reducir la inflación en 1971. Pero se avecinaban muchos problemas como el crecimiento del mercado negro, una baja de la inversión privada, el descontrol de la expansión monetaria y el agotamiento de las reservas internacionales: El PNB real per cápita y los salarios iban en descenso y la inflación se había descontrolado. Durante todo el gobierno de la UP, la expansión de la base monetaria alcanzó 1.345%.

Otra grave fuente de conflictos para el gobierno fue la incorporación de las empresas al sector estatal. En 1973, las fabriles del sector estatal sumaban más de 40% de la producción industrial total y empleaban a 30% de la fuerza laboral industrial y 93% del crédito bancario total, representando 90% de la producción minera y 28% de la distribución de alimentos.

Hacia 1972, el gobierno perdió todo control sobre la planificación a largo plazo. Por su parte, la oposición contribuyó en todo lo posible a sabotear los planes económicos gubernamentales. Sus acciones fueron decisivas. Por la vía parlamentaria se opuso a las reformas tributarias, negándose a financiar el presupuesto de 1972. Además, sabotearon la producción y apoyaron huelgas generalizadas, tales como las llamadas huelgas patronales de octubre de ese mismo año y de junio de 1973. Se agrega a todo lo expuesto el virtual boicot por parte de Estados Unidos.

El centro político, como lo han señalado los estudiosos del periodo, desapareció en el Chile de Allende. El Partido Radical se dividió mientras que el PDC se acercó al Partido Nacional por consideraciones electorales, al tiempo que un sector de su ala progresista conformaba la Izquierda Cristiana. El conflicto no pudo contenerse en el marco institucional probablemente, según Alan Angell, porque ninguno de los bandos estaba muy comprometido con el sistema y porque todos los partidos habían exagerado sus expectativas.

Tan impresionante como el crecimiento de las organizaciones de los sectores marginales lo fue el de los gremios. Eran asociaciones de empleados y profesionales que agrupaban desde médicos hasta pequeños comerciantes y taxistas. En 1973, más de 1,000 gremios se oponían activamente a la UP. No obstante su tradicional independencia, esos grupos fueron un instrumento activo utilizado por los círculos empresariales. Mientras el gobierno reforzaba su discurso popular y socialista, la prensa y la radio —en gran medida controladas por la oposición— fueron activos entes de propaganda contra los objetivos a largo plazo de la UP.

La principal confrontación con el gobierno se produjo en la huelga masiva de transportistas en octubre de 1972. Fue la respuesta inmediata de los gremios a las intenciones gubernamentales de elevar el control estatal sobre los abastecimientos a las compañías de transporte, sector extremadamente importante para la economía del país si se tiene presente su geografía. El asunto provocó la entrada de los militares al gabinete, pero ya era demasiado tarde para frenar el proceso de polarización.

El balance de la situación nacional de ese momento clarifica de alguna manera el porqué del violento golpe militar del 11 de septiembre de 1973. El gobierno y la oposición se encontraban alineados frente a frente; la economía estaba fuera de control; el comandante en jefe del ejército, general Carlos Prats, había renunciado a su cargo, había sido derrotado como mediador y perdido el control sobre el cuerpo de oficiales; la Iglesia fue incapaz de unir a los bandos y, finalmente, la escalada de violencia y asesinatos propició un clima de terror y desconfianza.

Los militares habían intervenido esporádicamente en el proceso político. El mundo civil conocía poco sobre sus opiniones políticas y, en general, existió una excesiva confianza en su acostumbrada neutralidad. La oposición pedía el golpe y promovía conspiraciones militares. El PDC comenzó a atacar con mayor fuerza al gobierno y a avalar un posible golpe militar como única solución al conflicto. La conspiración se consolidó cuando los jefes de la armada, del ejército y de la fuerza aérea fueron destituidos; la salida del general Prats fue la más importante. La confusión crecía y la tendencia a la anarquía era irreversible. Fracasaron además las negociaciones del cardenal Silva Henríquez por lograr un acuerdo entre UP y PDC, mientras que, en las industrias, trabajadores y militares se enfrentaban con violencia tras la búsqueda de armamento por parte de estos últimos. En este contexto, los llamados del senador Carlos Altamirano y el líder del MIR, Miguel Enríquez, a los conscriptos de la armada a levantarse contra sus oficiales como respuesta a las supuestas brutalidades que se les practicaban, endurecieron la resolución del golpe y la idea de deshacerse del comandante en jefe de esta rama, almirante Montero. Su remoción, acaecida el 7 de septiembre de 1973, eliminó el último obstáculo para el golpe y el compromiso del general Pinochet con la conspiración señaló el inicio de los preparativos finales.

El 11 de septiembre de 1973, las fuerzas armadas se levantaron bombardeando La Moneda.

VI. LA RUPTURA DEMOCRÁTICA VISTA DESDE LA TRANSICIÓN

Muchos críticos de la transición democrática vivida en la década de los 90 han señalado la amnesia de la sociedad chilena para asumir su propio pasado. Sin embargo, el cambio de siglo ha sorprendido al país en un encarnizado debate sobre la crisis de 1973. Los tres poderes del Estado tienen que tratar de ella. El gobierno para buscar acuerdos, el Poder Judicial para fijar delitos y el Senado para establecer lo que han llamado la "verdad histórica". En la prensa aparece el 73 con sorprendente frecuencia, las imágenes de La Moneda en llamas están cada día en los noticiarios, los suplementos culturales hacen nuevas revelaciones de documentos y los actores escriben sus testimonios. Desde que el general Pinochet fue detenido en Londres, en octubre de 1998, el pasado irrumpió en buena medida porque los sentimientos controlados y disciplinados durante la transición podían expresarse sin riesgo de una regresión autoritaria. Para mirar hacia el pasado, primero fue necesario construir la democracia.

Este debate tiene distintos niveles. Uno es el ético, que plantea la relación entre la crisis de la democracia para "explicar" o "justificar" la violación a los derechos humanos. Es lo que intenta aclarar, entre otras cosas, la declaración de la Mesa de Diálogo sobre Derechos Humanos convocada por el gobierno en 1999, donde por vez primera se sentaron juntos uniformados y abogados de derechos humanos para buscar una solución respecto del destino de los detenidos desaparecidos. Esta mesa señala que "Chile sufrió, a partir de los década de los 60, una espiral de violencia política que los actores de entonces provocaron o no supieron evitar. Fue particularmente serio que algunos de ellos hayan propiciado la violencia como método de acción política. Este grave conflicto social y político culminó con los hechos del 11 de septiembre de 1973, sobre los cuales los chilenos sostienen, legítimamente, distintas opiniones. Sin embargo, hay otros hechos sobre los cuales no cabe otra actitud legítima que el rechazo y la condena, así como la firme decisión de no permitir que se repitan. Nos referimos a las graves violaciones a los derechos humanos en que incurrieron agentes de organizaciones del Estado durante el gobierno militar". A mi juicio, este párrafo que encabeza la declaración final busca sostener la primacía del pronunciamiento ético sobre la interpretación histórica. Para la sociedad democrática del futuro es más relevante una condena común a las violaciones a los derechos humanos que pretender, de manera ficticia y forzada, establecer una interpretación o una narración común de lo sucedido en 1973.

Otro nivel del debate ha sido el judicial, con consecuencias tan relevantes como la detención del general Pinochet en Londres, su actual desafuero como senador y los múltiples juicios que hoy se siguen en las cortes chilenas por violaciones a los derechos humanos a partir de una distinta interpretación de la Ley de Amnistía de 1978. Pero el debate no sólo se ha dado en las artes, en el teatro, en el cine, en la novela. También la psiquiatría ha hecho su aporte. Y se da además a nivel historiográfico con nuevas investigaciones y nuevo material que aparecen cada día. Estamos invadidos por nuestra memoria, lo cual no ha sido frecuente en nuestra historia.

En realidad, la reflexión sobre el 73 se inició en el mundo político de la izquierda que desde hace mucho, tanto en el exilio como dentro del país, se preguntó porqué el proyecto socialista encabezado por Salvador Allende había fracasado en forma tan estrepitosa y dramática. La democracia dejó de ser vista como un mero instrumento y pasó a ser un valor esencial de su pensamiento político. Rompió con el marxismo-leninismo, lo que permitió una nueva estructuración de alianzas con la Democracia Cristiana y la formación de la Concertación de Partidos por la Democracia que derrotó a Pinochet en el plebiscito de 1988 y luego triunfó en las elecciones de 1989. En el mundo académico internacional, el caso de Chile despertó especial interés y, junto a otros países de la región, pasó a ser un estudio obligado de las rupturas democráticas y los gobiernos autoritarios del periodo. El lapso autoritario fue quizás el más rico y reflexivo de las ciencias sociales chilenas, que siguieron funcionando a pesar de la intervención de las universidades gracias a la ayuda internacional a diversos centros de estudio independientes. La historiografía chilena, por su parte, ha intentado explicarse la crisis del 73 en el contexto de la historia del siglo, de la ampliación democrática para unos, de la tiranía de los partidos para otros, de la decadencia fruto de la ruptura de la unidad nacional o de la conformación de proyectos globales excluyentes para algunos más.

La acumulación de literatura sobre el 73 es de verdad muy abundante. Nuestras dificultades para comprender qué sucedió no tienen que ver con la cercanía subjetiva de los hechos, como de nuestras miradas todavía convencionales para dar cuenta de ellos. Miradas todavía muy estructurales, institucionales y políticas. Pero pueden hacerse algunas afirmaciones generales.

El golpe de Estado de 1973 fue producto de una crisis general de la sociedad chilena y de la incapacidad del sistema político para procesar las demandas sociales concentradas en el Estado, a la vez que de la incapacidad del sistema económico para incorporar a los nuevos actores —campesinos y marginales— a mejores condiciones de vida como lo había hecho antes con los sectores medios y obreros industriales. Lo que hizo crisis fue la manera como la sociedad chilena había aprendido a regular su convivencia, el quiebre de un tipo de integración social.

Durante mucho tiempo seguiremos discutiendo si fue o no evitable. Lo claro es que no hay ninguna causalidad necesaria ni mecánica. Para los historiadores, plantea el problema metodológico ya clásico de la relación entre el tiempo corto y el largo, entre el tiempo de la política y el de las estructuras, pero principalmente entre el tiempo de la ideología y de la cultura, el tiempo subjetivo de los actores, de toda una sociedad que sintió que los parámetros básicos estaban dislocados. A las razones ideológicas y económicas conocidas es necesario agregar dimensiones más silenciosas. A mi juicio, nuestra forma de convivencia moderna, basada en derechos y proyectos individuales y comunes, ha sido, por decir lo menos, a saltos. Aprendimos a convivir en lo urbano como mayorías no sólo en forma muy tardía, sino abrupta. Pasamos del campo profundo a la población marginal sin alcanzar a vivir en pueblo ni aprender a escribir. Y en la ciudad nos acompañó y nos enseñó la radio antes que la escuela o el periódico. Seguimos siendo una cultura oral cuando saltamos a la audiovisual y electrónica, con una débil internalización de la cultura escrita y de lo que ella da de conciencia individual y crítica. Ello, entre tantas otras razones, debilitó la construcción del espacio público, a la ciudad como espacio mental y físico, como unidad abstracta basada en derechos, base de la soberanía popular y de la cultura democrática. En síntesis, hubo cierta colisión entre un proyecto liberal decimonónico que arraigó en la creación institucional y una tradición democrática débil que se hizo trizas cuando las grandes mayorías quisieron entrar. Por último, cabían pocos en este andamiaje republicano.

El Chile posautoritario surge, a mi juicio, con una fuerte continuidad de su tradición institucional y con un fuerte cambio en relación con lo que fue el patrón histórico del desempeño estatal en el siglo XX. En este sentido, el modelo económico ha significado una descentralización del poder y una capacidad de crecimiento en la última década mayor que en todo el siglo anterior. A pesar de las muchas limitaciones que ha vivido la transición, Chile terminó el siglo siendo una sociedad con menos pobreza, más abierta y más plural de lo que fue en el pasado. El desafío, como se verá en las paginas que siguen, es mucho mayor que eso. Es construir una sociedad civil suficientemente fuerte como para defender por sí misma el valor de la ciudadanía.

BIBLIOGRAFÍA GENERAL

Alan Angell, *Chile de Alessandri a Pinochet: en busca de la utopía*, Andrés Bello, Santiago, 1993.
Mariana Aylwin *et. al.*, *Chile en el siglo XX*, 3a edición, Planeta, Santiago, 1990.
Edgardo Boeninger, *Democracia en Chile*. Andrés Bello, Santiago, 1997.
Simon Collier y William F. Sater, *A History of Chile 1808-1994*, Cambridge Latin American Studies, Cambridge University Press, 1996.
Paul W. Drake e Iván Jaksic (editores), *El difícil camino hacia la democracia en Chile. 1982-1990*, Flacso, Santiago, 1993.
Francois Xavier Guerra, *Modernidad e independencias*, Colección Mapfre, Madrid, 1992.
Instituto de Historia, P. Universidad Católica de Chile, *Nueva historia de Chile. desde los orígenes hasta nuestros días*, Zig-Zag, Santiago, 1996.
Sol Serrano, *La diplomacia chilena y la Revolución Mexicana*, Secretaría de Relaciones Exteriores, México, 1986.

Eugenio Tironi, *Autoritarismo, modernización y marginalidad. El caso de Chile 1973-1989*, Ediciones SUR, Santiago, 1991.

Arturo Valenzuela, *The Breakdown of Democratic Regimes. Chile*, The John Hopkins University Press, Baltimore and London, 1978.

Segunda parte

Los procesos políticos de la transición a la democracia

Naturaleza y singularidades de la transición mexicana

José Antonio Crespo*

I. Introducción

Es posible decir que el régimen político posrevolucionario inició formalmente en 1917, al aprobarse de manera legal una nueva Constitución que delimitó el marco jurídico donde los actores políticos empezarían a actuar en adelante. A partir de entonces se fue abriendo camino poco a poco un nuevo Estado, llamado comúnmente posrevolucionario. Como a partir de 1929 se fundó el partido que reunió en su seno a la mayor parte de las fuerzas y corrientes revolucionarias, el Partido Nacional Revolucionario (que después cambió de denominación, llamándose Partido Revolucionario Institucional), ese régimen suele llamarse también "priísta". Como quiera que se denomine, se le ubica como el régimen que emanó de la Revolución Mexicana de 1910, y podría considerarse que su duración llegó hasta el año 2000, cuando el PRI perdió la elección presidencial.

* Doctor en Historia por la Universidad Iberoamericana. Ha sido profesor-investigador de la Universidad Iberoamericana y desde 1991 del CIDE. Es miembro del Sistema Nacional de Investigadores de Conacyt. Además, ha participado como miembro del grupo especializado sobre estudios electorales del Consejo Mexicano de Ciencias Sociales y como analista político en diversos periódicos. Entre sus libros más recientes destacan *Urnas de Pandora, Elecciones y democracia* y *Jaque al rey; hacia un nuevo presidencialismo en México*.

Aunque la élite gubernamental insistió en que dicho régimen era democrático en lo esencial (su formato jurídico así lo justificaba), en la práctica no cumplía con las condiciones mínimas necesarias para ser considerado como tal, tanto en la pugna por el poder (pues no había equidad, transparencia e imparcialidad en la contienda electoral) como en la división de poderes, lo que se tradujo en la ausencia de uno de los rasgos esenciales de la democracia política: la rendición de cuentas de los gobernantes. Eso explica que este régimen se haya configurado como un autoritarismo muy peculiar, probablemente el más flexible, adaptable y tolerante que haya existido. Al compararlo con otro tipo de autoritarismos, como una monarquía absoluta, un régimen de partido único, o una dictadura militar o personalizada, el régimen priísta resultó mucho más institucionalizado. Por lo cual pudo reducir el grado de represión necesario para ejercer su dominio. Las peculiaridades del autoritarismo mexicano contribuyen a explicar también los rasgos particulares de la transición mexicana, la cual, al compararse con otras ocurridas durante las últimas décadas en lo que Samuel Huntington ha denominado como "tercera ola",[1] resulta muy prolongada, con cambios aproximativos hacia la competitividad electoral y la democracia institucional. En este capítulo abordaremos los principales rasgos institucionales del régimen priísta mexicano, aquellos que lo distinguen en la historia de otros autoritarismos.

II. Autoritarismo institucional

Pese al carácter esencialmente autoritario del régimen mexicano, éste desarrolló a lo largo de varios años un alto grado de institucionalidad política, entendiendo por esto la fortaleza de las reglas del juego político, a tal grado que ninguno de los actores políticos podría pasarlas por alto sin pagar algún costo político importante, como la propia exclusión de los infractores (si no es que algo más grave). También, la institucionalización política tiene otra faceta, que consiste en la capacidad de las instituciones políticas para incorporar a amplios sectores de

---

[1] Samuel Huntington, *The Third Wave; Democratization in the Late Twentieth Century*. University of Oklahoma Press, 1991.

la población al proceso político.[2] Esto subraya que el nivel de institucionalización desarrollado por el autoritarismo mexicano se relacionó con su capacidad para preservarse durante largo tiempo. Mientras mayor es el grado de institucionalización que desarrolla un autoritarismo cualquiera, mayor será su base de continuidad y estabilidad política. Los regímenes con un bajo nivel de institucionalización política resultan más vulnerables a las presiones y los desafíos internos y externos. Y mientras menor es la institucionalización de los regímenes autoritarios (el caso de las monarquías absolutas y las dictaduras militares o personalistas) más fácil será su derrocamiento y sustitución por otro régimen de cualquier índole. De igual forma, una democracia institucionalizada tendrá mayores probabilidades de prevalecer a lo largo del tiempo que las que no han logrado dicha institucionalización. Lo mismo en el caso de los autoritarismos como en el de las democracias, su derrocamiento será más lento y difícil que si no presentara una estructura institucional amplia y sofisticada.

Cuando los autoritarismos llegan a desarrollar una forma de dominio basada en instituciones de masas (como sindicatos, confederaciones, asociaciones, así como un partido de masas, único o hegemónico), por lo general tienen más continuidad y mayor estabilidad que aquellos que no cuentan con ese aparato institucional. Por tanto, estos últimos se ven obligados a recurrir a la dominación directa, respaldados básicamente por los aparatos de seguridad del Estado, la desmovilización ciudadana, la exclusión de ciertos actores políticos, la supresión de partidos políticos (si los había) y un grado importante de represión de la disidencia. En el primer caso, hablamos de un "autoritarismo institucional", mientras que en el segundo estaríamos frente a un "autoritarismo directo". La estabilidad de los autoritarismos institucionales, superior que la de los autoritarismos directos, fue incluso reconocida por revolucionarios marxistas como el doctor Ernesto *Che* Guevara, que en alguna ocasión afirmó: "La revolución no puede tener éxito contra un gobierno que ha llegado al poder a través de alguna forma de voto popular, con o sin fraude, y mantiene al menos la apariencia de legalidad constitucional".[3]

---

[2] Cfr. José Antonio Crespo, *Fronteras democráticas; retos, peculiaridades y comparaciones*. México. Océano, 1999.
[3] Ernesto Guevara, "Guerrilla Welfare", Vintage Books, New York, 1962.

La fuerza relativamente mayor de los autoritarismos institucionales se explica también por la presencia de un partido de masas, aunque monopólico, pues sus vasos comunicantes penetran en amplios sectores de la sociedad y hace las veces de un "sistema nervioso", que le permite captar las inquietudes y demandas de los ciudadanos, militantes o agremiados en los sectores que lo componen; con ello compensa la ausencia de los "sensores políticos" con que cuentan los sistemas democráticos. Además, dichas estructuras también pueden fungir como redes de espionaje y control político, lo mismo entre los propios militantes que con otros ciudadanos que no forman parte del partido. El régimen priísta presentaba las características de un autoritarismo institucional, dotado de un partido oficial de masas, capaz de incorporar amplios segmentos de la ciudadanía al juego político. Dicha incorporación fue propiciada por la élite gubernamental en su propio beneficio, por lo cual mantenía una dirección vertical y centralizada del poder. De tal forma, como lo afirma Lorenzo Meyer:

> A diferencia de la mayoría de los sistemas autoritarios, el de México nunca tuvo tendencias excluyentes. En realidad, el crecimiento sostenido de la economía por medio siglo permitió a las élites políticas y revolucionarias abrir sus filas a casi todos aquellos con ambiciones políticas, capacidad de organización y aceptación de las reglas de la disciplina presidencialista.[4]

El mexicano fue un autoritarismo sumamente distinto a los que existieron en otras partes del mundo. En más de un aspecto resulta un caso de excepción. El autoritarismo institucional que levantó la élite revolucionaria mexicana presentó evidentes ventajas frente a otros de tipo directo, en lo que hace a su continuidad y estabilidad, lo cual puede explicarse por las siguientes razones:

a) El régimen priísta resolvió el problema del relevo pacífico de mandos, así sea dentro de un mismo grupo y sin poner en riesgo la hegemonía política del partido gobernante. Ello se tradujo también en una enorme movilidad política dentro de la élite ofi-

---

[4] Lorenzo Meyer, "La democracia política; esperando a Godot", *Nexos*. N. 100. Abril de 1986.

cial, lo que favoreció el acuerdo entre diversas camarillas y corrientes en su seno, así como el acatamiento de las reglas operativas del sistema político, fuesen éstas escritas o no (buena parte de ellas nunca lo fueron). Por ejemplo, el principio de "no reelección", en el caso mexicano, fue vital para garantizar la movilidad política, la que a su vez fue pilar de la estabilidad al facilitar a todos jugar con las reglas vigentes en lugar de separarse del régimen para así nutrir la oposición o la disidencia. La sustitución de grupos en cada sexenio del poder, aunque por décadas se registró dentro del mismo partido, distinguió a un gobierno determinado respecto del régimen en su conjunto. Ello permitía que, aunque un gobierno determinado quedara mal parado, los ciudadanos abrigaran la esperanza de que el gobierno que lo sustituiría, aun perteneciendo al mismo partido, rectificaría los errores y evitaría los abusos de su antecesor.

Mientras dicha capacidad de renovación sexenal de los gobiernos priístas perduró, tuvo la posibilidad de refrescar su legitimidad política o al menos reducir su desgaste, relegando el momento de la alternancia partidista. Eso no ocurre en las dictaduras de poder vitalicio (como fue el franquismo español, o los 16 años en el poder de Augusto Pinochet en Chile). En el régimen mexicano, la responsabilidad en la gestión gubernamental solía imputarse al gobierno saliente, el cual asumía los costos de sus propias decisiones para dejar al gobierno entrante tan limpio de toda culpa como fuera posible. Así, en los últimos gobiernos priístas, se convirtió en una regla de oro devaluar la moneda al finalizar el periodo de gobierno, de modo que el costo político de tan impopular medida lo absorbiese el presidente saliente. Dicha regla, sin embargo, fue deliberadamente rota por Carlos Salinas de Gortari quien, en lugar de devaluar el peso de acuerdo con lo que demandaba la salud de la economía, dejó tal responsabilidad a su sucesor, Ernesto Zedillo. Haber roto dicha regla explicaría no sólo la situación de autoexilio en la que cayó Salinas, sino también la drástica reducción de la legitimidad del régimen, que favoreció la alternancia en el año 2000. Por su parte, en las democracias una mala gestión suele provocar el cambio de partido sin mayor dificultad, pero no es necesario variar de régimen. En los autoritarismos vitalicios (o que pretenden serlo) la pérdida de legitimidad por parte del gobierno en turno se traduce en ilegitimidad de todo el régimen. En el régimen priísta, se logró un punto intermedio entre estos dos extremos, lo que contribuyó a ampliar su margen de continuidad, pese a los diversos yerros y abusos de algunos gobiernos (en particular los últimos).

b) El régimen priísta desarrolló instituciones de masas que permitieron incorporar amplios sectores organizados al proceso político, si bien de forma dirigida y limitada. Es esto lo que le confirió su carácter de "incluyente". Es decir, el autoritarismo mexicano consiguió conciliar la participación de masas con un poder altamente concentrado, condición para preservar su autoritarismo a lo largo de décadas. Las instituciones que facilitan ampliar la participación, al tiempo que fungen como dispositivos de control político fueron las que evitaron durante décadas que la movilización disidente alcanzara niveles riesgosos para la continuidad o la hegemonía del propio régimen.

c) La relativa apertura del régimen mexicano le permitió recurrir en menor grado a la represión, a diferencia de lo que ocurre en otros autoritarismos más rígidos y excluyentes. Es cierto, sin embargo, que algunos grupos sociales, generalmente de nivel socioeconómico más humilde, estuvieron sujetos a mayor represión que los sectores medios y acomodados. También fue característico del régimen priísta que después de someter a un grupo o sector le concedía nuevos espacios de participación, aunque bajo las condiciones dictadas por la cúpula gubernamental. Un ejemplo típico de dicha práctica fue la llamada "apertura democrática" que el presidente Luis Echeverría ofreció a los jóvenes después de las matanzas de estudiantes de 1968 y 1971; o más tarde a los guerrilleros de los años 60. Esa costumbre de incorporar al régimen a quienes se ha perseguido previamente contribuyó enormemente a su continuidad, al obstruir la formación de una disidencia clandestina poderosa, articulada y permanente.

d) El régimen priísta logró subordinar a las fuerzas armadas e imponerles las directrices de los mandos civiles, por lo que las probabilidades de acciones autónomas del ejército —siempre riesgosas para la estabilidad— quedaron reducidas significativamente. Al mismo tiempo, eso también redujo el recurso de la represión con el que las fuerzas armadas suelen enfrentar los movimientos disidentes y contestatarios. La institucionalización de las fuerzas armadas también hizo más previsible la conducta política de los demás actores. Tal subordinación de manera necesaria se tradujo en un ambiente institucional de mayor confianza y certidumbre para todos los actores políticos, incluyendo a la oposición.

e) Todo lo anterior permitió al autoritarismo institucional mexicano presentarse como un régimen relativamente democrático, por más que los mecanismos y procedimientos propios de la democracia no se cumplieran a cabalidad. De hecho, la brecha que existe entre una práctica autoritaria y una formalidad democrática se disimula con mayor facilidad que en los autoritarismos directos, por lo general menos respetuosos de las formas jurídicas y los protocolos políticos. Ello le proporcionó al régimen priísta una legitimación adicional a la de su desempeño gubernamental. Por lo tanto, un buen número de ciudadanos consideraría al autoritarismo institucional como una genuina democratización o, al menos, como un régimen en vías de llegar a serlo.

Estas características del autoritarismo institucional contribuyen a explicar porqué es más durable que los autoritarismos directos (como los del Cono Sur latinoamericano), mucho más precarios por su propia rigidez. La elevada institucionalización del sistema político mexicano le permitió presentarse durante años como relativamente más avanzado que los prevalecientes en el resto de América Latina. Incluso, frente a las dictaduras de corte militar, en varias ocasiones se le consideró como un modelo alternativo de desarrollo político en la región. Después, esa misma institucionalización se erigió como un obstáculo para la transición democrática, en parte quizá por el vigor de las instituciones que le brindaron al régimen priísta un amplio margen de maniobra, capacidad de adaptación y longevidad. Es representativo de esta paradoja un texto de Gabriel Zaid, de 1985:

> Viajar era explicarles a los cariñosos interlocutores qué receta misteriosa teníamos para alcanzar la paz, la prosperidad y un comienzo de justicia. Viajar ahora es pasar vergüenzas, tener que dar explicaciones: ¿Cómo es posible que México se haya quedado atrás políticamente? ¿Que España sea capaz de superar el franquismo y México incapaz de superar al PRI? ¿Que Argentina sea capaz de juzgar a sus expresidentes militares y Méxi-

71

co incapaz de juzgar a sus presidentes civiles? ¿Cómo es posible que un país que lo tenía todo... está en quiebra? ¿Cómo es posible la corrupción en tal escala?[5]

III. El sistema de partido hegemónico

Una de las características esenciales del régimen priísta, que explica en buena parte el ritmo y las singularidades de la transición mexicana, fue su sistema partidario, en general considerado por los teóricos como de tipo "hegemónico". En este sistema, el partido oficial convivió con partidos opositores legalmente registrados, con derecho a competir de manera formal en los comicios, a ocupar cargos de elección popular, pero que no ejercían una influencia decisiva sobre el proceso gubernamental y que en lo institucional no tenían oportunidad real de acceder al poder presidencial.[6] Se trata también de un partido de Estado como los partidos únicos (de cualquier signo ideológico), porque el PRI utilizó el aparato estatal para garantizar su continuidad en el poder mientras el régimen pudiera mantenerse en pie, anulando así la competitividad real frente a la oposición. Pero el hegemónico se diferencia de los sistemas de partido único en que éstos no permiten la existencia legal de partidos opositores, por lo cual mantienen un monopolio del poder no sólo virtual, sino total, además de ejercer un nivel de represión mayor sobre la disidencia. El partido hegemónico, al permitir la presencia y manifestación política de la disidencia y la oposición, por fuerza debía ser más flexible y tolerante hacia sus críticos y disidentes, tanto en la participación política como en la expresión comunicativa.

El origen del partido hegemónico mexicano fue similar al de muchos partidos únicos: una revolución social exitosa. Ello facilitó a los vencedores en la lucha revolucionaria disponer de un auténtico monopolio político, así como de una fuerte legitimidad inicial derivada de la propia revolución. Pero en México, aunque tales condiciones permitían en principio la instauración de un partido único, como en otros

5 Gabriel Zaid, "Escenarios sobre el fin del PRI", *La economía presidencial*. México, *Vuelta*, 1987. p. 119-20.
6 Cfr. Giovanni Sartori, *Partidos y sistemas de partidos*. Madrid, Alianza Universal. 1980. pp. 278-9.

países, la evolución histórica del país, así como su situación geopolítica, hicieron prácticamente imposible esa opción, tolerando tan sólo la existencia de un partido hegemónico que le imprimió una dinámica peculiar y un tanto distinta a la que se encuentra en los sistemas unipartidistas.[7] La razón histórica de esta limitación fue la tradición liberal mexicana, que dio lugar tanto a los gobiernos de la República Restaurada (1867-1876) como al porfiriato (1867-1910). El liberalismo político fue también la principal bandera de la revolución de Francisco I. Madero (1910-1911), que dio pie a la lucha revolucionaria que se prolongó hasta 1920. Dicha trayectoria sentó como fundamento indispensable de la legitimidad política a la democracia político-electoral, pues no podía ser total ni desechada de manera abierta.

La razón geopolítica de la formalidad democrática del régimen mexicano era su cercanía con Estados Unidos, considerando que ningún gobierno mexicano había logrado consolidarse sin el reconocimiento norteamericano y que éste exigía para ello preservar algunas características básicas de la democracia, al menos en lo formal. Por lo cual, un régimen de partido único difícilmente hubiera sido aceptado por los norteamericanos, al menos en su frontera sur. Así, si el régimen revolucionario quería el pleno reconocimiento de Estados Unidos para consolidarse tendría que mantener un formato democrático, aunque su práctica real no lo fuera en lo fundamental. Y ello exigía la aceptación legal de partidos opositores que fueran capaces de presentar candidatos a los diferentes cargos de elección popular en todos los niveles. Que esta competencia democrática se celebrara en condiciones equitativas, de modo que la oposición en realidad obtuviera triunfos, o que éstos le fueran reconocidos por el gobierno, no ocurrió sino de manera muy limitada y gradual.

Así, la necesidad de mantener este formato democrático para no perder cierta legitimación esencial —tanto en el ámbito interno como internacional—, no sólo obligó a los revolucionarios mexicanos a instaurar un sistema de partido hegemónico en lugar de único, sino también a preservarlo a lo largo de varios años, realizando diversas reformas políticas y electorales. Esto desató una dinámica peculiar que llevó a los gobiernos priístas a abrir cada vez más el sistema partidario, es

---

[7] Cfr. José Antonio Crespo, *¿Tiene futuro el PRI?; entre la supervivencia democrática y la desintegración total de México.* México, Cal y Arena. 1991.

decir, a mejorar gradual, pero en forma constante, las condiciones de competencia y a aceptar cada vez más triunfos opositores. Eso era así porque, de otra manera, los partidos opositores hubieran desaparecido del escenario político, ya fuese por no ver ninguna ganancia en participar en un juego perdido de antemano o, bien, por una extrema debilidad electoral, consecuencia de la rigidez misma del régimen. En tal caso, el PRI hubiera quedado como un auténtico partido único, incluso en contra de su voluntad, perdiendo así la legitimidad democrática necesaria para lograr la aceptación suficiente dentro y fuera del país. Por ello, era imprescindible que, conforme pasara el tiempo, los sistemas de partidos y electoral fueran aproximándose de manera gradual, pero clara, a uno más competitivo y democrático, aunque también se trataba de retrasar tanto como fuera posible ese desenlace. Eso porque, al caer en la plena competencia, se perdería la garantía de mantener el poder presidencial y legislativo, con sus ventajas inherentes. La hegemonía consistía, precisamente, en evitar el carácter de partido único y evadir a la vez una competencia partidaria real.

De esa forma, es posible concebir el sistema de partido hegemónico como el punto intermedio entre un sistema unipartidista y otro competitivo. El equilibrio que ello supone sólo podía intentarse moviéndose de uno a otro, pasar de un sistema relativamente cerrado (parecido al único) a otro relativamente abierto (próximo al competitivo), hasta que se alcanzaran los linderos de la competencia partidaria. En tal caso, el partido hegemónico enfrentaría la disyuntiva de dar marcha atrás para no cruzar el umbral de la competencia democrática (lo que implicaría una regresión autoritaria que pondría en riesgo la estabilidad política) o, bien, entrar de lleno a la lucha (lo que suponía sacrificar la garantía del triunfo electoral y, eventualmente, el poder). Ese trayecto en efecto se dio entre 1929 (cuando se fundó el PRI) y 1996, cuando, en virtud de la reforma electoral, la hegemonía se perdió, poniendo en riesgo la victoria del PRI, primero en el Congreso y después en la Presidencia de la República. Es decir, el PRI caminó a lo largo de casi 70 años de una posición muy semejante a la del partido único a otra en donde la competencia lo llevó a sufrir una derrota por la Presidencia en el año 2000. Esto dio lugar a la alternancia que marcó de manera más nítida el cambio de un régimen semiautoritario de partido hegemónico a otro que apunta hacia una plena democracia política, multipartidista y competitiva, pero no sólo en lo electoral, sino también en otras instancias del proceso político, como se explicó antes.

Este movimiento del PRI se dio de manera constante, pero no lineal, pues por momentos hubo retrocesos, principalmente cuando la oposición aparecía como más desafiante (en particular, a partir de 1982, cuando la crisis económica de ese año empezó a debilitar al PRI y a fortalecer a los partidos opositores). Sin embargo, al trazar la trayectoria general del PRI como partido hegemónico, está claro que empezó en un punto cercano al de un partido único, en 1929, y terminó cruzando los límites de la competencia en 1997, hasta que tres años más tarde apareció la alternancia. En ese momento, el PRI se vio orillado por las condiciones políticas a renunciar a cualquier intento de regresión, aceptando el veredicto desfavorable de los electores, para lo cual resultó decisiva la participación del presidente Ernesto Zedillo a fin de aceptar la derrota de su partido como único medio de salvaguardar la estabilidad económica y política del país. La ascendencia del presidente fue todavía suficiente como para conjurar cualquier intento de rebelión o conducta extrainstitucional del PRI y ello, evidentemente, contribuyó a enfrentar ese trance de manera pacífica y ordenada. Ese momento no pone fin a la transición, pero abona el terreno para que continúe, también sobre bases institucionales y civilizadas. Y aunque aún no existe alguna garantía de que las siguientes fases de la transición se desenvuelvan por esa vía, la alternancia y cómo se llegó a ella ayudan a que el proceso de democratización prosiga por la ruta de la institucionalidad ordenada y pacífica.

IV. El revisionismo electoral

La falta de equidad para los partidos en las condiciones de competencia no sólo se reflejó en la vinculación orgánica del partido oficial con el Estado. Las propias reglas del juego electoral determinaron ancestralmente una serie de ventajas a favor del partido del gobierno, mismas que le facilitaron la tarea de conservar su hegemonía por siete décadas. Con todo, debido a la diversidad de las condiciones políticas y el riesgo de que la oposición quedase aplastada por el peso de la hegemonía priísta, el régimen tuvo que manipular en forma constante la normatividad electoral, tanto para disminuir la intensidad de los diversos desafíos como para estimular a la oposición a continuar en un juego desventajoso. Su capacidad para modificar las reglas, de acuerdo con las circunstancias, ayudó al régimen a mantener el difícil equilibrio que suponía preservar un sistema de partido hegemónico.

En los regímenes democráticos, la normatividad electoral juega un papel fundamental en la preservación del régimen y la estabilidad política en general.[8] Las elecciones democráticas buscan resolver, de manera pacífica y civilizada, la designación y sustitución de los gobernantes, las transferencias del poder y la participación ciudadana en la designación de proyectos gubernamentales. Además, la celebración periódica de comicios intenta vincular el interés personal de los gobernantes con las demandas del electorado, además de dar a los perdedores nuevas oportunidades para competir por el poder, estimular su respeto a un veredicto desfavorable y su adhesión a la normatividad democrática. Detrás de la democracia electoral hay un principio de justicia —entre los aspirantes al poder— y uno de racionalidad política —como método para mantener la estabilidad política y la paz social. Que ello se logre de manera más o menos satisfactoria depende en buena parte de las reglas específicas que normen la contienda electoral y de la adhesión a ellas de los participantes. Muchos aspectos particulares de la normatividad electoral tienen que ver con la realidad social de cada país y con la modelación de su sistema de partidos en particular. Desde luego, existe una enorme gama de combinaciones y variedades jurídicas para normar la justa electoral, cada una de las cuales surte efectos políticos específicos.

En el caso de México, la normatividad constitucional proclama la equidad para todos los partidos en la lucha por el poder. Pero la legislación electoral no cumplía cabalmente, hasta hace poco, varias de las condiciones de equidad e imparcialidad. Además, era significativa la transferencia de recursos estatales al partido oficial para asegurar su triunfo. El régimen priísta pudo mantener un tipo de legislación electoral que favorecía al PRI. La oposición, pese a ello, aceptó participar en condiciones desventajosas como vía para seguir impulsando la democratización. Las posiciones alcanzadas a través de su participación le permitieron presionar al régimen en favor de la equidad en las normas jurídico-electorales, aunque a través de un esfuerzo prolongado (el fun-

---

[8] Cfr. José Woldenberg (*et al.*) *La mecánica del cambio político en México; elecciones, partidos y reforma.*

dador del Partido Acción Nacional, Manuel Gómez Morín, hablaba de una "brega de eternidades").

Pero la legislación electoral no sólo sirvió al régimen para dar ventajas decisivas a su partido en las contiendas electorales, también fue un valioso instrumento para modelar el tipo de oposición que convenía al régimen, para persuadirle de no abandonar la arena electoral, para fortalecer flancos débiles del partido oficial y prevenir posibles descalabros en otros puntos que parecieran endebles, para recuperar credibilidad después de comicios poco claros y creíbles y, finalmente, para mantener en la ciudadanía la ilusión de que se avanzaba constantemente hacia un sistema electoral competitivo. Todo ello contribuyó a mantener la continuidad del régimen de partido hegemónico en México durante siete décadas consecutivas.

De cualquier manera, en las regiones donde la oposición detentaba cierta fuerza electoral y tenía posibilidades de triunfo una victoria oficialista podía transformarse fácilmente en inconformidad opositora, dando lugar a graves conflictos poselectorales (como hubo muchos en distintas entidades del país). La intensidad de tales conflictos y la creciente fortaleza de la oposición en varias regiones obligaron al régimen a aceptar de manera gradual una mayor equidad en las normas electorales. En 1994, los avances electorales fueron limitados y en general orientados a dar mayor aire al régimen de partido hegemónico, en lugar de cruzar el umbral de la competitividad, lo que no se hizo sino con la reforma electoral de 1996.

La legislación cambió varias veces desde 1946, por la función que cumplió como "equilibradora" del régimen de partido hegemónico, punto intermedio entre un sistema de partido único y otro auténticamente competitivo. La tendencia en este tipo de partidos es a caer en alguno de sus polos constitutivos: en el de partido único o en el de plena competencia, lo que generaba una enorme dificultad para preservar este equilibrio. En el caso mexicano, como ya se dijo, resultaba indispensable conservar el modelo de partido hegemónico, pues era imposible legitimar al partido único y la competencia hubiera eliminado la garantía del triunfo, como de hecho ocurrió en 1996. Por lo cual convenía retrasar tanto como fuera posible el advenimiento de la plena competitividad. Pero sostenerse en el "justo medio hegemónico" durante mucho tiempo era una faena nada sencilla, pues la oposición podía desaparecer con facilidad (dejando al sistema como partido único) o bien fortalecerse, como empezó a ocurrir en 1988, hasta arrebatar crecientes espacios de poder al PRI. Así, para prolongar la hegemonía partidista, la élite priísta se vio obligada a modificar en forma constante, de acuerdo con las necesidades de cada momento político, la legislación electoral para normar la presencia de la oposición (y mantenerla, según los objetivos de la hegemonía, ni tan débil que saliera de la palestra electoral ni tan fuerte que desafiara al partido oficial).

La legislación electoral cambió con suma frecuencia, al grado en que de 1946 a 1997 ninguna elección federal se celebró bajo el mismo marco normativo; eso ocurrió sólo en el año 2000. El cambio electoral se sujetó a cinco principios básicos sin los cuales no podría conservarse la hegemonía priísta, de modo que no cayera ni en el unipartidismo ni en la plena competencia electoral:

a) Fomentar la pluralidad de la oposición; de haberse permitido la existencia solamente de un partido de oposición, éste podría cobrar suficiente fuerza como para desafiar al PRI, aglutinando el voto antipriísta, que en algún momento sería mayor al priísta (en las cifras oficiales, eso ocurrió hasta 1997 cuando, sin embargo, el PRI resultó ser todavía el partido mayoritario). En cambio, la presencia de una oposición plural (es decir, dividida), automáticamente restaba a cada uno de esos partidos la capacidad de presionar al régimen y de capturar suficientes votos como para disputar en serio el poder en las urnas.

b) Evitar que la oposición no continuara en la arena electoral aduciendo (legítimamente) que no tenía sentido competir en un juego tan parcial, cuyas reglas (escritas y no escritas) de antemano decidían el triunfo a favor del partido oficial. La legislación tuvo que aumentar el atractivo de seguir participando en las elecciones pese a su falta de competitividad, para evitar que la oposición decidiera retirarse (pues con ello el PRI quedaría como partido único). La posibilidad de ese retiro estuvo presente, en particular antes de que la oposición cobrara cierta fuerza (1988) como para ganar espacios significativos de poder. El PAN contempló dicha estrategia en varios momentos. Uno de sus principales exponentes, Adolfo Christlieb Ibarrola, escribió en 1951:

Es ilógico y absurdo que por una parte se afirme que las elecciones, por cuestión de sistema, no pueden realizarse limpiamente, y por otra se respalde el sistema mediante la concurrencia a la elección y mediante la aceptación de tres o cuatro curules que sirven de justificante.[9]

c) Impedir que la oposición desapareciera del escenario electoral, como consecuencia de su crónica debilidad. La legislación electoral fue modificándose para cumplir con este objetivo, incrementando las posibilidades de la oposición de obtener plazas políticas para que no perdiera por completo su presencia. Para evitar la salida de la oposición era necesario aceptar gradualmente mejores condiciones de competencia, así como reconocerle mayores espacios políticos. No es casual que dos de las principales reformas electorales que se dieron dentro de esta lógica, la de 1964 y la de 1979, se hayan aprobado justo cuando el PAN —entonces el único partido opositor con verdadera credibilidad— se viera dividido o muy debilitado.

d) Prevenir que la oposición se fortaleciera de más, lo cual le permitiría, por un lado, orillar al régimen a aceptar reglas decididamente equitativas y, por otro, desafiar con autenticidad al partido oficial en la contienda electoral. En tal situación, podría arrebatarle el poder u obligarlo, en el mejor de los casos, a incurrir en un costoso y evidente fraude para arrebatar el triunfo a la oposición (lo cual habría sido el caso en más de una ocasión en la historia del régimen priísta). La legislación electoral, cada vez que el partido oficial era golpeado por algún flanco o se esperaba que lo fuera en los siguientes comicios, se modificaba para reforzar su posición frente a la oposición y elevar de manera significativa sus probabilidades de triunfo legal (lo que no evitaba que también se incurriera, en la medida de lo necesario, en medidas ilícitas e ilegales para garantizar el triunfo de los candidatos oficiales).

e) Evitar que la oposición se coaligara electoralmente, pues en tal caso las ventajas de mantenerla dividida se perderían y dicha

---

[9] Citado por Alonso Lujambio e Ignacio Marbán, "La formación de un sistema netamente mexicano; la reforma de los diputados de partido, 1962-1963". En *Diálogo y Debate*. Núm. 1. Abril-junio de 1997.

coalición conseguiría un triunfo en las urnas (uniendo el voto antipriísta, que quizá resultara mayoritario en algún momento). Por lo mismo, la ley electoral cambió cuando se requirió para dificultar la formación de coaliciones opositoras. Después de enfrentar el Frente Democrático encabezado por Cuauhtémoc Cárdenas en 1988, la ley se hizo más restrictiva en este sentido. Pese a ello, la posibilidad de formar una coalición opositora se discutió en 1999, con gran temor de los priístas. Sin embargo, ese esfuerzo, respaldado por 60% de la ciudadanía según varios sondeos, fracasó. Pero ello no impidió que uno de los dos candidatos opositores, el panista Vicente Fox, lograra acercarse al candidato oficial en las encuestas y, por lo mismo, atraer la mayor parte del voto antipriísta sin que importara su ideología. Por esa vía captó 43% del sufragio, que resultó mayoritario frente a 37% que obtuvo el abanderado del PRI.

Así, para conseguir este conjunto de objetivos, la legislación electoral fue "maniobrando" según la evolución de las condiciones políticas en general y de la oposición en particular; por supuesto, lo que era necesario en ciertos momentos no lo era en otros, por razones evidentes; cuando la oposición estaba en riesgo de desaparecer había que alentarla; cuando podía crecer en exceso, había que detenerla. Es a partir de esa estrategia que se entienden los cambios en la legislación electoral, que no fueron lineales, sino que en más de una ocasión dieron pasos atrás. Cuando la oposición mostraba signos de agotamiento, el régimen aceptaba avances no desechables, lo que suele ser inusual en un régimen autoritario no presionado por la oposición. La norma en los autoritarismos es que sólo aceptan ciertos progresos cuando la oposición y la disidencia cobran fuerza y obligan al régimen a abrirse en cierta medida, pero, en tanto haya debilidad y falta de movilización, entonces no existen razones para tomar medidas progresistas. En el esquema mexicano, dado que no se quería caer en un modelo autoritario o de partido único, era preciso mantener el formato democrático, que exige la presencia de una oposición creíble en lo mínimo. Por lo cual paradójicamente, en los momentos de mayor debilidad de ésta, se abría en mayor medida el sistema, en tanto que, cuando crecía la oposición, el sistema se cerraba contrariando el esquema básico vigente en los regímenes autoritarios. Esto permitió darle vida a la hegemonía priísta, más allá de lo que suele encontrarse en otros autoritarismos rígidos, pues le imprimió una enorme flexibilidad institucional que, sin embargo, lo llevaría poco a poco a los linderos de una auténtica democracia electoral. Dar marcha atrás cuando ese momento llegara sería imposible o al menos muy peligroso para la estabilidad política del país. Así lo entendió el presidente Ernesto Zedillo, quien primero impulsó una reforma electoral democrática y después aceptó los resultados derivados de la misma, aun cuando fueron desfavorables para el PRI en la Cámara baja y la capital (1997) y, tres años más tarde, en la Presidencia de la República.

V. LA BORROSA FRONTERA DE LA DEMOCRACIA

En la mayoría de los procesos de transición política, de los últimos veinte años, vemos una pauta común de indicadores que delimitan con claridad el tránsito del autoritarismo a la democracia. Las peculiaridades institucionales del régimen priísta hacían mucho más complicado determinar en qué momento se cruzarían las fronteras democráticas de manera inequívoca, como ocurrió en la mayoría de los autoritarismos que recién transitaron a la democracia (desde España hasta Sudcorea, pasando por las dictaduras militares del Cono Sur latinoamericano y los sistemas socialistas de partido único).[10] Al respecto, Lorenzo Meyer advertía:

> La transición política mexicana se ha convertido en un proceso sin fin. Es verdad que, finalmente, el país ha avanzado en la dirección deseada, pero también es verdad que lo ha hecho con una lentitud glaciar, a un costo innecesariamente alto, y aún no es posible determinar cuándo el viejo sistema dejará de ser la realidad vigente para convertirse en historia.[11]

De cualquier manera, pese a que analíticamente puede distinguirse muy bien una democracia de un autoritarismo, la democratización es un proceso donde suelen combinarse (en mayor o menor medida) rasgos inci-

---

[10] Cfr. José Antonio Crespo. *Fronteras democráticas... op. cit.*
[11] Lorenzo Meyer, "1998; ¿reforma del Estado o cambio de régimen?", *Enfoque*, núm. 207, 4 de enero de 1998.

pientes de una democracia con resabios autoritarios. Como lo señalan Casper y Taylor: "La diferencia entre la democracia y el autoritarismo no siempre es nítida. Muchos regímenes autoritarios incorporan elementos de la democracia para legitimarse, en tanto que algunas democracias nuevas conservan vestigios del autoritarismo".[12] Si esto puede considerarse un rasgo usual de las transiciones en las que un autoritarismo directo se colapsó en poco tiempo para dar lugar a una democracia, con mayor razón ocurre en una transición que atraviesa lentamente la frontera que divide al autoritarismo de la democracia, como ocurrió en el caso mexicano.

Por lo mismo, era sumamente difícil calcular con exactitud el momento en que se cruzaría la frontera democrática, a no ser que se registrara la alternancia en el poder (es decir, la derrota del PRI). Esa peculiaridad de nuestra transición política no respondía a singularidades de la cultura política mexicana, según afirma una corriente teórica sumamente difundida y popular en nuestro país, sino a los rasgos —ésos sí muy particulares— de lo que fue el régimen político priísta. Algunos de los indicadores típicos que permiten determinar el paso del autoritarismo a la democracia son:

a) El traspaso del poder de los militares a los civiles.
b) La aparición de partidos opositores legalmente reconocidos.
c) La celebración de elecciones competitivas entre más de un partido político, que suelen ser conocidas en la literatura de las transiciones como elecciones "fundacionales".
d) El surgimiento de un Congreso plural y autónomo.
e) La aparición, restauración o reforma estructural de una Constitución democrática.
f) El llamado a cuentas por vía legal de un jefe o ex jefe de gobierno.
g) La alternancia pacífica del poder, de un partido a otro.

A diferencia de lo ocurrido en otros procesos de transición, en México estos indicadores no eran representativos, pues ya se habían dado sin que fueran acompañados por una auténtica democratización: a) los mi-

---

[12] Gretchen Casper and Michelle Taylor, *Negotiatin Democracy; Transitions from Authoritarian Rule*. Pittsburgh, University of Pittsburgh Press, 1960, p. 44.

litares cedieron el poder a los civiles en 1946; b) los partidos opositores nunca fueron prohibidos y, por tanto, siempre han existido; c) tampoco era un indicador claro la celebración de una elección "fundacional", pues desde 1917 se han celebrado con puntualidad elecciones formalmente competitivas con participación de más de un partido (aunque en 1976 el candidato oficial a la Presidencia compitió solo). No obstante, la elección de 1997 fue considerada por muchos como la que se acercaba a lo que en otros países es una elección fundamental, pues se celebró bajo una nueva legislación electoral que despojaba al gobierno de su tradicional control sobre la autoridad electoral, de modo que el PRI ya no podría revertir un resultado desfavorable, como ocurrió en efecto al perder la mayoría absoluta de la Cámara baja. En este sentido, d) la instauración de un Congreso plural tampoco era una "mojonera democrática" clara, porque desde 1946 se integraron a él algunos legisladores que no pertenecían al PRI.

Además, otros de estos indicadores no necesariamente deberían aparecer antes de que la democracia empezara a operar en estricto sentido. Por ejemplo, aquí no había la estricta necesidad —desde el punto de vista simbólico— de configurar una nueva Constitución, porque ya tenemos una democrática desde 1917. Así pues, no es complicado distinguir el paso a una democracia partiendo de una dictadura militar o personalista —en la que se han prohibido los partidos políticos y suspendido las elecciones—, o de un régimen de partido único —en el que la existencia de otros partidos está prohibida. Tales procesos equivalen a salir por avión de un país y arribar a otro distante y distinto, sin percibir lo que había entre uno y otro (montañas, valles, cultivos, bosques, casas, etcétera). En cambio, el tránsito democrático, partiendo de un autoritarismo institucional, dinámico y flexible como lo fue el mexicano, que se aproxima en forma gradual a una democracia, es como viajar en tren de un país a otro; se va recorriendo poco a poco el paraje y se van apreciando las diferencias que median entre ambos. De hecho, de no haber una frontera política delimitada —con mojoneras, bardas, un río u otros indicadores similares— no se sabría con exactitud en qué momento se ha cruzado el umbral democrático.

Desde el punto de vista teórico, es fácil distinguir un autoritarismo de una democracia. También lo es diferenciar ambos regímenes en la realidad, cuando aparecen en forma más o menos pura. Por ejemplo, nadie duda de las diferencias que existían entre el régimen británico y la dictadura de Pinochet. Pero en el caso de un autoritarismo que desarrolla instituciones complejas, democráticas en lo formal y que, además, emprende de manera gradual un camino hacia la democracia, para cuando se aproxima lo suficiente a la frontera que separa a ambos tipos de regímenes ya habrá adquirido algunos rasgos típicos de la democracia, aunque todavía no funcionen cabalmente. De hecho, incluso bajo la hipótesis de que la democratización resulte auténtica y exitosa —y no sea sólo cosmética como lo fue durante años la mexicana—, dichas funciones democráticas empezarán a operar poco a poco y no de manera simultánea ni automática.

Así por ejemplo, en el caso de Chile como parte de la transición democrática se registró el relevo de los militares por civiles, el resurgimiento de los partidos políticos y la celebración de elecciones fundacionales (después de la remoción de Pinochet). Una nueva Constitución quedó para después, pues uno de los acuerdos de transición fue conservar la Constitución de Pinochet, que le garantizaba disfrutar varios años más como jcfc supremo de las fuerzas armadas y senador vitalicio. En México, durante la primera y prolongada fase de democratización, lo que se percibía en realidad era un régimen "híbrido", con algunos mecanismos que empiezan a funcionar democráticamente y otros que todavía operan en parte de acuerdo con su origen autoritario. En ese sentido, puede decirse que cuando se acerca la lupa a la frontera que separa en lo funcional un autoritarismo de una democracia, resulta ser no una línea bien delimitada, sino una franja amplia de confines imprecisos. Por lo mismo, evaluar en qué punto se encuentra con exactitud el régimen político en un momento determinado resultaría poco preciso. En México ése fue el caso por varios años, debido a la ausencia de límites claros o indicadores inequívocos para que todos los actores —o la gran mayoría— percibieran la misma ubicación del régimen político.

De hecho, de los países que en las últimas décadas experimentaron una transición exitosa casi ninguno reunió todos los indicadores; en cambio, todos presentaron más de uno. Debe considerarse, sin embargo, que en algunos casos donde se practicó una apertura política limitada y gradual algunos de estos indicadores aparecieron sin que se modificara en lo sustancial la esencia del régimen. Es decir, mientras más exitosa es una apertura limitada mayor es el número de indicadores democráticos que no se traducen en una auténtica democratización (precisamente de ahí surge la peculiaridad del caso mexicano).

Hay, pues, algunos hitos que ya no serían útiles en México para delimitar con claridad el cruce de la frontera democrática. Uno de ellos era la existencia de diversos partidos que compitan por acceder al poder público, lo que no significó que hubiera democracia en nuestro país, ya que como aclara Sartori: "La política competitiva no está condicionada sólo por la presencia de más de un partido, sino también por un mínimo de competencia limpia (y de confianza mutua) por debajo del cual difícilmente puede funcionar un mercado político como mercado competitivo".[13] De modo que la presencia de partidos opositores, que en otros países fue un claro indicio de que se había transitado a la democracia, aquí no funcionó como un medidor eficaz. Sin embargo, hay otras "mojoneras" que no habían surgido en la transición mexicana y que permitirían delimitar con más claridad el tránsito de la frontera democrática. Pero no era factible descartar que, aun cuando ya se hubieran alcanzado las condiciones esenciales de la democracia, estos indicadores no hubieran aparecido. Uno de tales indicios es la transición pacífica del poder en la Jefatura de Gobierno del Distrito Federal. Durante años, en el debate político en México los priístas habían insistido en que lo que distingue a la democracia partidista no es la alternancia en sí, sino algo más difícil de medir y evaluar: la posibilidad de que esa alternancia tuviera lugar, con independencia de que tarde mucho tiempo en registrarse (lo que se ha dado en llamar la "alternabilidad"). Dicha probabilidad es más fácil de detectar en sistemas dictatoriales que no presentaban ningún indicio de competencia formal, una vez que la permiten. En México no resultaba sencillo reconocer dicha alternabilidad si al mismo tiempo no se registraba la alternancia. Por ello, según encuestas levantadas en 1997, más de la mitad de los ciudadanos consideraban la alternancia como una condición indispensable para que la democracia tuviera lugar.[14]

Finalmente, la alternancia se registró en julio del año 2000, con lo cual emergió el indicador que muchos esperaban para dar por hecha la democratización política. De hecho, la sustitución de un partido político por otro, en un contexto hegemónico, implica el cambio de sistema partidario, así como nuevas reglas de comportamiento entre los

[13] Giovanni Sartori, *Partidos y sistemas de partidos*. Madrid, Alianza Editorial. 1980. p. 117.
[14] "Cultura electoral y democratización", Movimiento Ciudadano por la Democracia. Septiembre de 1997.

actores políticos. Eso, en sí mismo, suele considerarse como un nuevo régimen político, si bien igual se requiere de una serie de cambios jurídicos, mismos que podrán darse a partir de la confluencia de los partidos políticos hacia allá. La alternancia, cabe recordar, dio fin a una fase de la transición política, pero es punto de partida para el largo y no menos complejo proceso de consolidación democrática, en el cual están inmersos casi todos los países de América Latina.

VI. PERSPECTIVAS DEL CAMBIO DEMOCRÁTICO

La siguiente fase del proceso de democratización es su consolidación, y la alternancia en sí misma no garantiza ese desenlace. Así como el punto de partida de un proceso de transición llega a explicar ciertos rasgos distintivos del mismo, también es capaz de proporcionar elementos que coadyuven a la consolidación democrática. Tal vez parezca extraño que el tipo de autoritarismo del que surge la transición democrática favorezca o entorpezca la posterior democratización, según el caso. Pero lo que puede decirse al respecto es que un autoritarismo muy institucionalizado y relativamente flexible, como lo fue el mexicano, aportaría bases que hagan menos difícil la consolidación de la democracia. Por ejemplo, un autoritarismo directo, como una dictadura militar, no aporta muchas instituciones que se adapten y sirvan al complicado proceso de institucionalización democrática.

Desde luego, quizás algunas instituciones propias del autoritarismo no sólo sean incapaces de ayudar a consolidar la democracia, sino que su desmantelamiento resulte una condición sin la cual no sea posible avanzar en la democratización de un país. Por ejemplo, las policías políticas suelen ser instituciones muy represivas al servicio del autoritarismo en vigor cuya disolución se percibe como indispensable para asegurar un ambiente democrático. Pero incluso la presencia de otras instituciones que no necesariamente obstruyen el crecimiento democrático, en realidad es escasa durante la dominación autoritaria de los militares. El camino de la institucionalización democrática se antoja como uno que debe construirse desde el principio, desde un vacío de poder. De ahí en parte la dificultad para lograr la consolidación de la democracia. Sin embargo, es factible adaptar algunas de las instituciones, levantadas por ciertos autoritarismos, para el respaldo y buen funcionamiento de la democracia, con lo que, en lugar de entorpecer la consolidación democrática, la favorecen. Es el caso de los partidos políticos, las autoridades electorales, el Congreso y el Poder Judicial, que existieron dentro del autoritarismo mexicano como expresión de la formalidad democrática que se requería para legitimar al régimen en su conjunto. La necesidad de inyectar mayor legitimidad democrática y de mantener la hegemonía partidista llevó a la élite autoritaria mexicana a abrir de manera gradual el sistema político en general, lo que condujo a que las instituciones formalmente democráticas del régimen fueran cobrando fuerza, autonomía y credibilidad; por lo cual, una vez que se registró la alternancia, no hay que empezar desde el principio. Tales instituciones representarían ya un avance en la institucionalización democrática. Sin duda, muchas de esas formaciones institucionales que nacieron y crecieron bajo la dominación priísta requieren aún de nuevas reformas y adaptaciones para funcionar dentro de la democracia. Una vez que tales modificaciones se realicen, entonces servirían como parte de la estructura institucional que exige la democracia para consolidarse y ser eficaz en sus propósitos. El largo y exitoso proceso de apertura política en México, como faceta previa a la plena democratización, es en parte causa de la tardanza en cruzar el umbral de la democracia, pero ahora será muy útil para dar los primeros pasos en la consolidación democrática. Esta última, en caso de resultar exitosa, se aplicará también en virtud de la peculiar forma de tránsito político registrada en México durante las últimas tres décadas.

La llave del cambio político mexicano

Ricardo Becerra*
José Woldenberg**

I. Tres diferencias

La mexicana y la chilena son transiciones de difícil comparación, sobre todo por el punto de partida, por el tipo de régimen político desde el cual inician. Chile era una dictadura, producto de un golpe que propició un estado militar; México viene de otra situación: un partido casi único, hegemónico, dueño de muchos y fuertes rasgos autoritarios. Las transiciones en ambos países se emparentan más por el objetivo y por el tiempo histórico en el que se desenvuelven, pero su periplo es notablemente distinto.

Así, podemos comenzar ubicando tres diferencias, elementales pero importantes, entre la transición democrática chilena y la mexicana:

* Economista y periodista. Estudió economía en la Universidad Nacional Autónoma de México. Actualmente es asesor de la presidencia del Instituto Federal Electoral. Fue consultor para la CEPAL. Es colaborador del periódico *El Economista*, la revista *Voz y Voto*, y *Nexos*. Coautor de varios libros sobre temas electorales: *La reforma electoral de 1996: una descripción general*, *Una reforma electoral para la democracia*, *El modelo de financiación de los partidos políticos en México*, y *La mecánica del cambio político en México*.

** Escritor y periodista. Licenciado en Sociología y maestro en Estudios Latinoamericanos por la UNAM. Desde 1974 ha sido profesor de la Facultad de Ciencias Políticas y Sociales de la UNAM. De 1989 a 1994 fue presidente del Instituto de Estudios para la Transición Democrática. Fue consejero ciudadano ante el Consejo General del IFE para después convertirse en consejero presidente del mismo instituto, cargo que desempeña en la actualidad. Entre sus más recientes publicaciones destacan *Memoria de la izquierda*, *Las ausencias presentes* y, el más reciente, *La mecánica del cambio político en México*.

1. En el país sudamericano la democratización implicó un retorno. La experiencia democrática ya había sido disfrutada: pluralismo político, partidos nacionales fuertes que lo encarnan, vida parlamentaria, reñida competencia entre los contendientes y una tradición electoral de varias décadas. La llegada de la dictadura militar en Chile interrumpió esas rutinas y suspendió el funcionamiento de esas instituciones. Por el contrario, salvo periodos excepcionales y más bien episódicos, en México nunca habíamos vivido la experiencia democrática; aunque el nuestro era un régimen que difícilmente podía ser catalogado como dictadura, poseía profundos rasgos autoritarios: centralizador, casi monopartidista, sin elecciones competitivas. Si en Chile transición era regreso a la democracia, en México transición era construir la democracia desde sus cimientos. Por eso, en uno y en otro casos, la transición implicaba tareas muy diferentes.

2. La violenta y sangrienta irrupción de la dictadura conllevó no sólo una proscripción de facto de los partidos políticos; además, la Junta Militar concentró los poderes Ejecutivo y Legislativo, estableció el estado de sitio en su grado de guerra interna; el Congreso Nacional fue disuelto y el Tribunal Constitucional abolido. Asimismo, en Chile se destruyeron los registros electorales y se interrumpieron los comicios durante casi 15 años (del 11 de septiembre de 1973, fecha del golpe contra Salvador Allende, al 5 de octubre de 1988, cuando se celebra el plebiscito en el que gana el "no"[1]). En gran medida, la tarea de la transición chilena era volver a tener comicios; por el contrario, en México nunca dejó de haber elecciones. Con envidiable puntualidad, el régimen político mexicano jamás dejó de cumplir con uno de los requisitos democráticos esenciales: convocar con regularidad a renovar los cargos de elección popular. No obstante su escrupulosa puntualidad, durante décadas los comicios fueron un ritual que sancionaba decisiones tomadas de antemano: eran elecciones no competitivas, dominadas por la presencia de un poderoso partido hegemónico, en cuyo seno se definía lo fundamental de la política: quién gobierna, quién ocupa las posiciones legislativas y de gobierno. Pero hubo un momento en el que las elecciones dejaron de ser un expediente ritual; ese punto es, justamente, el origen de la transición democrática. Cuando a las elecciones se presentan otros referentes políticos con poder competitivo, impulsa-

---

[1] Excepto, claro está, el plebiscito organizado por la Junta Militar en 1980, en el que se sometían a votación los cambios para una nueva Constitución. Por lo demás, estos comicios fueron impugnados fuertemente por la oposición.

dos y cobijados por nuevas instituciones y nuevas leyes, comienza un lento y complejo proceso que en su mecánica iría desapareciendo al autoritarismo e instalando el pluralismo real en el Estado. Como dice Klaus von Beyme, se iniciaría una lenta "colonización del Estado por partidos en plural". En México, la democratización pasó por el cambio en la naturaleza de las elecciones.

3. Por eso, los contenidos de la negociación entre el régimen autoritario y las fuerzas opositoras fueron muy distintos. En Chile el debate tuvo como vértice a la Constitución, su vigencia, su aplicación. El Grupo de Estudios Constitucionales, germen y eje de la unidad política de las fuerzas democráticas chilenas, tenía como objetivo "elaborar y divulgar un pensamiento constitucional alternativo al oficial", con base en principios jurídicos y constitucionales que provenían de 1925. Más tarde, el régimen militar habría de imponer una nueva Constitución en marzo de 1981; todas las fuerzas opositoras de Chile se definieron en contra del contenido de ese documento, pero también denunciaron que su promulgación y aprobación plebiscitaria no había contado con garantías mínimas: registro electoral, libertad de asociación y acceso a los medios de comunicación. En México, la temática era otra, desde el principio, centrada en los procedimientos y en las reglas electorales: había que garantizar su limpieza. Tan es así que algunos estudios comparativos colocan a nuestro país como un caso notable, sobresaliente, en el cual "la institucionalización democrática está centrada en definiciones organizacionales formales, en los instrumentos y cuerpos que administran o gestionan las elecciones".[2]

Vale la pena considerar estas diferencias, pues ordenan y jerarquizan de otro modo los debates, los temas y las tareas de la construcción democrática: determinan el contenido de una transición y de la otra.

Aunque coincidieron en el tiempo y se inscriben en eso que Samuel Huntington llamó *la tercera ola democratizadora*, ambos procesos se diferencian marcadamente por la trama política de la que arrancan, por los nudos autoritarios que debían deshacer. Allá, una Constitución que le daba todo el poder a la Junta Militar y a su comandante en jefe; aquí, las medidas para garantizar elecciones limpias y para fortalecer a los partidos políticos distintos del hegemónico PRI.

[2] Véase Don Chul Sin, "On the Third Wave Democratization. A Synthesis and Evaluation of Recent Theory and Research", *World Politics*, vol. 47, octubre de 1994, pp. 135-170.

Ésta es, quizás, una de nuestras peculiaridades radicales y no sólo frente al ejemplo chileno: México tuvo la ventaja histórica de contar con un marco republicano y constitucional, federal y democrático, que está vigente, sin suspensiones, desde 1917. En ese cuadro, la pieza faltante era la electoral: sus protagonistas, su organización, su marco jurídico, su institución reguladora.

La pieza electoral debía cumplir dos funciones: por un lado, desterrar las prácticas fraudulentas que inutilizaban o distorsionaban el voto de los ciudadanos y, por otro, permitir emerger sin cortapisas, sin restricciones artificiales, a la verdadera pluralidad política de la nación.

Otra diferencia importante es la presencia de partidos fuertes, con arraigo nacional; en nuestro país ese hecho constituye una creación de la transición. Por supuesto: existía la coalición que integraba el tronco grueso de la Revolución Mexicana, agrupada en el Partido Revolucionario Institucional; pero el resto de organizaciones, destacadamente Acción Nacional, no obstante su longevidad y sus varias batallas democráticas, tenía una presencia más bien frágil en zonas bien localizadas.

Por eso insistimos en ubicar las tareas centrales de la transición democrática de México: primero, la consolidación y el desarrollo nacional de los partidos políticos y, segundo, la creación de leyes e instituciones confiables, reguladoras de su competencia. No exageramos cuando decimos que ésas son tareas históricas: por sus enormes consecuencias en primer lugar, pero también por su desarrollo original, por la forma como se desplegó, porque nunca antes, en ningún otro momento de la historia, el país se había propuesto solucionarlas.

De lo anterior es posible afirmar que la esfera electoral se convirtió en la llave del cambio político mexicano. Para expresarlo de otro modo: comprender la democratización en este país implica conocer lo que ocurrió en su esfera electoral.

II. La mecánica del cambio político[3]

La historia de la lucha política en México durante los últimos 20 años puede resumirse así: partidos políticos, distintos y auténticos, acuden a

---

[3] Las siguientes notas son, en realidad, parte de las tesis que los autores proponen en un libro reciente: *La mecánica del cambio político en México: elecciones, partidos y reformas*. Becerra, Ricardo, Pedro Salazar y José Woldenberg, Cal y Arena, México, 2000.

las elecciones; en ciertos comicios ganan algunas posiciones legislativas y en otros conquistan posiciones de gobierno; desde ahí promueven reformas que les otorgan más derechos, seguridades y prerrogativas. Los partidos, así fortalecidos, vuelven a participar en nuevas elecciones, en las que se hacen de más lugares y lanzan un nuevo ciclo de exigencias y reformas electorales. A este proceso, cíclico y que se autorrefuerza, lo hemos llamado *mecánica del cambio político en México*.

No fue una estrategia pensada por ningún partido, ideólogo o personalidad política. En parte, por eso hablamos de *mecánica*, un proceso que pone en marcha energías políticas y que las encauza, un proceso que va de menos a más y como una bola de nieve no cesaría de expandirse, tocando y alterando muchas otras esferas de la vida política, social y cultural.

El inicio puede ubicarse en 1977, no porque antes no se hubieran escenificado fuertes —y hasta heroicas— luchas democratizadoras, porque antes no hubieran existido episodios democratizadores o reformas electorales y "aflojamientos" de los amarres autoritarios. El comienzo lo determinamos en 1977 porque por primera vez se abrieron las compuertas para el libre desarrollo de las opciones organizadas y para su asistencia al mundo electoral. La plataforma originaria de ese proceso fue construida sobre cinco columnas:

1. Se declara a los partidos políticos como *entidades de interés público* y se da paso a su *constitucionalización,* es decir, al reconocimiento de su personalidad jurídica y a su importancia en la conformación de los órganos del Estado.
2. Se abre la puerta de la competencia electoral, mediante el "registro condicionado"[4] a las fuerzas políticas más significativas de la izquierda mexicana marginadas hasta entonces.
3. Se concreta la ampliación del Congreso y la inclusión de los diputados plurinominales; la nueva fórmula conjugaba 300 diputados de mayoría y 100 de representación proporcional. Así se

[4] Hasta antes de esa reforma y durante cinco elecciones federales consecutivas (1964, 1967, 1970, 1973 y 1976) participaron los mismos cuatro institutos en las elecciones: PRI, PAN, PPS y PARM. Ningún partido político distinto había tenido la oportunidad de incorporarse al terreno institucional, ni había sido reconocido electoralmente.

dieron un mayor y más intenso pluralismo en la Cámara de Diputados y los incentivos suficientes para que los partidos realizaran campañas a escala nacional, en busca de todos los votos posibles acumulables en la bolsa plurinominal.

4. Se legalizan las aportaciones públicas para el sostenimiento de los partidos políticos. Adquieren prerrogativas en los medios de comunicación y en dinero de parte del Estado.

5. Con su registro ante la autoridad electoral federal, los partidos políticos automáticamente pudieron asistir a las diferentes elecciones en los niveles estatal y municipal. La participación electoral de alternativas distintas, legalizadas y legitimadas desde la Constitución, se multiplicó a lo largo y ancho del país.

Ésta fue la base sobre la cual se desarrollaría el proceso de democratización en México. La reforma era un paraguas protector con una característica muy importante: estaba dedicado no sólo a los jugadores que tenían ya un lugar en el sistema legal, sino también a los que nunca habían estado dentro. En su momento, estos cambios (que hoy llegan a parecer hasta pequeños o simplemente "liberalizadores") provocaron enorme discusión, resistencias, críticas, miedo y gran impacto público. Pero las intenciones de esa reforma eras explícitas y simples: por una parte, fortalecer las opciones organizativas existentes y, por otra, permitir la entrada al juego electoral de fuerzas reales, que se desplegaban sobre todo en la acción social y sindical (y aun mediante la vía armada).

Poco a poco, y uno tras otro, vastos contingentes, de todas las ideologías, antes herméticos a la vida electoral, se fueron incorporando a ella, la fueron ensanchando, construyendo nuevas alternativas o fortaleciendo las existentes. En particular, las elecciones en ciertas regiones del país presentaban síntomas cada vez más acusados y claros de competitividad, de verdadera disputa por el gobierno y las posiciones legislativas. Hay un excelente trabajo que muestra detalladamente el avance de este proceso en los niveles nacional, local y municipal;[5] por lo pronto véanse los cuadros siguientes en diferentes momentos del largo proceso democratizador:

[5] Se trata de Lujambio, Alonso (en colaboración con Horacio Vives), *El poder compartido: un ensayo sobre la democratización mexicana.* Océano, México, 2000.

Municipios gobernados por un partido diferente al PRI

1977	1988	2000 (antes del 2 de julio)
4	39	583

En el nivel de las gubernaturas: gobernadores (y jefes de gobierno) en manos de un partido diferente al PRI

1977	1989	2000 (antes del 2 de julio)
0	1	11

En lo que respecta a la conformación de los 31 congresos locales y la Asamblea Legislativa del D.F.:

Congresos con mayoría calificada perteneciente al PRI

1977	1989	2000 (antes del 2 de julio)
31*	26	1

* No existía la Asamblea Legislativa del D.F.

Pero la importancia mayor de 1977 es que "se constituyó en una verdadera reforma desencadenante, pues su efecto principal consistió en poner en órbita otra y después otra y otra reformas más".[6] Por decirlo así, aquella reforma puso en marcha la preparación de cambios más amplios y cada vez más profundos de los que promovió inicialmente. Sus criaturas, los partidos políticos distintos del partido mayoritario, asistieron una y otra vez a las elecciones, adquirieron mayor poder, se expandieron, se arraigaron, se volvieron cada vez más exigentes y demandantes y se convirtieron en protagonistas del debate público y de la disputa política; una elección tras otra fueron adquiriendo nuevas posiciones en el gobierno y en el Poder Legislativo, y desde ahí fomentaban otras tantas modificaciones, nuevas reformas, otras conquistas para mejorar su posición, su organización, su fuerza política y su consolidación electoral.

Luego de 1977 sobrevinieron cinco reformas electorales más, cada vez más frecuentes, extensas y profundas. La mecánica electoral cobró fuerza por derecho propio y se colocó en el centro de la vida política de México a fines de la década de 1980 y a mediados de la de 1990: 1986, 1989-1990, 1993, 1994 y 1996 fueron el escenario temporal de nuevas reformas.

No nos detendremos en describir el sinuoso trayecto de reforma, por ahora interesa subrayar cómo se multiplicó la agenda electoral. La reforma de 1977 apenas reconocería la cantidad y la complejidad de los temas que tuvo que resolver el cambio electoral ocurrido 19 años después, en 1996: se trataba no de encontrar o abrir un espacio jurídico a pequeños partidos, sino de apartar al gobierno de la organización electoral; no de dar un espacio a minorías antes excluidas, sino de lograr que el Congreso reflejara con mayor exactitud el creciente caudal de votos de todos los partidos; no de ayudar a las finanzas de los partidos, sino de garantizar su funcionamiento a escala nacional, que el financiamiento público fuera siempre superior al privado, lo cual implicaba un aumento sustancial a los recursos de los partidos; no de un tímido articulado para amparar los derechos electorales ante situaciones límite, sino de crear un complejo y detallado sistema de protección de legalidad y de constitucionalidad; por último, no de encontrar una

6 Becerra, Ricardo, Pedro Salazar y José Woldenberg. *Ibid*. p.149.

rendija a la participación política de la ciudadanía de la capital del país, sino de que eligiera directamente a su jefe de gobierno y de ampliar las facultades legislativas de su asamblea.

Como decíamos al principio, en el régimen de la posrevolución nunca dejaron de celebrarse elecciones, pero faltaban los contendientes con poder, con recursos políticos, materiales y jurídicos, para que las elecciones adquirieran un carácter competitivo, es decir, democrático. Por eso cabe afirmar que 1977 fue el año del inicio del sistema moderno de partidos, el arranque de un proceso clave para entender la política mexicana del último cuarto de siglo.

III. Lo electoral: mucho más que electoral

En un texto que ya es un clásico, coordinado por Guillermo O'Donell y Philippe Schmitter,[7] se anota: "Lo característico de la transición es que en su transcurso las reglas del juego político no están definidas. No sólo se hallan en flujo permanente, sino que, además, por lo general son objeto de una ardua contienda". En otras palabras, se lucha tanto por el poder como por las reglas que llevan a él, y por las reglas que lo conforman y lo distribuyen, así como de las que regulan su ejercicio.

Un proceso de este tipo ocurrió en México, con la gravitación absoluta de la primera parte de la ecuación: las que reglamentan la competencia entre partidos, los procedimientos y los instrumentos de la misma, las que llevan a las posiciones legislativas y de gobierno. Así, la transición mexicana se concentró en los asuntos electorales. Las razones de ello son parte de la trama de la vida política del país, a saber:

1. Como ya se apuntaba, al contrario de otras transiciones, la Constitución mexicana era democrática, federal y representativa. Para democratizar había que cambiar no la Constitución, sino el funcionamiento político real. Un ejemplo es España y su transición que ha llegado a ser modélica: ahí era obligatorio empezar modificando el régimen consti-

---

[7] Nos referimos por supuesto a *Transiciones desde un gobierno autoritario*, Paidós, España, 1994. La cita proviene del volumen cuarto *Conclusiones tentativas sobre las democracias inciertas*, p.19.

tucional porque su texto hasta 1977 decía: "España como unidad política es un estado católico, social y representativo que, de acuerdo con su tradición, se declara constituido como reino"... y más adelante mandaba que el jefe de Estado (el general Franco) tuviera la potestad de proponer a las cortes "la persona que estime debe ser llamada en su día a sucederle a título de Rey o de Regente".[8] Algo parecido ocurría en la ex Unión Soviética y en los países comunistas del este europeo: un artículo de la Constitución soviética establecía: "El partido que gobierna a la URSS será el Partido Comunista". También Chile, con el estado de excepción y de guerra interna impuesto por la Junta, tenía esa tarea como prioridad absoluta. En esas naciones no había la más mínima posibilidad de pluralismo político, de competencia, de libertad para elegir; el pueblo estaba totalmente al margen de la decisión crucial de la política: quién gobierna. Por eso, en tales casos, democratizar es transformar el régimen constitucional desde el principio; por el contrario, para México, cuya Constitución reconocía formalmente el voto como la fuente del poder político, la prioridad era otra.

2. Pero lo electoral resultaba importante por otra razón, era la rendija que se había abierto a partir de 1977: ofrecía posibilidades de expansión y presencia en el espacio político mucho mayores que las movilizaciones sectoriales, gremiales, sindicales o clasistas. La reforma diseñada por Jesús Reyes Heroles funcionó en ese sentido. Su oferta era normalización del conflicto y lucha en la legalidad, a cambio de espacio en los órganos de representación y participación electoral. Así, históricamente quedó abierta una rendija que se ensancharía y modificaría el paisaje general de la vida política. En el momento de inicio, el gobierno y su partido definieron qué reformas otorgar, diseñaron su contenido y decidieron el tiempo de su puesta en marcha, pero no controlaron, ni podían hacerlo, sus consecuencias, las fuerzas políticas y sociales que esa reforma pondría en movimiento. Hasta bien transcurrida la década de 1980, el debate "de clase", reivindicativo, sectorial, obrero, campesino, dominó la escena pública, y a partir de entonces la discusión electoral ocupó su lugar, hasta erigirse en el centro del debate público y la lucha política.

[8] Véase Soto, Álvaro, *La transición a la democracia (España: 1975-1982)*, Alianza, Madrid, 1988.

3. Además, lo electoral era un espacio muy eficaz para disolver y desvanecer el autoritarismo. En él convergieron contingentes y ánimos sociales antes separados, balcanizados, herméticos entre sí. La contienda electoral cobró auge porque crecieron en magnitud y trascendencia ciertos sectores sociales difícilmente encuadrables en los formatos corporativos o gremiales, porque la coalición gubernamental se desdibujaba al calor de la reestructuración del Estado y porque los partidos políticos no hacían más que aumentar en poder e importancia. Lo electoral se volvió un lugar de encuentro, de cruces, un espacio donde se articularon acciones y discursos, donde convergieron visiones e intereses muy distintos, pero que se unificaba en contra del poder de la enorme coalición gobernante. El reclamo democrático hacía coincidir a empresarios y comunistas, al PAN y a sindicatos obreros, a los movimientos sociales y la opinión pública internacional. Desde 1977, Carlos Pereyra alcanzó a ver esto: la democratización del país era un reclamo que provenía de cientos de organizaciones y de múltiples posturas, del "suelo de la sociedad misma". En la década de 1970, "una pluralidad de signos indica la presencia de una corriente muy diversa en su composición e intereses, encaminada a superar esa barrera excluyente impuesta por el Estado mexicano",[9] ya no desde los esquemas típicos de la lucha de clases, sino "desde el cuadro, más general de la democracia, los partidos y las elecciones".

Importa subrayar ese elemento: lo electoral es mucho más que electoral. Es más que una esfera, llena de recovecos legales y técnicos, y con un aliento menos épico, si la comparamos con las negociaciones de cambio en el régimen constitucional de gobierno o con la destrucción de la economía planificada, por ejemplo. Pero México descubriría en realidad que lo electoral afecta e impacta muchos otros ámbitos, pues al amparo de los procesos comiciales, y debido a la existencia de partidos cada vez más poderosos, se fueron modificando los paisajes político y cultural del país.

- Los procesos electorales no sólo los federales, sino también los múltiples procesos locales eran acciones de expansión de las libertades públicas.

---

[9] Pereyra, Carlos, "La tarea mexicana de los setenta", en *Sobre la democracia*, México, Cal y Arena, 1990.

- Eran una oportunidad de manifestación y crítica abierta, amparada por la Constitución y la ley.
- Con el ingreso de diputados de diferentes partidos en la Cámara, también se modificaron el trabajo y el debate legislativos.
- Los partidos políticos opositores y sus figuras centrales cobraron visibilidad pública,
- La recurrencia de procesos electorales empezó a cambiar además las estrategias de los partidos (sobre todo de la izquierda) y su cultura política: inició una lenta reconversión de la idea de la revolución a la idea de la lucha legal y las reformas.
- La academia comenzó a virar sus preocupaciones y a estudiar el fenómeno electoral como una de sus prioridades.
- El espacio electoral empezó a ejercer un poder gravitacional sobre grupos de lo más disímbolos; sinarquistas, comunistas, trotskystas, derechas e izquierdas "cayeron" en la órbita electoral.
- La discusión pública se modificó: las decisiones de gobierno, el ejercicio del presidencialismo, dejaron de estar acompañadas por la unanimidad y cada vez fueron más discutidas, cuestionadas y aun modificadas o impedidas por fuerzas opositoras con poder también creciente.
- En el transcurso ocurrió lo que quizá sea el movimiento más importante de todos: una verdadera formación de ciudadanía. No escépticos ni súbditos, sino personas que saben que su voto contribuye a mejorar y transformar al país. Fue una variación individual, pero cuyo sentido ha adquirido toda fuerza al volverse colectivo. No hablamos de cien, ni de mil, ni de un millón, sino de decenas de millones de mexicanos que han abandonado actitudes tradicionales —autoritarias o pasivas— para influir en la marcha de su nación.
- La forma como funciona el gobierno varió, por ejemplo, con la puesta en marcha del federalismo. Antes, gobernadores y presidentes municipales eran nombrados al amparo de los circuitos opacos de la coalición gobernante; pero, una vez que esas posiciones se disputan auténticamente en elecciones, las relaciones políticas cambian: los cargos se deben ya no al presidente, sino a los ciudadanos. Así se ponen en marcha y a prueba unas relaciones políticas muy distintas. El federalismo vive de esa nueva tensión y en ella, entre el centro, que es gobernado por un representante de un partido, y los estados, regidos por otros. El funcionamiento del

100

Estado nacional se modifica y los mecanismos constitucionales de negociación, diálogo y acuerdo deben ponerse a trabajar.

- Lo mismo sucede con otras esferas y con otros componentes del edificio republicano: la separación de poderes —esa aspiración constituyente de 1917— se hace efectiva cuando el Congreso de la Unión es habitado por una pluralidad denodada de fuerzas políticas, que no se conforman con sancionar las decisiones tomadas por el Poder Ejecutivo.
- Por eso la transición democrática de México ha puesto a funcionar toda la maquinaria constitucional. Apenas estamos viendo las consecuencias de ese cambio, de esas tensiones y, ¿por qué no decirlo?, de las insuficiencias de la propia Carta Magna.
- El prestigio político del país se modifica y crece conforme sus procesos electorales se naturalizan y sus novedades democráticas se multiplican ante los ojos del mundo.
- La cultura política se transforma: si hasta hace menos de tres lustros eran públicas y sostenibles tesis tan autoritarias como las del "fraude patriótico", hoy se han vuelto sencillamente impensables, ya no impracticables. Hace apenas unos años, el discurso político dominante era el de una mayoría capaz de representar a todo el país. Hoy, la idea de pluralismo se naturaliza, se vuelve una noción compartida por todos los actores y se ensanchan los valores de convivencia en la diversidad con tolerancia.

Por eso, la variación en la esfera electoral fue en realidad motor y vehículo para un aprendizaje democrático con mucho mayor alcance.

Por fin, México cuenta con votantes libres que se listan por millones, partidos políticos auténticamente nacionales y competitivos, opinión pública independiente, leyes e instituciones que garantizan la limpieza electoral. Esos elementos existen por primera vez, juntos, en nuestro país; son los factores reales de la democratización. La nación llevaba al menos dos décadas construyendo esos factores, que el 2 de julio se expresaron como lo que son: realidades vivas, extendidas y extraordinariamente poderosas.

Esa gran transformación ha sido posible porque el voto se respeta y porque las condiciones de la competencia son cada vez más equilibradas. Las elecciones limpias fueron la condición más elemental de todo el proceso democratizador. Acerca del respeto al sufragio, con sus múltiples requisitos técnicos se originó el movimiento democrático del país. Es todo un capítulo aparte; veamos cómo se logró.

IV. LA INVENCIÓN INSTITUCIONAL

La magnitud del cambio político es directamente proporcional a la importancia de las elecciones en México, porque la fuerza multiplicada de los partidos exigió formatos institucionales más complejos y más sólidos para soportar su competencia. Hace apenas 12 años, en 1988, la llamada Comisión Federal Electoral (CFE) era una instancia accesoria que respondía y dependía de la Secretaría de Gobernación. Pero la competitividad creciente y la intensificación de los reclamos que le son propios fueron incorporando y atendiendo en sucesivas reformas (durante 1990, 1993, 1994 y 1996) un sinnúmero de preocupaciones cada vez más extenso y sofisticado.

En 1988 ocurrió uno de los peores episodios de la historia electoral mexicana. En la noche de los comicios, en pleno proceso de cómputo de votos, el sistema de resultados se suspendió, dejaron de fluir los resultados al público durante varias horas.

La composición de CFE era todo, menos imparcial; estaba constituida por una mayoría inconmovible de representantes del Partido Revolucionario Institucional. Si toda la oposición agregaba sus votos; si además, en un muy improbable caso, los representantes del Poder Legislativo coincidían con ella y si aun el mismo secretario de Gobernación decidía sumarse a favor de la oposición, ni así podían hacer mayoría sobre los representantes del PRI. Esa composición permitió en su momento suspender los resultados electorales. El descrédito, la impugnación y la desconfianza se precipitaron en contra del órgano electoral, desde todos los flancos del espectro político. La "caída del sistema" —como se conoció desde entonces a ese episodio— sería el argumento más contundente a favor de construir una nueva autoridad electoral.

En 1988, la oposición, de izquierda y de derecha, ocupó 48% de la Cámara de Diputados. Con esa fuerza inusitada emprendió una lucha por realizar reformas electorales muy profundas. El Partido Acción Nacional tomaría la iniciativa; evidentemente, exigiría la eliminación de la Comisión Federal Electoral, pero a cambio propuso la creación de un Consejo Federal del Sufragio. Intentaba dos cosas: disminuir la presencia estatal y de los comisionados del partido oficial en la organización de las elecciones y, al mismo tiempo, buscaba que ningún otro partido ni coalición se constituyera en mayoría. El PAN ideó un juego de pesos y contrapesos interesante y, por necesidad, barroco.[10]

Se abría una nueva ronda de negociación electoral, la tercera desde 1977. Un complicado diálogo que ponía en tensión a los partidos entre sí y a las corrientes internas de cada uno de ellos. En el trayecto, varios acontecimientos políticos seguían mostrando las posibilidades de la democratización. En particular, durante 1989 el Partido Acción Nacional ganó la gobernatura del estado norteño de Baja California y el PRI reconoció ese triunfo. El clima político cambió y se elevó el nivel de las conversaciones entre ambas fuerzas. Por fin, luego de meses de intercambio, la negociación arrojó un fruto de excepcional importancia y de grandes consecuencias: una nueva ley electoral completa que preveía la creación del Instituto Federal Electoral,[11] organismo público autónomo, con personalidad jurídica y patrimonio propios. Las funciones que asumiría esta institución reflejan muy bien la complejidad de la discusión política de entonces: el IFE agrupó en forma integral y directa las actividades relativas a la elaboración del padrón electoral; a la preparación de la jornada electoral; el escrutinio, cómputo y otorgamiento de constancias; la capacitación electoral a millones de ciudadanos elegidos por sorteo; la educación cívica, y la impresión de material electoral. Asimismo, el Instituto —constituido hoy por más de 6,000 trabajadores— atiende lo referente a los derechos y prerrogativas de los partidos políticos e incorpora a funcionarios de carrera, regidos por un servicio profesional electoral, como responsables directos de la organización de las elecciones.

El surgiminto del IFE era expresión de una urgencia política: la imparcialidad en el arbitraje electoral, la necesidad de contar con procedimientos claros e incontrovertibles. Al lado de la discusión sobre la

---

[10] El Consejo Federal del Sufragio estaría compuesto por el secretario de Gobernación (con voz, sin voto y con capacidad de veto), un consejero de la Cámara de Diputados (electo por votación mayoritaria entre candidatos propuestos por los partidos minoritarios), un consejero de la Cámara de Senadores (electo entre los miembros de una terna que enviaría el presidente), un consejero de la Suprema Corte de Justicia de la Nación (electo de una terna presentada por la fracción mayoritaria de diputados) y consejeros de los partidos en la siguiente proporción: uno, si el partido obtuvo en la elección anterior hasta 10% de los votos, dos si logró entre 10 y 20%, y tres con más de 20%.

[11] El 11 de octubre de 1990.

conformación del Congreso y, por lo menos desde hacía 15 años, las instancias responsables de organizar las elecciones federales estuvieron en el centro del litigio político y de la construcción institucional electoral. El tema ilustra por sí mismo toda la historia del ciclo de reformas en México.

Así, la existencia de una autoridad electoral aceptable por todos los partidos contendientes se volvió un objetivo crucial, una tarea que corrió paralela al proceso de maduración del sistema de partidos. En 1994, la autoridad electoral volvió a ser modificada e incluyó en su máximo órgano de decisión a los "consejeros ciudadanos", personas propuestas ya no por el presidente de la República, sino por las fracciones parlamentarias, y que obtuvieron la aprobación, es decir, la confianza, de todos los partidos en el Congreso.

En 1996 se avanzó hacia una definición que representa otro punto de quiebre en la historia electoral de México, pues el gobierno abandonó su posición dentro de la institución electoral y, de manera concomitante, los partidos políticos eligieron por consenso, en la Cámara de Diputados, a los principales responsables de la organización electoral.

Lentamente, una reforma tras otra, un equilibrio tras otro, se constituyeron en una institucionalidad, una organización, un arbitraje y unas leyes que pudieran asegurar los derechos políticos de los contendientes y de los ciudadanos, pero, sobre todo, producir plena confianza en los procesos electorales.

El año de la última estación reformadora que ha vivido México en materia electoral es 1966. Su profundidad y su alcance se sintetizan en los puntos siguientes:[12]

1. El primer problema por atender era el de la desconfianza en el árbitro electoral, es decir, había que encontrar una forma de constitución del arbitraje que diera garantías de imparcialidad a todos los contendientes. ¿Cuáles fueron esos cambios? Como comentamos, se concretó la autonomía total de los órganos electorales, o sea, a partir de 1996 la autoridad electoral gozó de plena independencia en relación con el gobierno. Los partidos políticos y los representantes del Poder Legislativo ya no

---

[12] Véase: Becerra, Ricardo, Pedro Salazar y José Woldenberg, capítulo VI. Para mayores detalles puede consultarse también Becerra, Ricardo, Pedro Salazar y José Woldenberg, *La reforma electoral de 1996: una descripción general*, Fondo de Cultura Económica, México, 1997.

tuvieron voto en el máximo órgano electoral. Los ocho consejeros electorales y el presidente del Consejo son los únicos miembros con voto en el Consejo General del Instituto Federal Electoral, pero lo más importante es que fueron elegidos en la Cámara de Diputados por el consenso de los partidos políticos. Es una idea doble: que el gobierno abandonara la organización electoral y que ésta pasara a manos de personas que gozaran de la confianza de los partidos políticos.

2. Un segundo problema era el de la justicia electoral, es decir, los canales para defender derechos, plantear inconformidades y garantizar la legalidad en todos los actos de las autoridades electorales, federales y también estatales. De ese modo, el Tribunal Electoral, el órgano encargado de dirimir las controversias legales, sufrió modificaciones importantes. La designación de los magistrados corrió a cargo de la Cámara de Senadores, a propuesta de la Suprema Corte de Justicia; fue instaurado un control de legalidad y constitucionalidad, esto es, una vía para controlar que todos los actos relacionados con la materia electoral se lleguen a impugnar y revisar por la vía jurídica. Por otro lado, el Tribunal ya no estuvo limitado a atender los problemas de índole federal, sino que pudo ser recurrido por conflictos locales; se trató de extender, sin cortapisas, el control de constitucionalidad a los actos de todas las autoridades electorales estatales, sin excepción. La calificación electoral es ya plenamente jurisdiccional: todos los dictámenes acerca de los vencedores en las contiendas para diputados, para senadores y para presidente de la República son emitidos por el Tribunal, ya no por la Cámara de Diputados. A partir de la reforma de 1996, las leyes electorales quedaron sujetas en todos los niveles a un control de constitucionalidad, mediante las acciones contempladas en el artículo 105 de la Carta Magna y resueltas por la Suprema Corte de Justicia de la Nación. Finalmente, la ley agregó nuevos instrumentos de defensa, nuevas vías legales para encauzar los reclamos político-electorales tanto para los ciudadanos como para los partidos.

3. La reforma electoral de 1996 cambió el régimen legal de los partidos políticos. Abrió las puertas, hizo más claras las condiciones para acceder a la contienda y subrayó un elemento central: el voto ciudadano debe definir la permanencia en el sistema de partidos. Así, se incrementa el porcentaje para la entrada a la representación congresal (sólo aquellos partidos con una votación nacional mayor a 2% tuvieron derecho a

ingresar en la Cámara de Diputados) y se creó una figura para la forja y organización de opciones distintas: las agrupaciones políticas.

4. El gran tema de debate de las elecciones de 1994 había sido el de la inequidad de los recursos de que disponen los partidos políticos a la hora de enfrentar una elección. Esto constituye quizás el efecto más visible y decisivo de la reforma de 1996. Los recursos financieros públicos de los partidos aumentaron drásticamente, 600% en relación con los tres años anteriores y lo mismo ocurrió en materia de acceso a los medios electrónicos. Por mandato constitucional, el dinero público se convirtió en el componente primordial de los recursos partidistas y se distribuyó de modo más equitativo (70% de la bolsa general del financiamiento público se distribuye conforme a la votación y 30% de manera igualitaria); se definieron topes claros y razonables a los gastos de campaña, con serias restricciones a las aportaciones privadas y con mecanismos más estrictos de control, auditoría y vigilancia. El éxito de este esquema depende de la transparencia: el dinero público es determinado de acuerdo con reglas previas, conocidas por todos y la autoridad electoral contó con mejores instrumentos para fiscalizar y revisar los gastos en las campañas de los partidos.

5. Otro tema pendiente era traducir con precisión los votos emitidos por la ciudadanía en escaños parlamentarios. La Cámara de Diputados continuó siendo conformada por 300 diputados de mayoría electos en los 300 distritos y por 200 plurinominales provenientes de listas de los partidos políticos. Se ajustaron las fórmulas de representación en el Congreso y se instauró un techo a la sobrerrepresentación, esto es, ningún partido puede tener 8% más de escaños que su propia votación, salvo que los consiga mediante la votación uninominal. Asimismo, se dio mayor pluralismo a la Cámara alta mediante la elección de 32 senadores en una lista nacional de representación proporcional.

6. Finalmente, se abrió la competencia electoral en la ciudad de México, mediante la elección directa de su jefe de gobierno y de los jefes delegacionales, y se ampliaron las facultades de la Asamblea Legislativa del D.F.

Dicho de modo telegráfico, ésos fueron los aspectos más relevantes de la reforma electoral. Su obra fue muy vasta, pues tocó y mejoró todos los aspectos que habían formado parte de la discusión electoral en México; por eso representa el cierre de un largo ciclo de reformas electorales.[13] A la distancia de tres años es posible afirmar que la de 1996 fue una de las reformas más amplias e incisivas de cuantas ha tenido el país; por ello mismo tiene un lugar relevante en el largo ciclo de cambio político e institucional que ha vivido en las últimas dos décadas.

¿Cómo funciona el IFE?

Como hemos dicho en otras ocasiones, en materia electoral México no comenzó de cero, sino de menos 10, de un pasado caracterizado por elecciones poco competidas y por episodios de fraude y manipulación que hicieron leyenda. Por eso el funcionamiento del órgano electoral es tan importante como el diseño institucional en el cual se basa.

Veamos algunos rasgos esenciales de su operación. El primero que merece subrayarse es el del cuidado y ejercicio de su autonomía frente al mando federal, es decir, toma de decisiones y definición de políticas con criterios propios, independientemente de cualquier dictado del gobierno. La autonomía es un hecho en esencia político: la capacidad para definir las acciones de la autoridad electoral según sus prioridades institucionales. En el fondo se trata de establecer una estructura y una conducta que coloque a los asuntos electorales por encima de las disputas partidistas o de los imperativos gubernamentales.

El segundo es que su trabajo lo desempeña una estructura de funcionarios profesionales; reclutados, evaluados y regulados por un estatuto administrativo especial: el servicio profesional electoral. Éste fue uno de los elementos consensuales y constitutivos de la creación del IFE en 1990; hasta antes de esa fecha, los encargados de concretar la organización eran funcionarios de temporal, no especializados, dependientes y provenientes de diversos sectores de la administración pública.

Su nacimiento fue una decisión estratégica para la vida electoral de México. El consenso que instauró al servicio profesional se derivó de un reconocimiento: las labores técnicas y jurídicas —tan cuidadosamente

---

[13] Ello no quiere decir que la legislación electoral no requiera ajustes y operaciones que la pongan al día.

descritas por más de 270 artículos del Código Electoral— habían alcanzado una intensidad, una complejidad y una masividad tales que sólo un personal bien entrenado, poseedor de capacidad y experiencia, las afrontaba con éxito.

La idea es garantizar la eficacia de la organización electoral, impulsando la independencia y el profesionalismo, con mejor calificación del personal, con el incremento de los estándares para seleccionarlo y con programas de capacitación efectivos. Al mismo tiempo, se trata de promover la honestidad y eficacia de los funcionarios mediante una evaluación sistemática. Además, estos últimos tienen ante sí una estructura operativa que intenta volver transparente su actuación, subrayando la necesidad de que rindan cuentas no sólo ante las instancias superiores, sino también ante las estructuras colegiadas, constituidas por ciudadanos, con las que trabaja en los periodos electorales, y ante los partidos políticos.

El tercer elemento: la estructura del IFE contiene una extensa red de vigilancia que despliegan los partidos políticos; en la organización interna existen diversos cuerpos y mecanismos de información que apuntalan una evaluación sistemática y ayudan a realizar el trabajo con transparencia.

En el máximo órgano electoral —el Consejo General— están presentes los partidos políticos y los representantes del Poder Legislativo: ellos discuten, evalúan y conocen cada acuerdo y cada medida. Los partidos políticos están también en 32 consejos locales y 300 distritales. Existen tanto comisiones de vigilancia, que examinan y miden día tras día la calidad del padrón electoral, como otras para llevar a cabo el trabajo en materia de radiodifusión. Durante los procesos electorales, los partidos políticos gozan el derecho de contar con un representante ante cada órgano estatal y distrital y tienen el derecho de enviar hasta dos representantes a todas las casillas el día de la jornada electoral. La confianza en la limpieza del trabajo del Instituto se logra mediante la constatación integral de la calidad de cada eslabón y de cada instrumento que forman parte del proceso.

El IFE es además una institución extraordinariamente desconcentrada: cuenta con 32 delegaciones y 300 subdelegaciones que ejecutan y operan todas las tareas que obliga la ley y las que impulsa el Consejo General. Además, es una institución deliberativa en sus órganos de decisión y profesional en sus órganos de ejecución. Cada resolución importante pasa por un proceso de discusión en el cual se valora la eficacia técnica y que busca recoger la opinión, la comprensión y el apego de los partidos políticos. Una vez aprobada una resolución, toca a la estructura profesional concretar su puesta en marcha.

Grosso modo ésos son los rasgos que definen al Instituto Federal Electoral de México: autonomía del gobierno e independencia de los partidos políticos, un servicio profesional electoral, amplia desconcentración administrativa y ejecutiva, profusa deliberación en sus estructuras colegiadas y extensa red de órganos y procedimientos de vigilancia.

El IFE es una construcción barroca y compleja. La clave que lleva a comprender este diseño institucional es, evidentemente, la de una desconfianza histórica. Remontar esas percepciones e inercias ha requerido una vasta inventiva institucional, en la que cada eslabón y cada instrumento son revisados por todos, y cada decisión se toma después de una amplia deliberación que busca en forma sistemática la comprensión y el consenso.

No es difícil adivinar que una institución como la mencionada ha estado sujeta a recurrentes oleadas y eventuales presiones de carácter político. La desconfianza ha alterado programas, estructuras y formas de operar. Desde el principio, en 1990, ese organismo ha sido una institución que ha debido responder a un contexto lleno de imperativos de gran relevancia política para el país. En su corta existencia como institución, ha sufrido cambios esporádicos de organización, sustituciones en los mandos superiores y una rotación de mandos medios mucho mayor que la habitual en instituciones similares.

Todo lo anterior ha obligado a plantear seriamente nuevas tareas de consolidación institucional que aprovechen la confianza ganada en los cuatro procesos electorales organizados desde 1991 y hasta el 2000, de suerte que deje de ser, de manera paulatina, una institución cruzada por la desconfianza y la presión política, a la vez que devuelva a las tareas de organización electoral su carácter eminentemente técnico, administrativo y profesional. Este acento en lo administrativo, en los criterios de eficiencia y en las tareas de consolidación es casi nuevo. Pero están dadas las condiciones para naturalizar a una institución nueva, moderna, que presta un servicio eficaz y transparente: una institución al servicio de la democracia.

* * * *

Más allá de los pormenores de su diseño y sus reformas perentorias, la misión del IFE ha sido demostrar que la vía electoral en México está abierta y se halla plenamente transitable.

En otras palabras, se trata de abrir un espacio franco para que la competencia entre fuerzas políticas distintas tenga lugar de un modo pacífico y civilizado. Por eso, tuvimos que inventar instituciones.

La década de 1990 fue el tiempo cuando el país se tomó en serio la discusión democrática: se invirtieron cuantiosos recursos financieros y materiales, así como grandes energías humanas y políticas para darse una oportunidad y ensayar una vida y una competencia genuinamente democrática.

Insistimos: el proceso de cambio político en México ha tenido como condición indispensable el respeto al voto, a las elecciones limpias. Con ese fin se ha construido una enorme estructura con múltiples requisitos técnicos. La historia política mexicana, en el último tramo del siglo pasado, se extendió en torno a ese objetivo fundamental. En ese requisito se apoyan la confianza, el consenso de las grandes fuerzas y los intereses políticos del país. Y sobre esa base los ciudadanos han protagonizado el cambio democrático por excelencia: ahora está en sus manos la decisión fundamental de la política, la decisión de quién los gobierna.

A la luz de lo ocurrido en el año 2000, todo parece indicar que México lo logró: ha demostrado ser un país en el cual el cambio de gobierno puede realizarse de manera pacífica, mediante una competencia regulada y equilibrada, sin recurso de la fuerza por parte del perdedor, sin riesgos de involuciones, y donde hay un tribunal que decide en definitiva las cuestiones polémicas. Eso, y no otra cosa, es la democracia.

Transición chilena:
articulación y límites

EDGARDO BOENINGER*

I. ANTECEDENTES

Para comprender mejor la naturaleza y las limitaciones de la transición chilena a la democracia, resulta indispensable resumir brevemente las causas de su ruptura en 1973, así como los rasgos principales de los 17 años de gobierno militar.

La ruptura de la democracia

Mucho se ha escrito sobre el tema; distintos autores han atribuido las más diversas causas al proceso que culminó con la intervención militar del 11 de septiembre de 1973. Sin perjuicio de que hubo múltiples factores agravantes de la crisis, a juicio de quien esto escribe, el quiebre democrático fue un fenómeno fundamentalmente político en los últimos años de su gestación.

Chile, de larga tradición republicana y democrática, vivió un periodo de estabilidad política, el llamado "Estado de Compromiso", desde

* Ingeniero civil y economista. Ha sido decano de la Facultad de Ciencias Económicas y rector de la Universidad de Chile. En el gobierno del presidente Eduardo Frei Montalva fue director general de Presupuesto. Ministro secretario de la Presidencia en el gobierno de Patricio Aylwin. Secretario ejecutivo del Pacific Economic Cooperation Council de APEC. En la actualidad es integrante del Senado de la República. Su libro más reciente es *Democracia en Chile*, 1997, Andrés Bello, Santiago.

1932 hasta mediados de los 60. Los primeros signos de crisis se producen en la década anterior al estancarse la economía chilena, producto del progresivo agotamiento del modelo de sustitución de importaciones, fenómeno que redujo la capacidad del Estado —actor preponderante de la época— para responder a las crecientes demandas sociales de una clase media con acceso privilegiado al poder político y de las clases populares, lideradas por un fuerte y autónomo movimiento sindical reivindicativo y otro de izquierda, que se convertían también en actores políticos relevantes. Los partidos políticos de centro (Democracia Cristiana) e izquierda (Socialistas y Comunistas) reaccionaron de modo ideológico progresivamente radicalizado, dando lugar a proyectos, mutuamente excluyentes, de transformación de la sociedad. Desde la izquierda se descalificó al régimen político como democracia burguesa y se adoptó el marxismo leninismo como postura oficial, en tanto que el comunitarismo y el socialismo comunitario se convierten en banderas de la DC. Por su parte, la derecha, sintiéndose amenazada por la retórica y las políticas de sus adversarios (reforma agraria en el gobierno de Frei y política económica orientada a la sustitución del capitalismo durante la Unidad Popular), perdió progresivamente su fe en la democracia como sistema capaz de asegurarle la defensa de sus intereses fundamentales, proceso que se aceleró a partir de la elección de Allende. El país se divide en tres tercios irreconciliables, dos de los cuales (derecha y DC) terminan uniéndose en contra del tercero cuando éste —la Unidad Popular— ejerció el gobierno del país. El clima de confrontación política y social se acentuó, la clase media en su gran mayoría se plegó a la oposición, la situación económica se fue deteriorando al extremo, convirtiendo al golpe del 11 de septiembre en la crónica de una intervención anunciada. Sólo cabría añadir que la derrota de la Unidad Popular demostró que es utópico pretender la transformación radical de un país en un contexto democrático sin contar con una nítida mayoría social de apoyo.

El gobierno militar

La intervención militar no fue un arbitraje entre partes en conflicto sino una acción dirigida contra la Unidad Popular. De ahí la consigna inicial de que su propósito era "extirpar el marxismo". Obviamente, contó desde el primer día y durante todo su periodo con la adhesión incondicional de la derecha y del empresariado. Muy importante es recordar que si bien la mayor parte de las bases sociales de la Democracia Cristiana se habían vuelto muy antagónicas a la izquierda y respaldaron el golpe, ella tuvo inicialmente un comportamiento conciliatorio con los militares para, en poco tiempo, adoptar una clara posición opositora al comprobar el propósito del gobierno militar de ejercer el poder por un periodo largo, su virulento antipoliticismo y, principalmente, las violaciones sistemáticas a los derechos humanos, en especial la desaparición de personas, que al poco tiempo se fueron haciendo evidentes. De este modo, el socialismo y la DC, sin registrar inicialmente acercamiento alguno, se encontraron de hecho, ya en 1974, en una trinchera común de oposición a Pinochet, convertido en jefe indiscutido del régimen.

No es del caso analizar aquí el desarrollo y las vicisitudes vividas por el gobierno militar. Lo que sí resulta pertinente para entender la transición es resumir brevemente las características principales del régimen y la institucionalidad política que construyó. Creo que pueden destacarse los tres elementos centrales siguientes:

1. La consolidación capitalista y la apertura de la economía al exterior. A partir de 1975, Pinochet entregó el manejo pleno de la economía a un grupo homogéneo y de alto nivel técnico de economistas liberales de la escuela de Chicago, quienes procedieron a desmantelar el Estado económicamente hegemónico que había alcanzado a construir parcialmente la Unidad Popular y sustituyeron la tanto tiempo vigente estrategia de desarrollo mediante sustitución de importaciones por otra de apertura al exterior con énfasis en las exportaciones, la inversión extranjera y, en general, el papel protagónico del sector privado. Pese a algunas vicisitudes, en particular la devastadora crisis financiera y la subsecuente recesión de 1982-83, Pinochet se mantuvo fiel al nuevo modelo y pudo exhibir en sus años finales (85-89) una economía sana y dinámica con altas tasas de crecimiento y positivos indicadores macroeconómicos.

   Como antecedente útil para una mejor comprensión del posterior proceso de transición, cabe consignar que la crisis del 82-83 dio lugar a una explosión de protestas sociales que, aunque fueron finalmente controladas y desactivadas, forzaron al régimen a aplicar cierta liberalización política y social que se tradujo en elecciones libres dentro de las organizaciones sociales (desde ese momento dirigidas en su casi totalidad por militantes democratacistianos de oposición al régimen) y en la tolerancia de facto de los partidos y de la actividad política.

2. Las violaciones sistemáticas de los derechos humanos durante casi todo el periodo del gobierno militar, faceta de sobra conocida por lo que no se entrará aquí en mayores detalles al respecto. Baste señalar que los militares asumieron el combate al marxismo como una operación de guerra, en la que se trataba de liquidar al enemigo, cuya capacidad de resistencia de manera incomprensible sobrestimaron mucho. De ahí, sucesivos crímenes que liquidaron las dirigencias del Movimiento de Izquierda Revolucionaria (MIR), del Partido Comunista y del Partido Socialista, además del asesinato de personas que consideraban peligrosas y del exilio de decenas de miles de chilenos, incluidos connotados democratacristianos. Su política de control social y supresión del disenso también los llevó a realizar allanamientos masivos en las poblaciones populares caracterizados por el trato vejatorio dado a las personas, con la consiguiente acumulación de sentimientos de rechazo al régimen en esos sectores. Se trató de una política represiva centralizada, ejecutada por los organismos de inteligencia del régimen (DINA, CNI, Comando Conjunto, DINE), jerárquicamente estructuradas y dependientes en forma directa de la cúpula del Estado.

3. El diseño institucional de una "democracia protegida" (como la denominó su principal ideólogo) encaminada a lograr los siguientes objetivos principales:

   a) Preservar el modelo económico capitalista de cualquier posible intento posterior de revertir su implantación por parte de fuerzas "estatistas" y "socialistas".

   b) Tender en torno a las fuerzas armadas un cinturón protector que las pusiera a cubierto de cualquier tentativa de retribución por la persecución política y las violaciones a los derechos humanos sufridos por los disidentes.

   c) Evitar el acceso al gobierno de los opositores al régimen por un largo periodo de tiempo y disponer, si así llegara a ocurrir, de instrumentos para vetar las iniciativas que pudieran afec-

114

tar alguna de las materias enunciadas en los dos puntos anteriores.

d) Dar sustento legal a una hipotética nueva intervención militar futura, impulsada por eventuales desbordes "marxistas"; vale decir, dar respaldo institucional a un posible golpe de Estado así motivado.

Para concretar este modelo político se impuso una Constitución que, de hecho, pretendía prorrogar la Presidencia de Pinochet hasta 1998, disponía la designación de nueve senadores (cuatro de ellos por las fuerzas armadas), daba a los militares el papel de "únicos" garantes de la institucionalidad, norma cuyo instrumento operativo era el Consejo de Seguridad Nacional (integrado por una mayoría de militares), establecía la inamovilidad de los comandantes en jefe, restringía eventuales actividades empresariales nuevas del Estado y, por fin y a última hora, implantó un sistema electoral binominal destinado a asegurar una sobrerrepresentación parlamentaria de la minoría o el eventual triunfo legislativo de la derecha, si la oposición de centro e izquierda no lograba actuar unida, cosa que se estimaba más que probable dada su heterogeneidad.

II. LOS GÉRMENES DE LA TRANSICIÓN

1. Las protestas sociales, desatadas al principio por la severa recesión económica y el desempleo producido en 1982-83, se transformaron luego en una estrategia política de derrocamiento del régimen militar por medio de la movilización social, proceso cuya dirección pasó muy pronto a manos de los partidos políticos al amparo de la relativa liberalización lograda. Fue ésta la primera acción conjunta de la democracia cristiana, el partido socialista (ya dividido en dos fracciones, una "renovada" y la otra, el PS-Almeyda, aún ligada al PC) y de los comunistas (estos últimos en el plano estrictamente social y sin ocupar posiciones visibles de liderazgo). La movilización social planteada como pacífica por la DC y los socialistas, tanto por convicción como para no ahuyentar a una clase media temerosa de la violencia, puso en considerables aprietos al régimen, pero terminó desgastándose y perdió relevancia cuando la acción violenta de los comunistas y del MIR en las poblaciones terminó por marginar en efecto a los sectores medios.

2. El proceso político con mayor significado de esos años fue el progresivo acercamiento entre la DC y el PS-renovado primero y la totalidad de los socialistas en los dos años postreros del régimen militar. Múltiples factores contribuyeron al deshielo primero y al diálogo difícil después; luego al renacer de las confianzas personales y, por fin, a la sintonía política que terminó por echar las bases de la coalición que se insinuaba (sin cristalizar) desde 1983. La evolución del socialismo fue, sin duda, el elemento decisivo. El rompimiento de su fracción renovada con el PC y el consiguiente fin formal de la Unidad Popular, su expresa adhesión a la democracia representativa, eliminaron el foso ideológico que lo separaba de la DC. Este acercamiento se reforzó cuando la izquierda pudo constatar la clara definición opositora de Frei, unánimemente reconocido como el líder de la oposición a partir de su discurso previo al plebiscito que impuso la Constitución de 1980. Por su parte, la DC abandonó de manera progresiva su estrategia del camino propio practicada desde 1965, acrecentándose su disposición a concretar acuerdos con otras fuerzas políticas. Asimismo, tanto la DC como el PS, a la luz de la evolución internacional y de las ideas prevalecientes en la nueva generación de economistas ligados a uno y otro partido, fueron aceptando en forma gradual el capitalismo y la economía de mercado como realidades inamovibles. Por último, la ruptura de la Unidad Popular y la estrategia de utilización de "todas las formas de lucha" (vale decir incluida la vía armada) adoptada por el PC a partir de 1980, aisló a este partido del socialismo renovado y lo fue distanciando paulatinamente del PS-Almeyda hasta producirse también la ruptura con éste y la reunificación del socialismo en los años finales del gobierno militar. El aislamiento del PC era para la DC una condición política fundamental y previa para formalizar acuerdos con el socialismo.

3. Como resultado de la evolución de los partidos antes reseñada, surgieron las primeras instancias formales de acción política conjunta entre la DC y el socialismo renovado, encabezadas por aquélla y acompañados ambos por grupos menores de izquierda y por un pequeño sector de derecha, tempranamente escindido del régimen militar. Así nació la Alianza Democrática, cuyo objetivo único era el derrocamiento del gobierno, expresado en tres demandas: renuncia de Pinochet, gobierno provisional y asamblea constituyente. Dado el maximalismo de estas exigencias y debilitada la moviliza-

ción social, no es raro que la Alianza Democrática no haya logrado sus propósitos. Por el contrario, Pinochet superó el desafío y consolidó su poder.

Una segunda instancia, diferente y más amplia en cuanto a sus partícipes, fue el Acuerdo Nacional; documento promovido por la Iglesia Católica, firmado en 1985 por los líderes de la Alianza Democrática y por un sector de derecha que pasó luego a conformar el núcleo central de la llamada derecha liberal (Allamand, Bulnes Sanfuentes). El Acuerdo Nacional postuló una transición pacífica a la democracia a parrtir de la Constitución del 80 reformada y de la realización de elecciones con anterioridad al plazo de 1989 fijado por Pinochet (sustituyendo así también el plebiscito programado constitucionalmente para 1988, en el que debía definirse si se prorrogaba o no por ocho años el mandato del general).

El Acuerdo Nacional fue tajantemente rechazado por el gobierno militar, que destruyó la incipiente alianza derecha liberal-DC-izquierda socialista, poniendo en evidencia a través de una serie de operaciones políticas las sustanciales diferencias que aún persistían entre los firmantes y de paso dejó en claro que a esa fecha no estaban todavía dadas las condiciones para una alianza política capaz de desplazar a Pinochet antes de la fecha autoasignada de término de su mandato.

El fracaso de los intentos descritos para poner término anticipado al régimen y el agotamiento ya señalado de la movilización social, fueron paulatinamente haciendo surgir la estrategia alternativa político-electoral que se propuso desafiar a Pinochet en las urnas, de acuerdo con el escenario diseñado por la propia Constitución del 80. Para la DC, esta opción cobró mayor fuerza a partir de la fragmentación de la Alianza Democrática al retirarse los socialistas, presionados por los intentos de reconstituir un frente de izquierda, iniciativa que no fructificó por el rechazo del PS-renovado a un acuerdo con los comunistas. Las voces intelectuales opositoras encuentran, en este escenario, creciente receptividad a su tesis de que una verdadera transición a la democracia sólo sería posible si se producía por la vía electoral, porque el mundo era pródigo en ejemplos de rupturas violentas de regímenes dictatoriales seguidos, a su vez, por gobiernos de fuerza e inestabilidad política.

El diseño de la estrategia político-electoral se fundaba en la oportunidad que, dado el desgaste del régimen al cabo de 15 años de gobierno represivo, representaba el plebiscito programado por Pinochet para 1988, en el que los ciudadanos debían votar *sí o no* en relación con un nuevo mandato de ocho años del general (formalmente, era la Junta de Gobierno la que debía nominar al candidato para ese efecto). Sus verdaderas posibilidades de éxito estaban por obviedad condicionadas a que el plebiscito fuera un acto electoral limpio por completo, transparente y equitativo. Un factor favorable era la presión internacional cuya intensidad aumentó a partir del drástico cambio de actitud de Estados Unidos, país que se sumó a las demandas por democracia en Chile, lideradas antes sólo por Europa. Por su parte, las instituciones armadas, atrapadas en un marco legal de su propia confección, sentían que en la limpieza del acto quedaba comprometido el honor militar. Por último, de modo inesperado, el Tribunal Constitucional, establecido en la Constitución e integrado por miembros designados por Pinochet, forzó con sorpresa al gobierno por una mayoría de 3 x 2 a modificar las llamadas "leyes políticas" que debían regir el proceso plebiscitario, de modo tal que hubo supervisión formal del mismo por un Tribunal Electoral independiente, acceso de la oposición identificada con el voto *no* a la televisión a través de una franja diaria obligatoria, registros electorales a cubierto de fraude; presencia de apoderados del *no* en las mesas de sufragio y, por fin, una organización paralela a la del gobierno para el recuento de votos a lo largo del país.

En estas condiciones, los opositores entraron en lo sucesivo al "sistema", inscribiendo al partido en el registro legal pertinente y llamando a sus partidarios a inscribirse en los registros electorales, primero la DC; a continuación el PS —Nuñez (ex renovados), luego los partidos menores de la oposición y por último el PS —Almeyda, cuyos lazos con el PC quedan gravemente deteriorados a partir de esa decisión. Todo este proceso fue precedido por una campaña por elecciones libres como bandera formal, en el entendido de que si aquéllo no se lograba, se participaría en el plebiscito, tal como en efecto ocurrió.

Así dispuestas las cosas, los partidos opositores (excepto naturalmente el PC) crearon formalmente la Concertación de partidos por el *no*, coalición cuyo alcance estaba limitado a ganar el plebiscito pero que se convirtió en el precursor directo de la Concertación de Partidos por la Democracia.

La concertación por el *no* ganó con claridad el plebiscito, convirtiéndose un poco más adelante en la Concertación de Partidos por la Democracia que se dispuso a enfrentar las elecciones presidenciales y parlamentarias convocadas para 1989, y a la cual se incorporó el PS-Almeyda, rotos definitivamente sus lazos con el PC. La reunificación del

PS ocurrida en 1989 fue el último eslabón en la formación de la alianza que llevó a Patricio Aylwin a la Presidencia de la República y que ha gobernado a Chile desde el 11 de marzo de 1990 hasta hoy.

III. DEL TRIUNFO DEL *NO* AL GOBIERNO DE AYLWIN

El triunfo del *no* en el plebiscito y el explícito reconocimiento de tal hecho por el gobierno militar, tuvo como efecto la certeza del triunfo opositor en las elecciones presidenciales que, de acuerdo con el itinerario constitucional debían realizarse en diciembre de 1989. La materialización de tal resultado quedaba sujeta a condiciones cuyo cumplimiento dependía exclusivamente de la voluntad de los propios triunfadores. Primero, que fueran capaces de nombrar un candidato único a la Presidencia. Segundo, que esa candidatura se complementara por un pacto para la elección parlamentaria a celebrarse en la misma fecha y con un programa conjunto de gobierno, de carácter moderado, que anulara la afirmación de los partidos de derecha y del gobierno de que la democracia en manos de la centro-izquierda sería el caos.

Con las tensiones propias de toda negociación política, la Concertación por el *no* cumplió a cabalidad con este requisito. Poco después del plebiscito, se transformó en la Concertación de Partidos por la Democracia con el expreso propósito de convertirse en la futura coalición gobernante; designó candidato a Patricio Aylwin (vocero del *no* y presidente del centrista PDC), aprobó un programa común moderado y firmó un pacto electoral para las elecciones parlamentarias que, incluso, resolvió de modo ingenioso el problema de aprovechar los votos comunistas sin entrar en ningún tipo de acuerdo con ese partido.

El otro problema que debía resolver la Concertación, era crear las condiciones necesarias para garantizar la gobernabilidad del país a partir de 1990. En este sentido, dado que la democracia funciona en el marco de un Estado de Derecho, resultaba fundamental llegar con el gobierno saliente a un acuerdo de reforma de la Constitución que le permitiera reconocerla como legítima (hasta entonces, la oposición había mantenido la posición de que era ilegítima de origen). Al gobierno militar, a su vez, le interesaba dicho reconocimiento a condición de que se conservaran suficientes disposiciones del "cordón defensivo" de la democracia protegida. Dada esta convergencia de intereses fue posible que se llegara a un acuerdo en cuanto al conjunto de reformas que cumplieron los requisitos mínimos de ambos bloques; así, se eliminó la norma que permitía declarar la inconstitucionalidad de un partido político, se derogó la exigencia de la aprobación de dos congresos sucesivos para una reforma constitucional, y se moderaron las atribuciones del Consejo de Seguridad Nacional. Mientras que, por otra parte, se mantuvo a los senadores designados, la inamovilidad de los comandantes en jefe y el derecho de Pinochet de permanecer por otros ocho años a la cabeza del ejército y optar después por la calidad de senador vitalicio.

En años recientes, esta decisión de la Concertación, unánime en su momento, ha sido muy criticada dados sus infructuosos intentos posteriores de lograr la aprobación de las reformas constitucionales que quedaron pendientes. No concuerdo con esa crítica. En 1989 se obtuvo lo necesario para poder gobernar y para impulsar posteriormente nuevas reformas, sujetas —eso sí— al acuerdo político con la derecha, ahora opositora. En la Concertación también se acordó en que el solo hecho de asumir el gobierno produciría un cambio progresivo en la estructura del poder, lo que efectivamente ha ocurrido. La alternativa de rechazar el acuerdo dejaba a la Concertación con sólo dos opciones: no presentarse a las elecciones y entregar el gobierno a la derecha, o tratar de forzar las demás reformas por medio de una nueva movilización social, alternativa que tenía nulas posibilidades de éxito porque el pueblo estaba absolutamente cansado de la confrontación y el conflicto que se arrastraba por ya 20 años, por lo que tal intento se habría traducido únicamente en un clima de inestabilidad política y temor social que habría arruinado el gobierno de Aylwin.

Solemnizado el acuerdo constitucional, la Concertación ganó con holgura la elección presidencial y obtuvo mayoría en la Cámara de Diputados quedando en minoría en el Senado por el peso de los nueve senadores designados directa o indirectamente por Pinochet. El 11 de marzo de 1990 asumió Patricio Aylwin la Presidencia de la República, dándose comienzo a la segunda fase de la transición.

IV. La transición en los gobiernos de la concertación

Los objetivos del gobierno de Aylwin y la transición

La reinstalación de la democracia en las condiciones descritas, dejaba al Gobierno de la Concertación la tarea de completar la transición a la plena democracia, incluyendo la justicia en el tema de las violaciones de los derechos humanos.

No obstante, como todo nuevo gobierno, el de Aylwin consideró como su obligación fundamental ser exitoso y así hacer posible la continuidad de la coalición triunfante. Tal objetivo requería —en este caso— lograr el retorno de los militares a sus cuarteles, sacándolos del escenario político; construir los consensos necesarios para lograr un ambiente de estabilidad política y paz social que desvirtuara los temores y pronósticos agoreros de que la Concertación produciría desorden y conflicto; y satisfacer las exigencias económico-sociales de la población.

El nuevo gobierno tenía claro que los temas de la transición constituían la preocupación y compromiso centrales de la élite política, pero le asistía también la convicción, avalada por las encuestas, de que su gestión sería juzgada por el pueblo, principalmente, por su desempeño económico-social. En esta materia, su desafío era doble. Resultaba indispensable sostener y, en lo posible, incrementar las altas tasas de crecimiento logrados en los cinco últimos años de Pinochet y demostrar capacidad técnico-política para mantener los equilibrios macroeconómicos logrados y continuar mejorando los índices de inflación y empleo. Paralelamente, debía responder a las demandas sociales acumuladas por la restrictiva política del gobierno militar en materia de Educación, Salud, remuneraciones públicas, legislación laboral, seguridad social y reducción de la pobreza.

El fracaso del gobierno, habría podido significar —ése era el temor predominante— el retorno de Pinochet al poder, por la vía electoral en 1994, regresión política absolutamente intolerable.

La estrategia adoptada

En estas condiciones, el gobierno adoptó una estrategia secuencial, jerarquizando para los primeros años de su periodo, las materias determinantes para tener éxito, de acuerdo con el análisis precedente. En particular, decidió concentrar en el primer año de su mandato las reformas que pudieran afectar la economía, para que a partir de 1991 las reglas del juego pertinentes tuvieran la claridad y estabilidad necesarias para incentivar el ahorro y la inversión, y superar la desconfianza inicial de los empresarios ante una coalición supuestamente socialista y estatizante.

La política económica y social

De acuerdo con dicha estrategia, el gobierno, esmerándose en demostrar su voluntad de construir consensos nacionales, logró la aprobación sucesiva de una Reforma Tributaria (indispensable para aumentar el presupuesto social) y de una Reforma Laboral (necesaria para lograr la aceptación de tales normas por parte de los trabajadores organizados, que consideraban ilegítimas las que le había impuesto el gobierno militar). Al efecto, se contó con el apoyo del partido Renovación Nacional, de la oposición de derecha, y con la aquiescencia de los empresarios, ambas potentes señales del clima de cooperación y consenso que se estaba gestando. De este modo, se puso en marcha el modelo de crecimiento con equidad adoptado por el nuevo gobierno, marcadamente distinto de la mera ortodoxia de mercado de su antecesor. En definitiva, en los cuatro años se logró un crecimiento promedio anual de casi 7%, se redujeron sustancialmente los niveles de inflación y desempleo, continuando también el aumento espectacular de las exportaciones y se puso en marcha un ambicioso programa social que, en ese periodo, redujo al menos en 1.5 millones el número de pobres.

La conjunción de crecimiento y compromiso social contribuyó, de modo decisivo —sumado al temor popular a una regresión autoritaria—, al notable clima de paz social que caracterizó al periodo de Aylwin. De este modo, se aseguró la gobernabilidad democrática y la continuidad de la coalición gobernante. El hecho de tratarse de una alianza de centro izquierda le otorgó, ademas, una empatía popular por suponérsela más comprometida con los problemas y aspiraciones de los sectores más desfavorecidos. El que este respaldo social se haya mantenido hasta hoy es, probablemente, el mayor éxito de la transición Chilena.

La política militar

El retorno de los militares a sus cuarteles se logró rápidamente y en plenitud en lo que respecta a marina, fuerza aérea y policía. Sólo en el caso del ejército, y particularmente de Pinochet, hubo algunos momentos de tensión y dos episodios de comportamiento militar anormal con ribetes de amenaza (los llamados ejercicios de enlace y el boinazo) de corta duración y que nunca se salieron del marco constitucional. Desde el primer momento, Pinochet aceptó explícitamente su dependencia del presidente de la República y tuvo que resignarse también, después de reiterados gestos de desagrado, a la autoridad de un ministro de Defensa civil. Sin perjuicio de lo anterior, las instituciones armadas mantuvieron siempre con éxito su oposición a que se eliminaran los resguardos protectores de la Constitución (bautizados por la Concertación como enclaves autoritarios), a través, no de pronunciamientos públicos propios, sino de la conducta leal a sus intereses en estas materias de los partidos de derecha en el Parlamento.

Los derechos humanos

En el campo de los derechos humanos, el gobierno no intentó derogar la ley de amnistía, promulgada por el gobierno de Pinochet en 1978, que garantizaba impunidad a los autores de crímenes cometidos con anterioridad a esa fecha. El gobierno militar nunca intentó dictar una segunda ley de igual naturaleza, que cubriera el resto de su periodo, tanto porque no tenía en el Senado los votos necesarios para lograrlo, como porque estimó que una presión en tal sentido habría sido una acción excesivamente provocadora, contradictoria con la estrategia aquí explicada. Por otra parte, no se podía confiar en el poder Judicial dado que los integrantes de la Corte Suprema —si bien jueces de carrera— habían sido en su totalidad designados por Pinochet. Cerrados esos dos caminos, Aylwin optó por la fórmula de crear por decreto una Comisión de Verdad y Reconciliación integrada de manera plural para dar garantía a todos los sectores, a la que se encomendó establecer la verdad histórica y moral sobre las violaciones a los derechos humanos. El exhaustivo trabajo de la comisión se tradujo en un informe que dejó establecida, sin lugar a dudas, la verdad de lo ocurrido. El Informe Rettig (así denominado por su presidente) constituyó por sí mismo un acto emblemático de justicia por la vía de la sanción social a las instituciones responsables.

Una vez terminada esta fase, el tema de los derechos humanos se radicó en los tribunales de justicia, a los que fueron entregados los antecedentes recopilados por la Comisión. Más adelante se hará referencia a los notables avances —impensables en los primeros años— logrados posteriormente en este terreno.

Las reformas constitucionales

Cumplidas las metas iniciales descritas, en 1992 el gobierno presentó al Congreso el proyecto de reformas constitucionales destinado a eliminar las instituciones de resguardo de la democracia protegida. El proyecto no pretendió afectar los ya mencionados derechos de Pinochet, cuya eliminación no fue pedida por ningún sector de la Concertación. Creo que, de este modo, se expresó nuevamente la convicción generalizada de que la convivencia con Pinochet era una condición implícita de la transición pacífica que se había logrado. Pese a que en 1989 hubo completa coincidencia a nivel de juristas en torno a dichas reformas con Renovación Nacional; en 1992, este partido, privilegiando su alianza político-electoral con la UDI, partido rígidamente opuesto a ellas, las estimó "inoportunas". En estas condiciones, las reformas no prosperaron. Posteriormente, durante el gobierno de Frei, un segundo intento, similar en su contenido, consensuado esta vez formalmente con Renovación Nacional, fracasó nuevamente al no lograr la directiva de ese partido imponer disciplina a 8 de sus senadores, que se unieron a los de la UDI y a los Senadores designados en el rechazo.

El gobierno de Lagos ha puesto otra vez en debate el tema de las reformas políticas, a través de un nuevo proyecto de contenido análogo a los anteriores, presentado en el Senado. En esta oportunidad hay mejores perspectivas de éxito, pero lo concreto es que al cabo de 10 años, sigue siendo una tarea pendiente, un objetivo aún no cumplido de la transición.

V. AVANCES POSTERIORES AL GOBIERNO DE AYLWIN Y EVALUACIÓN DE LA TRANSICIÓN CHILENA AL AÑO 2000

Se han hecho críticas extremadamente duras a la transición chilena, la mayoría desde la izquierda extraparlamentaria (PC principalmente) y por algunos intelectuales destacados (Moulian, Jocelyn-Holt, en menor medida M. A. Garretón), acuñándose incluso el concepto de "democracia bloqueada".

A juicio de quien esto escribe, tales evaluaciones negativas son absolutamente injustificadas, lo que no quiere decir que nuestra transición esté exenta de errores, limitaciones y tareas aún pendientes. El balance, sin embargo, resulta extraordinariamente positivo. A continuación se examinan sucesivamente los temas más significativos de la transición.

Los avatares de la justicia

Después del Informe Rettig, el tema de los derechos humanos, ya radicado en los tribunales, tardó un buen tiempo en registrar avances significativos. Fundamentalmente, se trata de 4 asuntos paralelos que han tenido distintos desarrollos en el tiempo: los detenidos-desaparecidos y la interpretación de la ley de amnistía, el caso Contreras, los crímenes de mayor notoriedad no cubiertos por la amnistía y la situación de Pinochet.

a) *Los detenidos-desaparecidos y la ley de amnistía.* Estos dos asuntos están ligados por el hecho de que la desaparición de personas ocurrió con anterioridad a 1978. Un aspecto crucial en esta materia ha sido la forma en que los jueces, en particular la Corte Suprema, han interpretado la ley de amnistía.

En una primera etapa —con la Corte dominada por jueces de la era Pinochet— prevaleció el criterio de que si los hechos correspondían al periodo cubierto por la amnistía, procedía el sobreseimiento inmediato porque no tenía sentido investigar un crimen si posteriormente había que amnistiar. En una segunda fase, los jueces pasaron a sostener la tesis de que sólo procede amnistiar personas y no hechos, por lo que debía continuar la investigación hasta la identificación de los culpables. Por último, los tribunales estan aplicando ahora el criterio de que la desaparición no aclarada de personas corresponde a la figura jurídica del secuestro, un delito continuado, al que no cabe aplicar la amnistía mientras no se esclarezca el destino de las víctimas y la fecha de su muerte.

El criterio hoy sustentado por la Corte, llevó a que los militares, en la última "mesa de diálogo" constituida durante el gobierno de Frei, se hayan comprometido ante el país a tratar de reconstituir la información que permita saber la verdad de lo ocurrido, al mismo tiempo que, por primera vez, reconocieron por escrito que durante el gobierno militar agentes de organizaciones del Estado habían sido responsables de violaciones a los derechos humanos. La búsqueda de información está actualmente en curso.

125

b) *El caso Contreras*. El proceso al general Manuel Contreras —en los primeros años del gobierno militar, todopoderoso jefe de su servicio de inteligencia— por el asesinato en Washington del ex canciller Letelier, terminó en una condena ratificada por la Corte Suprema, la que actualmente está cumpliendo en la cárcel. Es importante señalar que, pese a referencias verbales a la injusticia de que era víctima Contreras, el ejército jamás dio paso alguno para ayudarlo a eludir la acción de la justicia, manifestando en todo momento que los fallos judiciales tenían que acatarse.

c) *Los crímenes de mayor notoriedad postamnistía*. Durante el gobierno militar y en los primeros años de Aylwin, la investigación respecto de tales casos de asesinato —espectaculares y a menudo múltiples— mostraron escasos avances. Paulatinamente, sin embargo, la conjunción de una voluntad, antes inexistente, de investigar por parte de las policías y el nombramiento a cargo de los procesos pertinentes de jueces acuciosos con voluntad de hacer justicia, ha producido un vuelco notable en la situación. Hoy, en lo que respecta a esos crímenes, hay gran número de personas (muchos militares y algunos civiles) condenadas o procesadas.

d) *Pinochet*. Como se señaló antes, la Concertación respetó las prerrogativas que Pinochet se había autoconferido en la Constitución. Completó su periodo de ocho años adicionales como comandante en jefe y luego asumió como senador vitalicio, protegido en razón de tal cargo por el fuero parlamentario. La situación cambió radicalmente al producirse su detención en Londres, a requerimiento del juez español Garzón. Como se sabe, el proceso en el Reino Unido llegó a su término cuando el ministro del interior Joel Straw decidió devolverlo a Chile en virtud de informes médicos que atestiguaban que su estado de salud no era compatible con los requerimientos del proceso.

Su detención en Inglaterra detonó una serie de querellas (más de 150) en su contra, por su presunta responsabilidad en diversos crímenes específicos. A su regreso a Chile, la justicia acogió la petición de desafuero del general dejándolo en condiciones judiciales de ser sometido a proceso.

La extensa reseña precedente demuestra que, pese a los lentos avances iniciales, una evaluación desde el presente no puede sino concluir que en materia de derechos humanos se ha hecho más justicia que en otros países que han sufrido fenómenos similares y, ciertamente, mucho más que la más optimista de las expectativas que se hayan podido tener en 1990. Sin duda, veremos más justicia en el futuro, aunque jamás se logrará la justicia plena a que aspira el entorno de las víctimas. El país, en términos generales, está reconciliado; no lo está el entorno de las víctimas con los militares; sus heridas, así como las del orgullo militar herido, sólo las cicatrizará el tiempo.

Los militares

En términos de su comportamiento los militares no han constituido un obstáculo a la transición en los 10 años de gobierno democrático. Sólo tres episodios protagonizados por el ejército, ordenados por Pinochet y motivados aparentemente más por su voluntad de defender a su familia de acusaciones sobre manejos financieros turbios que por algún afán de protagonismo político, produjeron inquietud en su momento y terminaron abruptamente en cuanto, a petición del Presidente, se desactivaron esas acusaciones. En ningún momento hubo, por parte del gobierno o de los militares, la menor interferencia con los Tribunales de Justicia ni hubo concesión alguna a los uniformados en materia de derechos humanos. ¡Poca turbulencia, para una transición que se produce al cabo de 17 años de ejercicio omnímodo del poder! Hoy, los altos mandos están constituidos por una nueva generación de militares, ajenos a los acontecimientos de los 70, que comparten la lealtad colectiva de las instituciones armadas con el que fue su líder y que defienden también "la obra del gobierno militar", pero cuyas prioridades se centran en los asuntos profesionales que les competen.

Por otra parte, aún en los primeros años más tensos de la transición, nunca hicieron uso del instrumento que les entrega la Constitución de citar al Consejo de Seguridad Nacional (bastan dos firmas para hacerlo), entidad en la que se sientan en igualdad de condiciones con su jefe, el presidente de la República, para representar públicamente una posición pública discrepante con la de aquél, sobre alguna materia que, a su juicio, pudiera afectar la "seguridad nacional". Es fácil imaginarse el dramatismo y potencial desestabilizador de un acto de esa naturaleza. Por ello, es probable que el Consejo se haya reunido en muy contadas oportunidades, siempre a convocatoria del presidente de la República. De hecho, hace ya bastante tiempo que eso no ocurre, aunque en el intervalo se han producido episodios tan complicados para las fuerzas armadas como la detención y la petición de desafuero de Pinochet y la profunda y comprensible desazón militar por la multiplicación de procesos y condenas en contra de oficiales activos o en retiro, como resultado de la acción de los tribunales.

En suma, las fuerzas armadas son mucho más un problema no resuelto de la transición por el papel que la Constitución les otorga y no por la forma en que, de hecho, se han insertado en el proceso democrático.

La política económica

La crítica a la transición en este campo consiste fundamentalmente en la afirmación de que la Concertación se rindió ante el pinochetismo, aceptando y consolidando la "revolución capitalista" realizada por el gobierno militar. Esta aseveración es correcta. El problema está en que los gobiernos de la Concertación han persistido por propia convicción en un modelo de economía de mercado abierta al exterior, que reconoce a la empresa privada como motor principal del desarrollo. En el mundo contemporáneo, se ha consumado la hegemonía total del capitalismo, la globalización es un hecho y para una economía pequeña como la chilena, es válido aquello de "exportar o morir".

En un segundo nivel de crítica se sitúan las acusaciones de que la política económica seguida en estos 10 años es excesivamente ortodoxa. En líneas generales, sin embargo, casi todos los sectores reconocen el éxito de la estrategia de crecimiento con equidad que la Concertación ha implantado en reemplazo del rígido ideologismo neoliberal de la era militar. Sin perjuicio de tal valoración, es evidente que el país sigue mostrando serias limitaciones y deficiencias en la distribucion del ingreso, la tarea inconclusa de la superación de la pobreza, la falta de regulación en diversas áreas económicas y de otros tipos, que siguen siendo materia de debate público pero que no deben confundirse con las tareas de la transición. Es cierto que la mayoría opositora del Senado ha bloqueado iniciativas o ha forzado negociaciones, pero también es cierto que, en la mayoría de los casos, los acuerdos finalmente alcanzados han dejado razonablemente satisfecho al gobierno. Por lo demás, en estas materias, suele haber diferentes posiciones al interior de la propia Concertación.

Las reformas constitucionales

Es en el campo de las reformas políticas donde se radican las limitaciones más importantes de la transición chilena. Pendientes desde 1989, fracasados los intentos mencionados en párrafos anteriores, y puestas nuevamente hoy en la agenda formal del debate, es correcto señalar que nuestro país no ha cumplido con las exigencias de la definición de una demoracia plena mientras no se modifiquen algunas disposiciones constitucionales y legales que no son congruentes con un régimen democrático. Antes de analizar los puntos esenciales en debate, quisiera reiterar que a mi juicio, como creo que se deduce del análisis hecho hasta aquí, las normas que con razón se objetan, no han obstaculizado de manera significativa el funcionamiento de los gobiernos democráticos o, como es el caso de las prerrogativas de Pinochet, fueron aceptadas por la Concertación como un precio a pagar para garantizar una transición pacífica y la consolidación de un sistema político no polarizado donde los enemigos de antaño se convirtieron de nuevo en meros adversarios.

El problema radica pues, principalmente, en la institucionalidad formal. En primer término, la Constitución debe expresar en plenitud los principios sobre los que descansa un régimen democrático. En segundo lugar, un sistema político requiere, para su legitimidad y estabilidad a largo plazo, de un consenso constitucional amplio. El nuestro es claramente incompleto.

Tres son las materias contenciosas de mayor envergadura:

1. *La composición del Senado*, integrado por 38 miembros elegidos, 10 no electos, nueve designados y un vitalicio (descontado Pinochet). El Senado chileno tiene atribuciones políticas similares a las de la Cámara de Diputados y algunas adicionales, por lo que corresponde compararlo con el Senado estadounidense y no con la Cámara de los Lores o el Senado italiano. Respecto de este tema, se ha ido llegando a un acuerdo político, porque ya la institución de designados y vitalicios no representa una ventaja política para la derecha opositora (hoy la cuenta es 6 x 4 a su favor, y a partir de 2006 probablemente le será desfavorable), de modo que con toda seguridad esta institución desaparecerá a partir de 2006, asegurándose así la plena legitimidad democrática del Senado.

2. *El papel político de las fuerzas armadas* y las normas que procuran darle operatividad y asegurarle la autonomía requerida para des-

empeñarlo. La Constitución, como vimos, las consagra como únicos garantes de la institucionalidad y crea, como mecanismo operativo al efecto, el Consejo de Seguridad Nacional, que, aunque presidido por el presidente de la República, está integrado en total por ocho personas, cuatro civiles y los cuatro comandantes en jefe de las fuerzas armadas y la policía. De más está decir que resulta absurdo e inaceptable que los jefes militares, subordinados del Presidente de la República, integren una instancia con capacidad resolutiva con iguales derechos que su Jefe.

Son tan obvias estas contradicicones y ha resultado tan inoperante el Consejo en la realidad de estos 10 años, que se ha abierto paso la idea de que la calidad de garantes sea ampliada a todas las instituciones y a los ciudadanos en general o, alternativamente, que sea suprimida dicha norma, en tanto que es probable un acuerdo que convierta al Consejo de Seguridad Nacional en un órgano asesor del presidente, que sólo podrá ser convocado por él. Personalmente, me parece más nítido eliminar al citado Consejo.

De más difícil acuerdo es la supresión del artículo que consagra la inamovilidad de los comandantes en jefe, una vez nombrados por un periodo de cuatro años por el presidente de la República, de entre las cinco primeras antigüedades de la institución respectiva. Si bien una norma de este tipo no existe en ninguna democracia del mundo occidental, los militares argumentan —con cierta razón— que su supresión conlleva el riesgo de la politización de esos nombramientos y eventuales remociones. En todo caso, la pureza democrática exige la derogación del precepto. Alternativamente, podría ser tanto o más importante que lo anterior otorgar al Presidente la facultad de llamar a retiro a un oficial, por decreto fundado, para precaver el caso de que un comportamiento militar claramente indebido, no sea sancionado por el comandante en jefe respectivo.

En todo caso, en estas materias, el poder de decisión no está en manos de los militares, porque es la derecha en el Parlamento la que dispone de los votos para bloquear o aprobar la reforma.

3. *El sistema electoral binominal*, establecido a última hora por el régimen militar saliente, ya consciente de su derrota y de que los partidos de derecha tendrían un apoyo ciudadano minoritario.

No debiera calificarse de antidemocrático al sistema binominal (como lo sostienen muchos dirigentes de la Concertación) pues más lo sería el sistema uninominal imperante en los Estados Unidos y el Reino Unido. Lo que ocurre en Chile es que el binominalismo se traduce en una sobrerrepresentación de la primera minoría, a costa de la exclusión de los sectores minoritarios más marginales (en nuestro caso el PC). Esta sobrerrepresentación, unida a las mayorías parlamentarias especiales (desde 4/7 a 2/3) requeridas para la aprobación de Reformas Constitucionales y para leyes sobre materias sensibles (concepto de consenso mayor que la mitad más uno que la Concertación ha aceptado y que este autor comparte plenamente), tiene como resultado un poder de veto excesivo de la minoría, cuya permanencia en el tiempo resta legitimidad a las votaciones parlamentarias pertinentes. Por otra parte, es un hecho que, en la propia Concertación, los partidos mayores y muchos parlamentarios a título individual tienden a sentirse cómodos con el sistema. Esto es claramente el caso de la coalición opositora, que se considera más sólida y unida que el oficialismo, por lo que estima que el sistema binominal le conviene.

La modificación del binominalismo es, por tanto, el tema de más difícil solución, pero en todo caso parece ser más una confrontación de intereses y cálculos políticos que una condición de término de la transición a una democracia plena.

En suma, aunque con un retraso de más de 10 años, cabe prever que se producirán reformas políticas en la medida necesaria para completar el consenso constitucional y dar por cerrado este capítulo de la transición.

VI. COMENTARIOS FINALES

Como síntesis de lo expuesto, puede afirmarse que en lo que respecta a sus alcances, la transición chilena ha logrado reconstruir un sistema político competitivo, no polarizado, que exhibe avances inesperados aunque incompletos en materia de derechos humanos; los militares han retornado a sus cuarteles y el país ha tenido un éxito reconocido internacionalmente en su estrategia económico-social de crecimiento con equidad. Prueba de ello, es que la ciudadanía ya ha elegido tres gobiernos sucesivos de la misma coalición gobernante, que para el año 2006 completará 16 años en el poder.

Las limitaciones de la transición (ignorando la crítica referida a la consolidación del capitalismo) radican en que se mantiene vigente una situación de consenso institucional incompleto, debido al fracaso de los intentos de la Concertación por eliminar los llamados "enclaves autoritarios" subsistentes en la Constitución, y que no hay ni habrá justicia plena en materia de derechos humanos. Asimismo, es indudable que el avance en diversas áreas ha sido más lento que el deseado, aunque a mi juicio tal ritmo resulta inevitable en una transición pacífica en la que los militares no son expulsados del poder, sino que entregan el gobierno como resultado del mandato de las urnas.

En suma, la democracia chilena está funcionando, con todas sus imperfecciones y carencias, pero las tareas de la transición se han cumplido o están en vías de obtenerse. De este modo, el país se asoma a su futuro con óptimas posibilidades de lograr, simultáneamente proyectadas a largo plazo, estabilidad política, progreso económico y paz social, condiciones copulativas de la gobernabilidad democrática.

Chile: la transición empantanada

ANDRÉS ALLAMAND*

"Los chilenos se aprestan a vivir un nuevo capítulo —otro más— del cuento de nunca acabar de esta transición inconclusa que se estira como chicle, se pega como lapa, se cuela como virus y se extiende como plaga por las articulaciones más sensibles del aparato institucional chileno", escribió, a principios de agosto de este año, el periodista y crítico de cine Héctor Soto.

El artículo se publicó antes de que la Corte Suprema desaforara a Augusto Pinochet y le quitara su inmunidad parlamentaria. Soto, casi con irritación, se preguntó: "¿Tiene que seguir pagando todo un país la imprudencia de una izquierda embriagada, la soberbia de un general arrogante, los errores de una derecha miope, las negligencias de una clase política que no ha hecho bien su trabajo? Al final de los finales queda la duda de si la sociedad chilena no ha perdido las riendas de la transición".

A mediados de agosto, el escritor chileno Jorge Edwards describía en *El País* de España el estado de ánimo público posdesafuero de Pinochet. Relataba que se le acercaron jóvenes que consideran el des-

* Abogado. Ex diputado, ha sido presidente del Partido Renovación Nacional; director del Programa sobre Participación Ciudadana y Desarrollo Político del Banco Interamericano de Desarrollo. En la actualidad se desempeña como director de desarrollo de la Universidad Adolfo Ibáñez. En la transición chilena participó en el Acuerdo Nacional en 1985 y fue el principal negociador de la oposición en la reforma tributaria de 1990. En su libro *Travesía del desierto* aborda en detalle estos temas.

afuero "necesario y saludable, como signo y como símbolo", pero también le hacen ver que están "muy cansados. Queremos que en Chile se pueda doblar la página de una vez por todas y pasar a ocuparnos de temas propios del futuro, del siglo nuevo".

Edwards, destacado opositor al régimen militar, no se confunde con la polémica interminable entre los partidarios de Salvador Allende y Augusto Pinochet: "La gran mayoría sabe que los errores de un periodo no justifican los crímenes del periodo siguiente. Ahí está el nudo de la cuestión y el de toda la transición chilena". Y mira lejos: "Chile vuelve a plantearse un tema que he comentado: el de la dosis de memoria y olvido que los países necesitan para sobrevivir, para no destruirse por dentro, para progresar. Como dijo el general De Gaulle, el hombre de Estado, a diferencia del simple político, es el que sabe cortar los nudos gordianos a su debido tiempo. Un tiempo debido que a nosotros nos llegó hace rato".

La raíz remota: el derrumbe democrático de la década de 1970

¿Cómo se enredó tanto la transición chilena? ¿Se trata de una "transición interminable"? ¿Quizá de una "transición inconclusa"? ¿Tal vez de una "transición interrumpida"? ¿O de una "transición infinita"? ¿Posiblemente de una "transición incompleta"? Pero ¿no afirmó el mismísimo presidente Patricio Aylwin, en 1991, que "la transición chilena ha terminado"? ¿O estamos, como otros piensan, frente a una transición que devino en auténtica caja de Pandora?

En cualquier caso, es imposible entender la complejidad del actual proceso político chileno sin analizar —aunque sea superficialmente— su origen remoto.

La larga democracia chilena se derrumbó a principios de la década de 1970 por un abigarrado conjunto de factores. Algunos de ellos son el agotamiento del modelo económico de sustitución de importaciones, junto con la vigorosa inclusión de las clases populares como factores relevantes del proceso político; la frustración social proveniente del impacto de excesivas prácticas inflacionarias, sumadas a un crecimiento económico mediocre; un edificio político-institucional orientado, casi a propósito, a generar gobiernos de minoría; un sistema electoral proporcional que impulsaba la fragmentación; y partidos ideologizados, muy competitivos y progresivamente polarizados.

Sin embargo, no se debe perder de vista que el desencadenante final fue la llamada "leninización de la izquierda": el proceso —fuertemente influido por la Revolución Cubana— conforme al cual la izquierda chilena se fue radicalizando, al tiempo que desertaba de los valores democráticos, aceptaba la violencia como instrumento de acción política y, por último, legitimaba la vía armada y la dictadura del proletariado.

Más allá de la ambigüedad que la figura de Allende puede generar respecto de los afanes totalitarios del gobierno que encabezó, es interesante recordar las expresiones de los máximos líderes de la oposición a la caída del gobierno de la Unidad Popular. "Las fuerzas armadas no actuaron por ambición; más aún, se resistieron largamente a hacerlo. Su fracaso sería ahora el del país. Por eso los chilenos en su gran mayoría quieren ayudar, porque creen que ésa es la condición para que se restituyan la paz y la libertad", escribió el líder histórico de la Democracia Cristiana chilena, Eduardo Frei (padre), quien gobernó entre 1964 y 1970. A su vez, Patricio Aylwin, presidente de ese partido, no le fue en zaga: "Chile estuvo al borde del 'golpe de Praga', que habría sido tremendamente sangriento. Las Fuerzas Armadas no hicieron sino adelantarse a ese riesgo inminente".

¿Por qué es importante ese antecedente para apreciar bien el desarrollo de la transición chilena? Porque, desde el primer día, el régimen militar que depuso a Allende desconfió visceralmente de la democracia liberal, la misma que había visto sucumbir ante sus ojos. Ello explica mucho acerca del diseño de transición que mantiene a Chile entrampado en lo político y de la arquitectura institucional del régimen militar que perdura hasta hoy.

La doble aspiración fundacional del régimen militar

El gobierno militar chileno asumió el poder sin ningún plan preestablecido. De ahí que al principio aseguraba que se abocaría solamente a "restaurar la institucionalidad quebrantada". Sin embargo, a poco andar, eso cambió. La fórmula utilizada fue insistir en que el régimen de las fuerzas armadas no sería "un simple paréntesis entre dos gobiernos políticos".

Para que el régimen no fuera un "paréntesis" debía ir más allá de la mera administración y, en rigor, gestar un proyecto revolucionario al menos tan profundo como el que había desaparecido a instancias —no está de más recordarlo— de las principales instituciones de la República y la mayoría ciudadana.

El contenido práctico de esa lógica tuvo dos expresiones. En lo económico, se manifestó en el pionero y exitoso remplazo del estatismo socialista por una vigorosa economía social de mercado. Hoy es casi lugar común abrir la economía, reducir los aranceles, aplicar un impuesto al valor agregado, orientar el esfuerzo productivo a la exportación, privatizar empresas públicas, focalizar el gasto social, incorporar al sector privado en la administración de los fondos de pensiones y la prestación de servicios de salud, transferir competencias a los gobiernos municipales y flexibilizar los mercados laborales. Sin embargo, estaba muy lejos de serlo en las décadas de 1970 y 1980.

En lo político, se tradujo en el propósito de instaurar un régimen institucional que se apartara de los parámetros clásicos de la democracia liberal. Pinochet no fue tímido para calificar la democracia liberal como "ingenua", "inerme" e "indefensa frente a sus enemigos", en particular "el marxismo-leninismo". Por ello, sus asesores más destacados definieron el nuevo régimen como una democracia "autoritaria, protegida, integradora, tecnificada y de auténtica participación social". ¡Demasiados adjetivos!

En el trasfondo, la arquitectura política del gobierno militar estuvo marcada por una limitada valoración de la democracia, que se consideraba no "un fin en sí misma, sino apenas un régimen político más"; la desconfianza hacia el sufragio universal y sus "insubsanables engaños"; la importancia asignada a la proscripción de los partidos totalitarios, la consiguiente restricción del pluralismo político y la atribución a las fuerzas armadas de papeles políticos e inusitada autonomía. Por último, el diseño incluía el exagerado robustecimiento de las facultades presidenciales, al extremo de que algunos opositores de entonces lo calificaron como *cesarismo presidencial*.

Eso no era todo. El gobierno militar chileno asumió —quizá como ningún otro— la Guerra Fría. Siempre se vio a sí mismo participando en la avanzada de una lucha de alcance mundial contra el comunismo y el *imperialismo soviético*. Si alguna confirmación necesitaba, provino desde la cúpula más alta del Kremlin. ¿Por qué la Unión Soviética invadió

136

Afganistán?, le preguntaron en 1980 a Leonid Brezhnev. "Para impedir un nuevo Chile", fue la elocuente respuesta.

LA CONSAGRACIÓN DE LA DEMOCRACIA PROTEGIDA

En septiembre de 1980, el régimen militar sometió a aprobación una nueva Constitución Política. La oposición cuestionó la legitimidad de la convocatoria argumentando que no existían garantías para un acto electoral limpio; sin embargo, participó en él.

Los resultados oficiales arrojaron 67.04% para el *sí* y 30.19% para el *no*. La oposición los desconoció y se apresuró a denunciar la nueva Constitución como ilegítima en "la forma y en el fondo", esto es, tanto por el procedimiento de aprobación como por su contenido; no obstante, a la distancia voces autorizadas de la oposición, como la de Edgardo Boeninger, ministro de Patricio Aylwin, han señalado que no creen que el gobierno militar haya necesitado para su aprobación "un fraude masivo en el conteo de los votos", sino que el resultado pudo "incluso reflejar sin excesivo abultamiento el pronunciamiento efectivo de los electores".

¿Un milagro? ¿Acaso un generalizado masoquismo ciudadano? Nada de eso. Cuando habían transcurrido siete años de gobierno militar (y sin perjuicio de los graves problemas de derechos humanos, cuya revelación era cada día más pública), vastos sectores ciudadanos percibían al gobierno empeñado en una labor restauradora y de ordenamiento, capaz de generar los cimientos de la prosperidad económica y el progreso social, objetivo en el que las anteriores administraciones habían fracasado palmariamente.

¿Cuáles eran los rasgos de la Constitución de 1980 (algunos de los cuales perduran hasta hoy) que la apartaban de las concepciones clásicas de la democracia liberal? En primer lugar, una disposición (el artículo 8) que por su ambigua y amplia redacción proscribía los grupos políticos totalitarios en una forma tal que amenazaba el pluralismo ideológico y la libre expresión de las ideas.

En segundo lugar, la existencia de un Senado en el cual un tercio de sus integrantes no tenía origen en la voluntad popular. Tal tercio no era electo, sino "designado": cuatro ex comandantes en jefe de las ramas de las fuerzas armadas (incluidos carabineros) escogidos por el Consejo de Seguridad Nacional; dos ex ministros de la Corte Suprema y un ex contralor general de la República, elegidos por la Corte Suprema; un ex rector universitario y un ex ministro de Estado nombrados por el presidente de la República. Por último, los presidentes que hubieran cumplido al menos seis años consecutivos en el cargo detentarían, al terminar su mandato, el cargo de senadores "vitalicios".

En tercer lugar, la imposibilidad virtual de reformar la Constitución, ya que se establecían requisitos y quorums tan altos que, en la práctica, la tornaban caduca. Las normas más importantes requerían para su enmienda dos terceras partes de ambas cámaras, anuencia del presidente en ejercicio y la aprobación de la reforma por dos congresos sucesivos. ¡Un auténtico cerrojo!

En cuarto lugar, el establecimiento de un Consejo de Seguridad Nacional integrado por el presidente de la República, los presidentes del Senado y la Corte Suprema y los cuatro comandantes de las fuerzas armadas, es decir, un órgano con mayoría militar inauditamente facultado para "representar a cualquier autoridad de la República en cualquier acto o materia" que en su opinión atentare "contra las bases de la institucionalidad o comprometiera la seguridad nacional".

En quinto lugar, la inamovilidad de los comandantes en jefe de las fuerzas armadas. El presidente de la República (quien debe nominarlos obligatoriamente de entre las cinco primeras antigüedades) no puede removerlos, salvo que obtenga la autorización del Consejo de Seguridad Nacional.

Hay opiniones discrepantes en cuanto a si otras instituciones deben también incluirse entre los denominados *Enclaves autoritarios,* lúcida expresión acuñada por el cientista político Manuel Antonio Garretón para referirse a los injertos autoritarios de la Constitución. Algunos agregan al Tribunal Constitucional y al sistema electoral binominal; sin embargo, ni una ni otra incorporación es ajustada.

El Tribunal Constitucional que controla la supremacía de la Ley Suprema sobre las demás normas jurídicas tiene atribuciones amplias y potentes, pero que no se apartan de aquéllas de que están provistos dichos tribunales en ordenamientos de la Carta Magna inobjetablemente democráticos.

Según el sistema binominal, actualmente se eligen 120 diputados en 60 distritos y 38 senadores en 19 circunscripciones regionales. En cada distrito y región los partidos y las alianzas de partidos presentan listas con dos candidatos, entre los cuales son elegidos los dos que obtengan las más altas mayorías individuales. Sólo cuando una lista duplique la votación de la otra tiene derecho a elegir a sus dos candidatos. Ahora bien, calificarlo como antidemocrático es absurdo ya que conduce al simplismo de considerar democrático sólo al sistema proporcional. Es efectivo que el sistema binominal "castiga" a la primera fuerza y "premia" a la segunda, pero ello es aún más marcado en los sistemas uninominales... y nadie los cuestiona por antidemocráticos. Al contrario: el sistema binominal contribuye significativamente al buen funcionamiento del régimen presidencial, al inducir la formación de coaliciones estables y una competencia política bipolar, ambos elementos clave para que exista su fluido rodaje.

Por lo demás, si se admitiesen críticas de esa índole, quizás habría más fundamento para objetar también como antidemocrático el "arsenal" de facultades presidenciales y la menguada posición institucional del Congreso.

En términos comparativos (con excepción del ámbito militar), las facultades otorgadas al presidente lo hacen el mandatario formalmente más poderoso de América Latina: domina sin contrapeso la tramitación presupuestaria; tiene una amplísima iniciativa exclusiva en materia de ley; controla la agenda legislativa a discreción, pues puede fijarle de manera perentoria plazos al Congreso para la votación de los proyectos; el periodo legislativo se divide por mitades en sesiones ordinaria y extraordinaria, tramitándose en esta última sólo las iniciativas que el Ejecutivo patrocina; el Congreso está autorizado para delegarle facultades legislativas y, como si todo lo anterior fuera poco, cuenta con un veto poderosísimo.

El raro diseño de la transición

La Constitución de 1980 adoptó un muy singular modelo de transición. Para empezar, fijó dos periodos: el primero, denominado *de transición*, debía regir a contar del 11 de marzo de 1981 hasta el 11 de marzo de 1989 (o de 1990). El segundo, de *democracia plena*, estaría vigente desde esa fecha en adelante.

Entre uno y otro periodos se estableció no una elección abierta, sino un peculiar plebiscito presidencial: las fuerzas armadas se reservaron el derecho a proponer un nombre a la ciudadanía para que, ante la eventualidad de que ésta lo aprobara, ejerciese la Presidencia durante el primer mandato de "plenitud" democrática. Si se aceptaba el nombre propuesto, el presidente asumiría el mando el 11 de marzo de 1989; pero, si era rechazado, el periodo de transición se extendía por un año adicional; al final del cual debía realizarse una elección presidencial abierta. En tal evento, el nuevo presidente asumiría el poder en marzo de 1990.

Sin embargo, el asunto era aún más complejo: el diseño no establecía cortes abruptos entre la etapa de *transición* y de *democracia plena,* ya que algunas normas de la primera "invadían" la segunda. Así, una disposición transitoria autorizaba a los comandantes en jefe de las fuerzas armadas en ejercicio durante 1980 a permanecer en sus cargos hasta 1997, esto es, ocho años después de finalizado el gobierno militar y ¡17 luego de aprobada la Constitución! Tal disposición permitiría más adelante al general Pinochet retener la Comandancia en Jefe del ejército hasta 1997 y, acto seguido, asumir sus funciones como senador vitalicio.

La norma relativa al primer nombramiento de senadores designados era aún más intrincada. Si triunfaba el candidato del régimen propuesto en el plebiscito, él efectuaría la designación; a la inversa, si era derrotado, correspondería hacerlo a las autoridades vigentes antes del cambio de régimen. Gracias a esta norma, el general Pinochet —no obstante haber sido derrotado como candidato en el plebiscito que se realizó en octubre de 1988— nominó al primer grupo de senadores designados, cuyo mandato se extendió desde marzo de 1990 hasta marzo de 1998, es decir, durante todo el gobierno de Aylwin y dos tercios del mandato de Eduardo Frei (hijo).

La lógica tras ese diseño era triple: mantener incólume, pero con el aval de un acto que le daba sostén jurídico, el mismo marco autoritario y de ejercicio sin contrapeso del poder que había prevalecido hasta esa fecha; ganar el tiempo necesario para que las reformas económicas impulsadas rindieran sus frutos, se asentaran y fueran favorablemente percibidas por la ciudadanía; e insertar "mecanismos de resguardo" en el funcionamiento de la primera etapa democrática.

LAS PROTESTAS Y EL DESHIELO PARTIDISTA

La aprobación de la Constitución fue el más importante logro político del régimen militar, cuya fecha no la determinó el azar: coincidió con un periodo de bonanza económica. Entre 1977 y 1980, Chile creció a tasas muy aceleradas, cercanas a 8% anual en promedio.

El esquema parecía funcionar con el automatismo de un engranaje suizo hasta que bruscamente todo pareció tener pies de barro. Hacia 1983, la desocupación alcanzó aterradoras cifras cercanas a 30% y el producto había caído casi 15% en los dos años anteriores. Todo pareció tambalear. El régimen de acero acusaba un extendida fatiga de material.

En ese contexto surgió un fuerte movimiento de protesta social, cuyas demandas fueron canalizadas políticamente por la oposición, agrupada bajo la Alianza Democrática. A su turno, el gobierno no sólo veía desvanecerse el apoyo político con el que había contado hasta entonces, sino también se percataba de que carecía de organizaciones de respaldo organizadas.

Esa situación no dejaba de ser paradójica. El gobierno militar había disuelto todos los partidos que apoyaban a Allende y perseguido implacablemente a sus dirigentes, pero, a la pasada, había declarado "en receso" a todas las restantes organizaciones, incluidas las que agrupaban a sus partidarios. En ese orden de ideas, el receso impuesto a rajatabla fue más acatado por sus seguidores que por sus adversarios. Entretanto, las protestas, que al principio mostraron un respaldo gigantesco, sufrieron un desgaste rápido.

Por un lado, tuvieron una expresión política maximalista y carente de todo realismo: creyendo que la caída del gobierno estaba a la vuelta de la esquina, la Alianza Democrática exigió "la renuncia de Pinochet, el establecimiento de un gobierno provisional y la convocatoria a una Asamblea Constituyente", es decir... ¡una rendición incondicional!, lo que era iluso error. Al frente tenía un adversario debilitado, pero muy lejos de estar derrotado. Por otro, las protestas fueron controladas poco a poco por elementos radicalizados y adquirieron altos niveles de violencia, lo cual ahuyentó a las clases medias y los sectores opositores moderados. Al adquirir un cariz insurreccional, terminaron desgastadas y disminuidas, a la vez que enfrentaron al régimen militar en el terreno en que éste era más poderoso: el de la fuerza.

De todas formas, el deshielo generado por las protestas incubó a los partidos y las alianzas políticas que perduran hasta hoy, dos décadas después. La Alianza Democrática, integrada por el Partido Demócrata Cristiano (PDC), el Partido Radical (PR), la facción más renovada del Partido Socialista (PS) y otros grupos menores, derivaría hacia fines de la década de 1980 en la Concertación de Partidos por el *no* y luego en la Concertación de Partidos por la Democracia, coalición que ha triunfado en las tres elecciones presidenciales posgobierno militar. Ella representó un cambio copernicano en el espectro político chileno al romper los tres tercios tradicionales (derecha, centro e izquierda) y pulverizar el eje histórico comunista-socialista que había prevalecido durante todo el siglo. Y luego se vio reforzada por el proceso de unificación del Partido Socialista y la aparición del Partido por la Democracia (PPD), una colectividad inicialmente "instrumental" para enfrentar al régimen militar, pero que ha desarrollado un interesante perfil propio, como fuerza "progresista no socialista".

A su vez, en ese periodo también pudieron rastrearse los gérmenes de los dos principales partidos de la derecha: Renovación Nacional (RN), originalmente Unión Nacional, y la Unión Demócrata Independiente (UDI). Durante un breve periodo se fusionaron bajo el nombre de Renovación Nacional, pero diferencias en los conceptos y las estrategias los llevaron a una fractura.

En los últimos años, Renovación Nacional y la UDI han discrepado fuertemente respecto de su grado de independencia frente al gobierno militar, la intangibilidad de la obra realizada por éste, la forma de afrontar el proceso de transición, la importancia y las responsabilidades por las graves violaciones a los derechos humanos durante el régimen de las fuerzas armadas. Especialmente, lo han hecho sobre la validez de las disposiciones más controvertidas de la Constitución de 1980, esto es, el concepto de democracia. No obstante, han concurrido juntos a todas las elecciones nacionales y hoy conforman la Alianza por Chile.

Es indudable que la formación y longevidad de dos coaliciones estables (una de centro-izquierda y otra de centro-derecha) han contribuido enormemente a la gobernabilidad, dejando atrás el esquema de tres tercios y su secuela inevitable de gobiernos minoritarios. No es un misterio que el presidencialismo funciona mejor bajo un esquema bipolar de fuerzas.

El Acuerdo Nacional

El referido modelo de transición no fue aceptado pasivamente por los actores políticos. La Alianza Democrática e importantes sectores de la centro-derecha intentaron de manera infructuosa obtener que el gobierno militar cambiara el mecanismo plebiscitario por una elección presidencial competitiva y que se adoptaran fórmulas consensuales para regular el traspaso del poder del régimen autoritario a uno civil democrático.

En esa perspectiva, en 1985 tuvo lugar un evento político de gran trascendencia. A instancias de la Iglesia católica, encabezada por Juan Francisco Fresno, el arzobispo de Santiago, todas las fuerzas democráticas, con las solas exclusiones del Partido Comunista hacia la izquierda y la UDI hacia la derecha, suscribieron un compromiso para impulsar diversas modificaciones al esquema de transición y —por primera vez en décadas— coincidieron en una serie de principios llamados a estabilizar el sistema democrático futuro.

Aunque Pinochet rechazó de plano el acuerdo cuando éste le fue presentado por monseñor Fresno, con un tajante "mejor demos vuelta la hoja", el documento tuvo un enorme valor político. Años después, Cristián Zegers, el director del diario *La Segunda*, lo calificaría como un "hito" porque los actores políticos que concurrieron a él "por primera vez otorgaban más importancia a las características de la futura democracia que a la forma de alcanzarla". Zegers agregaba que había sido la "llave maestra" del espíritu y contenido de las etapas iniciales de la transición". Tenía razón: entre los temas del Acuerdo Nacional estaba el embrión de la "democracia de los acuerdos" que más tarde permitiría avanzar con solvencia en las siempre difíciles primeras etapas de toda reinauguración democrática.

El rechazo del Acuerdo Nacional terminó por definir los cauces por medio de los cuales se desplegaría la transición chilena. El diseño original de la Constitución de 1980 prevalecería sin cambio alguno y, si alguna posibilidad quedaba para ello, ésta se desvaneció hacia fines de 1986 cuando dos hechos cimbraron al país hasta sus cimientos: el descubrimiento en la zona norte de un gigantesco contrabando de armas de origen cubano y el fallido atentado contra el general Pinochet, ambos protagonizados por el FPMR (Frente Patriótico Manuel Rodríguez), brazo armado del Partido Comunista.

LA DERROTA PLEBISCITARIA DE PINOCHET

El 5 de octubre de 1988, con gran afluencia de votantes, en un clima de tensión política que no alteró la proverbial cultura cívica de los chilenos, ante los ojos vigilantes de sinnúmero de observadores internacionales y la atención mundial, se realizó el plebiscito presidencial previsto en la Constitución de 1980.

Ese día, Pinochet, el candidato propuesto por la Junta Militar, recibió una derrota categórica, pero a todas luces su respaldo fue también muy significativo. El *no* reunió 54%, en tanto que el *sí* aglutinó a 43%. La alegría e ironía de los opositores no se hizo esperar. Uno de sus diarios publicó a todo lo ancho de su portada: "Corrió solo y llegó segundo".

El resultado no debe pasarse por alto. A la larga terminó por ser más importante 43% que 54%. ¿Por qué? Porque si bien el gobierno militar sufrió una derrota inapelable, mostró luego de casi 17 años en el poder, un notable respaldo político. A diferencia de la mayoría de los gobiernos militares latinoamericanos, el régimen chileno no terminaría en medio del descalabro económico, la inestabilidad institucional, el aislamiento político, la corrupción generalizada y el reblandecimiento de la disciplina interna de las fuerzas armadas. Al contrario: detentaría altas cuotas de poder hasta el último instante. No sólo eso: tendría la capacidad para proyectarlas más allá de su propio término.

En cualquier caso, el efecto inmediato del resultado del plebiscito fue comenzar, no sin tropiezos y problemas, un proceso de negociación para reformar la Constitución. El origen fue protagonizado por la Concertación de Partidos por la Democracia y Renovación Nacional, mientras el gobierno militar y la UDI inicialmente descartaban toda modificación. "¡Los chilenos votaron por que yo no siguiera, pero de ningún modo por un cambio de Constitución!", advirtió Pinochet. "Chile entero fue derrotado por la demagogia y el engaño. El resultado no le da a nadie derecho a modificar una coma de la Constitución", escribió a su vez Pablo Longueira, actual presidente de la UDI.

Sin embargo, el realismo político fue haciendo cambiar tales expresiones. La voluntad resuelta de RN y la Concertación por impulsar las reformas que facilitaran la transición y estabilizaran el sistema democrático futuro era demasiado fuerte. Por lo demás, si el gobierno militar se cerraba a todo entendimiento, las reformas tendrían lugar cuando éste hubiera abandonado el poder, ya reinstalada la democracia.

LA METAMORFOSIS DEL RÉGIMEN AUTORITARIO

El proceso de negociación constitucional fue muy complejo no sólo por las materias envueltas, sino también por el entramado de actores. Fue una negociación "a tres bandas".

Renovación Nacional y la Concertación alcanzaron un acuerdo amplio sobre las materias que debían ser reformadas indispensablemente, aunque jamás aspiraron a resolver todos los aspectos que requerían enmiendas. Un natural pragmatismo inducía a actuar así, aún más cuando ambos sabían que para que las reformas prosperaran era fundamental el concurso del gobierno militar. Dentro de éste las aguas estaban muy divididas entre quienes creían que "no había que tocar nada" y aquellos que estimaban "inevitable hacerlo para evitar males peores". No había ni un solo entusiasta por reformar la Constitución.

La explicación acerca de la motivación última del régimen militar para allanarse a las reformas permanece aún en la penumbra; sin embargo, dos elementos parecen haber inclinado la balanza interna hacia las enmiendas. Ambos elementos pueden ser caracterizados certeramente como "válvulas en el cerrojo".

El primero era una omisión increíble. La Constitución establecía requisitos muy exigentes para reformar los capítulos más importantes de su texto. Así, insólitamente, el capítulo que contenía el sistema de reforma no estaba incluido entre aquellos con requisitos más exigentes, de modo que al modificar éste, lo que exigía sólo 60% de votos en ambas cámaras, se derrumbaba toda la fortaleza.

El segundo era un absurdo político de proporciones, ya que permitía al presidente aprobar leyes con mayoría simple en una cámara y apenas un tercio en la otra. Una norma así sólo es entendible como un error técnico de bulto o, lo que parece más plausible, como otro intento por revestir a Pinochet (asumiendo que éste ganaría en el plebiscito) de poderes incontrarrestables para desempeñarse en el futuro ámbito democrático.

El proceso de negociación resolvió diversas materias. Las de mayor importancia política fueron las siguientes: En primer lugar, se derogó el artículo 8, que amenazaba el pluralismo político, y se le remplazó por otra norma, originada en el Acuerdo Nacional. El efecto jurídico inmediato fue dejar sin aplicación un fallo del Tribunal Constitucional que afectaba al Partido Comunista y a un ala importante del Partido Socialista, integrada a la Concertación. De hecho, el Partido Comunista está legalizado e inscrito en el Servicio Electoral desde 1992.

En segundo lugar, si bien no fue posible eliminar a los senadores designados, como era la propuesta de Renovación Nacional y la Concertación, el gobierno accedió a "fundirlos". Originalmente el Senado estaba integrado por 26 senadores electos (dos por región) y nueve designados, a los que se agregaban con el carácter de vitalicio los ex presidentes. Se convino en aumentar los electos a 38, con lo cual el peso relativo de los designados disminuyó.

En tercer lugar, se modificó y simplificó el mecanismo de reforma, que pasó de ser un cerrojo infranqueable a un mecanismo exigente, pero alcanzable. La regla general es que la Constitución se reforma con 3/5 de ambas cámaras y las disposiciones más importantes demandan 2/3 de sus integrantes.

En cuarto lugar, el Consejo de Seguridad Nacional fue modificado en un doble sentido. Se integró al contralor general de la República (nombrado por el presidente y ratificado por el Senado), con lo cual se terminó con la mayoría militar del organismo. En cuanto a sus funciones, el cambio fue aún más significativo: la facultad de "representar a cualquier autoridad establecida por la Constitución..." fue sustituida por "...hacer presente al presidente de la República, al Congreso Nacional o al Tribunal Constitucional...", lo que aminora de modo ostensible su alcance.

De gran significación fue agregar también al deber de los órganos del Estado el de "respetar los derechos humanos garantizados por la Constitución", y que ello se hiciera considerando las normas emanadas de "los tratados internacionales ratificados por Chile que se encuentran vigentes".

La inamovilidad de los comandantes en jefe ni siquiera se trató. Era obvio que Pinochet jamás accedería a modificarla, pues ello afectaría en forma directa su permanencia al mando del Ejército. Ponerla arriba de la mesa habría significado una de dos cosas: suprimir la reforma globalmente o verse obligado, a poco andar, a retirar la propuesta para sacar adelante las restantes.

Mucho se ha especulado acerca de si hubo otros acuerdos constitucionales, implícitos o explícitos, entre quienes participaron en las negociaciones. La respuesta es que no los hubo con el gobierno militar y mal podría haberlos habido: el régimen terminaba seis meses después. Entre Renovación Nacional y la Concertación quedaron equilibradas sólo dos materias: el cambio del mecanismo de designación de los miembros del Tribunal Constitucional y la eliminación definitiva de los senadores designados, el más emblemático e importante de los cambios pendientes que debía tener lugar al final del mandato del primer grupo de nominados.

Así lo reconocería más de una vez Sergio Onofre Jarpa, antiguo dirigente de la derecha chilena, ex presidente de Renovación Nacional y ex ministro del Interior de Pinochet: "El tema de los senadores institucionales se zanjó con el aumento de los elegidos y con la idea de que los designados se mantengan sólo por un primer periodo", declaró a fines de 1989.

GENERALES DESPUÉS DE LA BATALLA

Estos cambios tuvieron gran relevancia ya que, para los opositores al régimen militar, la Constitución dejó de ser una "inaceptable camisa de fuerza". En lo formal, la reforma resolvió definitivamente el problema de la legitimidad. A partir de ella, el proceso político se ha desarrollado bajo el aspecto de una institucionalidad que, aunque controvertida en serio en algunos aspectos, todos reconocen y respetan. En lo sustantivo, antes se debatía si el régimen constitucional era o no democrático; ahora se debate cómo perfeccionarlo.

Las reformas acordadas en la negociación política se sometieron a plebiscito el 30 de julio de 1989. El *sí* obtuvo 85% y el *no* un magro 8%. Sólo el Partido Comunista llamó a rechazarlas; no deja de ser curioso recordarlo, algunos de los partidarios más acérrimos del régimen militar votaron con "ánimo sombrío"; entre ellos, el influyente ex ministro del Interior, Sergio Fernández. En su opinión, todos los cambios, con claro sello democratizador, debilitaban sustancialmente la "previsora estructura constitucional de 1980".

Algunos intelectuales y sectores políticos mayoritariamente de izquierda han criticado de manera ácida a los miembros de la Concertación que participaron en las negociaciones. Los acusan de haber "negociado mal" y de haber "concedido" demasiado; sin embargo, esas críticas no se sustentan.

¿Qué opción tenían? ¿No participar en las elecciones previstas para pocos meses más por discrepar del marco constitucional vigente? ¿Convocar a las mismas movilizaciones sociales que habían terminado por frustrarse cuatro años antes, esta vez para promover un cambio constitucional? ¿Apostar a que la Concertación obtendría mayorías en ambas cámaras para dar curso a la reforma? ¡Jamás lo habría logrado en un Senado con 26 miembros electos y nueve designados! ¿Gobernar, como algunos han propuesto, amparados en la norma que autorizaba al presidente a legislar con mayoría en una cámara y un tercio en la otra, esto es, a través de una "rendija" (para no hablar de "resquicio") constitucional? Absurdo. Ello habría incrementado un conflicto ejecutivo-legislativo con ramificaciones insospechadas. Imbuidos en su voluntarismo, los críticos de la negociación no se preguntan lo más obvio. En todas sus hipótesis, ¿cuál habría sido el resultado del gobierno de Aylwin? ¿Cómo le habría ido al país?

DEMOCRACIA DE LOS ACUERDOS

Hacia el término del gobierno militar y aún con mayor énfasis durante las primeras etapas de la reinagurada democracia, surgió, impulsado por Renovación Nacional, un concepto que luego se denominaría *democracia de los acuerdos*. Su fundamento era simple y profundo: la democracia chilena se había enfermado de muerte cuando sus protagonistas se enfrascaron en un enfrentamiento letal, en el cruce de antagonismos rencorosos, en la competencia malsana de utopías intransables, en el despliegue de proyectos políticos excluyentes.

En el trasfondo existía la convicción de que el éxito de la transición dependería no sólo de arreglos formales y de negociaciones destinadas a imponer una serie de normas políticas recíprocamente aceptables, sino también a restablecer lealtades democráticas resquebrajadas por décadas.

La reforma constitucional de 1989 fue la primera señal de esa política, también llamada *democracia de los consensos*. Pero luego vinieron otras: las reformas tributaria y laboral concordadas a principios del gobierno de Aylwin con RN, y la modificación constitucional para posibilitar el indulto de los denominados *presos políticos,* es decir, los involucrados en acciones terroristas durante el régimen militar.

En las filas de la oposición, la UDI rechazó esa política y, de hecho, votó en contra de todas sus manifestaciones, por ser "entreguista" con el gobierno. En las filas de la Concertación, el ala izquierda la aceptó a regañadientes por la misma razón, argumentando que era "entreguista"… con la oposición. A su vez, la izquierda extra Concertación (Partido Comunista, principalmente) siempre la ha rechazado por lo mismo. Lo cierto del caso es que, denostada por los dos extremos del espectro, esa política renace una y otra vez, ya que expresa algo evidente: las democracias progresan más cerca de la convergencia que del enfrentamiento.

La consolidación del modelo económico

A no dudarlo, el mayor logro de la "democracia de los acuerdos" —y uno de los rasgos distintivos de la transición chilena— es la plena consolidación en democracia del modelo de economía libre y abierta originado durante el gobierno militar.

Tal resultado no era previsible al inicio del primer gobierno democrático. De partida, la Concertación es una coalición típica de centro-izquierda con una significativa presencia socialista y con un partido dominante al inicio (la Democracia Cristiana) que sólo recientemente ha aceptado, con excepciones, la economía social de mercado. Los flamantes ministros del área económica por años habían rechazado en forma pública todas las modernizaciones gestadas durante el gobierno de Pinochet. La retórica opositora había denunciado con elocuencia la llamada *deuda social* de la administración anterior e innegables avances alcanzados durante la etapa autoritaria eran cuestionados por carecer de legitimidad democrática.

Sin embargo, una mezcla de pragmatismo, actualización del pensamiento económico y necesidad de alcanzar acuerdos con la oposición se encadenó hasta transformar al modelo de economía social de mercado en un proyecto nacional, cuya columna vertebral es mayoritariamente compartida. La transición chilena se apartó así de la ruta populista, el manejo irresponsable y los graves errores técnicos que aquejaron a otros países en trances similares.

Los resultados hablan por sí mismos: entre 1986 y 1998 (esto es, durante los últimos cuatro años del gobierno militar y los primeros ocho de los gobiernos democráticos), el PGB creció a un promedio superior a 7% anual, más que duplicándose el tamaño de la economía. El desempleo se acercó hacia 6%, la inflación descendió desde 27% en 1990 a poco más de 2% en 1999 y la cifra más impresionante de todas, la pobreza, disminuyó desde 45% en 1987 hasta menos de 22% en 1998. El impacto de la crisis asiática y los errores de manejo interno entre 1998 y 1999 generaron la primera recesión en década y media, pero ello no empaña un resultado importante.

Por supuesto, no todas son buenas noticias. Nadie puede cuestionar que la Concertación, en general, ha realizado una administración seria de la economía, pero no es menos cierto que el país ha perdido impulso innovador. Errores crasos (como la centralización del régimen laboral del profesorado) han impactado negativamente en una ambi-

149

ciosa reforma educacional en marcha. Marcadas y persistentes indefiniciones (como el letargo para impulsar nuevas privatizaciones y la reiterada propuesta gubernamental de tornar rígida la legislación laboral) han constituido señales negativas. También hay resultados muy insatisfactorios: la distribución del ingreso es en el 2000, luego de 10 años de gobierno de la Concertación, levemente peor de lo que era en 1990, al fin del gobierno militar.

Dos tensiones

El 11 de marzo del 2000, tras Patricio Aylwin (1990-1994) y Eduardo Frei (1994-2000), ambos democratacristianos, Ricardo Lagos juró como el tercer (y primer socialista) presidente de la Concertación.

Una década después del término del gobierno militar, nadie duda de que la transición chilena ha dado muestras de madurez, pero que no está terminada. Y, despejada en gran medida la variable económica, persisten dos fuertes tensiones: la primera es la de las reformas constitucionales pendientes. El debate acerca del contenido que deberá adoptar hacia el futuro la Carta Fundamental sigue abierto, aunque las materias en las que subsisten diferencias importantes están acotadas: la eliminación de los senadores designados, el estatuto de las fuerzas armadas en el edificio institucional, el sistema de nombramiento del Tribunal Constitucional y, en menor medida, el sistema electoral y el equilibrio ejecutivo-legislativo.

La segunda es la de los problemas de derechos humanos focalizados en la interpretación y, por ende, en el efecto y alcance de la Ley de Amnistía de 1978. Esta ley, cuyos detractores califican como *autoamnistía,* fue dictada por el gobierno militar cinco años después del golpe y 13 antes de abandonar el poder. En opinión de sus autores, su propósito fue contribuir a la reconciliación, dejando atrás un periodo de grave conflicto político —una virtual guerra civil frustrada por la intervención militar— que suavizó una etapa de graves e inéditas transgresiones a los derechos humanos.

La amnistía divide jurídicamente el régimen militar en dos etapas: las violaciones a los derechos humanos y las acciones delictivas subversivas cometidas antes de 1978, que están "cubiertas"; de ahí en adelante, unas y otras quedan sometidas al pleno imperio de la legislación normal.

Hasta hace unos años, la jurisprudencia se inclinaba hacia el sobreseimiento de las causas en cuanto quedara de manifiesto que el delito se había cometido en el periodo cubierto por la amnistía; sin embargo, recientemente se ha ido uniformando la doctrina conforme a la cual el juez debe continuar con la investigación hasta agotarla, esto es, determinar las circunstancias e identificar a los partícipes del delito y proceder a amnistiar sólo al dictar sentencia. Está de más decir que los efectos políticos de una u otra interpretación son muy disímiles.

Por último, la amnistía no incluye el delito que ha ganado más notoriedad reciente: el secuestro de personas, que en Chile y otros países condujo a su desaparición. Conforme a la ley chilena, el secuestro es de aquellos delitos que la doctrina califica como *permanentes:* comprobado el hecho inicial, se considera que continúa en ejecución hasta que se determine lo contrario. La conclusión cae por su propio peso: mal puede aplicarse la amnistía a delitos que se están llevando a cabo.

La justicia "en la medida de lo posible"

"Sólo advierto una vez. El día que toquen a uno de mis hombres ¡se acabó el Estado de derecho!", advirtió Pinochet en octubre de 1989, cinco meses antes de entregar el poder.

Para Aylwin no fue fácil manejar la situación de derechos humanos, más aún si a tamaña advertencia se agrega que el programa de la Concertación señalaba a la letra: "El gobierno democrático promoverá la derogación o nulidad de la amnistía de 1978".

El presidente creó primero la Comisión Nacional de Verdad y Reconciliación (conocida como *Comisión Rettig,* en alusión al nombre de su presidente, el respetado jurista Raúl Rettig), integrada por personalidades con distinto pensamiento político. Le encomendó la difícil tarea de "establecer un cuadro lo más completo posible acerca del carácter, los antecedentes y las circunstancias de las más graves violaciones de los derechos humanos" cometidas durante el gobierno militar.

Luego, el primer mandatario desistió de intentar derogar la amnistía, no obstante que ello figuraba en su programa presidencial. El ex ministro Edgardo Boeninger, artífice intelectual de la Concertación y "mano derecha" de Aylwin, ha explicado con franqueza que "una primera decisión fue no intentar la derogación o nulidad de la Ley de Amnistía", lo cual significaba aceptar "que no habría castigo por condena penal de los responsables de los crímenes cometidos con anterioridad a su promulgación", en consideración al cuadro político general del país.

El mismo Aylwin, cosechando críticas desde la izquierda y los grupos de derechos humanos, explicó lo que Boeninger llamaba *autolimitación:* "la conciencia moral de la nación exige que se esclarezca la verdad respecto del desaparecimiento de personas, se haga justicia en la medida de lo posible —conciliando la virtud de la justicia con la virtud de la prudencia— y después venga la hora del perdón".

Una vez conocido el informe de la Comisión Rettig, en marzo de 1991, Aylwin dirigió —de puño y letra— un oficio a la Corte Suprema para hacerle saber (en lo que la Corte Suprema estimó una invasión de sus prerrogativas exclusivas): "la amnistía vigente, que el gobierno respeta, no puede ser obstáculo para que se realice la investigación judicial y se determinen las responsabilidades, especialmente en los casos de personas desaparecidas".

Por último, para solucionar el problema de los "presos políticos", el presidente envió al Congreso un conjunto de leyes que disminuían las penas establecidas en la legislación general, favoreciendo así indirectamente a aquellos; sin embargo, como se ha visto, la solución a este interesante tema provino de otro lado, al promover Renovación Nacional —ante la ira del resto de la derecha y las fuerzas armadas— una modificación constitucional que permitió a Aylwin indultarlos.

Hacia el final de su mandato, el presidente propuso lo que la prensa llamó *Ley Aylwin,* destinada a agilizar los procesos pendientes a militares y establecer procedimientos de confidencialidad que permitieran allegar antecedentes para localizar a los detenidos-desaparecidos. El convencimiento de Aylwin era que sin cláusulas de secreto "no descubriremos nada"; no obstante, el presidente debió retirar su ley: no contó con el respaldo del ala izquierda de la Concertación y fue rechazada por las Agrupaciones de Derechos Humanos "por avalar legislativamente la amnistía". Estas últimas no escatimaron epítetos y la calificaron de "ignominia" y de ser un "mazazo en la cabeza" para sus aspiraciones.

En retrospectiva, el Informe Rettig fue un hito trascendental en la transición chilena, pues estampó las causas que se encadenaron para derrumbar la democracia y abrir paso a un periodo inédito en la historia de Chile de violaciones a los derechos humanos. Describió con crudeza la naturaleza de los procedimientos utilizados, consideró como transgresiones tanto los actos de los agentes del Estado como los de los grupos terroristas y permitió el recuento de las víctimas: 2,095 muertos y 1,102 desaparecidos.

En todo caso, el informe resultó polémico. La Corte Suprema lo descalificó por "apasionado, temerario y tendencioso", y otro tanto hicieron las fuerzas armadas. El ejército le negó "tanto validez histórica como jurídica" y declaró solemnemente que no aceptaría ser "sentado en el banquillo de los acusados por haber salvado la libertad y la soberanía de la patria".

Pinochet también le restó todo valor, ya que siempre evidenció total insensibilidad por las violaciones a los derechos humanos. Tal actitud alcanzó quizá su punto más significativo cuando, a fines de 1991, el ex mandatario chileno fue interrogado por periodistas ante el hallazgo de tumbas en el Cementerio General en las que había, en cada una, osamentas de dos o más personas. Luego de felicitar a los "buscadores de cadáveres", exclamó: "¡Pero qué economía más grande!"

LA REFORMA BOICOTEADA

En 1992, el gobierno de Aylwin presentó un proyecto de reformas constitucionales que, como expresó Alberto Espina, diputado de Renovación Nacional, "nació muerto". Era un "paquete" que obligaba a la centro-derecha al rechazo. De inicio, mezclaba materias en las que podría haber existido acuerdo (la eliminación de los senadores designados) con otras en que éste no existía (cambio del sistema electoral). Ya en esa época se dibujaba en el horizonte la elección presidencial y parlamentaria de 1993 y en ella Renovación Nacional, el partido más proclive a la reforma, debería aunar obligadamente esfuerzos con la UDI, el más reacio. Además, no era factible en ese momento: los primeros senadores designados se alinearon desde el primer día con el sector más "pinochetista" de la derecha y era evidente que se opondrían a todas las reformas. Sólo podría convencérseles (y de manera eventual sumarlos a ellas) hacia el final de su periodo, cuando fuera evidente que en las nuevas designaciones la Concertación tendría los logros más importantes.

La oportunidad propicia pareció presentarse tres años más tarde. En 1995, el país se agitó por la sentencia y encarcelamiento del general Manuel Contreras, ex director de la tenebrosa DINA (la primera organización de inteligencia del gobierno militar) y por la avalancha de procesos dirigidos en contra de militares. En este último caso, la situación no dejaba de ser curiosa: surgían incipientes fallos de los tribunales que parecían aceptar la doctrina Aylwin acerca de la interpretación de la amnistía, precisamente cuando el ex presidente… ¡había cambiado su opinión! "Esclarecido el delito y que se encuentre dentro del ámbito de la amnistía, no es necesario seguir investigando. No se justifica llevar la investigación a la determinación de los responsables", declaró Aylwin en esos días, con lo cual admitía la variación de su criterio.

Su punto de vista tenía un seguidor: "La amnistía debe aplicarse una vez que se establece que el delito se cometió en el periodo cubierto por aquélla y no es necesario llegar a individualizar a los autores de la acción delictiva", afirmó Raúl Rettig.

El gobierno de Frei lanzó una iniciativa política, a no dudarlo la de mayor relevancia en toda su gestión. El presidente llamó al país a "cerrar la transición"; se entrevistó con las autoridades nacionales más importantes, incluidos los mandos de las fuerzas armadas, y envió al Congreso un proyecto de reforma constitucional y un proyecto de ley para resolver los problemas de derechos humanos.

La oposición se dividió frontalmente. La UDI de plano rechazó las propuestas mientras Renovación Nacional las consideraba; sin embargo, en el interior de RN surgió un gran contingente de parlamentarios que se sumaron al planteamiento de la UDI, que —por lo demás— era simétrico al del ejército. Pinochet no perdió tiempo en descalificar, en voz alta, la iniciativa presidencial: "Es como juntar el aceite con el vinagre".

La directiva de Renovación Nacional logró que el gobierno de Frei incluyera en la propuesta la mayoría de los puntos de vista contenidos en su plataforma constitucional. La Propuesta Frei eliminaba a los senadores designados, cambiaba el sistema de nombramiento del Tribunal Constitucional y, aunque mantenía la existencia del Consejo de Seguridad Nacional, le quitaba la facultad de adoptar acuerdos, con lo cual pasaba a ser una instancia para expresar opiniones institucionales y no para imponer criterios a las autoridades civiles.

A instancias de un grupo de parlamentarios de Renovación Nacional que se oponían a las reformas, se convocó al Consejo General, máximo organismo del partido. Su resolución sería crucial: los votos de RN más los de la Concertación superaban con holgura el *quorum* necesario para aprobar las reformas en el Congreso y rompían el bloqueo UDI —senadores designados. Luego de un intenso debate, los partidarios de aprobarlas obtuvieron en la votación correspondiente una contundente victoria.

Sin embargo, la victoria fue pírrica y siete de los senadores de RN, que habían participado activamente en el debate interno, no cumplieron el mandato del Consejo General.

En cualquier caso, es elocuente la forma como distintos sectores de la derecha se movilizaron para impedir que prosperaran las reformas. La culminación de una intensa campaña fue una inserción de prensa firmada por el almirante José Toribio Merino, ex miembro de la Junta de Gobierno; los dos candidatos presidenciales independientes que habían representado a la derecha en las elecciones de 1989 y 1993, Hernan Büchi y Arturo Alessandri; Carlos Cáceres, ex ministro del gobierno militar y presidente del Instituto Libertad y Desarrollo; Sergio Fernández, también ex ministro, entonces senador designado y hoy electo por la UDI; Jovino Novoa, presidente de ese partido; y Sergio Onofre Jarpa, quien, no obstante haber sido derrotado en el Consejo de RN, llamaba desembozadamente a desconocer su resultado. Según ellos, las reformas constituían "el más grave y audaz paso de todos los que se han intentado" para desmantelar el legado institucional del gobierno militar.

No había dónde perderse. La "democracia protegida" gozaba, en la derecha chilena, aún de buena salud y de poderosos celadores.

UN FRACASO REITERADO

La propuesta de solución a los temas de derechos humanos tuvo más acogida inicial. Una fórmula, ideada por Carlos Figueroa, ministro del interior, y Soledad Alvear, ministra de Justicia, fue acordada con los senadores de RN, encabezados por Miguel Otero. Dicha fórmula establecía que los casos de derechos humanos los llevarían jueces con dedicación exclusiva, se consagraban mecanismos de reserva para quienes proporcionaran información acerca del paradero de los detenidos-desaparecidos y, más significativo que todo lo anterior, no habría procesamientos, arraigos ni detenciones; incluso, al hacer cualquier citación se protegería la identidad del compareciente. Más aún: los procesos se sobreseerían cuando el tribunal hubiera llegado "fehacientemente a la conclusión de que el desaparecido ha fallecido y no es posible establecer el paradero físico de sus restos".

La historia se repitió: el Partido Socialista y las Agrupaciones de Derechos Humanos pusieron el grito en el cielo. "La fórmula Otero-Figueroa está debajo del mínimo ético. La idea de no vincular el sobreseimiento definitivo a la verdad es tan punto final como poner plazo a los procesos, ya que permite cerrarlos sin encontrar a los desaparecidos", declaró la influyente abogada Pamela Pereira, dirigente del Partido Socialista. Amnesty International opinó que la propuesta del gobierno de Frei "cerraría todos los procedimientos legales contra los autores de violaciones a los derechos humanos en el periodo 1973-1978 y limitaría las investigaciones judiciales a la localización de los restos de los desaparecidos".

Sin embargo, a diferencia de lo ocurrido con la Ley Aylwin, ahora Frei no echó pie atrás. Pero todo se frustró por el lado más impensado; la UDI, los senadores institucionales y los senadores de RN opuestos a la reforma constitucional rechazaron la fórmula, al igual que las fuerzas armadas. Para ellos, todo lo que no fuera aplicación inmediata de la amnistía era insuficiente. Desde su perspectiva cometieron un error grave. Lo que nadie podría haber imaginado entonces era que el principal damnificado sería, tres años más tarde, el mismísimo general Pinochet.

El efecto boomerang

El 11 de marzo de 1998, el general Pinochet juró como senador vitalicio luego que debió abandonar la Comandancia en Jefe del ejército. En diciembre del año anterior había tenido lugar la tercera elección parlamentaria del periodo democrático, incluida la renovación parcial del Senado. En ese mes, nuevos senadores designados habían sido nominados para el periodo 1998-2006.

A primera vista, su presencia en el Senado podría interpretarse como una consolidación de la estructura institucional gestada durante su régimen y un gran triunfo político. Sin embargo, todo ello no pasaba de ser una apariencia que el tiempo pondría al descubierto rápidamente.

La Constitución de 1980 posee dos rasgos distintivos. El conjunto de injertos autoritarios y su acentuado presidencialismo. Un factor clave para entender una de las tramas menos visibles de la transición chilena es advertir que ambos elementos se idearon originalmente para operar en una misma dirección y no en sentidos opuestos.

Un ejemplo sirve para aclarar lo expuesto: durante los gobiernos de Frei y Aylwin los senadores designados se alinearon con la oposición; sin embargo, de acuerdo con la Constitución, el presidente de la República es el gran "elector" de los designados: asigna a dos por sí mismo y participa en el nombramiento de otros cuatro, ya que preside el Consejo de Seguridad Nacional. Como si esto fuera poco, al final de su mandato él se incorpora de por vida al Senado; vale decir, el Consejo es una institución pensada en términos generales para fortalecer al presidente y no para debilitarlo.

En un régimen presidencial, el poder del primer mandatario cuenta con dos soportes: sus facultades constitucionales y el respaldo parlamentario. Algunos países tienen presidentes con facultades débiles, pero son muy fuertes porque se apoyan en incontrarrestables mayorías parlamentarias (sin ir mas lejos, hasta hace poco, México), y otros poseen facultades fuertes, pero aparecen débiles porque carecen de respaldos legislativos confiables (por ejemplo, Brasil).

El sistema chileno se ha ideado para que el presidente goce de amplísimas prerrogativas combinando ambos soportes; si no ocurrió así durante los dos primeros gobiernos de la Concertación, se debió a la anomalía en el primer nombramiento de senadores designados, quienes alteraron las mayorías parlamentarias y operaron en sentido inverso a la orientación política del mandatario. Sin embargo, esa circunstancia difícilmente se repetirá. Hoy, de hecho, la Concertación cuenta con mayoría entre los senadores designados.

En una sola frase: las reformas a la Constitución pendientes, cualquiera que sea la fecha en que se aprueben, alterarán el actual balance de poder en un doble sentido: por un lado, aumentarán el poder presidencial respecto de las fuerzas armadas, ya que éstas se enmarcarán en los parámetros clásicos de cualquier democracia; por otro, disminuirán los poderes presidenciales en relación con el Congreso, que mejorará su alicaída posición en la estructura institucional, es decir, favorecerán a la oposición.

Lo anterior es claro como el agua: a partir del año 2000, la Concertación, sumando y restando, toma el control en el tema institucional. La lección es nítida: cuando se diseñan normas destinadas a distorsionar la competencia política, favoreciendo a un sector en desmedro de otro, tarde o temprano operan como *boomerang*.

The King of Spain against A. Pinochet

A principios de octubre de 1998, Pinochet estaba en Londres. Pocos días antes, socarrón declaraba a *The New Yorker* que había sido "sólo un aspirante a dictador. Soy un estudioso de la historia y ésta enseña que los dictadores nunca terminan bien". Luego afirmaba que "Inglaterra es el lugar ideal para vivir".

El 9 de octubre, Pinochet fue operado de una hernia. Mientras convalecía, el juez español Baltazar Garzón ordenó y tramitó con sigilo una orden de arresto, en un proceso destinado a perseguir la responsabilidad de Pinochet por delitos cometidos durante su gobierno. El 17, un Pinochet aún sumido en el sopor de la anestesia, es notificado. En Chile hubo asombro; en su familia, perplejidad; en el ejército, estupefacción. La noticia fue global: acaparó la portada de —literalmente— todos los diarios del mundo.

El Foreign Office no reconoce inmunidad diplomática a Pinochet. El primer escudo defensivo falla: el pasaporte otorgado por el gobierno de Chile bajo el argumento de una nunca bien aclarada "misión oficial" no vale nada. Nadie en Inglaterra quiere acordarse de que, unos pocos días atrás, el salón VIP de Heathrow había estado a disposición de un visitante que ahora resultaba muy incómodo.

Días más tarde, sale en su defensa una poderosa pero solitaria aliada: Margaret Thatcher, quien considera que todo el procedimiento seguido contra Pinochet no se ajusta a derecho y acusa que está "motivado políticamente". Para ella, la trama es una mezcla de conjura y venganza de la izquierda mundial.

A fines de octubre, Pinochet logra su única victoria ante la justicia británica: la High Court le reconoce su controvertida inmunidad, pero le dura poco. Al terminar noviembre, la Cámara de los Lores revoca la resolución en un fallo estrecho: 3 a 2. El proceso de extradición tiene vía libre y el expediente muestra la carátula: "The King of Spain against A. Pinochet". "No reconozco la jurisdicción de ningún tribunal que no sea de mi país para que se me pueda juzgar de todos los embustes que han dicho los señores de España", afirma Pinochet.

A mediados de diciembre, la defensa pide que el fallo se anule: uno de los jueces ocultó sus vínculos con Amnesty International, que se ha hecho parte en el proceso. El reclamo es acogido y todo empieza de nuevo. En enero y febrero de 1999 el proceso es intenso y se acepta la intervención judicial del gobierno chileno, que alega a favor de la inmunidad de Pinochet y en contra de la extraterritorialidad. Los trámites y las diligencias procesales se multiplican.

En marzo hay sentencia: Pinochet no goza de inmunidad después de 1988, pero antes sí. Ésa es la fecha en que Chile ratificó la Convención contra la Tortura. Pocos casos quedan vigentes, pero uno solo bastaría para continuar el procedimiento. Pasan los meses y en julio el gobierno chileno empieza a invocar "razones humanitarias". Al principio, Pinochet las rechaza y luego se muestra más proclive. Se difunde una carta suya: "El dolor de quienes han sufrido no me fue ajeno en el pasado y menos lo es hoy. Lamento todas las situaciones de la beligerancia y los hechos de violencia que las causaron".

En septiembre, la justicia inglesa acoge formalmente el pedido de extradición, pero el proceso va para largo. En octubre, el gobierno chileno oficializa ante el británico su petición de que Pinochet sea liberado por razones humanitarias; no obstante, el ex mandatario cumple su primer año detenido. A principios de noviembre, Jack Straw, ministro del Interior británico, ordena que se le practiquen exámenes médicos. Mientras tanto, en Chile, la campaña presidencial entra en tierra derecha y el caso Pinochet es enfocado con simetría por los principales candidatos, Ricardo Lagos (de la Concertación) y Joaquín Lavín (de la Alianza por Chile), quienes coinciden: Pinochet debe ser devuelto al país.

Antes, el presidente Frei ha establecido la política oficial de su gobierno que "defiende principios y no personas. Defendemos el principio de nuestra soberanía jurisdiccional y de la no retroactividad de la ley penal. Seguiremos defendiendo el mejor derecho que tienen nuestros tribunales de juzgar a quienes son acusados de delitos ocurridos en nuestro territorio".

El gobierno inglés determina que los exámenes se harán a principios de enero del 2000. Pocos días después anuncia que no dará lugar a la extradición: Pinochet no está en condiciones de comparecer en juicio; sin embargo, Garzón apela, al igual que los gobiernos de Francia, Bélgica y Suiza, y todas las agrupaciones de derechos humanos que intervienen en la causa: quieren cambiar por vía judicial la determinación, pero fracasan. "Un juicio a un acusado en las condiciones diagnosticadas al senador Pinochet no podría ser justo en ningún país", afirma el ministro Straw el 2 de marzo.

159

Desafuero y champagne

Pinochet llega el 3 de marzo a Chile. Y tres días después el juez solicita su desafuero en la causa conocida como "Caravana de la muerte", una serie de homicidios perpetrados en las semanas inmediatamente posteriores al golpe militar de 1973 por una comitiva militar.

Otra paradoja se consuma: si la derecha y las propias fuerzas armadas no hubieran impedido la aprobación de la Propuesta Frei, el problema para Pinochet no existiría. La esencia de esa fórmula era que en los juicios no habrían sometimientos a proceso, en tanto que el desafuero se da precisamente como requisito previo al sometimiento a proceso.

Sólo cambia el escenario, pero la batalla judicial continúa. La defensa de Pinochet intenta que su precaria salud se considere antes de resolver acerca del desafuero, pero los querellantes piden lo contrario. A principios de agosto, la Corte Suprema —que por tantos años le fuera obsecuente— desafuera a Pinochet.

Los querellantes, mezclados con los más altos dirigentes del Partido Comunista, descorchan botellas de champagne frente a las cámaras de televisión: hay razón para festejar. El fallo es lapidario para Pinochet y termina por dejar firme la jurisprudencia acerca de la amnistía y el delito de secuestro.

En cuanto a lo primero señala que la amnistía no tiene "aplicación automática" y exige que "esté agotada la investigación con que se haya tratado de comprobar el cuerpo del delito y de determinar la persona del delincuente". En cuanto a lo segundo, se hace cargo de que las personas secuestradas estuviesen muertas, pero aclara que para cambiar la calificación del delito debe probarse "que esas víctimas hayan sido ultimadas inmediatamente y que su deceso haya sido anterior a la fecha en que se dictó el decreto-ley sobre amnistía (1978), único caso en el que los procesados podrían intentar invocar esta última".

El fallo de la minoría queda en las antípodas: afirma que, acreditado en el proceso que las personas fueron asesinadas en octubre de 1973, "se aleja de toda racionalidad calificar tales hechos como delito de secuestro calificado, lo que importa suponer que se encontrarían actualmente vivas o desaparecidas, presunción ficticia que se aparta dramáticamente de la realidad descrita precedentemente".

En suma, uno de los hilos conductores de la transición ha quedado radicado en los tribunales, como si su esencia fuera un problema jurídico-legal, cuando en realidad se trata de un problema de naturaleza política. El procesamiento a Pinochet también muestra visos patéticos: durante todo el gobierno militar los tribunales chilenos hicieron caso omiso de las graves violaciones a los derechos humanos que tenían lugar bajo su jurisdicción. Se las arreglaron para no procesar a nadie. Hoy parecen creer que si procesan a Pinochet corregirán una conducta ominosa.

En septiembre del 2000, las querellas contra Pinochet ya sumaban 179.

La Mesa de Diálogo

En paralelo al curso judicial, un hecho político alcanza notoria importancia. La Mesa de Diálogo, una iniciativa de Edmundo Pérez Yoma, ministro de Defensa del gobierno de Frei, lanzada a mediados de 1999, culminó —contra todos los pronósticos— con gran éxito. Se trata de un esfuerzo inédito: congrega a representantes de las fuerzas armadas con los más destacados abogados de las Agrupaciones de Derechos Humanos junto a renombradas personalidades de la sociedad civil.

En junio del 2000 se firma un acuerdo que es considerado de gran importancia histórica:

> Chile sufrió, a partir de la década de los 60, una espiral de violencia política, que los actores de entonces provocaron o no supieron evitar. Fue particularmente serio que algunos de ellos hayan propiciado la violencia como método de acción política. Este grave conflicto social y político culminó con los hechos del 11 de septiembre de 1973, sobre los cuales los chilenos sostienen, legítimamente, distintas opiniones. Sin embargo, hay otros hechos sobre los cuales no cabe otra actitud legítima que el rechazo y la condena, así como la firme decisión de no permitir que se repitan. Nos referimos a las graves violaciones a los derechos humanos en que incurrieron agentes de organizaciones del Estado durante el gobierno militar. Nos referimos también a la violencia política cometida por algunos opositores al régimen militar. En especial nos preocupa hondamente la tragedia, aún no resuelta, de los detenidos desaparecidos. Es imperativo y urgente contribuir a superar este problema. Ello requiere de parte de todos un espíritu de grandeza moral que nos permita concordar medidas efectivas para alcanzar la reconciliación.

La importancia de tal reconocimiento salta a la vista. En el caso de las fuerzas armadas su magnitud se aprecia simplemente al contrastarlo con la forma como reaccionaron frente al informe de la Comisión Rettig.

Las medidas concretas de la mesa son el compromiso solemne de las fuerzas armadas de realizar, en un plazo de seis meses, "los máximos esfuerzos para obtener información útil para encontrar los restos de los detenidos desaparecidos o establecer su destino, entregándola al presidente de la República", y el envío por parte del gobierno de un proyecto al Congreso destinado a garantizar que "las personas que reciban o recaben esta información estarán amparadas por el secreto". La ley, con un contenido similar a las rechazadas a Aylwin y Frei, se aprueba en tiempo récord.

Excepto algunos grupos de derechos humanos, todos los sectores aplaudieron el resultado. Al respecto, el periódico *La Tercera* publicó en su editorial lo siguiente:

> El acuerdo de la Mesa de Diálogo constituye el más importante progreso en el tema de las violaciones contra los derechos humanos desde que el presidente Aylwin presentara al país el Informe Rettig. Lo que durante diez años de democracia la ciudadanía le ha pedido al poder político —ser capaz de dar vuelta a la página del pasado— comienza a aparecer como una meta más cercana, sin tener para ello que negar lo ocurrido en la historia reciente.

Un empujón insuficiente y tardío

Entretanto, la Alianza por Chile presentó un proyecto de reformas a la Constitución para " dar por concluida la transición política". Su contenido representa un giro de 180 grados respecto de las posiciones políticas adoptadas hasta entonces por la UDI y los sectores de RN que, apenas un par de años antes, habían bloqueado todo cambio. ¡Las reformas son idénticas a las rechazadas! En síntesis: fin de los senadores designados, cambios en la designación del Tribunal Constitucional y reforzamiento de las facultades del Congreso.

Sin embargo, dichas reformas nada dicen acerca de otras enmiendas. Inexplicablemente, la derecha sigue defendiendo, cada vez con peores argumentos, la existencia de un Consejo de Seguridad Nacional y la inamovilidad de los comandantes en jefe de las fuerzas armadas, instituciones que no admiten el principio de subordinación del poder militar al poder civil.

La reacción del gobierno y de los partidos de la Concertación era esperable. La consideran "reformita" y la descalifican como una movida "oportunista" sin valor, porque la oposición "perdió la mayoría espuria que les daban los designados, que ahora juegan a favor nuestro".

El asunto es simple: la Concertación no tiene ningún apuro en la reforma. El efecto *boomerang* opera en plenitud. Para aquélla, la reforma propuesta por la oposición sólo se traduce en pérdida de poder para el gobierno, incluida la evaporación de los asientos vitalicios para Frei (quien asumió en marzo del 2000) y Lagos que, conforme a la Constitución que la derecha nunca quiso cambiar, se los ganaron en buena lid.

La transición en el pantano

A mediados del 2000, la transición chilena estaba obstruida, y ninguna de las dos tensiones por las que atraviesa desde hace una década cede.

En el campo judicial, todo parece indicar que los procesos seguirán eternizándose, conforme a la jurisprudencia fijada en el fallo a Pinochet.

"¡Los hijos de Chile que están desaparecidos no pueden seguir en esa condición! Cuando superemos esa situación, estoy seguro de que estarán dadas las condiciones para cerrar las heridas del pasado", afirmó el presidente Lagos ante el Congreso Nacional el 21 de mayo del 2000.

Entre líneas, todos entendieron: los antecedentes acerca de los cuerpos permitirán sobreseer los procesos que recaen en hechos ocurridos hace casi 30 años. Pero ni eso está claro hoy. Es efectivo que, en algún punto en el tiempo, la teoría de la Corte Suprema de presumir legalmente vivos a los detenidos-desaparecidos resultará absurda. ¿Cómo reputar vivos a quienes deba presumírseles, sólo por el avance de los años, como biológicamente fallecidos? Pero ¿cuánto falta para ello? Hasta ahora, cada vez que han aparecido cuerpos los jueces han aplicado la amnistía, pero es un secreto a voces que esa interpretación se aprestan a refutarla en estrados las agrupaciones de derechos humanos.

Lo paradójico es que, durante 10 años, los gobiernos de Aylwin y Frei hicieron grandes esfuerzos por dejar atrás este capítulo de la transición. A esos esfuerzos se opusieron los sectores más extremos de la oposición y la Concertación... por razones diametralmente opuestas; sin embargo, el sentido común respaldaba tales iniciativas presidenciales. Ningún país apegado a derecho debe dejar de dar una respuesta satisfactoria a los familiares de los desaparecidos, pero ningún otro con una política razonable eterniza hasta el infinito procesos que reabren una y otra vez las heridas del pasado. No está demás recordarlo: los procesos se remontan a hechos ocurridos casi 30 años atrás.

Obviamente, si ambos mandatarios lo hicieron, es porque consideraron que la salud del país lo exigía y por ello idearon —jugando su capital político y su prestigio personal en el empeño— soluciones de naturaleza política; sin embargo, hoy la cambiante interpretación judicial de la amnistía ha generado un cuadro opuesto de manera diametral al de esos esfuerzos.

En el campo político ocurre otro tanto. La eventual negociación constitucional está atrapada en el fango de los intereses a corto plazo. En el fondo, la Concertación y la oposición siguen considerando a la Carta Magna un campo de batalla. Nadie parece pensar que una Constitución jamás debe ser un instrumento utilizado contra los rivales, sino un espacio de encuentro entre adversarios políticos.

Desde el punto de vista objetivo, no sería difícil alcanzar un acuerdo constitucional. En varias de las normas controvertidas, el consenso ya existe, por ejemplo: respecto de los senadores designados; en otras, como el papel institucional de las fuerzas armadas, es posible conseguirlo en forma simple con aplicar principios democráticos no controvertidos. Lo mismo ocurre con las disminuidas facultades del Congreso. En lógica democrática, la alternancia en el poder es beneficiosa: ¿qué sentido tiene preservar normas que dificultan el papel opositor cuando a la vuelta de la esquina uno mismo desempeñará ese papel? Por último, el sistema electoral binominal, si se analiza sin apasionamiento, cuenta con una supervivencia asegurada, ya que sus ventajas superan largamente a sus defectos. Sin embargo, ello no ocurrirá mientras los actores políticos no levanten la vista y abandonen la regla de cálculo del interés partidista.

Chile, en una visión comparativa, es el único país de América Latina incapaz de finalizar su transición. En 1978, en la región había sólo cuatro naciones al menos formalmente democráticas: Colombia, Venezuela, Costa Rica y México. Las demás vivían bajo dictaduras o regímenes autoritarios, pero sin excepciones todas han sido capaces de idear soluciones a los problemas de derechos humanos y en ellas se han dado ordenamientos constitucionales sin lastres autoritarios.

Algunos creen que cerrar la transición no es tan importante. Otros dicen que los problemas de derechos humanos se resolverán sólo después de "varias generaciones" y que los temas institucionales "tarde o temprano" se ajustarán "solos". Se trata de una visión miope. ¿Cómo ignorar que los países atrapados por su pasado empantanan su presente e hipotecan su futuro?

En definitiva, los nudos de la transición siguen atando el desarrollo político, afectando el clima general, obligando a gastar energías en querellas pretéritas en vez de orientarlas a los desafíos del futuro y alzándose como valla para el reencuentro que otras naciones (muchas de las cuales enfrentaron situaciones más desgarradoras que la chilena) han sabido alcanzar. Es cierto que dejar las cosas como están carece de dramatismo cinematográfico: en Chile, las instituciones funcionan, no hay riesgo alguno de una regresión autoritaria y la polarización política no es un virus extendido. Pero nada de eso disimula que, como dice Jorge Edwards, Chile no ha sabido "cortar los nudos gordianos a su debido tiempo".

BIBLIOGRAFÍA GENERAL

Alan Angell, *Chile de Alessandri a Pinochet: en busca de la utopía*, Andrés Bello, Santiago, 1993.

Mariana Aylwin et. al., *Chile en el siglo XX*, 3era. edición, Planeta, Santiago, 1990.

Edgardo Boeninger, *Democracia en Chile*, Andrés Bello, Santiago, 1997.

Simon Collier y William F. Sater, *A History of Chile 1808-1994*, Cambridge Latin American Studies, Cambridge University Press, 1996.

Paul W. Drake e Iván Jaksic (editores), *El difícil camino hacia la democracia en Chile 1982-1990*, Flacso, Santiago, 1993.

Francois Xavier Guerra, *Modernidad e Independencias*, Colección Mapfre, Madrid, 1992.

Instituto de Historia, P. Universidad Católica de Chile, *Nueva Historia de Chile, desde los orígenes hasta nuestros días*, Zig-Zag, Santiago, 1996.

Sol Serrano, *La diplomacia chilena y la Revolución Mexicana*, Secretaría de Relaciones Exteriores, México, 1986.

Eugenio Tironi, *Autoritarismo, Modernización y Marginalidad. El caso de Chile 1973-1989,* Ediciones SUR, Santiago, 1991.

Arturo Valenzuela, *The Breakdown of Democratic Regimes. Chile,* The John Hopkins University Press, Baltimore and London, 1978.

TERCERA PARTE

MODELOS ECONÓMICOS Y ESTRATEGIAS DE DESARROLLO

La política y la reforma económica: México, 1985-2000[1]

Carlos Elizondo*
Blanca Heredia**

I. Introducción

El proceso de cambio experimentado por la economía mexicana, a partir del año 1985, ha sido intenso y profundo. En un lapso de 15 años, se eliminó buena parte de las barreras con el exterior y se limitaron sensiblemente tanto el ámbito como los instrumentos de la intervención económica del gobierno. La estructura actual de la economía mexicana es, en buena medida, el resultado de un amplio conjunto de reformas orientadas en favor del mercado introducidas a lo largo de tres administraciones presidenciales sucesivas: la de Miguel de la Madrid (1982-1988), la de Carlos Salinas (1988-1994) y la de Ernesto Zedillo (1994-2000).

* Doctor y maestro en Ciencia Política por la Universidad de Oxford. Desde 1991 es investigador del CIDE y su director general desde enero de 1995. Ostenta el título de Investigador Nacional del Sistema Nacional de Investigadores del Conacyt. Es colaborador del periódico *Reforma* desde 1993. Se especializa en temas de economía política y política mexicana; entre sus publicaciones más recientes se *encuentran Mexico: Foreign Investment and Democracy* y *La fragilidad tributaria del Estado mexicano: una explicación política.*
** Doctora y maestra en Ciencia Política por la Universidad de Columbia. Desde 1996 y hasta la fecha se ha desempeñado como secretaria académica en el CIDE. Es miembro del Sistema Nacional de Investigadores de Conacyt. Entre sus actividades profesionales destaca su participación en varios comités editoriales y de evaluación académica, entre ellos el Consejo Editorial de la *Revista Mexicana de Política Exterior* y el Comité Editorial del *Journal of Comparative Public Policy: Research and Practice.* Es especialista en temas de economía política internacional.

[1] Ésta es una versión abreviada y revisada del texto "La instrumentación política de la reforma económica: México, 1985-2000," *Zona Abierta*, número 90/91, 2000, pp. 51-90.

Dados sus altos costos económicos y sociales, la instrumentación tanto del ajuste macroeconómico como de la reforma estructural requirieron de la capacidad del gobierno para neutralizar resistencias así como para organizar nuevos apoyos. Conviene señalar que este proceso de reingeniería política ocurrió, además, en un contexto de creciente apertura política. Tras una larga serie de reformas electorales, en 1994 se producen elecciones presidenciales cuyos resultados no son cuestionados. En 1997, procesos y reglas electorales más equitativos, aunados a los efectos de la crisis 1994-1995, llevan al triunfo del PRD en la Ciudad de México y a la pérdida de la hegemonía del PRI en la Cámara de Diputados. Este ciclo se completa el 2 de julio del 2000 con la victoria del candidato del Partido Acción Nacional y del Partido Verde Ecologista Mexicano, Vicente Fox, en la elección presidencial.

Este ensayo analiza las condicionantes político-institucionales del proceso de reforma económica en México. Su objetivo central consiste en aportar elementos que permitan dar cuenta del contraste entre los distintos momentos y lógicas políticas de la reforma. En la primera parte del trabajo, se aborda el papel del sistema político mexicano durante la fase de lanzamiento del ajuste y la reforma estructural. En la segunda sección, se analizan las condicionantes políticas del momento de ampliación y profundización del cambio estructural. En la última parte, el trabajo se concentra sobre las dimensiones políticas de la desaceleración de dicho proceso de cambio a partir de 1996.

II. EL IMPULSO INICIAL: DE LA CRISIS "DE CAJA" A LA TRANSFORMACIÓN ESTRUCTURAL

La crisis económica que estalla en México en 1982 y que tiene su manifestación más dramática en la nacionalización de la banca y la imposición de un control de cambios en septiembre de ese año, inaugura un periodo de ajustes severos y transformaciones institucionales de enorme trascendencia y magnitud.[2] En el estallido de la crisis confluyeron dos factores principales.

[2] Véanse: Nora Lustig, *Mexico: The Remaking of an Economy*. Washington: Brookings Institution, 1992; y Pedro Aspe Armella, *El camino mexicano de la transformación económica*. México: Fondo de Cultura Económica, 1993.

1. Los agudos desequilibrios fiscales acumulados a lo largo de los años 70, donde el gasto crece de forma acelerada sin que se dé un incremento similar en la recaudación.
2. El déficit externo producto de una baja capacidad exportadora, pero con un alto consumo de importaciones, aunado a un doble impacto externo: el aumento de las tasas internacionales de interés y la caída de los precios del petróleo. En este contexto, la interrupción de flujos financieros del exterior de principios de la década de los 80 y la aguda fuga de capitales que se anticipa a la inevitable devaluación llevan a una crisis macroeconómica mayúscula.

A fin de contener la crisis y recuperar el control sobre instrumentos clave de la política económica —el tipo de cambio, por ejemplo— resultaba indispensable detener la salida de capitales y renegociar el pago de la deuda externa. En ambos casos, la suspensión del servicio de la deuda y el control de cambios eran paliativos que, lejos de ayudar, dificultaban la recuperación de la confianza de los inversionistas y los acreedores, elemento clave dada la enorme dependencia de flujos privados voluntarios a los que se enfrentaba el gobierno.

Revertir el elevado déficit de credibilidad generado por la nacionalización de la banca en un contexto marcado, además de la incertidumbre generalizada, requería de acciones firmes y rápidas en el ámbito externo y fiscal. Los ajustes en el tipo de cambio y en las finanzas públicas supusieron, por su parte, la necesidad de imponerle pérdidas considerables a sectores mayoritarios de la sociedad, incluidos segmentos importantes de la burocracia y del sector privado. A partir del bienio 85-86, con el desplome del precio del petróleo, los dilemas se tornaron más agudos en la medida que la economía y el gobierno veían disminuir dramáticamente su principal fuente de ingresos en divisas. A partir de ese momento, estabilizar implicó ya no sólo ajustar sino también introducir reformas institucionales de fondo. Con ello, los costos se volvieron permanentes y más imperiosa, por tanto, la necesidad de neutralizar la oposición de aquellos grupos cuyo poder se veía directamente amenazado por la reforma económica.

La primera fase del cambio: La estabilización como eje

Miguel de la Madrid asume la Presidencia en diciembre de 1982 en condiciones de virtual emergencia económica, ante el riesgo palpable de desabasto e hiperinflación. La suspensión del crédito externo torna insostenibles los desequilibrios macroeconómicos y vuelve impostergable el ajuste. De 1983 a 1986, el gobierno concentra su atención en la corrección de los desequilibrios fiscales y externos, y para ello adopta una estrategia fundada en la devaluación real y la contracción brusca de la demanda agregada.[3]

A partir de 1985, las claras limitaciones de la estrategia de ajuste convencional, la caída en los precios del petróleo, y el fortalecimiento de las corrientes más conservadoras y ortodoxas al interior del gobierno generan un cambio de estrategia en favor de la introducción de reformas institucionales de fondo como parte integral del proceso de estabilización. En febrero se pone en marcha un plan de recortes en el gasto público que incluyó el congelamiento en las contrataciones y la desincorporación de 236 empresas públicas. La insuficiencia de este primer esfuerzo lleva a la introducción de nuevos ajustes en el mes de julio. El segundo paquete incluyó los primeros recortes importantes en el aparato del gobierno central y el primer esfuerzo decidido en favor de la liberalización comercial.

Las reformas comerciales de julio de 1985 resultan significativas por dos razones fundamentales. En primer término, porque la drástica reducción de la cobertura del sistema de permisos supuso un duro golpe para el corazón político-administrativo del régimen proteccionista. En segundo, porque por primera vez desde los años 30 la respuesta del gobierno ante una crisis en la balanza comercial no fue la imposición de restricciones adicionales a las importaciones, sino, por el contrario, su disminución.[4]

---

[3] Como resultado de la instrumentación del programa de ajuste, el déficit financiero del gobierno pasa de 16.9% del PIB en 1982 a 8.6% en 1983 y la balanza en cuenta corriente de –4,878.5 a 5,545.7 millones de dólares (Banco de México, *Informe anual*, 1983.) La fuerte disminución de las brechas fiscales y externas se consiguió a costa de una severa contracción de la actividad económica —mucho mayor de la esperada— sin que se alcanzara la reducción de la inflación programada. Entre 1982 y 1983, el PIB experimentó una caída de 4.2% —contra 0% proyectado— y la inflación pasó de 98.9% a 80.8% en lugar de a 55% esperado. Véase Nora Lustig, "Políticas de estabilización, nivel de actividad, salarios reales y empleo, 1982-1988"; Jaime Ros, comp., *La edad de plomo del desarrollo latinoamericano*, México: ILET/Fondo de Cultura Económica, 1993, p. 125.

[4] Adrian Ten Kate, "Trade Liberalization and Economic Stabilization in Mexico: Lessons of Experience" en *World Development*, v.20, n.5, p. 665.

El desplome de los precios del petróleo en enero y febrero de 1986 produce una caída muy importante en los ingresos gubernamentales y en la captación de divisas. Esto acelera el deterioro de la economía y el proceso de revisión de la estrategia de ajuste ortodoxo.[5] Ante el riesgo inminente de que aparezca la hiperinflación, el gobierno adopta, a mediados de diciembre, un nuevo paquete de estabilización —el Pacto de Solidaridad Económica (PSE)— mismo que, con algunas modificaciones y bajo distintas denominaciones, se mantuvo vigente durante la administración de Carlos Salinas. El PSE se basó en un acuerdo tripartita entre gobierno, empresarios y trabajadores e incorporó tres componentes fundamentales: incrementos en el superávit fiscal, devaluación del tipo de cambio y restricciones al crédito; un esquema de concertación de precios y salarios; y la aceleración del proceso de privatización y, en especial, de apertura comercial. La operación del Pacto se basó en el uso de anclas nominales en precios líderes, en especial del tipo de cambio.

Con la instrumentación del PSE, la inflación cae del 159.2% en 1987 al 51.7% en 1988. Dicha caída se ve acompañada de un fuerte incremento en la inversión privada y de un crecimiento positivo, si bien moderado, del producto interno bruto. En 1988, la economía experimenta una tasa de crecimiento del 1.3% y la inversión privada aumenta 10.9% en relación con el año anterior. La estabilización interna se consigue a costa, sin embargo, de un deterioro significativo en la evolución del frente externo. La remoción de barreras al comercio y la apreciación del tipo de cambio generan un brusco aumento en las importaciones. El buen desempeño de las exportaciones —sobre todo las no petroleras— permite mantener el saldo positivo en la balanza comercial, pero éste disminuye de 8.4 mil millones de dólares en 1987 a sólo 1.7 en 1988.

A partir de diciembre de 1987, al anudarse estabilización y reforma estructural, se acelera de forma notable la apertura comercial.[6] El arancel máximo pasa de 40 a 20%, se reducen a 5 las categorías arancelarias, se eliminan los precios oficiales, el porcentaje de importaciones suje-

[5] La caída de los precios del petróleo de 1986 fue, de hecho, mucho más pronunciada que la de 1981-1982. Véase Macro Asesoría Económica, *Realidad económica de México, 1991*, pp. 542 y 555.

[6] Robert R. Kaufman, Carlos Bazdresch y Blanca Heredia (1994) "Mexico: Radical Reform in a Dominant Party System," en Stephan Haggard y Steven B.Webb, eds., *Voting for Reform: Democracy, Political Liberalization, and Economic Adjustment*. New York: Banco Mundial/Oxford University Press, pp. 360-410.

tas a permiso disminuye de 31% a finales de 1986 a 23% a finales de 87 y el arancel promedio ponderado pasa de 13.1% en 1986 a 5.6% en 1988.[7] De manera similar a lo ocurrido en el caso de la apertura comercial, el proceso de reducción del sector paraestatal se inicia de forma tímida en 1983, se intensifica entre 1986 y 1987, y se acelera notablemente a partir de 1988. Para ese momento, si bien se habían desincorporado ya una gran cantidad de entidades paraestatales, el impacto del proceso por lo que hace tanto al tamaño de las empresas como a los ingresos/ahorros generados, aún era muy reducido.

Ajuste y estabilización: la contribución del sistema político

Entre 1983 y 1988, y a fin de responder a los retos planteados por la crisis y el ajuste, la atención política del gobierno se concentró en la consecución de dos objetivos centrales: en primer término, recuperar la confianza y la lealtad política de los grandes empresarios del país, así como desarticular la resistencia de los grupos sobre los cuales habría de recaer el costo del programa económico y; segundo, mantener el apoyo de la clase política tradicional —en particular, de las élites corporativas—, articulada en torno al Partido Revolucionario Institucional.[8]

En la capacidad del gobierno mexicano para enfrentar con éxito los retos mencionados, las instituciones políticas del país desempeñaron un papel fundamental. Destaca, en este sentido, la operación combinada de cinco factores: el principio de no-reelección; las amplias facultades discrecionales —formales e informales— del Presidente de la República; la existencia de un amplio sistema de organizaciones corporativas y de una vasta red de redes clientelares sujetas al control del gobierno; el dominio —vía consenso o coerción de diversos tipos— del PRI sobre la arena electoral; y la fortaleza institucional de las agencias financieras públicas, incluida la recién nacionalizada banca comercial.

La coincidencia entre el inicio de la crisis y el inicio de un nuevo sexenio fue de extrema importancia, puesto que el principio de no-reelección le permitió al régimen ajustarse de forma casi automática a

---

[7] Banco de México, *Informe anual*, 1987, pp. 127-129.
[8] Miguel González Campeán y Leonardo Lomelí, coord., "*El partido de la revolución. Institución y conflicto*, México: Fondo de Cultura Económica, 2000.

una correlación de fuerzas externa e interna radicalmente distinta.[9] La renovación sexenal de 1982 tuvo, sin embargo, rasgos peculiares. En esta ocasión, y en contra de la usanza tradicional, el proceso de recambio resultó extraordinariamente excluyente. La característica más notable de éste fue, de hecho, la virtual monopolización del poder ejecutivo por parte de élites provenientes de las instituciones financieras públicas.[10] Así lo indica claramente el hecho de que cerca de la mitad de los nuevos secretarios de estado proviniese de la Secretaría de Programación y Presupuesto (encabezada por Miguel de la Madrid entre 1979 y 1981) y el que buena parte del resto del gabinete estuviese integrado por funcionarios de la Secretaría de Hacienda, así como del Banco de México.[11]

A la eficacia de la estabilización y la reforma estructural contribuyeron también las amplísimas facultades discrecionales del Presidente, el sistema de redes clientelares y el control gubernamental sobre el proceso electoral. El enorme poder discrecional del ejecutivo hizo posible recuperar o mantener el apoyo de grupos políticamente claves a través de la concesión altamente selectiva de beneficios, subsidios y exenciones. De esta forma y a cambio de un esquema de refinanciamiento para el repago de obligaciones crediticias externas, el regreso a sus dueños de los activos no bancarios de la recién expropiada banca comercial, el fortalecimiento de las Casas de Bolsa gracias a la intermediación de los CETES —papel gubernamental— pudo recuperarse, por ejemplo, la lealtad política de los principales empresarios privados.

Las vastas redes de reciprocidad clientelar le impusieron, por su parte, obstáculos con frecuencia insalvables a la resistencia organizada en torno a intereses económicos comunes. Aliados potenciales, más que actuar en forma coordinada, tendieron a enfrentarse unos contra otros en pos de la obtención de arreglos y subvenciones particularizados. A los efectos desorganizadores del aparato clientelar hay que añadir la marginación de aquellas corrientes y agencias que, desde la burocracia

---

[9] Esta coincidencia, sin embargo, no es azarosa. Desde 1976, todos los sexenios han terminado con algún tipo de crisis económica. Este sexenio que termina parece ser la excepción.

[10] Robert Kaufman, *The Politics of Debt in Argentina, Brazil, and Mexico: Economic Stabilization in the 1980s*, Berkeley: Institute of International Studies, University of California, 1988, p. 83.

[11] Rogelio Hernández Rodríguez, "Los hombres del presidente De la Madrid"; *Foro Internacional*, n. 109, julio-septiembre de 1987, pp. 5-38.

económica, habían tradicionalmente fungido como las grandes agregadoras y organizadoras de los intereses de los grupos sobre los cuales estaba recayendo el peso de la estabilización y la transformación económica.

Para llevar adelante el ajuste y la reforma resultaba igualmente indispensable mantener el apoyo de la clase política tradicional. En ello influyeron positivamente la discrecionalidad y la selectividad de costos y beneficios, pero resultaron igualmente fundamentales dos factores adicionales: la interrupción a partir de 1984 del proceso de liberalización del juego electoral iniciado en 1977 y la perdurabilidad del esquema de expectativas construido en torno al sistema de recambio sexenal.[12]

La interrupción del proceso de reforma política tras el impresionante desempeño del PAN en las elecciones municipales de Chihuahua y Durango en 1983, le permitió al gobierno continuar usando la distribución de los puestos electorales como un instrumento clave para retener la lealtad de las élites priístas. En suma, a cambio de su cooperación en el ámbito de la política económica, se le aseguró a las élites partidistas y, en especial, a los líderes sectoriales el mantenimiento del viejo patrón de reparto cerrado de acceso al poder. En la recuperación del apoyo empresarial, por último, la firmeza del compromiso del gobierno en favor de la ortodoxia fiscal y en pro del mercado y la inversión privada desempeñaron, sin duda, un papel central. Revertir la desconfianza producida por los excesos de los dos gobiernos anteriores, en particular, por la estatización de la banca, ayudó también la adopción de medidas explícitamente orientadas a recuperar el apoyo de los grandes grupos económicos y a neutralizar a los segmentos más politizados y antigobiernistas de la dirigencia empresarial.

La estrategia política que hizo posible la primera fase de la estabilización y el cambio estructural fue, vista como un todo, una estrategia de corte fundamentalmente defensivo. Se fundó más en la desactivación de adversarios que en la articulación de una nueva red de alianzas, salvo con el grupo de empresarios más capaces de aprovechar la apertura y la privatización. Esta estrategia tuvo ventajas, pero también generó costos. De entre estos últimos, dos resultaron especialmente importantes: el grave deterioro de la capacidad de convocatoria electoral de las élites corporativas producida por la intensificación de sus funciones de control por sobre sus funciones de representación y la

[12] Para una visión panorámica del largo proceso de transición en México puede encontrarse en: Lujambio, Alonso, *El poder compartido*, México: Océano, 2000.

ruptura al interior del PRI generada por la nominación de Carlos Salinas como candidato a la Presidencia.

III. La aceleración y profundización de la reforma: los años de Salinas

Carlos Salinas de Gortari asume el poder en diciembre de 1988 con el compromiso explícito de acelerar, profundizar y consolidar el proceso de liberalización económica y de reforma del Estado. Para poder avanzar en esa dirección resultaba indispensable, sin embargo, revertir el desgaste acelerado al que se enfrentaba el sistema político.

El desgaste planteaba retos múltiples. El primero y más urgente era cerrar y remontar el déficit de autoridad presidencial generado por unas elecciones extraordinariamente conflictivas y por una victoria excepcionalmente estrecha y cuestionada. El nuevo gobierno se aboca, así, de lleno y de inmediato, al afirmar la autoridad del nuevo jefe del Ejecutivo. Para lograrlo, se emprenden acciones en diversos frentes. Se integra un gabinete más plural que incluye a miembros importantes de la clase política tradicional. Durante los primeros meses, por otra parte, se llevan a cabo acciones decisivas y espectaculares en contra de dos poderosos líderes sindicales cuya distancia con respecto al nuevo grupo en el poder era notoria y cuya eliminación resultó muy útil en términos de establecer la autoridad de facto del nuevo presidente. De suma utilidad fue también, en este sentido, el encarcelamiento de Eduardo Legorreta, prominente financiero privado, por su involucramiento en los turbios manejos vinculados con el desplome de la bolsa de valores ocurrido en octubre de 1987. En el rápido proceso de afirmación de la autoridad presidencial de Carlos Salinas, cabe destacar, por último, la importancia de la renegociación exitosa de los pasivos externos del país en 1989.

La profundización del giro hacia el mercado

Restablecida la condición del presidente como autoridad política máxima, el gobierno enfoca sus acciones en torno a la continuación y profundización del cambio en las reglas del juego económico. A partir de 1989 se acelera notablemente el proceso de cambio estructural y se mantiene e intensifica la batalla contra la inflación.

177

Bajo el gobierno de Carlos Salinas, el proceso de desincorporación (privatización, fusión y liquidación) de empresas estatales experimentó grandes avances, tanto cuantitativos como cualitativos. De 1989 en adelante, crecieron sustancialmente tanto el tamaño promedio de las entidades privatizadas como los ingresos derivados de su venta. En esos años, se privatizan algunas de las empresas más grandes del país, al igual que gran parte del sistema bancario nacionalizado.

En materia de impuestos se introdujeron también cambios muy importantes. Los progresos en el ámbito tributario permitieron ampliar el alcance del sistema, eliminar algunos de los resquicios legales que facilitaban la evasión, incrementar la base gravable y reducir la evasión fiscal. A diferencia de reformas anteriores, la reforma tributaria del gobierno de Salinas no priorizó objetivos redistributivos y no desincentivó la inversión privada. La reducción de las tasas superiores del impuesto sobre la renta coincidieron, de hecho, con un aumento notable en la inversión privada.

En lo concerniente a la política comercial, el nuevo gobierno dirigió gran parte de su atención a la negociación de varios tratados internacionales de comercio y al refinamiento de la legislación *antidumping*. El periodo 1989-1994 fue crucial, ya que fue durante esos años que la liberalización comenzó a penetrar de manera efectiva. A ello contribuyó la recuperación de la actividad económica del país y, más específicamente, la pérdida progresiva de la protección cambiaria resultado del giro hacia un régimen de tipo de cambio semifijo.

El proceso de desregulación de la actividad económica interna experimentó también avances importantes, aunque desiguales. Entre 1989 y 1994 se redujeron muchos de los controles gubernamentales que incidían directamente sobre la actividad económica privada y se simplificaron y flexibilizaron las reglas encargadas de normar dichas actividades. Para los impulsores de la desregulación, ésta tenía dos objetivos centrales: promover la competencia y reducir costos de transacción.[13]

El último gran componente del programa de reforma económica de la administración de Carlos Salinas tuvo que ver con la introducción de reformas institucionales de gran alcance cuyo principal objetivo era

---

[13] Santiago Levy (1993): "La apertura comercial y el programa de desregulación económica en México" en *Secretaría de la Contraloría General de la Federación, La administración pública contemporánea en México*, México: Secogef/Fondo de Cultura Económica, pp. 117-120.

el de dificultar que se revirtieran los cambios realizados. Las dos iniciativas más importantes en este sentido fueron: la expansión de la autonomía del Banco de México y, particularmente, la negociación y firma del Tratado de Libre Comercio de América del Norte (TLCAN).

Reforma y política: De la desorganización de la resistencia a la creación de un nuevo sistema de alianzas

La continuidad entre el gobierno de Miguel de la Madrid y el de Carlos Salinas fue muy significativa. En la conducción política del proceso de cambio económico, sin embargo, las diferencias fueron mayores y más importantes que las similitudes. La diferencia fundamental entre ambos tuvo que ver con los apoyos y las alianzas; esto es, entre el carácter esencialmente defensivo de la estrategia política del gobierno de Miguel de la Madrid y el giro hacia una estrategia más proactiva y ofensiva durante la administración de Carlos Salinas.

El conjunto de transformaciones instrumentadas entre 1989 y 1994 estuvo acompañado y se vio respaldado por una estrategia política cuyo pivote giró en torno a la acumulación de poder en el jefe del ejecutivo. El fortalecimiento del poder presidencial —por momentos como medio, en otros casos como fin— proveyó el eje de una estrategia política global, articulada en torno a dos líneas de acción fundamentales. La primera de ellas estuvo orientada hacia la regeneración y/o generación de alianzas con grupos y factores de poder ubicados fuera del sistema constituido por el binomio gobierno-PRI. Destacan, en este sentido, la consolidación de la alianza con los grandes empresarios, el acercamiento con la Iglesia Católica, la cooperación sin precedentes con el gobierno norteamericano y los diversos acuerdos con el PAN.[14] La segunda línea básica se dirigió hacia la recuperación y fortalecimiento de la base popular del régimen. El instrumento más importante para ello fue el Programa Nacional de Solidaridad.

[14] Véase Roberto Blancarte en "La consolidación del proyecto eclesiástico en las transformaciones del Estado mexicano durante los ochenta" y Lorenzo Meyer, "Las relaciones con los Estados Unidos: Convergencias y Conflictos", ambos en: Carlos Bazdresch, *et al.*, *México: Auge, Crisis y Ajuste*. México: Fondo de Cultura Económica, v.1, 1992. Para un estudio histórico detallado del PAN, véase: Loaeza, Soledad, *El Partido Acción Nacional: la larga marcha, 1939-1994. Oposición leal y partido de protesta*, México: Fondo de Cultura Económica, 1999.

Ambas líneas de acción resultaron decisivas para hacer políticamente viable la profundización del cambio económico. La primera, proveyendo aliados y apoyos clave; la segunda, venciendo resistencias, paliando costos y generando formas de sustento popular alternativas a las tradicionales. Al éxito de ambas y, por consiguiente, a hacer posible tanto la concentración del poder en el ejecutivo como la reproducción del régimen, contribuyeron, a su vez, tanto la liberalización económica como la reforma del Estado. Básicamente, puesto que el propio proceso de reforma económica fue el que permitió, en ultima instancia, darle continuidad y capacidad de gobierno a una nueva correlación de fuerzas sociales, económicas y políticas. Es a través y en torno a él, de hecho, que se regenera la capacidad estatal, se construyen nuevas alianzas y se destruyen las viejas. La reforma económica es, en este sentido, no sólo un fin en sí mismo; es también y de forma igualmente importante, un instrumento con el cual se busca tanto reconstituir la vitalidad y capacidad de gobierno del régimen, como consolidar el poder de un nuevo grupo.

La naturaleza, los alcances y los límites de la estrategia global de gobierno de la administración de Carlos Salinas se manifestaron con especial claridad en el ámbito electoral. En este terreno, el gobierno enfrentó uno de sus mayores retos: el de producir mayorías electorales creíbles. El asunto resultaba clave, pues de su resolución dependía la capacidad del régimen para seguir asegurando la transmisión ordenada del poder. El reto resultó mayúsculo, puesto que enfrentarlo supuso la necesidad de reconciliar procesos que parecían irreconciliables: generar nuevas redes y apoyos que renovaran la capacidad del PRI para asegurarle al gobierno mayorías electorales; abrirle espacio a la oposición para garantizar la presencia de interlocutores que le dieran credibilidad a los procesos electorales; hacer compatibles entre sí estas dos estrategias y evitar que juntas produjesen nuevos desgajamientos al interior del partido oficial. Para reconciliar todas estas tareas, el gobierno de Carlos Salinas adoptó una estrategia articulada en torno a dos ejes principales: un proceso de ampliación gradual y selectiva de la competencia electoral cuyo pivote fue la alianza con el Partido Acción Nacional;[15] y un proceso de reestructuración del PRI, cuyo objetivo con-

---

[15] Con respecto a la evolución y cambios recientes en la legislación electoral, véase, José Woldenberg, "¿Qué fue y qué será de la legislación electoral?" en *Nexos*, n.170, febrero de 1992, pp. 37-44.

sistía en revertir el rápido deterioro de la eficacia electoral del aparato corporativo, mediante la renovación de liderazgos y la creación de nuevas organizaciones y redes de apoyo social.

La ampliación del papel del PAN al interior del sistema político fue, en buena medida, resultado de una serie de convenios entre la dirigencia panista y funcionarios gubernamentales de primer nivel. Estos acuerdos giraron en torno a la ampliación de la competencia electoral a nivel local. El fortalecimiento de Acción Nacional distó mucho de ser, sin embargo, simplemente el producto de una concesión graciosa por parte del gobierno. La fuerza del PAN es el resultado de un largo trabajo político y electoral. Muestras de ello abundan y son en particular obvias en el caso de las clases medias urbanas, en especial en algunas regiones del país.

Para el PAN, el gobierno de Salinas entrañó beneficios indudables. Así lo demuestra el crecimiento sin precedente de su membresía y, sobre todo, sus éxitos en el campo electoral.[16] La militancia activa pasa de 49 mil personas en 1988 a 111 mil en marzo de 1993. Durante ese mismo periodo, la población gobernada por panistas aumenta de 800,000 en 1988 a 12'800,000 habitantes en 1993. Gracias a su alianza con el PAN, el gobierno obtiene un interlocutor clave y un apoyo indispensable en la batalla por la credibilidad. Los límites del PAN como rival efectivo a nivel nacional le reportan al régimen ventajas adicionales, puesto que disminuyen los costos que para el PRI suponía la ampliación de la competencia, al tiempo que le aseguran al gobierno el control sobre el proceso de apertura electoral.

La segunda estrategia electoral giró en torno a la reconstitución de la capacidad electoral del PRI. Para lograrlo, el gobierno de Salinas buscó debilitar a aquellos líderes y grupos resistentes al cambio, por un lado, y generar nuevas organizaciones y liderazgos capaces de reemplazarlos, por otro.[17] A lo largo del sexenio, el gobierno apoyó el surgimiento de nuevas agrupaciones y líderes sindicales, y promovió de forma muy activa el desarrollo de organizaciones sociales con bases no corpo-

---

[16] Las cifras que siguen están tomadas de: Partido Acción Nacional, Secretaría de Estudios, "Informacion básica sobre el partido", junio 1993.

[17] Sobre la reforma interna del PRI, especialmente respecto de sus efectos adversos sobre el sector obrero, véase el trabajo de Leopoldo Gómez, "La reforma del PRI y la selección de candidatos"; CAIE, *Informe mensual sobre la economía mexicana*, Año IX, n.3, mayo, 1991.

rativas. Igual de intensa fue la actividad del gobierno salinista en el terreno del reclutamiento, socialización e incorporación de liderazgos sociales emergentes. Dentro del proceso de reestructuración del PRI y de regeneración de la base de apoyo popular del régimen, Solidaridad desempeñó un papel decisivo. A través de este programa, el gobierno consiguió compensar y mitigar los enormes costos que la crisis y el ajuste le habían impuesto a los sectores más pobres de la sociedad mexicana. Por medio de él, se logró también generar una maquinaria política controlada directamente por el ejecutivo cuyo desarrollo permitió revertir la pérdida de eficacia electoral del PRI.

Solidaridad dotó al gobierno de un arma electoral potente, flexible y relativamente barata. En lugar de invertir en programas sociales amplios, costosos e inciertos por lo que hace a su efectividad electoral, Pronasol le permitió al gobierno focalizar el uso de recursos a cambio del apoyo electoral de grupos específicos. Ello elevó mucho la eficiencia electoral de la inversión y el gasto, puesto que tendió a reducir el costo financiero de la obtención de votos. Solidaridad también incrementó la flexibilidad del gobierno, pues le ofreció un instrumento capaz de adaptarse a muy diversos contextos político-electorales. Así lo mostró la impresionante recuperación electoral del PRI a partir de las elecciones de 1991. A pesar de estas innovaciones, el programa reprodujo muchas de las prácticas electorales tradicionales. Ello resultó en especial obvio en lo tocante a la provisión de bienes y servicios a cambio de votos, así como en lo relativo a la naturaleza discrecional del reparto. A diferencia de lo que ocurría en el pasado, sin embargo, en las relaciones clientelares generadas vía Solidaridad pareció predominar el intercambio de carácter estratégico y corto plazista por encima de los vínculos de reciprocidad difusa, múltiple y perdurable. Esto terminó por generar costos importantes, puesto que tendió a incrementar la vulnerabilidad electoral del régimen con respecto a la variable capacidad del gobierno para ofrecer beneficios y prebendas a los electores.

IV. Reformar después de las primeras reformas y con una crisis de por medio: el gobierno de Zedillo

El tránsito de un arreglo económico-político centrado en la fuerte intervención económica y social del Estado hacia otro más abierto y competido, se hizo a la par de enfrentar elecciones más competitivas y dentro de un marco legal más preciso y justo, pero donde el gobierno aún controlaba los elementos claves del proceso. Tras la aparición del EZLN en enero de 1994 y del asesinato de Luis Donaldo Colosio, el candidato del PRI a la Presidencia, en marzo de ese año, el gobierno impulsa una nueva reforma electoral que permite asegurar un conteo honesto de los votos. El triunfo del candidato priista Ernesto Zedillo es amplio y sin cuestionamientos serios con respecto al resultado, aunque no así sobre la equidad.[18]

Con todo y la violencia de 1994, el sistema político mexicano parecía estar caminando con éxito en dos pistas: el desmantelamiento de los principales controles sobre la economía y el incremento en los espacios de participación democrática. Este doble juego había sido posible, en parte, gracias al margen de discrecionalidad retenida por el ejecutivo para castigar y premiar a los actores clave, así como por la construcción de una nueva alianza que incluía desde grandes empresarios hasta grupos organizados por Pronasol. En el fondo, sin embargo, el cemento de estas alianzas se encontraba en las expectativas económicas favorables. La estabilidad cambiaria y de precios alcanzada, cierto crecimiento económico y la convincente promesa de desarrollo futuro, que tuvo en el ingreso a la OCDE (Organización para la Cooperación y el Desarrollo Económico) su más clara expresión, permitían ampliar las bases sociales de apoyo de la reforma económica a la par de fortalecer la capacidad del PRI de ganar elecciones. Zedillo triunfó prometiendo continuidad en la política económica, argumentando que esta era la llave para alcanzar bienestar para todas las familias.

La crisis que inicia en diciembre de 1994 rompe este círculo positivo, ya que impone la necesidad de un ajuste draconiano con costos generalizados de los cuales no se salva ninguno de los principales aliados gubernamentales amarrados por la administración anterior. La confianza generada por el gobierno de Salinas hace de la crisis del 94 la primera crisis cambiaria en la que muchos empresarios terminan encontrándose endeudados en dólares, sin haber anticipado la devaluación con la fuga de sus ahorros. Inversiones pensadas para un país con crecimiento y estabilidad, pierden una buena parte de su valor. Los grupos mayoritarios ven reducidos dramáticamente sus ingresos, y en un esfuerzo por distanciarse de la política social clientelar de su antecesor, el gobierno de Zedillo reduce los recursos de Pronasol.

[18] Véase: José Antonio Crespo, *Urnas de Pandora*. México: Espasa-Calpe, 1995.

El gobierno del Presidente Zedillo logra instrumentar el ajuste macroeconómico, así como un conjunto de medidas de emergencia asociadas indirectamente con el ajuste como el aumento del IVA de 10 a 15 por ciento, sin resistencias mayores. En ello parece írsele, sin embargo, buena parte de su capital político. A partir de ese momento y más allá de iniciativas vinculadas con el ajuste, el gran impulso reformista del sexenio de Salinas pierde fuerza.

Durante el sexenio de Zedillo —sobre todo durante 1995— se acelera la liberalización en algunos sectores —en particular: inversión extranjera directa en el sistema financiero, telecomunicaciones y distribución de gas natural. Se llevan a cabo asimismo las reformas legales para hacer posible la privatización de aeropuertos y ferrocarriles. En esos mismos años, se registra también un claro y más decidido impulso en favor de reformas institucionales de segunda generación. Destacan, en este rubro, los esfuerzos por afinar la política de combate a la pobreza en favor de una estrategia menos clientelar, más focalizada a la pobreza extrema y no a los grupos con cierta capacidad de gestión frente al Estado; la introducción de reformas de fondo al sistema de pensiones, las reformas al poder judicial y los cambios en el Código Penal que endurecen las sanciones a los delitos más sensibles socialmente. Cabe mencionar, por último, el impulso en favor de nuevos acuerdos de liberalización comercial entre los que destaca el Tratado de Libre Comercio con la Unión Europea.

Si bien resulta evidente la intención gubernamental —en particular del Presidente y su gabinete— de continuar, profundizar y ampliar el proceso de reforma estructural iniciado en 1985; en los hechos, éste pierde una parte considerable de su amplitud y dinamismo previos. Así lo indican el número relativamente menor de reformas efectivamente introducidas a partir de 1996, así como el volumen considerable de transformaciones que abortan antes de ser puestas en marcha, como la apertura en el sector eléctrico; una vez puestas en marcha, como la privatización de la petroquímica básica—; o que aun instrumentándose, no logran realmente cambiar lo que buscaban corregir, como en el caso de las reformas al poder judicial.

Esta menor capacidad de reformar se explica fundamentalmente por tres razones:

1. La pérdida de credibilidad del modelo "neoliberal", después de la crisis de 1994-95, frente a la sociedad y de cara al propio PRI; así como el impacto electoral de esta pérdida de apoyo.

2. La resistencia de los ganadores de la primera etapa de reformas a cambios más profundos en sectores claves y la capacidad de los grupos beneficiarios del anterior modelo para defender sus privilegios.
3. El muy complejo amarre de reformas de segunda generación que no se resuelven con el mero acto legislativo de modificar una ley.

La crisis y el fortalecimiento de la oposición

La crisis cambiaria de diciembre de 1994 sumerge a México en una profunda recesión y cancela la expectativa de desarrollo sostenido. Dada la expansión del crédito privado de los tres últimos años de la administración de Salinas, la crisis de 1994-95 tiene un impacto muy adverso sobre el bienestar social, ya que a la caída del PIB es menester agregar el incremento en los pagos de los muchos mexicanos endeudados y el deterioro de su situación patrimonial.

La crisis rompe el supuesto clave de ampliación del bienestar para sectores cada vez mayores, que había permitido sustentar políticamente tanto la reforma económica como la política. Con ella, la liberalización de la economía pierde el respaldo mayoritario que las elecciones de 1994 habían parecido evidenciar. La crisis también erosiona el apoyo del PAN a la reforma y agudiza la postura crítica del PRD sobre el tema.

Imponer el ajuste macroeconómico y avanzar en la introducción de las reformas institucionales aún pendientes se vuelven una tarea crecientemente compleja. El Presidente cree en las virtudes de profundizar la reforma, el PRI tiene la mayoría en el Congreso, y sigue siendo un partido bastante disciplinado. Sin embargo, las posibilidades de impulsar nuevas reformas son mucho menores. Primero, es más difícil emprender reformas constitucionales. Básicamente porque, a partir de 1988, éstas requieren del apoyo por lo menos del PAN, y este partido, que está cosechando triunfos electorales, busca mantener distancia de reformas que siguen implicando costos altos para grupos de interés poderosos y cuyos beneficios más amplios ya no son creíbles.

Segundo, y mucho más importante en el debilitamiento de la capacidad del Presidente para impulsar a profundidad la reforma económica, es la falta de credibilidad del modelo al que se le responsabiliza de la crisis. Si bien el grueso de las reformas pendientes no requieren modificaciones constitucionales, el conjunto de actores que conforman el

185

núcleo de apoyo del PRI se resisten a ellas. Además, la población urbana, es decir la más vocal y golpeada por la crisis, vota crecientemente por la oposición, lo cual erosiona la legitimidad del presidente y de su programa. Esta menor credibilidad del programa económico del presidente explica, por ejemplo, el fracaso de los diversos intentos de privatización de la petroquímica, ya que los propios priístas le imponen candados al proceso que dificultan enormemente la posibilidad de encontrar compradores. Incluso una vez recuperada parcialmente la credibilidad del presidente, las reformas con un alto contenido ideológico, como la apertura en el sector eléctrico, no logran conseguir apoyo amplio de una sociedad que ve con recelo todo lo que huela a "neoliberalismo".

Este entorno complicado para impulsar la reforma estructural se hace aún más adverso dada la reforma electoral de 1996 y el resultado de las elecciones de 1997. Ante las fuertes críticas a la inequidad en la elección Presidencial de 1994 y para evitar que el descontento creciente ante la crisis, así como el impacto de un movimiento como el del EZLN desbordara las instituciones políticas, el gobierno de Zedillo propone una nueva reforma electoral que busca asegurar una contienda equitativa en lo que se refiere al financiamiento y acceso de los partidos a los medios de comunicación, ciudadanizar plenamente al organismo a cargo del control de las elecciones (IFE), y permitir la elección del jefe de gobierno para la ciudad de México.

La reforma electoral logra que el grueso de las protestas y el conflicto político se procese dentro de las instituciones. La oposición gana gubernaturas y ciudades importantes. Para las elecciones federales de 1997, el costo de la crisis y las nuevas reglas de la competencia llevan a una caída importante en el voto priísta, lo que da lugar a que el priísmo pierda el control de la Cámara baja, y el gobierno de la ciudad de México. El PRD gana en esas elecciones su primer espacio electoral importante, al cual se sumarán en el transcurso de 1998 tres gubernaturas, con candidatos que si bien provenían del PRI, compitieron bajo el membrete y con los apoyos del PRD.

La nueva correlación de fuerzas hace que, a fin de impulsar nuevas reformas, para el PRI resulte indispensable obtener el apoyo del PAN o del PRD. Dado que este último ha estado en general opuesto a la reforma económica (salvo en algunas votaciones en fechas muy recientes) el PAN se convierte, a partir de 1997, en el fiel de la balanza. Si bien el apoyo de Acción Nacional le permitió al PRI continuar —aunque a menor ritmo— el proceso de reforma económica, con el paso del tiempo este partido ha venido distanciándose progresivamente del partido del presidente en temas de política económica.

Incluso en asuntos donde sí se pretende sortear la crisis, no puede dejarse de actuar, como en el caso del rescate bancario, el PAN tardó mucho en aceptar una versión modificada de la estrategia gubernamental, a través de la creación del IPAB. En muchos otros temas, el PAN no ha llegado a acuerdos con el PRI. Ello, incluso en temas en los que simpatiza con las medidas propuestas por el Ejecutivo, como la reforma del sector eléctrico,[19] misma que está entre los objetivos del PAN desde su creación, o una reforma en el estatus de las comunidades indígenas que no atente contra principios legales defendidos tradicionalmente por el PAN, como la sometida al Senado de la República por el presidente.

El resultado de esta nueva distribución de fuerzas fue una gran lentitud en la aplicación de nuevas iniciativas e incluso una enorme incertidumbre, cada año, en torno a la aprobación de la ley de ingresos, en particular del decreto de presupuesto, ya que la aprobación de éste es facultad exclusiva de la Cámara baja, donde la oposición cuenta desde 1997 con la mayoría y en relación con la cual no resulta constitucionalmente claro si el presidente tiene o no la facultad de veto.

Si bien, al final de cuentas, el país ha logrado contar con un presupuesto federal dentro de los tiempos que marca la ley, no ha ocurrido lo mismo con la capacidad de recaudación del Estado mexicano. La falta de una verdadera reforma tributaria deja al Estado con pocos recursos para enfrentar las crecientes demandas sociales y la necesidad de generar los bienes públicos que requiere una economía moderna y abierta.

Las difíciles herencias de las primeras reformas

La privatización de algunas empresas con poder monopólico, o cuasi monopólico, fue uno de los componentes centrales de las reformas de primera generación. A fin de lograr un precio adecuado en estas ven-

---

[19] Si bien el número de empresas propiedad del gobierno disminuye de forma notable de 1983 a 1999, pasando de 1,074 a 203, el precio de todas estas ventas es todavía menor al valor que pudiera obtenerse de la Comisión Federal de Electricidad (CFE) o por supuesto de Pemex.

187

tas —lo cual le permite al gobierno neutralizar, cuando menos en parte, las críticas de la oposición al tiempo que contribuye a corregir el desbalance fiscal de fines de los años 80—, el gobierno diseña estrategias de privatización que le conceden importantes beneficios y privilegios a los compradores. Tal es el caso, por ejemplo, del título de concesión para la empresa telefónica (Telmex), mismo que resultó muy favorable para el ganador de la licitación.[20]

En el caso de la otra gran privatización del sexenio salinista, la banca nacionalizada por José López Portillo en septiembre de 1982, el gobierno promete un entorno protegido de la banca extranjera y condiciones de crecimiento con inflación a la baja.[21] Más importante aún, permite que muchos de los compradores financien los altos precios pagados por ella con créditos de otros bancos del sistema. Es decir, los bancos adquieren una deuda muy elevada, garantizada por acciones sobrevaluadas de los propios bancos que, en caso de algún cambio en las expectativas como el de 1994, deterioraría el balance contable de la banca privada rápidamente.

Terminada la privatización, el gobierno enfrentó el problema de cómo regular óptimamente mercados dominados por actores muy poderosos y cuya regulación y operación eficiente resulta clave para la modernización económica. En el caso de los servicios de telefonía, el poder de Telmex ha limitado los alcances de los esfuerzos en este sentido por parte del ente regulador. De ello lo acusan, en todo caso, las empresas competidoras, que alegan que el ente en cuestión ha tendido a proteger a la empresa dominante en el sector. En lo que hace al sistema bancario, los fuertes vínculos entre gobierno y banqueros limitaron la posibilidad del primero para intervenir rápida y en forma transparente.

A medida que avanza la reforma, quedan por enfrentar los huesos más duros de roer. El caso de la reforma al sector energético es representativo; pues si bien el PAN no apoyó la apertura del sector eléctrico, incluso con su apoyo la posibilidad de aprobar e instrumentar la refor-

[20] Judith Mariscal, "La reforma en el sector de las telecomunicaciones en México: un enfoque de economía política" en *Política y gobierno*, vol. v, núm. 1, primer semestre de 1998, pp. 135-169.

[21] Carlos Elizondo, "The Making of a New Alliance: The Privatization of the Banks in Mexico", CIDE, *División de Estudios Políticos*, documento de trabajo, núm. 5, 1993.

ma no estaba garantizada. Uno de los dos sindicatos de este sector, el de la Compañía de Luz y Fuerza del Centro, se opuso abiertamente a la reforma, en marchas en la ciudad de México, apoyando a movimientos opuestos al gobierno, como los paristas de la UNAM; y el otro, el de la CFE, lo hizo más veladamente. Al igual que en los otros casos mencionados, el poder monopólico o cuasi-monopólico de ciertos actores impone serios límites a la posibilidad de introducir nuevas reformas.

Las reformas de segunda generación y sus complejidades

Existe una diferencia clave entre reformas de primera y segunda generación. En general, la viabilidad política de las primeras tiende a descansar en la posibilidad de neutralizar resistencias así como en la capacidad para generar grupos concentrados de ganadores.[22] La introducción y consolidación de reformas de segunda generación tiende a requerir, en cambio, de la cooperación activa de un mayor número de actores, muchos de los cuales se ven directamente perjudicados por ellas. Las lógicas políticas, en suma, son muy diferentes. Para las reformas de primera generación, el esquema de núcleos decididos de élites tecnocráticas operando por encima de las estructuras de políticas tradicionales resulta adecuado y en ocasiones, incluso óptimo. En el caso de las reformas de segunda generación —modernización administrativa, reforma del poder judicial, por ejemplo—, los requerimientos políticos suelen ser más complejos y los tiempos de gestación, introducción y maduración mucho más largos.

Una de las carencias más evidentes del proceso de construcción de una economía de mercado en México, es la debilidad del Estado de Derecho. Esta debilidad se manifiesta en innumerables órdenes: en la corrupción de una parte del aparato administrativo, en los niveles alarmantes de inseguridad, en la incapacidad de un banco para recuperar la garantía de un deudor insolvente, en la incapacidad del gobierno para enfrentar al narcotráfico y otras formas de crimen organizado, y hasta en la propia toma de la UNAM por parte de una minoría de estudiantes.

---

[22] Con respecto a este asunto, véase: Hector Schamis, "The State and the Politics of market Reform in Latin America" en *World Politics*, vol. 51, enero de 1999, pp. 236-268.

El aumento en la inseguridad así como los costos crecientes de la incertidumbre jurídica obedecen, cuando menos en parte, al desmantelamiento de muchos de los mecanismos de control propios del corporativismo del pasado. La inseguridad era menor en los años setenta porque los aparatos policiacos negociaban con las mafias los límites a sus actividades criminales, teniendo la impunidad para castigar a los desobedientes sin juicios de por medio. La corrupción impactaba menos, por la mayor holgura fiscal. La fragilidad del sistema judicial era menos grave, dada la capacidad del sistema político de servir como árbitro en los conflictos entre Estado y particulares o entre particulares. Esto, sin embargo, además de ser indeseable, era insostenible dado el poder creciente de las mafias.

Con la apertura económica y política, estos mecanismos ya no funcionan. La policía enfrenta medios de comunicación más abiertos e innumerables organizaciones sociales que limitan su posibilidad de actuar con impunidad. El propio gobierno ha reformado leyes que hacían de la confesión, aun arrancada con tortura, prueba de culpabilidad. El gobierno ya no tiene la fuerza para servir de árbitro último. Sin embargo, a pesar de las muchas reformas legales, no se ha logrado modernizar ni la procuración ni la impartición de justicia. El problema es que este tipo de transformaciones no se logran de un plumazo, como es el caso de una privatización, donde transferir activos a actores privados se logra con la voluntad política concentrada en un lapso relativamente corto. Aquí se requiere ir construyendo instituciones con reglas claras y actores no corrompibles, en una sociedad acostumbrada a una relación más clientelar y corrupta con sus autoridades. Existen algunas islas de relativa eficiencia, como en el Electoral, pero en la mayoría de los casos los juzgados funcionan lento y mal.[23]

La reforma de la administración pública ha corrido una suerte análoga. En 1996, el gobierno del presidente Zedillo anunció una reforma inusualmente comprensiva y ambiciosa cuya finalidad era incrementar la eficiencia y reducir la corrupción en la operación de la burocracia.[24] El

---

[23] Para un análisis empírico del funcionamiento del Poder Judicial en México centrado en el comportamiento de los juzgados en relación con juicios de amparo, véase: Ana Laura Magaloni y Laida Negrete, "El Poder Judicial Federal y su política de decidir sin resolver," CIDE, *División de Administración Pública*, Documento de Trabajo, en prensa.

[24] *Programa de Modernización de la Administración Pública, 1995-2000*. México: Poder Ejecutivo Nacional, 1996.

diseño de la reforma —que implicaba el funcionamiento conjunto de dos agencias burocráticas: Secretaría de la Contraloría y Secretaría de Hacienda, con concepciones distintas de la modernización administrativa— aunado a los efectos políticos de la crisis impidieron que la reforma pudiese instrumentarse.[25] Las reformas parciales que se han introducido en la práctica burocrática, por otra parte, han tenido resultados menos satisfactorios que los esperados. Un ejemplo de ello es la Nueva Estructura Programática, instrumento cuyo objetivo consiste en aumentar la transparencia y eficiencia del gasto público. En este caso, han operado inercias profundas que han llevado a que la reforma se cumpla en la forma, mas no el fondo. Ello ha limitado seriamente sus efectos y alcances.

V. Conclusiones

A pesar de la desaceleración en la instrumentación de nuevas reformas institucionales, la economía mexicana experimenta, a partir de 1996, una rápida e importante recuperación en términos de crecimiento gracias a las reformas introducidas en los últimos quince años, así como al impulso que el notable crecimiento de la economía de Estados Unidos tuvo sobre las exportaciones mexicanas. La recuperación de la dinámica de crecimiento, la firma de acuerdos de libre comercio que obligan al país no sólo a mantener la apertura, sino a no utilizar mecanismos de intervención pública en otros órdenes, aunados a las restricciones que impone una economía más abierta, hacen difícil pensar que se reviertan las reformas ya instrumentadas. Si bien las posibilidades de dar marcha atrás en lo ya conseguido parecieran mínimas, el ritmo reformador seguramente continuará disminuyendo. El recién electo presidente, Vicente Fox, comparte la necesidad de implementar el grueso de las reformas pendientes. Así lo ha expresado, por ejemplo, en el caso de la energía eléctrica y la petroquímica. Tiene a su favor la fortaleza de la economía y la legitimidad de su incuestionable triunfo electoral. Sin embargo, el PRI y el PRD pueden bloquear, en el poder

---

[25] David Arellano y Juan Pablo Guerrero, "Administrative Reform of the Mexican State: A Managerialist Reform? The Case Study of the Civil Service Project", trabajo presentado en la conferencia: *The Political Economy of Administrative Reform in Developing Countries*, CIDE, México, junio de 1998.

legislativo, la acción del nuevo gobierno; además, las reformas pendientes pueden afectar a grupos con capacidad de movilización.

La gran pregunta es si lo hecho hasta hoy permitirá, a través del crecimiento sostenido, ampliar el número de beneficiarios y, por ende, generar los amarres y alianzas capaces de sustentar políticamente la instrumentación de las reformas pendientes. O si, por lo contrario, el patrón de crecimiento actual está tan concentrado sectorial, social y geográficamente que los excluidos van a tener la fuerza para incluso presionar por medidas de estímulo a corto plazo o para revertir aquellos aspectos de la reforma —como el de las pensiones— cuyos beneficios son a mediano plazo. Hasta el momento, ningún partido ha logrado capitalizar y organizar el descontento de los ignorados. Éstos han permanecido, en buena medida, divididos entre los tres principales partidos. Ello ha beneficiado al gobierno y a su modelo de economía abierta. Si bien las posibilidades de que la oposición logre movilizar a los perdedores no parecen muy grandes, lo que la configuración actual de fuerzas puede implicar es una suerte de *impasse:* casi nulas probabilidades de reversión de los cambios realizados, pero espacios estrechos para seguir avanzando en las reformas que restan por instrumentarse.

Economía política
de las crisis recurrentes

Víctor M. Godínez*

1

Desde la segunda mitad de los años 80, la economía mexicana fue sometida a un vigoroso programa de estabilización y cambio estructural. Como
es de sobra conocido, este programa incluyó, en la esfera macroeconómica,
la virtual eliminación del déficit presupuestal del sector público y un conjunto de medidas destinadas a combatir el riesgo de hiperinflación
que surgió después de la crisis de la deuda externa de 1982. En la esfera
estructural, el programa fue portador de un vasto conjunto de reformas que es igualmente conocido: se liberalizó el régimen de comercio
exterior, se instauró la plena convertibilidad de las transacciones internacionales de las cuentas corriente y de capital de la balanza de pagos,
se privatizó un gran número de empresas y activos públicos, el sector
bancario fue desnacionalizado, se liberalizó el mercado financiero y se
promovió una amplia desreglamentación de la actividad económica en
general y de algunos sectores específicos (como el de telecomunicaciones).

* Doctor en Economía por la Universidad de París. Ha sido consultor en
temas de política comercial, industrial y pública para el BID, la OIT, el BM y la
Unión Europea. Asimismo, se desempeñó como consultor en economía para
el Senado de la República en las negociaciones del TLCAN y fue investigador en el
CIDE hasta 1991. Actualmente es socio director y fundador de la Sociedad de Economía Regional e Internacional. Además, es catedrático en la UNAM, investigador
asociado del Centro de Información sobre América Latina de la Universidad de
París VII y consultor para la CEPAL en políticas económicas.

No menos conocidas son las elevadas expectativas que este programa despertó en los agentes económicos y financieros, tanto nacionales como del exterior, la mayoría de los cuales llegaron a considerarlo como un caso ejemplar y muy exitoso entre las diversas experiencias de reformas orientadas por y a favor del mercado. A juzgar por los volúmenes de inversión directa y de cartera que fluyeron al país, esta favorable percepción fue creciendo desde el inicio de la década de los 90 y tuvo uno de sus momentos culminantes entre 1993 y 1994. El colapso monetario de 1995 moderó posteriormente este tipo de apreciaciones. La dimensión de la crisis económica y financiera que siguió, y las condiciones de la ulterior recuperación, pusieron al descubierto la existencia de un conjunto de serias limitaciones, insuficiencias, restricciones y errores de instrumentación del programa de reforma.

2

La evidencia disponible muestra que hay un gran contraste entre las numerosas y sustanciales reformas estructurales, iniciadas tres lustros atrás en respuesta a la crisis terminal del modelo de desarrollo posrevolucionario, y los resultados económicos obtenidos hasta ahora. Estos resultados son decepcionantes y están lejos de ser satisfactorios tanto en relación con el periodo de crecimiento precedente como con el desempeño, durante estos mismos años, de otros países con niveles y circunstancias de desarrollo comparables.

Desde el estallido de la crisis de la deuda externa de 1982, la economía mexicana padece un agudo problema de crecimiento económico. Entre 1983 y 1988, y bajo el impacto de aquella crisis y sus secuelas, el crecimiento real promedio del PIB fue de 0.3% al año. De 1989 a 1994, cuando la reforma económica se profundizó y se convirtió en una estrategia explícita de gobierno, se engendraron grandes ex-

---

[1] La crisis económica de 1995 pesa decisivamente en los resultados de este periodo. Entre ese año y 1996, cuando se inició la recuperación, la tasa anual promedio de crecimiento fue de –0.6 por ciento. La del trienio 1997-99 (5.1%) es la más elevada para un periodo similar en los últimos 18 años (no obstante que, sobre una base estrictamente anual, fue decreciente: 6.8% en 1997, 4.8% en 1998 y 3.7% en 1999). En 2000, el PIB está creciendo a una tasa de 7%, que es la más alta desde 1982.

194

Cuadro 1. Declinación de la tasa de crecimiento económico de México
(tasa anual promedio)

1950-1970	1971-1976	1977-1982	1983-1988	1989-1994	1995-1999
6.7%	6.0%	6.0%	0.3%	3.9%	2.8%

Elaborado con datos del INEGI y del Banco de México.

pectativas de crecimiento, pero el PIB registró una variación anual promedio de 3.9%. Entre 1995 y 1999, su ritmo anual promedió 2.8%.[1] Para el conjunto del periodo 1982-1999, la economía mexicana muestra un crecimiento real de 2.2% al año, tasa que equivale a mucho menos de la mitad de la sostenida durante los tres decenios precedentes.

El problema del crecimiento económico registrado en los años 80 y 90 no tiene antecedentes, ni por sus dimensiones ni por su duración, en la historia económica mexicana del último siglo. Basta compararlo con la dinámica demográfica para apreciar su gravedad. De 1982 al 2000 la población aumentó en casi 29 millones de habitantes (un incremento de 42%, de 68.6 a 97.4 millones de habitantes). En promedio, la población total creció 2.3% cada año, mientras que la economía hacía lo propio a una tasa ligeramente inferior.

La consecuencia de las tendencias anteriores es obvia: la crisis de crecimiento económico se tradujo en un deterioro del PIB real por habitante. El valor histórico más alto de este indicador se alcanzó en 1981 (14,092 pesos de 1993). De 1983 a 1988 acumuló una caída de –5.1%; después se recuperó relativamente hasta 1994, pero su nivel en este año era 4% inferior a los valores de 1981. Con la recesión de 1995-1996 volvió a desplomarse, mostrando en los años posteriores repuntes sucesivos.

En total, entre 1982 y 1999, el PIB real por habitante tuvo un crecimiento acumulado de 1.2%. Es más que manifiesta la insuficiencia de este resultado (que es indicativo de la evolución del ingreso) para un periodo tan prolongado. En casi medio siglo de desarrollo (es decir, desde la década de los años treinta) no se había registrado un retroceso semejante. Baste comparar lo ocurrido en los últimos 18 años con las tendencias del periodo inmediatamente anterior (1970-1981), en el que esta variable tuvo un crecimiento real acumulado de 45%.

Cuadro 2: Evolución comparada del PIB
por habitante de México en dos periodos
(tasas de crecimiento anual y tasa en pesos de 1993)

	Periodo 1970-1981			Periodo 1982-1999	
Año	Tasa de crecimiento	Crecimiento acumulado	Año	Tasa de crecimiento	Crecimiento acumulado
1971	0.6	0.6	1983	-5.5	-5.5
1972	5.5	6.1	1984	1.2	-4.3
1973	4.4	10.8	1985	0.1	-4.3
1974	2.4	13.5	1986	-5.1	-9.2
1975	2.4	16.2	1987	-0.4	-9.5
1976	1.2	17.7	1988	-0.8	-10.3
1977	0.1	17.8	1989	1.9	-8.6
1978	5.4	24.1	1990	3.0	-5.8
1979	5.9	31.4	1991	1.8	-4.1
1980	3.6	36.2	1992	0.5	-3.6
1981	6.3	44.7	1993	0.0	-3.6
			1994	2.2	-1.4
			1995	-8.2	-9.6
			1996	3.2	-6.7
			1997	4.8	-2.2
			1998	2.9	0.7
			1999	0.6	1.2

Elaborado con datos del INEGI y del Banco de México.

La crisis del crecimiento golpeó duramente la capacidad de la economía para generar empleos formales. Dada la estructura de edades de la población, entre 1983 y 1999 debieron crearse alrededor de 19 millones de nuevos puestos de trabajo (suponiendo un requerimiento mínimo de un millón cien mil por año). Con ello, habría empezado a disminuir progresivamente el nivel de la desocupación abierta y el desempleo que existía a principios de los años ochenta, cuando ya eran el mayor problema socioeconómico de México. Pero en este periodo solamente se crearon 6 millones 233 mil nuevos empleos. Como resultado, un poco más de 12 millones de personas en edad de trabajar no encontraron colocación productiva en la economía formal en el transcurso de las últimas dos décadas.

La declinación a largo plazo de la capacidad de crecimiento ha ocurrido en torno a episodios de recesión con una intensidad cada vez mayor, con fuertes disparos inflacionarios y gran inestabilidad cambiaria

Cuadro 3: Creación y déficit de empleos en el sector formal privado
(miles)

	1983-1988	1989-1994	1995-1999	1983-1999
Nuevos puestos	1734	1259	3240	6233
Déficit del periodo*	4866	5341	2260	12467

Elaborado con datos del IMSS.
*Suponiendo un requerimiento anual promedio de 1.1 millones de nuevos empleos.

y financiera. Éste fue el caso en 1982-83, 1986 y 1995. Se trata de un fenómeno recurrente de caídas cada vez más pronunciadas del nivel de actividad y del empleo, acompañadas de descensos abruptos del ingreso, del poder de compra y de devaluaciones monetarias. Es un proceso que formó un estado de expectativas económicas decrecientes en la población y que, a la vuelta de cada uno de estos ciclos, fue minando la credibilidad social en la política económica. Primero, en el periodo posterior a la crisis de la deuda externa (1982-1986), restando credibilidad a las políticas de ajuste y estabilización; posteriormente, y debido a la fuerte brecha que se abrió entre las expectativas generadas por las políticas de cambio estructural iniciadas a finales de los años ochenta y la fuerte recesión de 1995 más sus impactos ulteriores, socavando la confianza en la reforma económica y su promesa implícita de instaurar una nueva dinámica de crecimiento que, simplemente, no ha sido validada por la realidad.

El examen de otros indicadores mostraría el desarrollo o aparición, durante estas dos décadas, de tendencias igualmente persistentes de deterioro en los salarios, la distribución del ingreso, los niveles de pobreza y las desigualdades regionales. Todo lo cual sugiere la existencia de un patrón de comportamiento muy característico de desaprovechamiento de los recursos.

En el caso particular de las remuneraciones al trabajo, los años 80 y 90 significaron un fuerte ajuste a la baja de su poder adquisitivo. En cuanto a los salarios mínimos, cuya evolución sigue siendo un punto de

Cuadro 4: Tres momentos de recesión e inestabilidad financiera

	1982-83	1986	1995
PIB real	-2.0	-3.8	-6.2
Inflación*	80.4	86.2	51.7
Depreciación**	121.3	137.1	90.2

Elaborado con datos del Banco de México.
* Variación anual promedio.
** Tasa de depreciación anual del tipo de cambio nominal frente al dólar.

referencia básico en el ajuste de numerosos arreglos contractuales,[2] este ajuste fue sistemático y permanente; en los 18 años que van de 1983 a 1999, sólo en uno de ellos no sufrió un decremento real (en 1998, cuando, por lo demás, su aumento fue insignificante). En relación con 1980, el salario mínimo de 1999 muestra una pérdida del 70% de su poder adquisitivo. En el caso de los salarios promedio del sector manufacturero, el deterioro es considerablemente menos acusado, aunque no deja de ser importante. Tomando de nuevo como referencia el nivel de 1980, este indicador muestra un descenso real de 25% en promedio anual entre 1983 y 1999 (fluctuando entre un máximo 31% con respecto al año base en 1987 y un mínimo de casi 6% en 1994). En 1999, el poder adquisitivo del salario manufacturero promedio era 28% menor que el de 1980.

La débil oferta de empleos formales y los ajustes a la baja del salario real, en un cuadro de crecimiento precario y discontinuo del producto y de volatilidad monetaria y financiera, como el que prevaleció en términos generales durante las últimas dos décadas, ampliaron las brechas de distribución del ingreso. Un indicador global de este hecho se observa en las alteraciones de la estructura de participación de los factores en el ingreso nacional disponible. Al inicio de la década de los 80, dos quintas partes de ese ingreso correspondían a pagos al factor trabajo; 10 años después, esa porción había descendido 10 puntos porcentua-

---

[2] Además, de acuerdo con estimaciones de la Secretaría de Hacienda y Crédito Público, una quinta parte de los asalariados formales perciben ingresos equivalentes a un salario mínimo.

Cuadro 5: Deterioro de los salarios reales

Año	Índices (1980 = 100)		Tasas de crecimiento anual	
	Mínimos a/	Manufactureros b/	Mínimos a/	Manufactureros b/
1980	100.0	100.0		
1981	101.5	103.6	1.5	3.6
1982	105.6	107.6	4.0	3.9
1983	78.2	84.4	-25.9	-21.5
1984	71.8	77.3	-8.2	-8.5
1985	71.0	75.2	-1.2	-2.7
1986	63.3	68.9	-10.8	-8.4
1987	60.4	68.7	-4.6	-0.3
1988	53.7	68.8	-11.1	0.2
1989	49.4	73.5	-8.0	6.8
1990	43.1	72.7	-12.8	-1.1
1991	40.7	76.3	-5.5	5.0
1992	39.4	84.2	-3.3	10.3
1993	38.9	90.6	-1.1	7.5
1994	38.8	93.6	-0.3	3.4
1995	33.3	79.3	-14.2	-15.3
1996	30.3	70.2	-9.1	-11.4
1997	30.1	69.6	-0.7	-0.8
1998	30.2	71.3	0.7	2.4
1999	29.2	72.1	-3.5	1.1

a/ Promedio anual de los salarios mínimos generales, sin prestaciones. Incluye las distintas zonas salariales, ponderadas por la política de salarios de cada una de ellas, sobre la base de cifras censales. Los salarios reales se obtuvieron deflactando los nominales por el INPC correspondiente a un salario mínimo.

b/ Comprende salarios, sueldos y prestaciones medias. Los salarios manufactureros reales se obtuvieron deflactando los nominales por el INPC correspondientes a uno y tres salarios mínimos. Este procedimiento difiere del utilizado por el Banco de México y por el INEGI.

Cepal, con base en las cifras del Banco de México y del INEGI.

les, de los cuales sólo logró recuperar tres hacia finales del decenio de los 90. La participación del factor capital, en cambio, pasó en las mismas fechas de un poco más de la mitad del ingreso nacional disponible a tres quintas partes y, finalmente, a 63% del total. Al inicio de la década de los años 80, la relación entre la participación relativa del trabajo y la del capital era de 0.75; al finalizar los años 90 había bajado a 0.52; en otros términos, por cada 100 pesos del ingreso nacional disponible que captaba el factor trabajo hace 20 años, el capital capturaba 132 pesos, en tanto que ahora éste ya retiene 190 pesos por cada 100 que van a las remuneraciones.

3

¿Cómo explicar este decepcionante desempeño? A finales de los años 80 era relativamente fácil encontrar explicaciones. El país enfrentaba las consecuencias del agotamiento definitivo del modelo económico posrevolucionario y al mismo tiempo afrontaba las secuelas de la crisis de la deuda externa: la afluencia de recursos financieros internacionales se había interrumpido, se hacían fuertes transferencias de capital y el gasto interno estaba fuertemente contenido. La situación actual no puede entenderse ya en los mismos términos; hoy, la eficacia de la reforma económica —aunque no necesariamente su pertinencia— es cuestionada por varios sectores de la sociedad. La esencia de esta discusión es si las reformas emprendidas hasta ahora fueron las correctas y si son suficientes para asegurar el crecimiento y la estabilidad o si, para lograr estos objetivos, es necesario adoptar otro tipo de estrategias.

Más que la reforma económica en sí misma, lo que se discute es su estrategia de implantación y el horizonte político e institucional en que fue ejecutada. En otras palabras: una vez admitidos los costos y los ajustes que toda transición inevitablemente produce, los resultados insatisfactorios de la economía parecen originarse no en la naturaleza de la reforma misma, sino en su carácter trunco o incompleto desde el punto de vista institucional. Y si la reforma ha sido insuficiente se debe en gran medida a que el proceso de decisión, diseño y ejecución de la política económica —y en general, de la política pública— permaneció esencialmente inalterado.

Mi propuesta es la siguiente. Las reglas del juego cambiaron radicalmente en la economía, pero no se modificaron con la misma amplitud ni con la misma velocidad en el dominio político e institucional. La liberalización y la apertura económicas ampliaron los espacios de operación de las fuerzas del mercado, pero la reforma no se acompañó de una reducción equivalente de los costos de transacción, ni de una oferta mayor y más transparente de la información, ni de un fortalecimiento del marco jurídico y regulatorio. Esto propició que a los defectos e "imperfecciones" del mercado se añadieran los defectos e "imperfecciones" de la política y el viejo orden institucional, que en México, como sabemos, no eran y no son escasos ni de poca monta. La transferencia del poder de decisión e iniciativa hacia los agentes económicos privados que suponía la reforma no se operó total ni libremente. Ese poder fue en gran medida acaparado por los mismos promotores de la reforma, que conservaron un margen excepcional de decisión y discrecionalidad.[3] La eficiencia exigida a los agentes económicos privados por las nuevas circunstancias de la competencia, no tuvo como contrapartida la disciplina y el rigor que los mercados libres también exigen de las autoridades económicas gubernamentales. En otras palabras, la reforma estructural no alteró el sistema de decisiones del sector público, que en lo fundamental siguió operando al viejo estilo en detrimento de la calidad de la política pública, una calidad necesaria para instrumentar la reforma económica con eficiencia. Se estableció así una tensión —que dominó ampliamente la economía política de México durante las últimas dos décadas— entre la liberalización económica que supone la reforma y la fuerte centralización de las decisiones a que siguió estando sujeta la política pública, y muy especialmente la económica y financiera.

Las reformas alteraron el funcionamiento básico de la economía nacional. Las pautas de operación del comercio internacional, de los mercados financieros, de las finanzas públicas y de la política monetaria son ahora totalmente diferentes a las de 10 o 15 años atrás. Las reformas abrieron un amplio espacio de operación a los mercados, con la finalidad explícita de propiciar una asignación más eficiente de los recursos. Los cambios más significativos, y quizá de mayor importancia en la determinación de los resultados económicos generales, ocurrieron en los dominios de la macroeconomía, del comercio internacional, de los

---

[3] En algunas áreas sustantivas de política pública ese margen se ha reducido considerablemente, o casi eliminado por completo, como ocurrió en el terreno electoral. No obstante, subsisten parcelas enteras de la política pública en las que los "usos y costumbres" del viejo sistema político y administrativo siguen vigentes. La transparencia y la participación continuaron siendo prácticas muy raramente observadas por las autoridades en ámbitos tales como la administración de justicia y las políticas económicas.

mercados financieros y de la fiscalidad. El examen de algunas características del desempeño registrado en cada uno de estos ámbitos, permitirá discutir a continuación la manera en que los factores políticos e institucionales influyeron en la configuración de esos resultados. Tal examen también muestra los claroscuros producidos por una reforma que todavía no alcanza a sacar a la economía de la gran crisis estructural que provocó el agotamiento del modelo anterior, pero que sí, en cambio, ha generado nuevos problemas.

4

La reforma estructural se ejecutó en un ambiente macroeconómico dominado inicialmente por fuertes presiones inflacionarias. En 1986 y 1987, el índice de precios al consumidor registró variaciones anuales de 106% y 159%, respectivamente. Para dominar y revertir esta tendencia, el gobierno puso en marcha una estrategia heterodoxa de estabilización basada en pactos de concertación social. En sus primeros dos años de vigencia, este mecanismo fue muy eficiente para reducir la inflación inercial. Se propició así una transición hacia niveles de inflación declinantes, de manera que entre 1989 y 1994 la variación anual promedio del Índice Nacional de Precios al Consumidor fue de 16%.

Los "pactos" fueron una política de ingresos encaminada a coordinar las expectativas de los agentes económicos y sociales. Uno de sus componentes clave —en realidad el de mayor importancia— fue el manejo del tipo de cambio: por un lado, había que detener la espiral inflación-devaluación-inflación y, por otro, evitar la sobrevaluación del peso. En otras palabras: en el terreno cambiario —un terreno económica, social y políticamente muy sensible— los "pactos" debían garantizar a los agentes estabilidad de precios y al mismo tiempo evitar la generación, o al menos la ampliación acelerada, de desequilibrios comerciales. En la práctica, tal disyuntiva se resolvió con una congelación temporal del tipo de cambio del peso (de octubre a diciembre de 1988) y su posterior "deslizamiento" a una tasa fija establecida de conformidad con la inflación esperada. A medida que la inflación fue declinando y la confianza de los agentes incrementándose, el "deslizamiento" del peso se fue rezagando, con la consiguiente apreciación del tipo de cambio. A partir de 1992, la tasa del "deslizamiento" empezó a ser notoriamente inferior al diferencial de inflación con Estados Unidos.

Las consecuencias de todo ello fueron múltiples y todavía ahora son objeto de una intensa discusión en los dominios de la política y de la teoría y el análisis económicos. Para los fines del presente texto cabe destacar sólo una de esas consecuencias, acaso la más importante. Me refiero al efecto de "fragilidad financiera creciente" que esta estrategia de estabilización significó para México. En lugar de acelerar el deslizamiento o depreciación anunciada del tipo de cambio, el gobierno prefirió mantener prácticamente invariable el peso y optó por atraer flujos externos de capital para sostener su cotización. En consecuencia, la política monetaria debió garantizar elevadas tasas de interés en el mercado primario a fin de ofrecer un atractivo "premio de riesgo". Un total acumulado de 102 mil millones de dólares ingresó a México entre 1989 y 1994 bajo la forma de inversión extranjera directa y de cartera. El 70 por ciento de esos recursos era capital de corto plazo. Es decir, la base de sustentación de la política macroeconómica quedó sujeta a la gran volatilidad inherente a este tipo de inversiones. Para suprimir este riesgo era indispensable, además de pagar un alto premio, emprender una activa política de "seducción financiera". Y ya se sabe que una estrategia cambiaria que sólo es viable con buenas noticias, es una mala estrategia.

Así lo demostró la cadena de eventos políticos y financieros que, durante 1994, finalmente desembocó en el colapso del peso. La estrategia seguida no contempló ningún instrumento para hacer frente a los riesgos implícitos en la política macroeconómica, como la fuga de capitales. Siempre existió el riesgo de una situación en la que las reservas del Banco Central se agotaran ante una conversión masiva del ahorro líquido en pesos a moneda extranjera. La ausencia de un banco central autónomo hasta diciembre de 1993, y la total subordinación política de éste al ejecutivo cuando en 1994 le fue concedida la autonomía, explican, desde el punto de vista institucional, la sorprendente facilidad con que el gobierno pudo tomar un par de decisiones que terminaron por magnificar la fragilidad financiera de la economía. Me refiero a la extraordinaria expansión crediticia inducida por la autoridad monetaria, a través de la banca de desarrollo y el traslado de las inversiones de Cetes a Tesobonos, para mantener la confianza de los inversionistas foráneos. La primer decisión tuvo dos consecuencias: redujo el superávit primario del gobierno y, por medio del estímulo del gasto que supuso, amplió el déficit externo. Las consecuencias de la segunda decisión son bastantes conocidas: la salida en masa de los inversionistas produjo, con una rapidez inusitada, una crisis de liquidez de grandes proporciones, pánico financiero y, por último, la mayor recesión económica de México desde la época de la Gran Depresión internacional de los años 30.

5

De acuerdo con un informe de la OCDE, la reforma comercial de México (iniciada en 1985-1986) fue "una de las más vastas de los últimos tiempos". Sus promotores sostienen que la liberalización de las importaciones —al propiciar el acceso a insumos de calidad y precios internacionales— hizo posible el desarrollo de un pujante sector exportador. Como quiera que haya sido, la instauración del nuevo régimen comercial aceleró el desplazamiento de la producción nacional de bienes y servicios hacia los mercados externos. Por sus dimensiones, se trata de un cambio mayor y largamente esperado en la orientación del modelo de crecimiento. El valor total de la exportación de mercancías se duplicó entre 1987 y 1994, y lo mismo ocurrirá entre 1995 y 2000. Sólo en los últimos 13 años el valor de las exportaciones pasó de 27 millones de dólares en 1987 a 137 mil millones en 1999.[4] Se trata de una expansión excepcional, y más aun si se recuerda que entre 1988 y 1994 el tipo de cambio real se sobrevaluó constantemente. Desde 1995, con un peso subvaluado que modificó por completo la relación de precios con el exterior y con una contracción sin precedentes del mercado interno, las exportaciones mexicanas se sobreaceleraron.[5] La revolución exportadora es, de hecho, la perla de la corona de la reforma económica de México.

Este dinámico crecimiento se distingue además por cambios notables en la composición de la oferta mexicana de exportaciones. En 1987 todavía estaba presente la inercia de la "petrolización" comercial ocurrida a finales de los años setenta, puesto que una tercera parte de las exportaciones provenían entonces del petróleo. Pero el aporte relativo de este producto fue disminuyendo gradualmente hasta llegar a estabilizarse

[4] Se estima que al cierre del 2000 la exportación de mercancías tendrá un valor total de 160 mil millones de dólares.
[5] El tipo de cambio del peso tiende nuevamente a apreciarse desde el segundo semestre de 1999.

en torno al 10-12% de la venta externa de mercancías. De esta manera el índice de concentración de las exportaciones mexicanas se redujo, según la medición del Banco Mundial, en 70 por ciento entre mediados de los años 80 y el momento actual.

Ahora bien, hay un fuerte contraste entre el dinamismo del sector exportador y el letargo del crecimiento en el resto de la economía. En la lógica de la estrategia económica en curso, la exportación está llamada a ser la locomotora que arrastre al conjunto de la economía. Sin embargo, su capacidad efectiva para irradiar dinamismo está fuertemente limitada por la ausencia de instrumentos de promoción sectorial. El número de empresas y actividades productivas que participan de manera plena y permanente en el comercio de exportación sigue siendo muy reducido. El 10% de los establecimientos económicos con operaciones de comercio internacional son la fuente de 90% del valor total de la exportación. Tres líneas de productos industriales (vehículos y equipo automotriz; equipo y aparatos eléctricos y electrónicos; máquinas y aparatos no eléctricos), todas ellas integrantes de una sola división de la industria manufacturera, responden por más de dos terceras partes del auge exportador de los últimos años. De cada cien dólares de incremento de las exportaciones en el periodo posterior a 1992, un promedio de 70 se origina en este reducido grupo de productos y actividades. Y lo más importante: cerca de 60% del valor total de estas exportaciones es realizado por empresas maquiladoras (que, como se sabe, siguen manteniendo en general un grado ínfimo de integración con el resto de la planta productiva). Por otra parte, el "núcleo dinámico" de la exportación en el sector manufacturero no maquilador está constituido por las ramas industriales que tienen los mayores índices de importación de la economía. Es en ellas donde se genera el "déficit estructural" del comercio exterior de México. Un indicador indirecto de ello, pero muy revelador, es la ampliación acelerada del déficit comercial del sector no maquilador de la economía que, como en las década de los años setenta, cuando se manifestó la crisis terminal del modelo de sustitución de exportaciones, tiende a crecer más rápidamente que el conjunto de la economía. Esta tendencia, característica de la restricción externa a los ciclos internos de expansión, sigue presente, así como sus causas estructurales más profundas.

Por otra parte, se observa que el gran crecimiento de las exportaciones en la industria no maquiladora *no tiene* como contrapartida una ampliación equivalente del volumen del empleo. Tomando como refe-

Gráfica 1: Saldo comercial total clasificado por tipo de sector, 1990-2000*
(miles de millones de dólares)

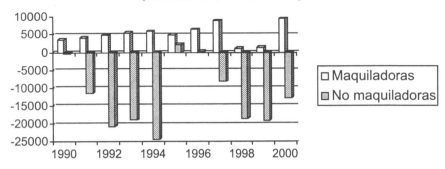

* Los datos del año 2000 se refieren al periodo enero-junio.
Elaborado con datos del Banco de México.

rencia los valores de 1991, la exportación de este sector se había multiplicado en 1997 por un factor de 2.7, en tanto que el empleo sólo lo hizo por un factor de 1.4.[6] No estoy sugiriendo que el empleo industrial en México esté decayendo a causa del auge exportador, pero éste, a pesar de su dinamismo extraordinario, no ha sido suficiente para incrementar dinámicamente la oferta de ocupaciones remunerativas.

La escasa oferta de ocupación (en la industria y el resto de los sectores de actividad) se explica por la prolongada crisis de crecimiento e inversión de la economía, la fuerte recesión de 1995-1996 y la postura restrictiva de los diversos instrumentos de la política económica. Todo esto ocurre en el contexto de una estrategia de cambio estructural cuyo objetivo, en este caso, es orientar el crecimiento hacia los mercados de exportación. Cabe aquí señalar que la constitución de un sector exportador exigió a las empresas participantes transformaciones tecnológicas y de organización que son ahorradoras de mano de obra. Y éste es un factor estructural que limita objetivamente la capacidad de absorción de fuerza de trabajo, incluso en el único segmento de la industria mexicana que registró, de manera permanente durante estas dos décadas, índices dinámicos de crecimiento del empleo, es decir, la industria maquiladora.

---

6 En 1990 la industria de transformación no maquiladora generó 14% de la ocupación total. Hacia 1999 su contribución sólo era un punto porcentual mayor.

206

Son patentes las dificultades que ha enfrentado durante todos estos años el sistema económico para vincular a los sectores exportador y no exportador del aparato productivo. Las empresas y actividades dependientes de la demanda interna enfrentan un conjunto de factores adversos, al tiempo que la importación de insumos para la producción de exportaciones ha desarticulado las cadenas productivas existentes. No existen mecanismos institucionales efectivos y eficientes —es decir, dotados de instrumentos, recursos y evaluación de resultados— que fomenten la integración al complejo exportador del numeroso contingente de productores y proveedores potenciales de insumos que hay entre las empresas industriales y de servicios confinadas al mercado interno.

Hasta ahora, el auge exportador de la economía tuvo como contrapartida el estancamiento y luego el letargo del mercado interno. Para evitar que siga ampliándose la brecha entre un sector exportador boyante, relativamente pequeño y con escasa capacidad de arrastre, y el vasto sector no exportador que enfrenta el doble fuego de la competencia externa y el casi estancamiento del mercado nacional, es necesario tener una política sectorial con definiciones estratégicas. Esperar que las solas fuerzas del mercado operen por sí solas los ajustes da lugar a una política altamente ineficiente en cuanto a la utilización de los recursos. La reforma comercial propició una bonanza exportadora con un gran potencial de desarrollo y modernización de la planta productiva, pero también rompió el nexo funcional entre comercio e industria. Una condición para que este vínculo se restablezca es tomar en serio la política industrial.

En 1996, el gobierno dio a conocer su Programa de Política Industrial y Comercio Exterior. Entre los muchos propósitos enunciados en este documento hay dos que son muy pertinentes: la instauración de mecanismos institucionales que fomenten la integración de cadenas productivas, y la incorporación a éstas últimas de empresas micro, pequeñas y medianas capaces de sustituir insumos de importación. Casi cuatro años después son escasos los resultados que se podrían acreditar al respecto. En la práctica, los responsables de la política de industria y comercio tienen como única prioridad el crecimiento de las exportaciones y la negociación de acuerdos de libre comercio. Desde luego que éstos son objetivos plausibles y necesarios, pero no pueden ser los únicos ni constituir un fin en sí mismos. Y menos aun cuando la capacidad de arrastre del sector exportador es tan reducida. En ausencia de medidas eficaces para fomentar el desarrollo de la planta industrial, la fuerza

Cuadro 5: Evolución de las exportaciones
totales y netas del sector no maquilador

Año	Exportación total	Exportación neta*
1993	30,033	5,645
1994	34,613	3,314
1995	48,438	7,685
1996	59,079	9,404
1997	65,266	5,863
1998	64,376	-3,577
1999	72,538	-5,820

*Netas de la importación de insumos de uso intermedio asociados a la exportación.
Elaborado con datos del Banco de México.

motriz de las exportaciones será una fuerza menguante y desaprove-
chada, además de una fuente de restricción del crecimiento. No se trata de una digresión teórica. La evolución reciente de las exportaciones
netas del sector no maquilador muestra una tendencia que es muy revela-
dora y, desde luego, preocupante: desde 1997 este indicador viene disminuyendo aceleradamente, al punto que en 1998 y 1999 las exportaciones
netas del sector no maquilador de la economía se tornaron negativas. En
la medida en que la economía siga creciendo a las tasas de los últimos años
(que, excluyendo a la tasa anual que se estima para el año 2000, tienen un
promedio más bien modesto), el deterioro de las exportaciones netas va a
continuar, con lo que tenderá a crecer la presión sobre la cuenta corriente
de la balanza de pagos (indicador cuyo deterioro siempre preconiza de
manera inevitable, para mantenerlo bajo control, la desaceleración del
crecimiento o, en caso de no hacerlo, el fin abrupto de las fases internas de expansión). Estas tendencias del comercio exterior son indicios
del incumplimiento de metas estratégicas tan importantes como el fomento
de la sustitución de insumos para la producción de exportaciones.

La promulgación de Planes y Programas de desarrollo económico es una obligación legal del Poder Ejecutivo, pero no existe ningún mecanismo institucional previsto para evaluar y dar seguimiento a su ejecución. De esta manera, la ya larga preponderancia de criterios macroeconómicos y financieros sobre el conjunto de la política económica condena a las políticas sectoriales, y especialmente a la industrial, a ser un mero catálogo de buenas intenciones sin posibilidades reales de aplicación.

6

La principal justificación teórica y política de un proceso de liberalización financiera es el incremento general de la eficiencia que, en principio y al cabo de un plazo razonable, produce sobre el conjunto de la economía. Este efecto positivo debe materializarse por lo menos de dos maneras: en una disminución de los costos del financiamiento y en una mejor asignación del capital. La liberalización financiera está muy lejos de haber producido en México esos resultados.

Desde 1988 se emprendieron una serie de acciones para liberalizar las tasas de interés, eliminar el crédito dirigido, las obligaciones de reserva de los bancos y los coeficientes de liquidez. También se redujeron las restricciones legales a la propiedad cruzada, para permitir la formación de grupos financieros. En 1991 y 1992 se privatizaron 19 bancos. Con la suscripción del TLCAN, el sector financiero inició su apertura a la inversión extranjera. El alcance de esta apertura se amplió en 1995, poco después del estallido de la última crisis cambiaria y financiera. Pero estas medidas no propiciaron el desarrollo de formas nuevas y constructivas de articulación de los mercados financieros con el resto de la economía. La evidencia disponible sugiere que más bien contribuyeron a configurar un régimen de relaciones financieras de depredación cuyos efectos directos e indirectos han sido nefastos para el crecimiento de la producción y del empleo.

Hasta 1994, la liberalización financiera estuvo acompañada por un auge crediticio sin control cuyas consecuencias todavía están presentes. Enormes deficiencias de información y supervisión permitieron que el crédito bancario observara, desde finales de los años 80, una expansión sin precedentes. En los seis años del gobierno de Carlos Salinas, los préstamos otorgados por la banca comercial al sector privado registraron un crecimiento real absoluto de 277%. Una parte considerable de ese crédito era de mala calidad. A pesar del gran debate político que este problema suscitó, sobre todo en los últimos tres años, todavía no se conoce con exactitud qué tanto de ese crédito pudo haber sido concedido, además, de manera ilegítima (autopréstamos, financiamientos cruzados y otras prácticas viciadas, y probablemente hasta delictivas).

A la sombra de esta frenética expansión crediticia, se incubó la crisis financiera y bancaria que estalló a finales de 1994. Se conocen las consecuencias del riesgo excesivo en que incurrieron los bancos con la mirada complaciente de quienes tenían obligación de supervisar su desempeño: mientras duró el auge, las instituciones bancarias recogieron ganancias y beneficios desproporcionados (recuérdense los márgenes extraordinariamente elevados con los que este sector operó después de su privatización); cuando estalló la crisis, una parte importante de sus costos fue trasladada a los contribuyentes. De esta manera, el llamado rescate bancario acumuló un costo fiscal creciente: en 1995 se estimó en 5.5% del PIB y ahora se calcula alrededor de 15%.[7] Está claro que tanto el significado como las consecuencias reales y potenciales del problema bancario rebasan el ámbito meramente financiero y se proyectan de manera inevitable en los terrenos de las cuentas fiscales, la política pública y el orden institucional de la economía. El monto de los recursos públicos que habrán de ser desembolsados, no sólo inflará la deuda pública y sus servicios; también indicará que el equilibrio de las finanzas públicas proclamado durante todos estos años tiene un gran contenido de "ilusión fiscal".

La liberalización financiera fue administrada y conducida en forma deficiente. Entre sus mayores deficiencias están las omisiones que se cometieron en el ámbito de la supervisión bancaria. Cuando se revisa el itinerario y el contenido de la reforma financiera emprendida desde 1988, queda la impresión de que sus estrategas tenían como objetivo principal la privatización de la banca. Transferir rápidamente la propiedad de es-

---

[7] En su último informe sobre la economía mexicana, la OCDE estima que el monto total deber ser mayor a estas estimaciones si se incorporan los pasivos provenientes de adquisiciones adicionales de los bancos y del más reciente programa de apoyo para deudores ("Punto final"). La capitalización de intereses a tasas más altas, añade el informe de esta organización, y la revisión de los supuestos de tasas de recuperación de activos, también justificarían parte de los pasivos adicionales. (OCDE, *Estudios Económicos. México*, julio de 2000).

tas instituciones al sector privado parece haber sido una finalidad ante la cual, todo lo demás era secundario. No parecen haber reparado en que la liberalización de una actividad tan sensible y estratégica como la financiera, es un proceso que debe ser precedido o acompañado por el fortalecimiento de los mecanismos institucionales de supervisión. Liberalizar un mercado no significa despojarlo de mecanismos regulatorios, sino la adecuación de éstos ante las nuevas circunstancias en que habrán de operar los agentes económicos. En el caso del sector financiero, esto tiene un significado muy preciso: reforzar el papel de los supervisores bancarios, reexaminar las exigencias contables que deben observar las instituciones crediticias, mejorar el sistema de prevención y detección de prácticas de alto riesgo o "riesgo moral". Nada de esto se hizo seriamente. Hay una brecha enorme entre las reformas institucionales y operativas del mercado financiero y las modificaciones del sistema regulatorio y de supervisión que se emprendieron en México a partir de 1988.

Las propias autoridades han reconocido que la supervisión bancaria, además de ser deficiente, no fue aplicada debidamente ni con rigor por quienes tenían encomendada esa obligación. Así lo ha declarado en varias ocasiones el gobernador del banco central —que, por cierto, en 1989-94 era el subsecretario encargado de la banca en la Secretaría de Hacienda y Crédito Público. Antes que él, en octubre de 1997, siendo todavía vicegobernador del Banco de México, Francisco Gil Díaz fue más categórico y explícito cuando aseguró (en una conferencia en el Cato Institute, en Washington) que una de las causas sustantivas de la crisis bancaria fue la debilidad de la supervisión, en gran medida propiciada por motivaciones políticas, más que por deficiencias técnicas, de los encargados de esta función regulatoria. Gil Díaz —hoy separado del banco central— también reconoce que los bancos se vendieron con premura y a personas no calificadas; "los bancos —señaló— fueron privatizados apresuradamente y, en algunos casos, sin criterios apropiados para seleccionar a los nuevos accionistas ni a sus más altos dirigentes".

La conversión del quebranto bancario en deuda pública es sólo parte de los problemas generados por la reforma financiera. A diferencia de lo ocurrido en el ámbito del comercio exterior, el resultado neto de la reforma en el sector financiero tiene una connotación ampliamente negativa y hoy la economía sufre una fuerte anomalía. Luego de la recesión de 1995, las actividades productivas carecen del sustento elemental e indispensable que debe ser el crédito bancario. El financiamiento otorga-

211

do por los bancos comerciales, estimado en proporción al valor del PIB, se contrajo de manera extraordinaria. Baste decir que en 1999 el monto de este indicador representaba 21 puntos porcentuales del PIB menos que en 1994. Si se considera que la mayor parte de ese crédito está constituido por recursos para el refinanciamiento de deudas asumidas antes de 1995, es fácil advertir que hoy la economía carece de un sistema de intermediación que cumpla con sus funciones más elementales; en primer lugar, la más importante de ellas: generar activos que contribuyan a incrementar la producción, el ingreso y el empleo.

Pero incluso si ahora mismo se convirtieran en deuda pública los pasivos impagos de los bancos que están en poder del IPAB, es dudoso que con ello se resuelva el problema financiero de México. Casi la tercera parte de la cartera del sistema bancario —sin considerar aquellos pasivos— sigue siendo cartera vencida. Esto significa que, en ausencia de una reforma integral del sector, nada impediría que se produzcan en el futuro nuevos rescates y la necesidad de nuevas transferencias de recursos fiscales a los bancos. Es el dilema clásico del llamado "riesgo moral".

La historia del rescate bancario ha sido atribulada. Sería absurdo cuestionar la utilización de recursos públicos para evitar el colapso total del sistema de pagos, un método que en cualquiera de sus posibles variantes era inevitable. Lo que importa es constatar la ineficiencia de la estrategia seguida para asegurar el restablecimiento de las funciones de intermediación financiera, que siguen atrofiadas a más de un lustro del estallamiento de la crisis.

Por otra parte, tampoco puede pasarse por alto la carga que la crisis financiera representa para las finanzas públicas. Hay una relación potencialmente perversa entre la debilidad fiscal de la economía y la precariedad que, así sea en grados menores, sigue prevaleciendo en el sistema bancario. En México se configuró una situación en la que el agravamiento de cualquiera de estos dos factores acarrea inevitablemente el del otro. La fiscalidad y el sistema financiero siguen constituyendo, a la vuelta de estas dos décadas, una fuente real de vulnerabilidad económica.

Hacia los años por venir, el problema fiscal es quizás el que mayores restricciones podría representar para el desenvolvimiento económico del país. El equilibrio de las finanzas públicas de México es precario. Su origen está en una serie de medidas unilaterales del Poder Ejecutivo, decididas casi siempre bajo la presión de las urgencias coyunturales de los últimos 20 años y con el objetivo casi único de reducir el nivel del déficit público. No cabe duda de que este objetivo es pertinente y

Gráfica 2: Gastos programables del gobierno federal
(porcentajes del PIB)

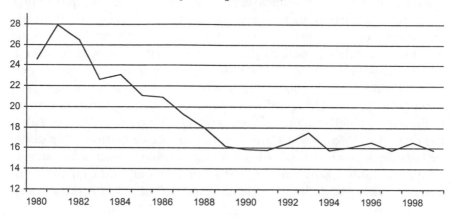

Elaborado con datos del Banco de México y la SHCP

necesario, pero tampoco puede ser un fin en sí mismo ni constituirse en la principal meta fiscal en un periodo de tiempo tan prolongado. En la medida que esta política ha sido una constante a lo largo de un periodo tan largo, se abandonaron, en la práctica, los instrumentos de que dispone o puede disponer el sector público para alcanzar objetivos básicos de equidad distributiva y eficacia económica.

Al vaciarse así su orientación estratégica, la gestión presupuestal de los años recientes se limitó a reducir de manera más o menos indiscriminada el volumen del gasto, sin emprender ninguna acción relevante y efectiva por el lado del ingreso. En tanto que el presupuesto de la Federación sufrió recortes sistemáticos a lo largo de más de tres lustros, las autoridades económicas incurrieron en acciones de populismo fiscal (como ocurrió en la primera mitad de los años noventa, cuando se redujo el IVA de 15 a 10%) y en diferimientos injustificables de la reforma tributaria.

Los verdaderos resultados fiscales de la gestión pública de estos años no son unas finanzas gubernamentales sanas —fórmula que hoy sólo refleja una relación contable válida para un ejercicio fiscal determinado, y no una situación estructural—, sino la precariedad y la restricción presupuestales con que se encontrará inevitablemente el próximo gobierno.

Hay grandes diferencias cualitativas entre el equilibrio fiscal que puede establecerse con niveles de gasto e ingreso públicos equivalentes a una tercera parte o, incluso, más de la mitad del PIB —como sucede en varios países— y los niveles que hoy prevalecen en México (que están muy por debajo de 20% del PIB). En el primer caso, la reducción del déficit público contribuye a estabilizar la economía sin que la gestión presupuestal del gobierno abandone sus funciones económicas y sociales básicas. En el segundo, éstas son sacrificadas permanentemente en aras de objetivos contables y financieros de corto plazo. Pero ahora sabemos en México que, durante veinte años, este ha sido el horizonte de la política fiscal. Hoy no sólo debemos ampliar la escala de miras de la política pública, sino vindicar, como sociedad, la política fiscal, restituyendo sus capacidades impositivas y redistributivas al Estado.

FE DE ERRATAS:

Debido a un lamentable error se reprodujo el currículum de Jorge Eduardo Calderón en lugar del de Eduardo Sojo. A continuación se consignan los datos biográficos del autor Eduardo Sojo.

Maestro en Economía por la Universidad de Pennsylvania con estudios doctorales en organización industrial y finanzas. Ha sido consultor para la ONU, así como director de Estadística de Corto Plazo y director técnico en el INEGI. En su carrera académica desempeñó su cargo como director del área de Investigación Económica en el ITESM. También participó como coordinador General de Planeación Económica en el gobierno del estado de Guanajuato. Actualmente es coordinador del área económica del presidente electo Vicente Fox.

Aspectos económicos
de la transición en México

Eduardo Sojo*

I. La situación económica y la transición

En la transición mexicana la economía juega un papel central. Desde
un ángulo coyuntural, el cambio se produce, en un contexto de crecimiento económico y disminución de la inflación, en el marco de un
programa de blindaje económico para facilitar la transición y en un entorno caracterizado por expectativas favorables en la materia.

Contrario a lo que muchos piensan, la existencia de condiciones
favorables en materia económica favorecieron el cambio al propiciar
que grupos generalmente adversos al riesgo se inclinaran en favor de
la alternancia en el poder.

Sin embargo, el origen de la transición mexicana, desde el punto
de vista económico, responde a causas más profundas que han venido
acumulándose a lo largo de por lo menos tres décadas.

El inicio de la historia puede ubicarse en los 70. En esos años era
claro que el modelo que había prevalecido en nuestro país estaba ago-

* Doctor en Historia Económica por la Universidad de París. Actualmente es
profesor de tiempo completo en la UNAM y profesor de medio tiempo en la Universidad de Nueva York. Ha sido asesor del gobierno de México para asuntos
centroamericanos y del Caribe, así como investigador residente de la Fundación
Carnegie en Washington. Ha impartido clases como profesor visitante en las universidades de Berkeley, Princeton y Dartmouth College, y es autor de ocho libros.
Su más reciente publicación se titula *La herencia: arqueología de la sucesión presidencial en México*.

tado. El descubrimiento de yacimientos petroleros y la facilidad de acceso a los mercados internacionales de capital retrasaron la toma de decisiones y complicaron aún más la situación.

Al inicio de la década de los 80, la economía mexicana se caracterizó por la intervención del sector público en muchos ámbitos. Se trataba de una economía cerrada, altamente regulada y dependiente de la industria petrolera.

En estas condiciones, México enfrentó, entre 1980 y 1982, un entorno externo adverso. La caída de los precios internacionales del petróleo y el incremento de las tasas de interés en el mercado internacional de capitales provocaron una suspensión temporal en el servicio de su deuda externa. A partir de entonces la economía mexicana ha experimentado profundas transformaciones.

Los organismos internacionales imponían como condición para acceder a sus recursos sanear las finanzas públicas, estabilizar la economía y reducir la participación del Estado en la actividad económica. Al interior del país, la iniciativa privada nacional demandaba una participación más activa en la conducción de la economía, de acuerdo con el entorno de apertura y menor participación del Estado, que se empezaba a vivir en la mayoría de las economías del mundo.

Además de poner en marcha políticas fiscales y monetarias restrictivas, para reducir la demanda interna, y de devaluar la moneda, para restaurar el equilibrio en la balanza de pagos, se inicio la desincorporación de empresas paraestatales, la apertura gradual de la economía y la liberalización del sistema financiero.

No obstante, los ajustes no dieron los resultados esperados. Las constantes devaluaciones, para mantener en equilibrio la balanza comercial, terminaron formando una espiral inflacionaria que se agravó con el colapso financiero de octubre de 1987.

Esta situación dio lugar a una estrategia de estabilización centrada en la concertación con todos los agentes económicos, alrededor de los Pactos para la Estabilidad Económica y el Crecimiento.

La apertura comercial acordada originalmente con el GATT se acelera; se firma el Tratado de Libre Comercio de América del Norte; se continúa la desincorporación de empresas paraestatales y se reforma el sistema de seguridad social. En medio de estas reformas sobreviene la crisis más grave de las últimas décadas, misma que puso de relieve la vulnerabilidad de nuestra economía y la debilidad de nuestro sistema financiero.

Esta incompleta y probablemente injusta reseña de los programas económicos instrumentados en los últimos tiempos busca reflejar lo que la sociedad mexicana ha vivido: 20 años de programas, reformas y pactos que, a final de cuentas, no lograron estabilizar la economía y sí tuvieron un costo social muy elevado: las desigualdades sociales y regionales se han incrementado, la pobreza y la marginalidad han crecido, el subempleo y el empleo informal se han constituido en la forma *normal* de participar en la economía para millones y millones de mexicanas y mexicanos.

La desilusión que causaron los resultados económicos fue sin duda un factor importante para que la sociedad mexicana se decidiera por el cambio. La sociedad perdió la confianza en sus autoridades y en el *modelo* que se estaba llevando a cabo.

Ante esta desilusión y desconfianza la oferta en materia económica de Vicente Fox fue de cambio, pero uno prudente y razonado:

> Es claro que en seis años no podemos resolver todos los problemas que se han acumulado a lo largo de décadas, pero también es cierto que en seis años de buena administración pública podemos sentar las bases para cambiar el sendero de crecimiento de la economía y revertir la dramática tendencia al deterioro en la distribución de la riqueza y a la destrucción de nuestros recursos naturales, que hoy caracterizan nuestra realidad.

II. El debate de los programas económicos y la transición

Considerando la distribución de las preferencias electorales, el debate se repartió entre los programas presentados por el candidato del PRI y el candidato de la Alianza por el Cambio.

Desde mi punto de vista, la propuesta de Vicente Fox Quesada fue más ambiciosa, tanto en materia de estabilidad como en materia de crecimiento, y más innovadora, en materia de distribución de oportunidades.

En materia de crecimiento, el ahora presidente electo propuso crear las condiciones para alcanzar una tasa de crecimiento sostenida y sustentable de 7 %, la mínima exigida para absorber el número de jóvenes que se incorpora cada año a la población económicamente activa, para revertir el empleo informal y el subempleo, así como para combatir la pobreza. El programa económico del candidato del PRI planteaba un crecimiento de 5%.

Si bien en materia de inflación las propuestas coincidían con las proyecciones del Banco de México, de alcanzar niveles de entre 2 y 3% anual para el 2003, había una diferencia sustancial en materia de finanzas públicas. La propuesta de Vicente Fox fue la de eliminar por completo el déficit fiscal para el cuarto año de gobierno, mientras que las expresiones de Labastida reflejaban la idea de un déficit moderado de entre 1 y 2 % del PIB.

A final de cuentas, el debate en materia económica se dio en dos pistas. La de los analistas económicos y los inversionistas, lo mismo que en la de los fondos de inversión. En este sector, la expresión más escuchada iba en el sentido de que los programas económicos planteados por los dos candidatos garantizaban estabilidad y crecimiento.

Las encuestas aplicadas en foros más abiertos, en los que se presentaron los candidatos, reflejan la percepción de los asistentes respecto de los programas económicos propuestos.

EVENTO	FECHA	MEJOR PROPUESTA		
		FOX	FLO	CCS
III Congreso Empresarial de Jalisco Calificaciones propuestas	Oct. 99	8/10	5/10	—
American Chamber Exposición candidatos	30 nov. 99	71.6%	28.3%	0.0%
CANACINTRA Exposición candidatos	1 dic. 99	56.0%	39.3%	4.5%
Consejeros Banamex Exposición candidatos	4 feb. 00	77.0%	18.0%	5.0%
Colegio Nacional de Economistas Exposición candidatos	9 y 10 feb. 00	59.0%	29.0%	9.0%
Convención Bancaria Exposición candidatos	4 mar. 00	65.6%	29.5%	2.5%
The Economist Exposición candidatos	13 mar. 00	70.0%	16.0%	5.0%

FUENTE: Empresarios de Jalisco; televoto. Reuters y Gaussc.

III. La propuesta económica de Vicente Fox y la transición

El programa económico propuesto por Vicente Fox responde a los tres objetivos básicos que demandaban los ciudadanos:

- Estabilidad económica.
- Crecimiento sostenido y sustentable.
- Oportunidades para todos.

Estabilidad económica

La estabilidad económica que permita planear sin sobresaltos, invertir con menor riesgo y tomar decisiones con mayor certidumbre.

La estabilidad de precios que contribuya a alentar el crecimiento mediante un entorno de menor incertidumbre para empresas y familias.

Un entorno de baja inflación que contribuya a la recuperación de los salarios reales, la reducción en las tasas de interés y la expansión del crédito.

Una inflación que permita apuntalar la estabilidad cambiaria con su efecto favorable en el impulso al comercio exterior.

Crecimiento sostenido y sustentable

Un crecimiento sostenido y sustentable de la economía que sirva para generar los empleos que demandan los millones de jóvenes que se incorporarán al mercado de trabajo los próximos seis años.

Un crecimiento que abra espacios a los emprendedores y abata la pobreza.

Un crecimiento que para ser suficiente, sostenido y sustentable deberá estar basado en una reforma fiscal que permita financiar el gasto público de manera sana; una reforma financiera que restablezca el círculo virtuoso ahorro-inversión y crecimiento; y reformas estructurales en sectores clave que le brinden a la economía una mayor competitividad: electricidad, petroquímica, transporte, telecomunicaciones y servicios públicos, entre los principales.

Oportunidades para todos

Para lograr el objetivo de garantizar oportunidades para todos, se propuso democratizar la economía, con el fin de que la disponibilidad de instrumentos para participar en el crecimiento económico no fuera privilegio de unos cuantos.

Impulsar una economía incluyente mediante la eliminación de restricciones que han limitado las actividades de segmentos importantes del tejido productivo.

Emancipar a las mexicanas y los mexicanos de menores ingresos de un sistema legal e institucional que los discrimina.

Impulsar un desarrollo regional equilibrado mejorando la infraestructura de las comunidades rezagadas, estimulando la creación de empleos en los municipios marginados y dando especial énfasis a la generación de oportunidades en el ámbito rural.

De igual manera, se propuso una política de desarrollo empresarial para la pequeña y mediana empresa, así como una política de economía social para la microempresa.

Mucho se debatió el "nombre" o la "etiqueta" del programa económico que se estaba proponiendo.

Más allá de etiquetas, más allá de un nombre en particular, más allá de si es de centro o de centro-izquierda, de centro humanista o de centro progresista, lo que realmente importa es conocer cuáles son las características del programa económico propuesto.

El programa que se propuso contempla un verdadero compromiso con las variables fundamentales de la economía y el surgimiento de un ambiente de competencia, en donde el Estado no estorbe, pero sí genere las condiciones necesarias para que el sector privado alcance altos índices de productividad y competitividad.

Un programa con intervenciones selectivas y temporales del gobierno para promover la equidad entre las regiones, las empresas y los hogares.

Un programa que reconoce que la política económica y la política social contribuyen al crecimiento y a la distribución.

Un programa integrado por políticas económicas y sociales que van juntas y se refuerzan mutuamente.

Un programa que asume que, para que la economía de nuestro país funcione, no es suficiente que las variables fundamentales de la economía estén en orden.

Un programa que reconoce que para que nuestra economía funcione es indispensable que otras variables fundamentales también estén en orden: la disminución de la pobreza, el incremento del capital humano, una mejor distribución del ingreso, la convergencia del desarrollo regional y un mayor poder adquisitivo de los salarios, entre las principales.

Un programa que debe ser evaluado no sólo por el éxito en las variables fundamentales de la economía, sino también por el que se tenga en los indicadores que representan las variables fundamentales de una sociedad justa y humana.

El programa que se presentó parte de las siguientes premisas:

- No puede haber justicia social sin una economía sólida.
- La meta de generar los empleos que requiere nuestro país es inaplazable.
- Es necesario transformar las empresas públicas del Estado a fin de que fortalezcan y no limiten la competitividad de las empresas mexicanas
- Se requiere concluir la reforma del sector financiero y proporcionar un marco legal que asegure prácticas bancarias sanas e incentivos para su saneamiento efectivo y capitalización.
- Es necesario seguir una estrategia de ahorro y formación de capital que permita que nuestro aparato productivo pase del apalancamiento a la capitalización.
- Es urgente elevar la competitividad de las micro, pequeñas y medianas empresas, para lo cual hay que proporcionar infraes-

tructura pública y servicios en apoyo para facilitar su incorporación a la globalización.

- Es indispensable democratizar la economía, con instrumentos que permitan la incorporación de los millones de mexicanos que han estado excluidos del desarrollo y de las oportunidades para participar en la economía formal.
- Es inaplazable poner en práctica políticas de inclusión para combatir la pobreza y distribuir el ingreso y las oportunidades.

Con base en estas premisas, se propuso un programa económico basado en cinco pilares:

Primero: Política económica que garantice la estabilidad de los fundamentales de la economía y asegure la solidez del sistema financiero

Para generar la plataforma para que México crezca 7% y produzca los empleos que su población demanda, el programa se basa en los siguientes puntos:

Estabilidad financiera

Para ello, se estableció un compromiso con la autonomía del Banco de México, a fin de que este instituto aplique una política monetaria independiente, con objetivos antinflacionarios, tal como lo establece su responsabilidad normativa.

La combinación de una correcta política monetaria y otra fiscal permitirán a nuestra economía mantener tasas decrecientes de inflación hasta lograr una similar a la de nuestros principales socios comerciales para el 2003.

Respecto de la polémica sobre el régimen cambiario, el programa contempla continuar con el tipo de cambio flexible; sin embargo, ni el régimen de tipo de cambio flexible ni ningún otro producirán los efectos deseados si se es irresponsable en la conducción de las variables macroeconómicas. Por ello, prevé aplicar las siguientes políticas:

Disciplina fiscal

El programa económico considera asegurar la disciplina fiscal y conseguir que el gasto público, además de ser financiado de manera sana, dote al país de infraestructuras humana y física que garanticen mejores condiciones de vida para todos los mexicanos y niveles aceptables de competitividad de las empresas en un entorno de competencia internacional.

Para lograr lo anterior se propone:

- Una reforma fiscal que en lo tributario simplifique tasas y exenciones, favorezca impuestos al consumo y establezca estímulos a la inversión y al ahorro de las personas físicas y morales. Una reforma que sea capaz de despetrolizar los ingresos fiscales, incrementando la contribución fiscal como proporción del PIB a niveles cercanos a 15%.
- Reducir la carga fiscal a Pemex para ayudarle a captar inversiones que aumenten su eficiencia y capacidad de producción.

Incremento del ahorro interno y externo

Las medidas anteriores también tienen como propósito incrementar el ahorro interno.

El objetivo es acrecentar el ahorro interno del sector privado de 20-22% a 24-25% del PIB; y el del sector público del actual 2% a por lo menos 3% del PIB, para obtener un equilibrio operacional en las finanzas públicas en el cuarto año de gobierno.

Tres acciones concretas se proponen para lograr alzas constantes y sustanciales en los niveles de inversión extranjera directa hacia nuestro país:

1. Reglas de competencia en los mercados de nuestra economía mediante el fortalecimiento de la capacidad de supervisión de los organismos encargados de realizar esta labor.
2. Garantías jurídicas con leyes modernas y adaptadas a la nueva inserción de México en el concierto de naciones.
3. Apertura a alianzas estratégicas de las empresas paraestatales.

Tomando en cuenta nuestro propósito de mantener a niveles aceptables el déficit de la balanza de cuenta corriente en nuestra balanza de pagos, el ahorro interno y externo disponible en México pasaría de 25% a 30% del PIB.

Segundo: Programa de reformas estructurales para mejorar la competitividad de la economía

Para alcanzar un crecimiento sostenido de 7%, no es suficiente incrementar el ahorro, es necesario también aumentar la productividad del capital. En términos gruesos, la relación inversión-crecimiento del PIB en México se encuentra en una razón de 5 (25% de ahorro para un crecimiento del PIB de 5%).

Esta razón es desfavorable si la comparamos con las alcanzadas por muchas naciones de América del Sur y del sureste de Asia en sus años de crecimiento superior a 7%.

Tal relación también indica que la productividad de la inversión en nuestro país está siendo afectada por políticas sectoriales que requieren mejorarse.

Nuestro objetivo será reducir la relación a 4. Con esta relación, el ahorro actual nos permitiría crecer a tasas de 6% anual. Por lo mismo, con la relación de ahorro esperada, mediante las acciones mencionadas, nuestra tasa de crecimiento podría ser de hasta 7.5% anual.

Para ello se propone finalizar las reformas sectoriales que no han sido llevadas a cabo. En particular, se requieren reformas en aquellos sectores de mayor posibilidad de atracción de inversión de los sectores privado nacional y extranjero, que le darían mayor competitividad a la industria local:

- Sector financiero
- Sector energético
- Sector transportes
- Sector telecomunicaciones
- Reforma hacendaria

Se propone, además, mejorar los servicios públicos, en particular la operación de empresas paraestatales clave como Comisión Federal de Electricidad y Luz y Fuerza del Centro, Petróleos Mexicanos, Instituto de Seguridad y Servicios Sociales para los Trabajadores del Estado e Instituto Mexicano del Seguro Social, lo mismo que efectuar una serie de reformas en la estructura administrativa del gobierno federal para minimizar costos de tramitación de actividades del sector privado.

Se apoyará la inversión en infraestructura básica de transportación, puertos y comunicaciones que reduzcan los costos de transacción de las empresas privadas; asimismo, se pondrá en marcha una nueva política empresarial que contemple:

- Estructurar cadenas productivas que permitan extender los beneficios de la exportación hacia sectores proveedores de insumos con métodos de administración modernos y control de operaciones.
- Impulsar la participación de PYMES en el mercado internacional mediante acceso al crédito y asistencia técnica, para mejorar su administración y mercadotecnia.
- Un programa de capacitación en el trabajo que ayude a las empresas a mejorar la productividad de su personal, extendiendo los beneficios de la globalización a todos los trabajadores del país
- Un programa de avance tecnológico que estimule el desarrollo de nuevas tecnologías y la utilización de las mismas por empresas mexicanas.

Se trata de un programa doblemente microeconómico: porque se busca impulsar a sectores específicos y porque se busca la focalización regional.

Tercero: *Programa de reformas legales que doten a México de un marco de reglas claras y transparentes para los sectores público y privado*

Un marco legal estable, eficiente y justo, que garantice los transacciones entre empresas y particulares, es requisito indispensable para la credibilidad del programa económico de cualquier gobierno. En este caso, es indispensable reducir el burocratismo y hacer una profunda simplificación administrativa.

La falta de decisión para modernizar nuestro sistema legal en materia económica y la incapacidad del sistema judicial para aplicar la ley de manera transparente y eficaz han sido fuente de incertidumbre para la seguridad personal y comercial, lo que sin duda afecta negativamente la contribución del sector privado en el desarrollo del país.

La legislación que rige las decisiones de inversión, las transacciones comerciales y el régimen laboral necesita ser actualizada. Ello facilitará la competencia económica transparente que incentive la inversión productiva. Es indispensable, también, mejorar la efectividad y el funcionamiento de nuestro sistema judicial, para que en realidad vele por el cumplimiento de los contratos establecidos en la economía.

En la nueva administración será prioritario:

- Mejorar el marco legal que regula las transacciones comerciales y económicas revisando y actualizando los códigos de comercio e inversión que operan actualmente, así como la legislación que rige la competencia en los mercados.
- Establecer reglas transparentes y eficaces que proporcionen un *modus operandi* claro entre el sector público y el privado, minimizando el poder discrecional de los organismos gubernamentales.
- Simplificar los procedimientos administrativos para el establecimiento y la clausura de empresas en el país, lo mismo que para reducir los costos de entrada y salida si dichas empresas piensan establecerse en México.
- Combatir la corrupción dentro del gobierno aplicando reglas claras y transparentes en el desempeño de los servidores públicos. El propósito es transparentar los servicios que ofrecen las dependencias gubernamentales y eliminar de raíz los poderes discrecionales de los funcionarios.

Cuarto: Oportunidades para todos

El modelo aplicado en los últimos 16 años ha desdeñado la participación de millones de mexicanos en el desarrollo; además, ha olvidado que en México existen profundas diferencias entre la estructura productiva de las microempresas y el resto del aparato productivo.

El resultado ha sido la creciente informalidad de nuestra economía, que día con día va sumando a millones de desempleados, pero también a pequeñas empresas que ven en ello la tabla de salvación para sus problemas.

La creatividad y la productividad de esos mexicanos forzados a participar en actividades informales se está desperdiciando. Trabajar en el sector informal los ha lanzado a una vida de subsistencia sin oportunidades de entrar a la estructura del mercado formal.

Para incorporar a estos millones de mexicanos excluidos, el programa económico contempla:

Primero: Servicios financieros. Promover la creación, consolidación y expansión de instituciones de microfinanzas que brinden oportunidades de ahorro y crédito, para así apoyar los proyectos de todos aquellos y aquellas que por falta de financiamiento han visto frustrados sus sueños.

Desplegar un gran sistema nacional de microcrédito, que llegue a todas las comunidades y termine con la exclusión de los servicios de ahorro y crédito.

Segundo: Servicios no financieros. Promover el acceso a los insumos que mejoren la competitividad de los micronegocios. Aspectos de mercado, de costo y de calidad. Servicios relacionados con la capacitación, la asistencia técnica y las comunicaciones.

Debemos reconocer que en la sociedad de hoy no tener acceso a estos insumos básicos implica una enorme dificultad para sostener y ampliar negocios.

Tercero: Capitalización de los pobres. Los grupos de menores ingresos tienen activos y capital, pero muerto, que sólo sirve en su dimensión física; que no puede usarse como garantía de préstamos o como contraparte de una inversión.

Seis punto seis millones de micronegocios y un capital que supera 30 veces la inversión extranjera directa que recibimos cada año en el país, representan grandes oportunidades para nuestro desarrollo como nación.

Pero enfrentamos un problema: nuestro sistema legal es demasiado complicado y costoso para la mayoría de los ciudadanos.

Un estudio reciente muestra que los trámites para cualquier transacción dirigida a crear valor adicional duran meses e incluso años, y que los costos para realizarlos equivalen a entre 8 y 40 veces la remuneración mensual del mexicano promedio.

De continuar así, los activos que han acumulado con gran esfuerzo la mayoría de las mexicanas y los mexicanos seguirán siendo de uso limitado, capital muerto.

Se propone, por tanto, reformar el sistema legal que ha sido hostil a los pobres, y que no les permite capitalizarse y participar en la economía, los mercados y los negocios.

Se busca contar con una infraestructura legal que integre económicamente a los mexicanos, a la vez que haga más rentable mantenerse dentro de la ley que estar fuera de ella.

Además de estas medidas, y con el objetivo de que el crecimiento tenga efectos redistributivos y no se concentre en unos pocos estados, se impulsarán:

1. Modelos de desarrollo local

México requiere de un desarrollo local propio, que surja desde abajo, desde las comunidades, sobre la base de la participación de los involucrados, los mercados regionales y los recursos naturales de la zona.

En la próxima administración, los programas no serán centralizados, discriminatorios, burocráticos y de alto costo administrativo. Se privilegiarán el desarrollo comunitario, la organización local y el fortalecimiento de capacidades del conjunto.

Se fortalecerán el asociacionismo y la integración de esfuerzos en los procesos productivos y de comercialización.

2. Programas de desarrollo regional

La pobreza y las desigualdades existen en todas las regiones del país, pero se dan con mayor dramatismo en el sur y en las áreas rurales.

Por ello es necesaria una mejora de la competitividad de las zonas rezagas y los municipios marginados, a fin de que se incorporen favorablemente al nuevo entorno de competencia.

Para generar empleos permanentes en las zonas más rezagadas y los municipios más marginados y captar inversiones que permitan a los mexicanos recibir la oportunidad de emplearse en su tierra, el programa económico contempla mejorar la infraestructura para la producción en estos sitios y establecer un sistema de incentivos a la inversión.

No obstante lo anterior, es claro que la palanca para igualar las oportunidades es la educación.

El siglo XXI demanda una revolución educativa orientada hacia un modelo de "educación continua" bajo el cual se enseñe a nuestros niños y jóvenes a "aprender a aprender"; a pensar con criterio amplio, profundo, imaginativo, creativo e independiente; a razonar y a investigar antes que a memorizar; a argumentar y persuadir antes que a aceptar sin más lo que se dice.

La correlación entre ingresos y educación es clara. Las personas en el decil superior de educación (12 o más años de escolaridad) obtienen ingresos casi equivalentes a niveles internacionales, mientras que las que se ubican en los deciles inferiores de educación (cuatro o menos años de escolaridad) entran en los niveles de pobreza extrema.

La educación debe ser una verdadera palanca para el progreso individual y una verdadera avenida para la movilidad social. En este sector estarán concentrados gran parte de los esfuerzos presupuestales.

Quinto: Programa de reforma del sector público que eleve su eficiencia y permita evaluar el desempeño de los funcionarios

El gobierno federal es la institución más importante de México por la cantidad de recursos que maneja, por las facultades que tiene, por los millones de empleados que administra y por la influencia que ejerce su actividad sobre todos los sectores de la sociedad.

Una verdadera alianza entre los sectores público y privado implica que el gobierno promueva, con todos los medios a su alcance, la competitividad de las empresas para ayudarles a enfrentar con éxito los desafíos de una economía abierta.

En cuanto a las reformas en la administración pública, los siguientes programas serán prioritarios:

- Un sistema de calidad total para el sector público. Se establecerán compromisos y metas anuales, mismas que medirán el desempeño de las dependencias y los funcionarios de manera objetiva y transparente.
- El rediseño de la administración pública. Se buscará contar con un gobierno ágil, productivo, estratégico y solidario, que satisfaga las demandas del ciudadano y esté acorde con las necesidades derivadas de la internacionalización de la economía.
- Un nuevo federalismo. De manera congruente y ordenada se llevará a cabo un programa de descentralización de funciones y presupuestos entre el gobierno federal y sus contrapartes en los

ámbitos estatal y municipal. El centralismo recibirá su certificado de defunción en la próxima administración.

- Un gobierno inteligente, que utilice los sistemas administrativos más adelantados y las tecnologías de información más avanzadas, para brindar más y mejores servicios.
- Un gobierno transparente, abierto y claro que trabaje en una gran vitrina de cristal donde todos los ciudadanos sepan qué, cómo, por qué y para qué está haciendo lo que está haciendo,

IV. LAS EXPECTATIVAS ECONÓMICAS Y LA TRANSICIÓN

Sin duda, el cambio surgido el 2 de julio ha generado grandes expectativas. Una encuesta reciente muestra que, con la llegada de Vicente Fox a la presidencia, 77% de los entrevistados esperan que la situación del país mejore.

Dos elementos, sin embargo, llaman la atención: la disponibilidad de la sociedad para ayudar al nuevo gobierno a construir un México mejor. Sólo 2.1% opinó que no está dispuesto a ayudar al nuevo gobierno y 0.6% que primero lo debe ayudar el nuevo gobierno.

Los tiempos. Hay en la sociedad una percepción apropiada de que las cosas no se van a dar de un día para otro: 29% opinó que los cambios se verían el primer año; 44% que a mitad del sexenio, y 13% al término de la administración; 2% respondió no saber y sólo 12% señaló que se verían desde ahora.

Existen gran ánimo y gran entusiasmo por el cambio, entusiasmo y apoyo que sólo permanecerá si la percepción es que el nuevo gobierno va en el camino correcto de resolver los principales problemas que preocupan a la sociedad: desempleo, pobreza, educación, corrupción e inseguridad.

B. El caso chileno

La transición económica en Chile: el gobierno de Aylwin

Alejandro Foxley*

I. Objetivos de la política económica

El crecimiento de la economía chilena durante el gobierno de Pinochet había sido un mediocre 3% anual en promedio, y la tasa de inversión no superó 18% del PIB.

Bajo Pinochet, la economía chilena había sufrido un profundo cambio estructural. Se habían reducido los aranceles externos hasta 15%, se habían desregulado los mercados, y vendido al sector privado la mayor parte de las empresas públicas.

Al mismo tiempo, como consecuencia de impactos externos agravados por un erróneo manejo macroeconómico, la economía había pasado por dos graves crisis. La primera a mediados de los años setenta. La segunda y más profunda en 1982 y 1983. Durante este episodio, el PIB cayó más de 15%, el desempleo llegó a 30% y se produjo un colapso del sistema financiero.

* Economista. Obtuvo el Doctorado en Economía en la Universidad de Wisconsin. Fue fundador y primer director de la Corporación de Investigaciones Económicas para Latinoamérica (Cieplan). También, subdirector nacional de la Oficina de Planificación en el gobierno del mandatario Eduardo Frei Montalva y ministro de Hacienda durante la administración de Patricio Aylwin. Ha sido presidente nacional del Partido Demócrata Cristiano y en la actualidad se desempeña como Senador por la Región Metropolitana. Ha escrito *Economía política de la transición*, Dolmen, Santiago, 1993.

Sin embargo, a finales de 1989, Chile había logrado superar la profunda crisis de inicios de los 80 y había producido una recomposición fundamental de la forma de funcionamiento de su economía. El país reorientaba su estructura productiva hacia el sector externo, recuperaba gradualmente los niveles de inversión y mejoraba su competitividad, lo que se tradujo en un significativo aumento de las exportaciones.

Sin embargo, este periodo de recomposición de la economía chilena también estuvo acompañado de un deterioro importante de los salarios reales y de un fuerte aumento de la pobreza y las desigualdades. Un estudio realizado en 1987, mostraba que 45% de los chilenos vivía bajo la línea de pobreza.[1]

Sólo era posible garantizar un crecimiento sostenido en el largo plazo mediante aumentos en las tasas de inversión e incrementos en la productividad. Este era uno de los principales desafíos del primer gobierno de la Concertación.

Por otra parte, Chile había vivido un largo periodo de incertidumbre acerca del grado de estabilidad de las reglas del juego en lo político, económico y social. El gobierno del presidente Aylwin tenía la convicción de que para impulsar un proceso sostenido de desarrollo, era fundamental reducir los grados de incertidumbre. Por tanto, era necesario generar consensos con respecto a las bases del sistema político y económico, y constituir una clase dirigente que consolidara un sistema democrático y un proceso de desarrollo estable. Ése era el primer objetivo.

Un segundo desafío del gobierno de la Concertación consistía en demostrar que los objetivos de crecimiento y equidad social no sólo no eran contrapuestos, sino que debían marchar juntos, impulsándose mutuamente.

Cuando se inició el gobierno de Aylwin, en marzo de 1990, asumimos el compromiso de implementar una nueva estrategia de desarrollo que llamamos de "crecimiento con equidad", o de "crecimiento con justicia social". Este nuevo énfasis en la estrategia de desarrollo apuntaba a compensar una debilidad fundamental que se había producido en el país en la etapa anterior, en la cual hubo una modernización de la economía muy concentrada en pocos sectores, generando una distribución desigual de los beneficios del progreso económico. Era un de-

---

[1] Encuesta Casen, 1987, Mideplan.

safío ineludible del gobierno del presidente Aylwin reducir el rezago que habían sufrido determinados sectores que no habían podido incorporarse al proceso modernizador.

Quienes formábamos parte del gobierno, entendíamos que no era posible mantener la paz social en un país de desarrollo intermedio, como Chile, si no se hacía un esfuerzo deliberado y sistemático para mejorar las condiciones de vida de sectores que fueron quedando en la periferia del sistema. Éste era un imperativo de justicia y solidaridad. Pero también era necesario porque garantizar un crecimiento sostenido, bajo una estrategia de desarrollo hacia fuera, supone concentrar el esfuerzo en el incremento de la productividad. Desde esta perspectiva, invertir en las personas era fundamental para garantizar un crecimiento sostenido a largo plazo y mejorar los niveles de competitividad de la economía chilena.

Capacidad de la democracia para producir estabilidad económica y estabilidad política

Antes de asumir Aylwin la Presidencia, en marzo de 1990, existía en muchos la percepción de que el gobierno de la Concertación no iba a tener la capacidad de ordenar las demandas sociales. Se temía que el retorno de la democracia significaría para Chile entrar nuevamente en una fase de inestabilidad política y económica.

El gobierno del presidente Aylwin debía demostrar entonces que el país, en democracia, era capaz de reencontrar un camino común. El desafío era lograr que algunos sectores que parecían irreconciliables transitaran pacíficamente de un régimen autoritario a una democracia plena con paz social, con tranquilidad laboral.

Por otra parte, era necesario continuar el proceso de estabilización de la economía y de reducción de la inflación. Había que tener, además, la capacidad de convocar a un sector empresarial renuente y desconfiado de la democracia, para que hiciera las inversiones necesarias que generaran los empleos y aseguraran el crecimiento futuro de la economía.

El gobierno de Aylwin decidió poner a prueba su capacidad de gobernar, en dos ámbitos que demostrarían posteriormente ser claves para el éxito de su gestión: llevar adelante una reforma tributaria que financiara un fuerte aumento del gasto social, manteniendo un superávit fiscal y sin presiones inflacionarias; y proponer un severo ajuste económico el primer año. Esta última medida era necesaria para garantizar una trayectoria de crecimiento cada vez más acelerado los años siguientes, reduciendo al mismo tiempo la inflación. Constituía también una primera señal del fuerte sello antipopulista que caracterizaría a la política económica en los años siguientes.

La Reforma Tributaria contemplaba la reposición de un impuesto a las utilidades de las empresas, y un incremento en su tasa de 10 a 15%, un aumento en la progresividad del impuesto sobre la renta de las personas, la readecuación de la tributación en aquellos sectores que, como la agricultura, la minería y el transporte, tributaban sobre la base de un sistema de renta presunta, dando lugar a una extendida evasión tributaria; ahora tributarían sobre la base de su renta real. El proyecto además contemplaba un alza del impuesto al valor agregado (IVA) de 16 a 18%.

El éxito de la política económica se basaba, en buena medida, en la capacidad de romper los ciclos tradicionales tan comunes en las experiencias de transición de otros países latinoamericanos y del cual Chile no había estado ajeno en el pasado: un primer año "brillante" cediendo a la presión social y a la ansiedad por mostrar resultados en el corto plazo, a costa de desequilibrios futuros e inestabilidad económica. El gobierno de la Concertación debía pasar la prueba de la estabilidad económica, logrando mantener el equilibrio fiscal, y yendo de menos a más en sus resultados macroeconómicos, rompiendo así el tradicional ciclo populista.

Capacidad de manejo de los impactos económicos externos

El proceso de apertura que experimentó la economía chilena desde mediados de los 70, con una reducción pareja de aranceles a niveles de 15%, estuvo acompañado de un mayor grado de vulnerabilidad de la economía a los impactos externos. Basta observar el comportamiento de la economía chilena desde entonces, donde el impacto de las alzas en las tasas de interés internacionales, o las caídas en los principales precios de exportación, generaron ciclos recesivos muy pronunciados, seguidos de periodos de recuperación más favorables en relación con lo que se observó en el resto de las economías latinoamericanas.

Si bien la progresiva diversificación de la estructura de las exportaciones y la existencia de un fondo de estabilización del cobre eran elementos moderadores, el hecho es que la apertura de la economía y el elevado grado de endeudamiento del país habían incrementado fuertemente la vulnerabilidad de Chile en el frente externo.[2]

A principios de los 90, nos encontrábamos con una economía que, desde el punto de vista cíclico, estaba en el momento más alto de la curva. El precio del cobre y de los principales productos de exportación eran muy favorables. El precio del petróleo y las tasas de interés internacionales se encontraban en niveles bajos, comparados con los observados a comienzos de los 80.[3]

Sin embargo, las proyecciones a corto y mediano plazos anticipaban una caída en los términos de intercambio, lo que se sumaba a estimaciones de flujos netos de financiamiento externo negativos para el periodo, producto del pago de intereses y amortizaciones de la deuda, y el aumento en las remesas de utilidades al exterior por concepto de las operaciones de capitalización de la deuda externa. Estos hechos se veían agravados por la falta de acceso, que en ese momento tenía Chile, a los mercados voluntarios de crédito.

Ante este panorama en el frente externo, una de las primeras tareas que se propuso el gobierno de la Concertación fue negociar una reprogramación del servicio de la deuda externa y normalizar el acceso de Chile a los mercados financieros internacionales, de los cuales se encontraba marginado desde la crisis de la deuda de comienzos de los 80. Estas medidas permitirían aliviar la restricción externa del país y lo colocarían en mejor posición para enfrentar los eventuales impactos externos.

---

[2] En 1989, el grado de apertura de la economía, medido por la participación de la exportaciones de bienes y servicios en el producto, era 32% del PIB y el grado de endeudamiento externo era equivalente a 69% del PIB y a dos veces las exportaciones de bienes y servicios.

[3] El precio promedio del cobre durante el periodo 1985-90 fue de 1 dólar la libra (en moneda de diciembre de 1989), contra un promedio de 87.3 cts. la libra, en igual moneda, durante el periodo 1980-84.

El precio promedio del petróleo durante el periodo 1985-89, en moneda de diciembre de 1989, fue de 20 dólares por barril, contra los 35 dólares por barril, en moneda de igual periodo, a comienzos de los 80.

La Libor a 180 días promedio durante 1985-89 fue de 8.1% comparado con un promedio de 13.1% durante 1980-84.

Capacidad para manejar el conflicto social, el sistema de relaciones laborales y la concertación social

Para lograr los objetivos de consolidación democrática y de avance del proceso de desarrollo económico y social que nos habíamos planteado para el periodo, era necesario generar estabilidad política interna. Para ello resultó fundamental generar un clima de consenso y cooperación entre los partidos políticos de gobierno y oposición, y entre la clase dirigente del país.

Los acuerdos estratégicos entre el Estado, los empresarios y los trabajadores fueron una herramienta fundamental en la tarea de desarrollar un estilo de concertación contrapuesto al clima tradicional de confrontación.

La estrategia de convocar a la mesa de negociación a empresarios y trabajadores en la búsqueda de acuerdos fundamentales, tanto en lo que respecta a prioridades en materia de política social como a los cambios institucionales por realizar en el ámbito de las relaciones laborales, ayudó a establecer relaciones más armónicas que permitieron regular los conflictos sociales.

Por otra parte, esta oferta de participación les proporcionaba a ambos grupos la oportunidad de ampliar su base de legitimidad. Recordemos que en Chile, a principios de los 90, la representatividad de la dirigencia de las organizaciones sociales era muy baja, ya que el número de trabajadores sindicalizados no excedía 10% de la fuerza de trabajo.[4]

En síntesis, el gobierno de Aylwin apostó a que en cuatro años sería capaz de lograr un mejor equilibrio entre las exigencias del desarrollo económico con las del desarrollo social. Comprometió su esfuerzo en profundizar el proceso de modernización de la economía chilena y su plena integración a los mercados mundiales. Al mismo tiempo, buscó que el proceso de modernización fuera integrador de todos los sectores al esfuerzo y los frutos del desarrollo de su economía.

---

[4] Cortázar, R. (1994), "Cuatro años de Política Laboral", Colección Estudios de CIEPLAN, junio.

II. Evaluación global de resultados

Resultados macroeconómicos

Los resultados económicos del gobierno de Aylwin pueden examinarse en el Cuadro 1. Durante el periodo 1990-93, Chile creció a una tasa acumulativa anual promedio de 8.2%. Esta tasa más que duplicaba el crecimiento promedio anual de 3.0% durante el periodo 1974-89.[5] La nueva democracia pudo rápidamente medirse contra el desempeño de la economía en el gobierno de Pinochet, y salir más que airosa con la comparación.

Durante esos cuatro años, la tasa inflacionaria se redujo gradualmente desde 27% anual, a fines de 1990, hasta 12.2% anual. Este resultado adquiere significación si se considera que a fines de 1989, la economía chilena mostraba signos evidentes de sobrecalentamiento, con una tasa de inflación anualizada que excedía 30% durante el último trimestre de 1989. El calentamiento se debía a un exceso de gasto público, con el que Pinochet procuró ganar el plebiscito de 1988 y las elecciones de 1989. A esta herencia negativa, habría que agregar el impacto adverso sobre los precios internos que generó el alza del precio del petróleo, producto de la crisis del Golfo Pérsico durante 1990 y 1991.

Entre 1990 y 1993, Chile no sólo exhibió un ritmo de crecimiento que superó lo registrado en cualquier gobierno anterior, sino que elevó su tasa de inversión a los más altos niveles históricos, alcanzando a fines de 1993 una inversión que representaba 31% del PIB. Durante el periodo 1990-93, la tasa de formación bruta de capital fue superior en siete puntos del PIB respecto de la tasa obtenida durante el periodo 1974-89, y de cinco puntos del PIB al compararla con la formación de capital lograda durante la fase poscrisis de la deuda (1985-89),[6] considerados los mejores años de la gestión de Pinochet.

Este proceso sostenido de crecimiento, basado en la expansión de la capacidad productiva, permitió que durante esos cuatro años Chile redujera su tasa de desempleo de 8.1 a 6.5% de la fuerza de trabajo. Entre 1990 y 1993 se crearon en Chile un promedio de 162,000 nuevos

---

[5] Cifras revisadas de Cuentas Nacionales-Banco Central de Chile.
[6] *Ídem.*

CUADRO 1A. INDICADORES ECONÓMICOS Y SOCIALES: GOBIERNO PRESIDENTE AYLWIN

	1990	1991	1992	1993	Prom. (90-93)
ACTIVIDAD ECONÓMICA					
Crecimiento del PIB (var. %)	3.7	8.0	12.3	7.0	8.2
Inflación (var. %)	27.3	18.7	12.7	12.2	17.8
Empleos generados (miles)	62.1	105.1	246.8	231.9	161.5
Tasa de desempleo (%)	8.1	8.2	6.7	6.5	7.4
Crec. salarios reales (var. %)	1.8	4.9	4.5	5.0	4.8
AHORRO-INVERSIÓN					
Ahorro nacional (% PIB nominal)	23.2	22.3	21.5	20.9	22.0
Ahorro externo (% 6 nominal)	1.9	0.3	2.3	5.6	2.5
Inversión total (% PIB real)	27.2	25.4	27.5	31.1	27.8
Form. bruta capital (% PIB real)	24.2	22.4	24.7	27.2	24.6
SITUACIÓN FISCAL a/					
(% del PIB)					
Ingresos corrientes	21.9	23.6	24.4	24.8	23.7
−Ingresos tributarios netos (mn)	15.7	17.8	18.6	19.5	17.9
−Ingresos cobre netos	1.5	1.1	1.2	0.6	1.1
Gastos corrientes	19.3	19.7	19.1	19.5	19.4
Gasto social	12.9	13.1	13.3	13.9	13.3
Superávit corriente del fisco	2.6	3.9	5.3	5.3	4.3
Gastos de capital	3.1	3.4	4.1	4.1	3.7
Superávit global del fisco	0.8	1.6	2.3	2.0	1.7
BALANZA DE PAGOS					
Reservas internacionales (millones dólares)	5.358	6.641	9.009	9.759	
Saldo en cuenta corriente (% del PIB)	−1.6	−0.3	−2.3	−5.7	−2.5
Exportaciones (% del PIB)	33.3	34.7	35.2	34.1	34.3
Deuda externa (n veces exportaciones)	2.1	1.8	1.8	2.1	2.0
POBREZA					
Indigentes (%población)	13.8	—	9.0	7.6	c/
Total pobres (% población)	40.1	—	32.7	27.5	c/
CALIFICACIÓN DEL RIESGO DEL PAÍS b/					
Deuda a largo plazo (moneda extranjera)	n.d	n.d	BBB	BBB+	
Deuda a largo plazo (mn)	n.d	n.d	AA	AA	

a/ Gobierno general. b/ Standar and Poors Rating Group. c/ Datos correspondientes a 1994.
FUENTES: Banco Central de Chile, Instituto Nacional de Estadísticas y Dirección de Presupuestos, Ministerio de Hacienda.

Cuadro 1 b. Gobierno central. Clasificación funcional del gasto desglosado.
Moneda nacional + moneda extranjera (millones de pesos de 1999)

	1989	1990	1991	1992	1993	Crecimiento promedio anual (1990-1993)	Crecimiento período (1990-1993)
1. FUNCIONES GENERALES	877,239	840,046	921,061	999,462	1,050,276	4.6%	19.7%
-Gobierno	168,106	159,087	197,450	220,681	232,749	8.5%	38.5%
-Defensa	497,180	479,840	494,056	511,795	524,115	1.3%	5.4%
Justicia y seguridad	211,953	201,119	229,554	266,986	293,412	8.5%	38.4%
2. FUNCIONES SOCIALES	2,838,960	2,813,739	3,075,729	3,401,938	3,727,734	7.0%	31.3%
-Salud	449,577	429,226	505,446	590,875	662,368	10.2%	47.3%
-Vivienda	227,231	226,958	269,630	296,378	321,779	9.1%	41.6%
-Previsión	1,354,725	1,379,353	1,433,729	1,520,620	1,648,718	5.0%	21.7%
-Educación	573,050	547,979	613,114	704,370	766,576	7.5%	33.8%
-Programas de empleo de emergencia	7,605	5,777	5,841	5,749	5,880	-6.2%	-22.7%
-Otros social	226,773	224,446	247,970	283,945	322,414	9.2%	42.2%
3. FUNCIONES ECONÓMICAS	668,576	508,412	582,015	757,647	789,054	4.2%	18.0%
-Promoción y regulación de actividad productiva	432,957	287,610	315,970	460,402	457,767	1.4%	5.7%
-Infraestructura	235,619	220,802	266,045	297,245	331,287	8.9%	40.6%
4. OTROS NO ASIGNABLES a/	106,065	9,567	1,896	1,429	61	-84.5%	-99.9%
5. INTERÉS DEUDA PÚBLICA	386,015	424,476	508,261	362,841	341,431	-3.0%	-11.5%
TOTAL GASTO	4,876,854	4,596,241	5,088,962	5,523,317	5,908,555	4.9%	21.2%

a/ Gobierno general. b/ Standar and Poors Rating Group. c/ Datos correspondientes a 1994.
Fuentes: Banco Central de Chile, Instituto Nacional de Estadísticas y Dirección de Presupuestos, Ministerio de Hacienda.

empleos al año. Simultáneamente hubo una mejora significativa del poder adquisitivo de los salarios, los cuales crecieron, en promedio, al 4.8% acumulativo real anual, durante el periodo de cuatro años.

En el frente externo, continuó el proceso de apertura de la economía y de expansión sostenida de las exportaciones. Las exportaciones de bienes y servicios aumentaron su participación en el PIB desde 32% en 1989 hasta 35% en 1993.

En el plano comercial, se optó por una estrategia mixta que, por una parte, profundizara la apertura unilateral de la economía, y por otra, avanzara en el establecimiento de acuerdos preferenciales con el objetivo de garantizar un acceso más estable a nuevos mercados.

Durante 1991 se redujeron los aranceles de 15 a 11%, y en el periodo de cuatro años se firmaron acuerdos de libre comercio con México, Colombia, Bolivia y Venezuela. Simultáneamente, el país mantuvo una activa participación en las negociaciones internacionales del GATT, para reforzar las bases y disciplina del sistema multilateral de comercio, contribuyendo al positivo término de las negociaciones de la llamada Ronda Uruguay. El acuerdo de libre comercio con México reveló ser particularmente exitoso, llevando el intercambio comercial de prácticamente cero hasta 1,500 millones de dólares en un periodo de diez años.

En el ámbito financiero, Chile se reintegró a los mercados voluntarios de crédito, revirtiendo una situación inicial de restricción externa. La afluencia de capitales externos durante el periodo se refleja en el aumento de reservas internacionales que a fines de 1993 superaba el equivalente a 10 meses de importaciones. Este contexto de holgura externa obligó a un manejo cuidadoso del tipo de cambio para moderar la revaluación de la moneda nacional, tales como la aplicación de un impuesto a la entrada de capitales de corto plazo, la apertura gradual de la cuenta de capitales y medidas de flexibilización de la política cambiaria que permitieron aminorar el proceso de revaluación del peso. El establecimiento de un encaje de 35% a los capitales que entraban por menos de un año fue una medida altamente controvertida al principio; sin embargo, fue altamente efectiva para ahuyentar los capitales golondrinos y terminó siendo elogiada y recomendada por organismos financieros internacionales, incluyendo el Fondo Monetario Internacional.

Durante los cuatro años de gobierno del presidente Aylwin, Chile fue consolidando una situación de estabilidad económica que se reflejó, entre otras variables, en el ahorro nacional que alcanzó una tasa de

24% del PIB como promedio para el periodo. A este resultado contribuyeron tanto el sector público, con un ahorro del gobierno general equivalente a 4.8% del PIB,[7] como el ahorro del sector privado, conformado principalmente por el ahorro de las familias, las empresas y de las Administradoras de Fondos de Pensiones.

Entre 1989 y 1993, el crecimiento económico sostenido, el aumento en los salarios reales y la disminución en la tasa de desempleo aceleraron el proceso de acumulación de los fondos de pensiones. Es así como, a fines de 1993, el valor de estos fondos era equivalente a 39% del PIB, comparado con una cifra de 18.5% del producto en 1989.[8]

Simultáneamente con el crecimiento de los fondos de pensiones, el país avanzó en el perfeccionamiento del mercado de capitales. Durante 1992, se presentó al Parlamento un completo proyecto de reforma al mercado de capitales que abordaba diversos aspectos del funcionamiento de este mercado; entre ellos, se flexibilizaban los límites e instrumentos en los cuáles podían invertir las AFP, se mejoraba la regulación de la industria de clasificadoras de riesgo, y se perfeccionaban las normas de solvencia de las compañías de seguros. También se establecieron medidas para regular los conflictos de interés y el uso de información privilegiada en las transacciones financieras.

Resultados: equidad social

¿Que ocurrió en Chile con los índices de pobreza después de cuatro años del gobierno del presidente Aylwin? La encuesta de caracterización socioeconómica de los hogares que se realiza periódicamente en el país (CASEN), indica que, en 1987, 44.7% de la población vivía bajo el umbral de pobreza. Para noviembre de 1990, este porcentaje se había reducido a 40% de la población y para finales de 1992 el porcentaje había bajado a 32.7%. Esto es, apenas transcurrida la primera mitad

---

[7] Esta cifra no considera el ahorro del Fondo de Estabilización del Cobre, el cual es función de la cotización internacional del metal. En 1989, debido al elevado precio del cobre en el mercado internacional el Fondo acumuló recursos por un monto equivalente a 3.7% del PIB, mientras que en 1993, producto de la reducción en el precio internacional, el Fondo desacumuló fondos por un equivalente a 0.2% del PIB.

[8] Superintendencia de AFP (1994), "El Sistema Chileno de Pensiones".

del gobierno del presidente Aylwin alrededor de un millón de personas remontaron el umbral de la pobreza. Esta misma encuesta indica que el porcentaje de indigentes en el país se redujo de 17 a 9% entre 1987 y 1992 (ver Cuadro 1). A fines del gobierno de Aylwin, el índice de pobreza se había bajado a 27.5%, y la indigencia a 7.6%.

Mientras que entre 1987 y 1990 por cada punto de crecimiento del producto 15 mil personas salieron de la situación de pobreza entre 1990 y 1992 por cada punto de crecimiento del producto 50,000 lograron superar esta condición. Este indicador sintetiza mejor que otros la diferencia del impacto en la pobreza de la economía del *trickle down* que imperó en el gobierno militar, respecto de la estrategia de crecimiento con equidad del gobierno de Aylwin.

Diversos factores explican este resultado: el importante aumento del empleo, así como el mejoramiento en la calidad de los mismos; el crecimiento de las remuneraciones y del salario mínimo; el incremento en términos reales de las pensiones asistenciales, del subsidio único familiar, de la asignación familiar y del subsidio de cesantía; la reducción de la inflación, que en el caso de la canasta básica fue superior al promedio, y la puesta en marcha de programas sociales que permitieron la incorporación de sectores marginales a la fuerza de trabajo.

Cabe destacar que entre 1990 y 1993 también se desarrollaron nuevos programas sociales destinados a integrar a los sectores marginados, como el programa de capacitación laboral que capacitó a cerca de 90,000 jóvenes durante el periodo; se integraron nuevas líneas de apoyo productivo a la pequeña y mediana empresa, tanto en lo que se refiere a acceso al crédito como a programas de mejoramiento y traspaso de tecnología (programas Corfo, Fosis y Sercotec); se iniciaron programas de mejoramiento de la educación básica (MECE); se mejoraron las condiciones de trabajo e infraestructura, tanto en salud como en educación; se ampliaron los programas de vivienda y se modernizó la gestión del sistema antiguo de pensiones.

Por otra parte, los antecedentes que se disponen muestran que la política social aplicada por el primer gobierno de la Concertación logró llegar con eficacia a los grupos más pobres.

Entre 1990 y 1992, el ingreso monetario promedio de los hogares chilenos subió en 17.5%, pero este crecimiento fue sustancialmente mayor en el 20% más pobre de las familias, creciendo 26.1, casi 50% por sobre el promedio nacional. La principal contribución de este incremento proviene de los ingresos autónomos (es decir, los ingresos que percibe la familia aparte de los subsidios en dinero que recibe del Estado) que en el 20% de familias más pobres creció 28.3% entre 1990 y 1992. Esto significa que el crecimiento de los ingresos no sólo benefició a los más pobres en mayor proporción, sino también que este mejoramiento fue más estable toda vez que se origina en fuentes de ingreso generadas por los propios hogares.

Por último, respecto de los subsidios monetarios, los resultados de la encuesta CASEN muestran también un claro sentido progresivo. En efecto, el 40% más pobre de la población recibía alrededor de 60% de los subsidios monetarios en 1992, comparado con 56% en 1990 y durante el periodo 1990-92 aumentó su ingreso por este concepto 9% real.

Resultados: Reforma Tributaria y esfuerzo de inversión en los sectores sociales

Durante el gobierno de Aylwin, la búsqueda de equidad social tuvo su expresión concreta en un esfuerzo sostenido de inversión en los sectores sociales. Este esfuerzo pudo realizarse sin desbalance fiscal, gracias a los recursos adicionales generados por la reforma tributaria de 1990.

La reforma tributaria incluyó un alza en la tasa del impuesto a las utilidades de 10 a 15%, volviendo al sistema de pago sobre utilidades devengadas en lugar de gravar sólo las utilidades retiradas. Aumentó la tasa del impuesto al valor agregado (IVA) de 16 a 18% y modificó los impuestos que gravan a las personas, el Impuesto Único al Trabajo y el Global Complementario. Respecto de estos impuestos, hubo una redefinición de los tramos y las tasas manteniendo una máxima de 50%. Esta medida permitió recuperar parcialmente la progresividad histórica de este tributo.

La recaudación tributaria adicional, resultante de la reforma tributaria de 1990, alcanzó 800 millones de dólares anuales. Estos recursos representaron, en 1992, 11.1% de la recaudación tributaria de ese año y 13% del gasto social.[9]

Este esfuerzo continuo de inversión en las personas significó que durante el periodo 1990-93 el gasto social aumentara 31% en términos

[9] Dirección de Presupuestos, Ministerio de Hacienda.

reales, como se muestra en el Cuadro 2. En 1993, el gasto en salud era 47% superior en moneda de igual valor al gasto efectivo realizado durante 1989 en esa área; el gasto en vivienda era 42% mayor, el gasto en previsión 22% más alto que el gasto efectivo de 1989, y el gasto en educación 34% superior.

Este esfuerzo social fue realizado manteniendo una situación fiscal balanceada. Durante los cuatro años de administración del presidente Aylwin, Chile exhibió altas tasas de ahorro público e incrementó el superávit fiscal a 2% del PIB, situación que, en comparación con el resto de las economías latinoamericanas, significó que Chile fue el país que exhibió los mejores resultados fiscales de la región durante los años 90.[10]

El manejo de los impactos externos: resultados

Como se señalara anteriormente, desde mediados de 1988, cuando Pinochet procuraba ganar las elecciones, la economía chilena se había visto sometida a presiones expansivas, mismas que derivaron en un crecimiento insostenible del nivel de gasto y de las importaciones, y en una sobreutilización de la capacidad instalada, con aumentos sistemáticos en la inflación. En este contexto, la estabilización de la economía adquirió la primera prioridad en la agenda del gobierno del presidente Aylwin, para lo cual, considerando las restricciones políticas e institucionales, durante 1990 se aplicaron una política fiscal y otra monetaria contractivas.

El marco en que se desenvolvió la economía chilena durante 1990 se vio también influido por el contexto internacional. En medio del ajuste interno, el precio del cobre sufrió una reducción de más de 6% respecto del año anterior y el precio del petróleo aumentó en 23%, como consecuencia de la crisis del Golfo Pérsico. Considerando que las exportaciones de cobre del país representaban cerca de 50% del total y que Chile importaba una cifra cercana a 80% de su consumo interno de petróleo, se temió por los efectos que este escenario internacional adverso pudiese generar sobre el equilibrio interno.

Sin embargo, el manejo acertado de esta coyuntura, tanto en el frente externo como en el control de la inflación, minimizó las consecuencias de este impacto externo. El paquete de medidas para enfrentar la crisis consistió en una reducción de aranceles desde 15% a 11%,

---

[10] CEPAL (1994) "Balance Económico de América Latina y el Caribe".

244

Moneda nacional + Moneda extranjera

	Crecimiento promedio anual (1990-1993)	Crecimiento acumulado (1990-1993)
1. FUNCIONES GENERALES	4.8%	19.7%
–Gobierno	9.0%	38.5%
–Defensa	1.4%	5.4%
–Justicia y seguridad	8.8%	38.4%
2. FUNCIONES SOCIALES	7.2%	31.3%
–Salud	10.6%	47.3%
–Vivienda	9.3%	41.6%
–Previsión	5.1%	21.7%
–Educación	11.9%	33.8%
–Programa empleo de emergencia	–5.6%	–22.7%
–Otros	9.4%	42.2%
3. FUNCIONES ECONÓMICAS	6.2%	18.0%
–Promoción y regulación de actividad	5.4%	5.7%
–Infraestructura	9.3%	40.6%
4. INTERESES DEUDA PÚBLICA	–1.2%	–11.5%
[1] TOTAL GASTO	5.1%	21.2%

Fuente: Dirección de Presupuestos Ministerio de Hacienda.

un aumento del impuesto a los combustibles, reducir 5% el gasto público (incluido el gasto en defensa) y una política de moderación salarial. A fines de 1990, se negoció con los dirigentes de la CUT y de la ANEF un reajuste de salarios para el sector público sobre la base de una inflación esperada inferior al alza de precios acumulada durante los últimos 12 meses. Este mecanismo de reajuste con base en una tasa de inflación esperada en declinación, contribuyó a moderar el alza de los precios y sentó las bases para las negociaciones salariales futuras. El apoyo de los sindicatos a las medidas de ajuste se consolidó, al valorar éstos que la reducción de gasto público incluiría el gasto en defensa. Aunque Pinochet había amarrado legalmente un piso garantizado para el Presupuesto de las Fuerzas Armadas, la reducción de 5% en sus gastos fue aceptada al constatar que el sacrificio era compartido por todos los sectores.

En el frente externo, el impacto fue amortiguado por los recursos acumulados en el Fondo de Estabilización del Cobre y la creación de un Fondo de Estabilización del Petróleo. A estas medidas habría que agregar la reducción de la vulnerabilidad de la economía chilena, que se había logrado a través del acuerdo alcanzado con la banca privada internacional durante 1990. Éste hizo posible la postergación de los pagos de amortizaciones durante el periodo 1990-94 y la manutención de un pago de interés anual en vez de semestral. Esta negociación, consensuada con la banca internacional, permitió también el reingreso de Chile a los mercados voluntarios de crédito.

En el ámbito del control de la inflación y desafiando las predicciones más pesimistas, después de una brusca alza en la inflación durante los meses de septiembre y octubre de 1990, como consecuencia de la crisis petrolera, se logró volver rápidamente a una trayectoria descendente en el ritmo de la inflación. Entre marzo y agosto de 1990, Chile mantuvo una tasa de inflación del orden del 2% mensual. Pero en los meses de septiembre y octubre, el impacto del alza de los precios de los combustibles significó un aumento brusco de la inflación a tasas de 4.9% y 3.8% respectivamente, generando alarma en el público en general. Sin embargo, la conservación de una política monetaria restrictiva y la credibilidad de los agentes económicos en la capacidad de manejo de esta coyuntura adversa por parte de la autoridad económica, dio frutos. Es así como en los meses siguientes la inflación no superó el 1% mensual. La tendencia decreciente en la inflación no se detendría; no superaría 12% en 1993, siendo que su punto de partida fue superior a 27% en 1990.

Pactos sociales y política de ingresos: resultados y evaluación

La estrategia del gobierno de Aylwin, llevando a cabo una política de pactos sociales con los principales representantes de empresarios y trabajadores en aspectos claves de la política económico-social, fue notablemente exitosa. Acuerdos sucesivos en los cuatro años permitieron moderar las presiones salariales, mantener un clima de paz social y abordar consensualmente una completa reforma y modernización de la legislación laboral.

La estabilidad política y social que el país alcanzó en esos años fue reconocida internacionalmente, siendo Chile el primer latinoamericano clasificado por las instituciones financieras internacionales en el escalafón de países de bajo riesgo.[11] En un documento reciente, la CEPAL destaca el factor estabilidad política, que se afianza con la restauración de la democracia en Chile, como uno de los factores que influyeron en forma predominante en el aumento de las tasas de inversión que se observó en el periodo de gobierno del presidente Aylwin.[12]

Como resultado de esta política de consensos, durante los cuatro años de gobierno se alcanzaron acuerdos tripartitos entre trabajadores, empresarios y gobierno, que permitieron modificar la institucionalidad laboral y mejorar, en forma significativa pero gradual, el salario mínimo legal, así como los principales beneficios sociales. Es así como, entre 1989 y 1993, el salario mínimo legal aumentó 24% en términos reales, la asignación familiar subió en 52% en moneda de igual poder adquisitivo, focalizando su asignación en los sectores de más bajos ingresos. Las pensiones mínimas y asistenciales se reajustaron en términos reales en 22.4% y 21.8%, respectivamente, entre ambas fechas.

También es necesario destacar la importancia que tuvieron estos acuerdos nacionales para abrir nuevos espacios de participación ciudadana. Permitieron la plena incorporación de los trabajadores en el pro-

---

[11] Standard and Poors dio una clasificación BBB+, que luego mejoró a A−. La revista *The Economist* clasificó a Chile en el séptimo lugar de menor riesgo entre los 30 países que califican como "mercados emergentes", ya en 1994. Ver *The Economist*, marzo 1995.

[12] CEPAL (1994), "El crecimiento económico y su difusión social: El caso de Chile de 1987 a 1992".

ceso de toma de decisiones, como actores sociales claves incorporados ahora a la clase dirigente del país, espacio del que habían estado marginados por prácticamente dos décadas. De hecho, la dirigencia sindical con la que se construyeron los acuerdos era la misma que había encabezado la resistencia al gobierno de Pinochet. Habían pagado esa conducta con largos periodos en la cárcel.

Por otra parte, el importante mejoramiento en el salario mínimo, el cual se estima benefició a aproximadamente 14% de los asalariados no calificados del país, no tuvo un impacto negativo sobre el empleo, como lo vaticinaban los empresarios y los economistas más ortodoxos.

En lo que respecta a las remuneraciones del sector público, durante los cuatro años del gobierno del presidente Aylwin se compensó económicamente a este sector que había sido fuertemente castigado en la década de los 80. El deterioro salarial de los funcionarios en dicha década, fue alrededor de 30% real, pérdida que se recuperó totalmente entre 1990 y 1993. Habría que señalar, sin embargo, que las remuneraciones de algunos sectores crecieron por sobre esta cifra. Por ejemplo, en el sector salud las remuneraciones crecieron 50% real en ese periodo. Por otra parte, se modificó el sistema de jubilación de los funcionarios públicos, permitiendo un aumento que prácticamente duplicaba el monto de las pensiones en varios tramos de la escala de salarios de los empleados públicos.

La política de aumentar significativamente los salarios y pensiones mínimas, así como los beneficios sociales dirigidos a los grupos más pobres y vulnerables, fue una decisión deliberada del gobierno. La decisión consistió en restablecer un mínimo de subsistencia para los grupos más pobres que se había perdido durante el gobierno de Pinochet. La democracia debía mostrar resultados tangibles para estos sectores. La reforma tributaria lo hizo posible, sin amenazas inflacionarias.

III. LA ECONOMÍA POLÍTICA DE LA TRANSICIÓN

El gobierno de Pinochet se había caracterizado por la dureza de su represión, por las permanentes violaciones a los derechos humanos y por su impertérrito proceso de transformación de las bases de la economía chilena hacia una economía de mercado abierta y globalizada.

En el último quinquenio de su largo gobierno de 17 años, la economía comenzaba a crecer vigorosamente. Pero el déficit en los servicios sociales básicos, en los salarios e ingresos mínimos era dramático. La pobreza y las desigualdades se habían agravado considerablemente.

¿Cómo abordar la transición, una vez recuperada la democracia? Como se ha descrito en este trabajo, era indispensable, en primer lugar, dar señales de cambio real. Los cambios se referían no sólo a dar cuenta de los obvios desequilibrios sociales heredados de Pinochet. Se trataba, también, y quizá con más dificultad, de hacer un cambio de rumbo significativo respecto de lo que la clientela política de la Concertación esperaba. Ellos suponían que llegábamos al gobierno para satisfacer, en el más breve plazo, las demandas sociales reprimidas por el gobierno anterior. Había que pagar de una vez la "deuda social".

Desde la campaña presidencial de Aylwin, decidimos romper con la tendencia natural hacia el populismo a que nos llevaba la apertura política y la transición. También marcaríamos nuestra ruptura con los ajustes ortodoxos que los economistas del régimen militar habían predicado y aplicado por casi dos décadas.

Decidimos cristalizar los puntos de diferenciación en cuatro aspectos. Primero, íbamos a demostrar capacidad de buen gobierno, poniendo en orden la casa. El primer año íbamos a eliminar el déficit fiscal real, controlando los gastos. Afirmamos que el primer año no iba a ser un buen año. Pero, explicábamos a la opinión pública, iríamos de menos a más. El segundo año sería mejor que el primero y así sucesivamente.

Jugamos toda la credibilidad del programa en el cumplimiento estricto de esa trayectoria. Así, cada vez que mejoraba un indicador respecto del mes o año anterior, la credibilidad del gobierno aumentaba.

Los avances graduales que mostraron los principales indicadores, el crecimiento de la economía, el control de la inflación, el aumento de la inversión y los salarios, y la reducción de la pobreza, ilustrados en el Cuadro 1 de este trabajo, correspondieron íntegramente a la trayectoria comprometida por la autoridad.

La idea del avance gradual, fue acompañada por otra noción igualmente simple. Si buscábamos reducir la pobreza y los enormes desequilibrios sociales, teníamos que hacer un esfuerzo de obtener recursos a través de una reforma tributaria.

La impopularidad implícita en la proposición de subir todos los impuestos, se compensaba parcialmente por la percepción de injusticia que era un sentimiento bastante generalizado hacia fines del gobierno de Pinochet. De él participaban incluso algunos de sus fervientes admiradores, convertidos ahora en dirigentes políticos de la oposición al gobierno democrático.

Los impuestos iban a subir más fuertemente para los grupos con mayores ingresos, identificados con el pinochetismo. Embarcarlos en el apoyo legislativo a la Reforma Tributaria, apoyo que finalmente dieron, fue un complejo ejercicio de presión y persuasión. La presión se aplicó a través de los medios de comunicación: la solidaridad es necesaria para un país justo, en paz. La persuasión se manifestó a través de un paciente y prolongado proceso de diálogo con los sectores más abiertos de la oposición, a quienes planteamos el siguiente dilema: o ustedes buscan ser cómplices del fracaso del gobierno democrático o nosotros les ofrecemos ser socios en su éxito.

La opinión pública apoyaba abrumadoramente una política de acuerdos, aunque se tratara de un tema tan impopular como el alza de impuestos. Ello finalmente se impuso. El Senado, reducto entonces de la oposición, terminó aprobando la Reforma Tributaria por 30 votos contra 2.

La tercera idea del programa económico era hacer tangibles los beneficios sociales que se habían prometido. Vigente la Ley Tributaria, se procedió a aumentar significativamente los ingresos mínimos, las pensiones, asignaciones familiares y los otros programas que fortalecían la red de protección social fuertemente debilitada en el gobierno de Pinochet. Luego de las primeras medidas para enfrentar la emergencia social, los recursos de la mayor recaudación tributaria se concentraron en una profunda reforma de la educación básica y en fuertes inversiones para recuperar los deteriorados servicios públicos de salud. Al cabo de cuatro años, se pudo demostrar que cada peso de la Reforma Tributaria había sido gastado en los sectores sociales.

La cuarta definición central de la política económica de Aylwin, fue la de manejar los impactos externos con un enfoque heterodoxo que se apoyaba en instrumentos de política relativamente ajenos al "consenso de Washington", y en acuerdos políticos y sociales que procuraban repartir equitativamente los costos implícitos en la absorción del impacto externo.

El episodio de la Guerra del Golfo es ilustrativo. Este fue enfrentado creando un Fondo de Estabilización del Petróleo, aumentando el precio de los combustibles, bajando los aranceles externos de 15 a 11%, y a través de una política de ingresos, concordada con trabajadores y empresarios, que reducía los reajustes de remuneraciones y el gasto público. El hecho de que se afectara también el gasto militar, hasta entonces intocable, hizo aceptable la política de restricción salarial para las organizaciones sindicales.

En el trasfondo del éxito económico de la transición a la democracia, en el caso chileno, se encuentra un factor explicativo por encima de otros: la calidad de la política. Esto es, el cultivo deliberado, por parte de quienes estábamos en el gobierno, de una política permanente de construcción de acuerdos en el plano político y en el ámbito de las organizaciones sociales y empresariales.

La práctica, con convicción y perseverancia, de la construcción de consensos, irradió rápidamente al resto del sistema político y tuvo un instantáneo reconocimiento ciudadano. Las encuestas de opinión premiaban a los promotores de acuerdos y castigaban con los últimos lugares a los políticos de la confrontación. Esta realidad empírica mantiene su validez hasta el presente, en los momentos que se inicia un tercer gobierno de la Concertación.

En nuestra experiencia de transición, la sustentabilidad del esfuerzo de desarrollo en el tiempo, depende en lo crítico de la capacidad de los dirigentes políticos de persuadir al resto de la población de que la acción pública estará marcada centralmente por un sentido de equidad y justicia social. El crecimiento con equidad y la calidad de la política y del liderazgo, son los dos componentes esenciales para un desarrollo sustentable en el tiempo de las economías emergentes. Ésa es la lección principal que extraemos después de 10 años de avances y retrocesos, aciertos y errores en la reconstrucción de la democracia en Chile.

La inserción internacional
de Chile en la década de los 90

Osvaldo Rosales*

I. La internacionalización de la economía de Chile

La internacionalización de la economía chilena en los años 80 y 90 es frecuentemente citada como un caso exitoso de apertura y liberalización de la economía, y de adopción de un modelo de desarrollo exportador, con un efecto considerable sobre el crecimiento, la modernización de la economía y una drástica reducción de la pobreza. Este artículo intenta examinar brevemente los aspectos básicos de la política macroeconómica y comercial que pueden contribuir a explicar dicho desempeño.

El compromiso ordenador de ambas políticas es con una economía abierta, competitiva y orientada al libre comercio; disciplinada en el acatamiento de las normativas internacionales y con una política comercial compatible con la seriedad en gestión macroeconómica.

En el actual contexto de globalización y acentuado cambio tecnológico, profundizar la apertura y la liberalización comercial, son exigen-

* Economista. Magister en Economía de Escolatina, Universidad de Chile. Ha sido director adjunto de programas de capacitación del ILPES, Naciones Unidas, y de 1990 a 1999 asesor regional del secretario ejecutivo de la Comisión Económica para América Latina. También se ha desempeñado como director de la Fundación Chile XXI. En la actualidad es director económico del Ministerio de Relaciones Exteriores. Su más reciente trabajo es *La economía norteamericana a fines de los noventa*, Pirámide, Madrid, 1998.

cias del crecimiento y de la equidad. Crecimientos elevados y estables sólo pueden darse en el contexto de economías que aprovechan las ventajas del comercio internacional, por una parte y, por otra, sólo los crecimientos elevados permiten reducir la pobreza y avanzar en la corrección de las desigualdades sociales. He ahí el objetivo estratégico de la política de comercio exterior: profundizar la inserción internacional, combinando la promoción exportadora con la promoción y protección de inversiones; favorecer la competitividad y la difusión del cambio tecnológico, en un contexto de reglas estables de vigilancia de la competencia desleal, y con políticas que refuercen su impacto sobre la equidad.

Hemos optado por una estrategia de regionalismo abierto que incorpora la apertura unilateral, las negociaciones multilaterales y las aperturas negociadas a través de acuerdos comerciales. En lo primero, aranceles bajos y parejos, con la decisión de llegar a 6% en el 2003. En el plano multilateral, continuar con un papel activo en las negociaciones de la OMC, pugnando por una nueva ronda de amplia cobertura temática, con plazos breves, combatiendo el proteccionismo agrícola e incorporando disciplinas avanzadas en inversión, servicios, compras de gobierno, competencia y normas *antidumping*.

En nuestras negociaciones bilaterales, subregionales y hemisféricas, con el conjunto de nuestros socios comerciales relevantes, aspiramos a conseguir acuerdos comerciales de amplia cobertura temática, rigurosas disciplinas comerciales y mecanismos institucionales para la solución de controversias, todo ello compatible con la OMC, si bien del tipo OMC-plus, es decir, yendo más allá de lo que la OMC puede ir debido a las limitantes de su sistema de votación. Entendemos que dichos acuerdos, particularmente con los principales megamercados, son imprescindibles para acceder a ellos en condiciones iguales o superiores a las de nuestros competidores, consolidar dicho acceso y asegurar reglas del juego estables. La experiencia nos indica que se detecta un vínculo preciso y positivo entre los acuerdos comerciales y la dinámica exportadora, con una desviación de comercio reducida.

Para una economía pequeña como la nuestra, la combinación de apertura unilateral y negociaciones multilaterales debiera bastar. Ello sería así en un mundo donde el sistema multilateral de comercio fuese abierto, transparente, y considerase las necesidades de las economías en desarrollo. No es así, lamentablemente. Vivimos en un mundo de *second best,* lo que obliga a hacer un esfuerzo especial en las negociaciones, sobre todo cuando nuestros competidores están involucrados activamente en ellas. Lo importante es que nuestros acuerdos sean consistentes. Con ello se reduce la desviación de comercio y se puede avanzar con mayor rapidez que la OMC, con aquellos socios relevantes que están dispuestos a ir a ese ritmo. Chile no puede darse el lujo de esperar pasivamente a que se concrete una nueva ronda multilateral.

No hay duda de que la globalización no está exenta de riesgos. Sin embargo, la peor forma de abordarlos es limitar la competencia internacional. En las negociaciones comerciales se han considerado nuestros sectores más sensibles, definiéndoles plazos mayores de desgravación, para facilitar su gradual readecuación competitiva. Sin embargo, es iluso suponer que se beneficia a estos sectores marginándolos de la competencia.

Lo único que se podrá conseguir es ampliar la brecha de tecnología, habilidades y conocimientos con la frontera internacional, haciendo cada vez más costoso e inviable el apoyo a tales sectores. El proteccionismo hoy, en un contexto de globalización creciente, es más costoso que antaño. De allí que los desafíos de la globalización se deban abordar con más y mejores exportaciones y, en lo referente a la reestructuración de sustitutos de importaciones, con programas masivos de capacitación y readiestramiento, incorporados en iniciativas más amplias de reconversión que incluyan apoyo en crédito, capacidad de asociación y difusión tecnológica.

En la promoción de exportaciones, nuestro objetivo apunta a complementar la apertura comercial con medidas orientadas a promover la competitividad sistémica. Aquí nos importa estimular la expansión y diversificación de exportaciones de bienes y servicios, en particular las no tradicionales; incrementar el número de productos, empresas y mercados de exportación; reforzar el eslabonamiento entre exportaciones y el resto de la cadena productiva, mejorando la capacidad de arrastre de las exportaciones, con un vínculo más estrecho entre exportaciones, inversiones y tecnologías.

El compromiso del gobierno del presidente Lagos es promover las exportaciones por medio del relanzamiento y la profundización del desarrollo exportador, favoreciendo su descentralización y el fomento regional; por la diversificación, aprovechando el espacio de los nuevos acuerdos comerciales y los programas de fomento; por la gradual incorporación de exportadores indirectos y de servicios en la promoción de exportaciones y, finalmente, por la contribución a una presencia mayor y más estable de PYMES en el desafío exportador, incorporándolas al comercio electrónico.

II. PRINCIPALES RASGOS DEL DESEMPEÑO ECONÓMICO

Desde 1984, la economía chilena ha crecido de un modo vigoroso y sin interrupciones, en el ciclo de crecimiento más largo que registran las cuentas nacionales.[1] A partir de 1990, el país ha pasado de una situación de brecha externa, con elevados niveles de desempleo y de pobreza, a una de crecimiento alto y sostenido, con estabilidad macroeconómica, niveles de ahorro e inversión nunca antes vistos, fuertes incrementos en la productividad y marcada solvencia externa. Ello se ha visto reflejado en aumentos de 4% anual del salario real, reducción del desempleo y avances importantes en la disminución de la pobreza.

Por cierto, tal desempeño en materia de inversión y productividad también deriva de las políticas y reformas económicas realizadas previamente —en particular, del énfasis exportador que se retomó a mediados de 1985—, orientadas a corregir las inconsistencias de la política macroeconómica y reforzar los requisitos de solidez fiscal, baja inflación e incrementos sostenidos en ahorro, inversión y exportaciones. Estas tendencias se han consolidado y potenciado durante los años noventa.

El debate actual apunta a que los éxitos de una economía abierta y competitiva se vayan reflejando en una mejor distribución del ingreso y en reducciones significativas de la extensión e intensidad de la pobreza, temas considerados en otros capítulos de esta publicación. Por lo pronto, la distribución de los ingresos autónomos se ha mantenido prácticamente constante en más de una década de crecimiento, con una leve tendencia a empeorar en años recientes, pese a un accionar bastante intenso en las políticas sociales. Al corregir la distribución del ingreso mediante el

---

[1] Entre 1984 y 1995, Chile creció a 6.6% anual, en tanto la economía mundial lo hizo en 3.3%, América Latina en 2.8% y los países en desarrollo a 5.3%. El grupo de treinta países asiáticos lo hizo a 7.8%. En ese lapso, el producto por habitante creció a 4.9% anual y en 78% para todo el periodo. En tanto, durante el periodo 1991-1999 el crecimiento de Chile ha sido de 6.2%, comparado con el 3.2% registrado en América Latina, según cifras de CEPAL.

impacto de estas políticas, las transferencias del ingreso hacia el 10% más pobre, muestran cierto avance distributivo. Este avance, por tanto, no surge en la estructura productiva —en la distribución primaria del ingreso—, sino que se explica por las políticas sociales. En tanto puedan acentuarse las diferencias de productividad e ingresos en la base productiva, será necesario conceder más atención a la evolución del mercado de trabajo, la productividad y los salarios, pues, de consolidarse o acentuarse las tendencias "duras" en la distribución primaria, se irá reduciendo el impacto redistributivo de las políticas sociales.

El largo ciclo de crecimiento 1984–98 mostró dos fases claramente distintas. La primera (1984–89) estuvo apoyada en la existencia de capacidad ociosa; por consiguiente, existió menor inversión y mayor distancia entre el producto efectivo y el potencial. De allí un mercado de trabajo con elevadas tasas de desempleo, lo que permitió escasos incrementos en el salario real y un crecimiento más apoyado en la recuperación del nivel de empleo que en avances productivos.

El periodo 1990–99,[2] por el contrario, es uno de crecimiento más cercano a la frontera de producción, con una reducida brecha entre el producto efectivo y el potencial. Crecer en este lapso necesitó de más inversión y ahorro interno. El mercado de trabajo ha estado más cerca del pleno empleo, obligando a mayores incrementos en productividad.

El elevado dinamismo de la economía chilena se ha sustentado en la estabilidad macroeconómica, el alto nivel de ahorro e inversión y, particularmente, en un incremento sostenido de las exportaciones de bienes y servicios, constituidas en motor del crecimiento económico. La tasa de crecimiento de la formación bruta de capital fijo (FBCF) muestra un incremento medio anual de 17.4% entre 1984 y 1989, y de 7.3% durante la última década, que llevó el coeficiente de FBCF desde 19.2% del producto interno bruto (PIB) entre 1984 y 1989 a 26.7% del mismo en 1999 (30.4% promedio 1995-99). A su vez, las exportaciones han crecido entre 1990 y 1999 a una media anual de 9.4%, lo que llevó su participación en el PIB a 42.4% en 1999 (en moneda contante).

Durante estas dos fases de crecimiento, el incremento del PIB no sólo ha sido elevado (6.6% anual durante el periodo 1984-89 y 6.4%

---

[2] Derivado de los efectos de la crisis asiática, durante 1999, la economía vio interrumpido su ciclo de crecimiento, al caer el PIB en 1%.

entre 1990-99), sino que además la inversión y las exportaciones han crecido por encima del producto, señal de la consolidación de una experiencia que amplía persistentemente su capacidad productiva y la orienta de manera progresiva hacia el exterior.

El cambio más dramático y distintivo de la experiencia económica chilena es el vertiginoso incremento del ahorro nacional, que pasó de 14.9% del PIB entre 1984 y 1989 a 21.7% en los años 90. Se trata, pues, de un acelerado proceso de inversión y exportaciones, apoyado básicamente en el ahorro nacional, que acota el aporte del ahorro externo a montos compatibles con las tendencias de mediano plazo de la economía.

Chile enfrenta *un cambio estructural en la dinámica de su crecimiento*. En la segunda mitad de los años 80 el crecimiento se vio favorecido por mejoras importantes en los términos de intercambio y por alzas significativas en el tipo de cambio real (TCR), que elevaron la relación competitividad-precio de las exportaciones. En ese periodo, el crecimiento consistió básicamente en recuperar la capacidad productiva en desuso, en salvar la considerable brecha entre producto efectivo y potencial. En los años 90, al coparse la capacidad productiva más fácilmente incorporable, el crecimiento ha debido fundamentarse más en esfuerzos de inversión y en ganancias de productividad y eficiencia.[3]

Durante los últimos años, el crecimiento económico también admite dividirse en dos fases, ahora desde la perspectiva de su dinámica sectorial. El *primer periodo* (1985-89) estuvo liderado por las ganancias en competitividad-precio de los sectores transables y, por lo tanto, se caracterizó por un auge exportador, con crecimientos importantes de los sectores agropecuario, silvícola, pesquero y manufacturero. En dicho periodo también hubo sectores de no transables que se expandieron a una tasa bastante elevada, como aconteció en construcción, comercio o telecomunicaciones. Como lo muestran ciertas investigaciones, tal proceso no estuvo ajeno a la dinámica exportadora (CEPAL 1994; cuadro 6 y páginas 26 y 29).

Durante el *segundo periodo*, y de acuerdo con la caída del tipo de cambio real, adquirieron mayor importancia una serie de sectores no transables,

---

[3] Mientras entre 1985 y 1989 la productividad media por ocupado creció a 0.2% anual, entre 1990 y 1994 lo hizo a 3.5% promedio anual. De la misma forma, la productividad total de factores creció a 1.7% anual en el primer periodo y a 2.2% anual en el segundo.

Cuadro 1. Producción e inflación

	1984–89	1990–99
Crecimiento del PIB [a]	6.5	6.4
PIB por habitante [a]	4.7	4.8
Brecha PIB efect./potencial (%)	9.2	—
Inflación (dic.-dic.) [a]	20.4	10.8
Interés real (Colocaciones) %	8.4	—

Fuentes del crecimiento económico

	1984–89	1990–99
Variación real exportaciones [a]	9.8	9.8
Var. real inversión (FBCF) [a]	17.4	7.3
Var. consumo privado real [a]	4.7	6.7
Var. consumo público real [a]	0.9	3.6

Tasas de ahorro, inversión y exportaciones

	1984–89	1990–99
Inversión (FBCF/PIB) [b]	19.3	27.8
Ahorro externo [c]	5.8	3.3
Ahorro nacional [c]	14.9	21.7
Exportaciones (% PIB) [b]	29.0	36.7
Tipo de cambio real (1985 = 100)	138.7	130.1
Arancel nominal (%)	20.2	11.5

Empleo, salarios y productividad

	1984–89	1990–99
Desocupación, tasa [d]	11.5	7.3
Ocupación, variación [a]	5.0	1.9
Salarios reales, var. [a]	1.0	3.7
PIB/empleo, var. [a]	1.4	4.4
Remuneraciones reales, crec. anual. [a]	1.0	3.7

[a] Tasa de variación anual promedio. [b] Como % del PIB a precios constantes de 1983.
[c] Como % del PIB a precios corrientes. [d] % sobre la fuerza de trabajo.
Actualizado por el autor, sobre un original de O. Landerretche, División de Estudios, Ministerio de Economía, Chile.

como servicios básicos (electricidad, gas y agua), comercio, transporte y comunicaciones. Con todo, las exportaciones globales y no tradicionales han mantenido una dinámica de elevada expansión, que explica las ganancias en productividad del sector.

La situación descrita se refleja inevitablemente en la *trayectoria del tipo de cambio real*, que en los años 90 ha declinado de modo constante, haciendo visible el diferencial entre el crecimiento de la productividad del país y del resto del mundo; ello en contraste con los últimos años de los años 80, cuando el tipo de cambio real subió de manera constante, por la brecha externa que correspondía atender.[4] Las posibilidades de recuperación en el nivel del tipo de cambio real o de frenos en su tendencia declinante dependerán en lo esencial del logro de mayores niveles de ahorro interno y de la obtención de mejoras relativas en el crecimiento de la productividad del sector no transable. Ello, sin embargo, exige acotar el superávit en la balanza de pagos (cuenta de capital) a magnitudes compatibles con el mantenimiento de la estabilidad macroeconómica.

En ese contexto de deterioro del tipo de cambio, *intensificar los aumentos en la productividad* aparece como un claro desafío para la política macroeconómica y la de desarrollo productivo, en tanto ella pasa a constituir una determinante en la sustentabilidad del proceso de crecimiento de la economía.

La economía chilena muestra un bajo incremento histórico en la productividad total de factores (PTF). Entre 1950 y 1980, ésta creció sólo a 1.1% anual, bajo la media latinoamericana (1.2%), menos de la mitad del ritmo de la productividad asiática o de los países integrantes de la Organización para la Cooperación y el Desarrollo Económico (OCDE). Durante la primera mitad de los años 90, con un crecimiento de 2.5%, duplica el rendimiento latinoamericano, si bien sigue siendo la mitad del desempeño asiático (CEPAL 1996; p. 70, cuadro III.1).

El desafío de productividad abarca prácticamente a todos los sectores, pues la brecha de productividad respecto de las mejores prácticas internacionales es generalizada. La productividad media por ocupado es un tercio de la norteamericana; además, existe una acentuada hete-

---

[4] En 1995 y 1996, el tipo de cambio real acentuó su caída (5.7 y 4.7%, respectivamente). En 1997, la caída es de 7.8%. Sin embargo, esta situación se ha revertido, y en 1999 el tipo de cambio presentó un alza de 5.6%, lo que afectó positivamente a las exportaciones.

rogeneidad entre ramas, empresas y regiones. La productividad por ocupado de las pequeñas empresas es 38% de la respectiva en las grandes empresas; la productividad del sector electricidad, gas y agua es más de nueve veces la del sector agrícola, en tanto que en la propia industria manufacturera la productividad del subsector sustancias químicas industriales quintuplica a la de textiles o prendas de vestir (García 1997).

De similar importancia es el desafío de la flexibilidad laboral, que permitiría mejorar la eficiencia en la asignación de la fuerza laboral, es decir, facilitar el desplazamiento desde empleos de baja a mayor productividad; reducir los costos de transacción asociados a la búsqueda y cambio de empleo; ampliar la cobertura de los programas de capacitación; en fin, mejorar la integración entre éstos, los programas de reconversión, el futuro esquema de protección de ingresos a los desempleados y el aumento de la información en el mercado del trabajo.

La creciente incorporación de las mujeres al mercado laboral es un factor potencial de estímulo al crecimiento que requiere de un esfuerzo especial en las políticas públicas. Éstas deben favorecer tal incorporación, evitando prácticas discriminatorias, reduciendo barreras culturales y económicas a tal ingreso, y flexibilizando horarios y normativas laborales. Tanto los esfuerzos por mejorar la productividad como la aplicación de un seguro de desempleo o la mayor incorporación de mujeres a la fuerza de trabajo tienen consecuencias directas sobre la reducción de la pobreza y una mejor distribución de los ingresos autónomos.

III. Exportaciones y competitividad

La política de apertura comercial de la economía chilena ha privilegiado el carácter neutral de los incentivos, con aranceles bajos y parejos. Ello ha propiciado una reasignación de recursos de acuerdo con las ventajas comparativas, estimulando la inversión, producción y exportación de recursos naturales, los que mantienen un lugar predominante en la canasta exportadora y en el dinamismo del crecimiento.

a) Dinamismo exportador

El actual coeficiente de apertura exportadora es del orden de 42% —medido en términos de la participación de las exportaciones reales de bienes y servicios en el PIB—, coeficiente varios puntos superior al promedio latinoamericano. Al principio de los años 70, tal apertura apenas superaba 12% del PIB y era bastante inferior al promedio de la región. El principal producto de exportación —cobre— constituía más de 70% de las exportaciones a inicios de los setenta, y hoy representa menos de 38% de las ventas externas.

Cuadro 2. Dinamismo exportador

Dinámica	1965–70	1985–90	1990–99
Exportaciones bienes y servicios/PIB (real, %)	12	30	37
Crecimiento real anual exportaciones B. y S. (%)	3	11	10
Exportaciones cobre/Exportaciones bienes (%)	74	46	39

FUENTE: Meller y Sáez (1995), Díaz y Ramos (1997).

Puntal del dinamismo de la economía chilena ha sido la actividad exportadora, que ha crecido a una tasa promedio anual de 7.6% entre 1980 y 1995, y de 9.0% entre 1995 y 1999. La estructura de la canasta exportadora sigue dominada por los recursos naturales, si bien se detectan avances importantes en su nivel de procesamiento. En 1985 tres cuartos de las exportaciones correspondían a recursos naturales sin procesamiento, 22% a recursos naturales procesados y sólo 3% a otros productos industriales. En 1999, tales participaciones fueron de 54%, 32% y 13%, respectivamente. Crece, pues, la presencia de exportaciones industriales no basadas en recursos naturales y las de recursos naturales procesados. Las exportaciones de recursos naturales sin procesamiento son sobre todo mineras (83%), aunque también se refleja un esfuerzo de diversificación, en especial en lo que corresponde al sector frutícola

(9%). Tal diversificación se detecta también al interior de cada uno de estos rubros. Así, en tanto las exportaciones son muy dependientes del acceso a recursos naturales, el proceso exportador se refleja en una cierta dinámica de descentralización productiva.[5]

En el lapso considerado se aprecia un incremento sostenido en las exportaciones superior al incremento del PIB doméstico y a la expansión del comercio mundial. Ha aumentado la participación relativa de las exportaciones chilenas en el comercio mundial y en las importaciones realizadas por la OCDE. En estos dos últimos casos, sin embargo, los avances son marginales, dado que las exportaciones chilenas se concentran en rubros de bajo dinamismo relativo en el comercio mundial.

b) Diversificación exportadora

La elevada dinámica exportadora ha ido acompañada de un interesante proceso de diversificación, tanto en términos de mercados y productos como de ampliación de la base empresarial exportadora. Mientras en 1990, 4,100 exportadores enviaron 2,300 productos a 129 mercados, en 1999 fueron aproximadamente 6,020 exportadores los que vendieron 3,790 productos a 174 mercados.

Si bien entre en 1994 y 1997 ha tendido a estancarse el número de exportadores, durante los últimos dos años esta cifra ha mostrado una importante alza neta de 255 empresas. Una amplia mayoría de las empresas exportadoras se dirigen hacia mercados de América, especialmente a Estados Unidos, Argentina, Perú y Bolivia. También destaca el caso de México, en el que se ha duplicado el número empresas entre 1995 y 1999 (llegando a 659). En los demás continentes, los mercados destino a los que exportan la mayor parte de las empresas incluyen Japón, Alemania, España y Reino Unido.

En lo que se refiere a mercados, si bien durante los últimos años cuatro años se ha presentado un aumentado anual de dos mercados en términos netos, existe una continua incursión hacia mercados en los

---

[5] Desde la primera a la cuarta regiones se exportan básicamente productos minerales; desde la cuarta a la sexta regiones, centro del país, frutas; desde la séptima a la décima, región sur, productos de la silvicultura. En la primera y quinta se agregan productos del mar y en las octava, décima, undécima y duodécima, productos derivados de la pesca (PNUD 1996).

que no se habían registrado exportaciones chilenas. En 1999 se incluyeron dentro de estos nuevos destinos a Kirghizistán, Bielorusia y Moldavia. Además, se deben destacar aquellos destinos hacia los cuales nuestras exportaciones han presentado importantes aumentos. Se pueden citar como ejemplos los casos de Vietnam, Bulgaria, India, Turquía y Cuba, que registraron en el último año incrementos de 851, 118, 98, 97 y 96%, respectivamente.

Por otra parte, la diversificación también se manifiesta al interior de cada rubro de exportación de recursos naturales. Hay un rasgo destacado de diversificación y modernización tecnológica en el núcleo primario-exportador. Rápidos procesos de innovación tecnológica y fuertes incrementos de productividad han estado presentes en el marcado dinamismo de las exportaciones, tanto de exportaciones primarias como de aquellas que incorporan un primer y segundo procesamientos de recursos naturales.[6] Ejemplos destacados de primer procesamiento de recursos naturales se encuentran en el salmón, la merluza, las frutas y la celulosa.

Lo anterior permite calificar el carácter "primario" de la cesta de exportaciones, en tanto que adquirir competitividad en algunos de tales rubros o productos industriales impone tan notables desafíos tecnológicos en materia de producción, gestión, calidad, presentación, transporte, comercialización, que resulta equivocado asociar tal tipo de exportación con rezago tecnológico. Los casos típicos que avalan esta afirmación radican en el salmón y en la industria forestal.

En el caso del salmón, destacan la adaptación de tecnologías de cultivos, la investigación de enfermedades en los salmónidos y el logro de variedades genéticas adecuadas al medio nacional; el control de enfermedades; el monitoreo y reacción de los productores frente a fenómenos de marea roja, de la que se protegen sumergiendo o desplazando las balsas-jaulas a otros lugares; el estudio y la corrección del impacto ambiental; control de calidad, empaque y presentación, así como transporte, almacenamiento y facilidades portuarias que exigen refrigeración y capacidad de almacenamiento en frío (Achurra 1995). Cada una de estas áreas plantea desafíos tecnológicos no menores, ya

---

[6] Estas expresiones son usadas por primera vez en el documento de Díaz y Ramos (1997). La exportación de troncos, rollizos y chips corresponde a una exportación netamente primaria. La celulosa corresponde a un producto forestal de primer procesamiento, en tanto tablas de madera, muebles, papel y pañales corresponderían a un segundo procesamiento del recurso natural.

que mantener competitividad en el rubro exige estar en la frontera tecnológica.

Los servicios —que representan cerca de 20% de las exportaciones de bienes y servicios— han tenido una dinámica importante, con un crecimiento de 16.6 veces entre 1987 y 1995 en su componente no financiero. Los rubros de transporte y turismo explican 70% de las exportaciones de servicios. Otros rubros significativos corresponden a servicios portuarios, fletes y seguros, y recientemente surgen sectores como los servicios médicos, universitarios, previsionales, audiovisuales y consultorías, los que en buena medida no quedan registrados o aparecen en glosas asociadas a la exportación de bienes. No se cuenta con un adecuado registro de estas corrientes modernas de servicios profesionales y otros que muestran gran dinamismo (Figueroa, 1997). En este ámbito, la apertura ha sido hasta ahora de carácter unilateral, de modo que la evolución de los acuerdos puede tener importantes efectos también en el futuro comercio de servicios.[7]

En el marco de tal diversificación, aumenta el peso relativo de las manufacturas en la cesta exportadora, tanto de aquellas basadas en recursos naturales como de las que no lo están. Entre 1985 y 1995, las exportaciones de materias primas crecieron en volumen a 11.7% anual; las de recursos naturales de primer procesamiento en 15.8%, y las de segundo procesamiento en 23.6%. Es decir, todas ellas estuvieron por encima del PIB; las exportaciones no tradicionales aumentaron más que el promedio y las de mayor incremento fueron las más alejadas del recurso natural. Si bien en estos casos las tasas elevadas de crecimiento tienen que ver también con el reducido volumen de partida, lo relevante es el mantenimiento de tasas elevadas de expansión por varios años.

c) Especialización y mercados de destino

El patrón de especialización varía según los mercados de destino. Los mercados de la Unión Europea y de Asia son más intensivos en la adquisición de recursos naturales, mientras que América Latina concentra marcadamente las exportaciones industriales. Los productos

[7] ProChile estima que las exportaciones de servicios en 1999 ascenderán a 3,790 millones de dólares, si bien la cifra efectiva puede ascender a cerca de 6,000 millones de dólares, dado el subregistro de ellos.

industriales no basados en recursos naturales se orientan principalmente al área regional, en particular al mercado andino y luego al Mercosur. El carácter de la especialización exportadora según mercados y su impacto sectorial en el aparato productivo es un tema relevante frente a los acuerdos comerciales en los que Chile está involucrado (véase cuadro 3).

La participación de las exportaciones chilenas en el mercado de la OCDE sigue siendo muy reducida, ya que apenas creció de 0.23% a 0.26% entre 1980 y 1994, si bien con cambios de composición destacados. Aumentó la participación en el mercado de recursos naturales (de 0.26 a 0.75%) y se redujo la de manufacturas (de 0.21 a 0.11%) (OIT 1998).

En el mercado latinoamericano el desempeño fue menos satisfactorio, pues en el mismo periodo su participación cayó de 1.61% a 1.18%, incluso en recursos naturales, donde mejoró su presencia relativa en minerales y la redujo en productos agrícolas. En el Mercosur el desempeño es más destacado, ya que las exportaciones chilenas crecieron de 1.53 a 2.57%, resultado obtenido básicamente con recursos naturales, en particular productos agrícolas (de 2.80 a 5.94%).

El impacto del tipo de cambio real difiere según mercados de destino. Se aprecia una caída de competitividad para las exportaciones orientadas al TLCAN y una fuerte mejora competitiva en aquellas orientadas al Mercosur, dados los atrasos cambiarios de Argentina y Brasil, en distintos momentos de los años 90.

El impacto del tipo de cambio también difiere según sectores productivos. Baja el tipo de cambio real pertinente para la industria y la caída es marcada respecto de los últimos años de la década pasada. Los incrementos de productividad en la industria manufacturera son inferiores al promedio de la economía y sus costos laborales crecen más que el promedio.

Subsiste, en todo caso, un debate sobre el patrón de especialización. Los cinco principales productos aún representan casi la mitad de las exportaciones y si bien el cobre ha reducido su participación, todavía ésta alcanza cerca de 40% del total de bienes exportados. Los productos estrella de Chile en el mercado mundial son la harina de pescado, el cobre, la uva y el salmón.

Las exportaciones chilenas han mejorado su posición relativa en el comercio mundial, con tasas de incremento superiores a las de las exportaciones mundiales. Se concentran, sin embargo, en rubros de bajo dinamismo en el comercio internacional. En la terminología de los análisis de CEPAL sobre inserción internacional, Chile mejora en "efi-

Cuadro 3. Composición de las exportaciones destinadas a los principales macromercados

CONCEPTO	MERCOSUR	TLCAN	UNIÓN EUROPEA	JAPÓN	ASIA (sin Japón)	GRUPO ANDINO
Recursos naturales	32.1	52.8	72.3	48.5	69.2	15.7
Minería	25.2	31.1	63.0	46.1	60.9	5.5
Fruticultura	5.0	18.3	7.6	1.0	6.9	8.6
Agricultura	1.5	3.0	1.0	0.6	0.1	1.1
Ganadería	0.3	0.2	0.1	0.0	0.1	0.4
Silvicultura	0.1	0.1	0.4	0.3	0.9	0.1
Pesca extractiva	0.0	0.1	0.2	0.5	0.3	0.0
Recursos naturales procesados	29.7	34.3	21.3	49.8	28.0	43.7
Industria alimentaria	14.3	20.8	14.7	38.1	10.0	25.7
Industria celulosa, papel	14.0	0.8	5.3	2.4	14.7	15.2
Industria forestal y muebles	1.4	12.7	1.3	9.3	3.3	2.8
Productos industriales no basados en recursos naturales	38.2	12.8	6.3	1.7	2.8	40.7
Industria textil, prendas y cuero	3.1	1.0	0.5	0.0	0.1	4.6
Industria básica, hierro y acero	2.9	1.4	1.1	0.2	0.3	3.7
Industria prod., químicos	11.2	4.4	3.5	1.4	2.0	17.0
Industria prod., metal, maquinaria	18.6	4.6	0.7	0.0	0.3	11.8
Productos de barro y loza	0.6	0.5	0.0	0.0	0.1	2.0
Industria manufact. No especif.	1.8	0.9	0.5	0.1	0.0	1.6
Total exportaciones (mill. US$)	1,520.2	3,883.7	4,123.0	2,276.3	4,587.4	1,059.8

FUENTE: ProChile. Análisis de las exportaciones chilenas 2000.

ciencia", sin conseguir un buen "posicionamiento", esto es, sin ubicarse en rubros de elevado dinamismo (CEPAL 1992). Con ello, su destacado desempeño exportador, fuertemente dependiente de recursos naturales, se consigue desplazando competidores, lo que lo hace vulnerable a presiones proteccionistas.

La estructura exportadora se encuentra altamente concentrada. Diez empresas abarcan cerca de 40% de las exportaciones (dos son estatales). De acuerdo con cifras de 1999 de ProChile, aquéllas con mayores volúmenes de facturación (sobre 10 millones de dólares) constituyeron 3.7% de las empresas exportadoras y se responsabilizaron por 81% del total de las exportaciones; las medianas (entre 100 mil y 10 millones de dólares) representaron 38% de las empresas exportadoras y 18.7% de las exportaciones, en tanto las pequeñas (menos de 100 mil dólares) empresas exportadoras (58% del total) cubrían apenas 0.5% de las exportaciones.

Existe una elevada rotación (empresas que entran y salen) en el negocio exportador, lo que conspira contra las ventajas del aprendizaje comercial y tecnológico, y dificulta la construcción de redes estratégicas y alianzas con clientes y proveedores. Esta rotación es más acentuada en empresas de menor tamaño, por lo que asegurar una presencia más estable y profunda de las pequeñas y medianas en el negocio exportador es parte significativa del esfuerzo de "profundización exportadora".

d) Posición competitiva

Los informes más conocidos de competitividad internacional conceden a Chile un lugar destacado en el concierto internacional, que supera incluso el de varias naciones industrializadas. Si bien las metodologías de estos informes pueden ser altamente cuestionables, todos ellos comprueban avances significativos en diversos ámbitos de la evolución económica nacional. En general, entre los activos destacan el dinamismo del crecimiento, del ahorro y de la inversión; la baja inflación, la orientación de la economía al exterior, el predominio del mercado, el riesgo asumido a escala individual y la tendencia a mayores alianzas estratégicas. También se valora positivamente el tamaño reducido del gobierno, su política fiscal y su bajo nivel de intervención, si bien se cuestiona su reducido avance en modernización.

Entre las debilidades de la competitividad chilena se menciona el tamaño pequeño de su mercado, la reducida capacidad tecnológica local y la productividad global de la economía. También se destaca la débil base exportadora en productos industriales, la reducida producción de bienes de capital y la escasa exportación de manufacturas y productos de ingeniería. Se agregan, además, la vulnerabilidad de la infraestructura de transporte, los reducidos montos de investigación y desarrollo para las empresas y los rezagos en educación y capacitación. En materia de instituciones públicas, se llama la atención sobre el rezago nacional en legislación antimonopolios, leyes y normativas ambientales, protección al consumidor y eficiencia del sistema judicial.

e) ¿"Segunda fase exportadora" o "profundización exportadora"?

El debate sobre la "segunda fase exportadora" no parece haber sido bien conducido. En la práctica, terminó reduciéndose a una polaridad algo extrema entre recursos naturales y manufacturas, y más recientemente servicios, sin dar cuenta de las debilidades competitivas o de un mejor aprovechamiento del potencial competitivo asociado tanto a los recursos naturales como a las ventajas competitivas creadas con una década de crecimiento elevado y estable.

Es por ello que quizá sea más eficaz debatir en torno a los desafíos de una "profundización exportadora", que permita aprovechar ventajas y reducir vulnerabilidades competitivas. Por lo pronto, no puede desconocerse la magnitud del desafío tecnológico presente en la exportación de recursos naturales de primera o segunda elaboraciones, en materia de producción, gestión, calidad, presentación, transporte y comercialización. En varias de estas áreas el desafío es más pronunciado que en muchas exportaciones de manufacturas y servicios.

No se trata de dar la espalda al recurso natural, sino de potenciar su uso, estableciendo el máximo de eslabonamientos rentables en torno al mismo, hacia atrás y hacia adelante. El aprovechamiento de los múltiples recursos naturales impone tareas de investigación, orientadas a definir la magnitud y los costos de la brecha tecnológica y de conocimientos entre los sectores que sean potenciales candidatos a vincularse al recurso natural respectivo, adecuando las políticas de fomento productivo y de promoción de exportaciones a tal objetivo.

La promoción de normas de calidad, la creación de institutos de formación técnica, la readecuación y el fortalecimiento de las actividades de capacitación, e incluso el componente territorial del fomento productivo son tareas que cabe profundizar, sea que la "segunda fase exportadora" haya dado paso a la "tercera fase" o que se le perciba como innecesaria.

Desde esta óptica, la "profundización exportadora" tiene más que ver con reforzar la diversificación de productos, mercados y ampliación de la base empresarial exportadora que con una preferencia *a priori* por determinadas exportaciones sectoriales. En tal sentido, y sólo listando ámbitos de política que no cabe aquí desarrollar, pueden mencionarse, por ejemplo, el estímulo a la formación de comercios de exportación, a la inversión en el exterior en cadenas de comercialización y distribución, de operaciones conjuntas con empresas locales en los mercados de importadores, a la instalación de empresas importadoras de productos nacionales en los principales mercados de destino en alianza con inversionistas locales. Ello, junto a un mayor énfasis en las actividades de promoción, calidad, marca y seguros a la exportación, debieran constituir rasgos destacados de una "profundización exportadora", articulada en torno a la base de recursos naturales, pero incorporándoles conocimiento y tecnología a los eslabonamientos de manufacturas y servicios que se liguen a dichos recursos (Rosales, 1995).

Del mismo modo, asegurar una presencia mayor y más estable de empresas de tamaños pequeño y mediano en el esfuerzo exportador, incorporando incentivos al exportador indirecto y a las exportaciones de servicios, en armonía con los lineamientos de la Organización Mundial del Comercio (OMC), puede representar un mecanismo apropiado para profundizar el dinamismo exportador, mejorando la distribución de los beneficios de la estrategia exportadora.

IV. La política comercial

La política de comercio internacional es una pieza central del desarrollo económico de Chile. Dado el tamaño relativamente pequeño del mercado interno, el potencial de crecimiento económico del país está asociado de forma directa a una aplicación exitosa del modelo de desarrollo exportador. Este postulado no es tanto político ni ideológico, sino que se basa en el hecho que 50% del PGB está vinculado al sector externo, lo cual supera 70% si incluimos el sector servicios.

Dada la escasa incidencia de Chile en el comercio mundial (0.3% del total), la consiguiente dificultad por imponer sus puntos de vista unilateralmente y la diversidad de mercados con los que mantiene intercambios económicos importantes, es necesario negociar acuerdos que incluyan la mayor cantidad de temas y disciplinas comerciales con el conjunto de nuestros socios comerciales significativos. Sólo de esta manera, a través de un conjunto de acuerdos comerciales, podremos obtener un efecto de bienestar neto y neutralizar los potenciales efectos de la desviación del comercio.[8]

Principales criterios de la política de comercio exterior

Durante los últimos 20 años, dentro de contextos de política general muy diversos, la economía de Chile ha pasado de monoexportadora (el cobre), basada en un modelo de sustitución de importaciones, a abierta y diversificada, basada en el sector externo como factor dinamizador.

Una etapa inicial de este proceso de internacionalización de la economía chilena se desarrolló durante los años de la dictadura militar (1973-1989), básicamente por medio de la liberalización y apertura unilateral de la economía, con una reducción significativa de aranceles y una simplificación de las normas que rigen el comercio y las inversiones. Este proceso se inició en los años 70, mucho antes que en el resto de América Latina, que aún seguía un modelo de industrialización bastante proteccionista, basado en la sustitución de importaciones.

La vía de la inserción unilateral ha llevado a la economía chilena a ser una de las más abiertas del mundo, tanto en lo que se refiere a los intercambios de bienes y servicios como a los movimientos de capitales y tecnologías. Considerando un arancel parejo de 6% en el año 2003, no existe un espacio significativo para continuar por esta vía; más aún, cuando ella no se traduce en alguna apertura a las actividades de Chile en el exterior, sobre todo en un mejor acceso a los mercados para las exportaciones de bienes o servicios. De allí que aunque reste algún

---

[8] G.W.Harrisson, T.F.Rutherford y D.G.Tarr, *NAFTA, Mercosur and Additive Regionalism in Chile: A Quantitative Evaluation*, World Bank (mimeo), 1997.

espacio en este ámbito, la prioridad en esta década radica en la inserción concertada.[9]

Durante la primera década, las políticas del gobierno militar tuvieron efectos económicos y sociales bastante negativos en muchos aspectos (desindustrialización, bajo ritmo de crecimiento, elevado desempleo, aumento de la pobreza, crisis financiera). Sólo en la segunda mitad de los 80, los cambios en la política económica se empezaron a traducir en un proceso de crecimiento económico sostenido, en el auge del sector externo y en mejoras de la competitividad internacional de la economía chilena. Este proceso se aceleró en los 90, incorporando nuevos elementos de política económica y social.

En la actualidad, Chile ocupa el lugar N° 18 a nivel mundial en términos de competitividad internacional (World Economic Forum) y tiene la mejor clasificación de riesgo en América Latina (A, de Standard & Poor's). También en términos de desarrollo humano (indicadores sociales, económicos y de participación ciudadana) la posición de Chile ha mejorado mucho: en América Latina, a pesar de muchos problemas que aún enfrenta, ocupa el lugar N° 1 y a nivel mundial, el N° 34 (PNUD, Informe de Desarrollo Humano, 1999).

La política económica ha favorecido al sector externo, que actualmente representa casi 50% del producto nacional. Ha habido un incremento promedio de 10% del comercio entre 1991 y 1998, mismo que se ha diversificado tanto en productos como en mercados y número de empresas (ver cuadro 4). La actual situación del sector externo no sólo es muy distinta a como era en 1970, sino que difiere también sustancialmente de 1985 (las exportaciones se triplicaron desde entonces) e inclusive en 1990. ¡La democracia además ha mostrado ser buena para los negocios!

Chile ha sido históricamente un país exportador de recursos naturales, en especial de cobre, y lo sigue siendo en buena medida. Sin embargo, gracias a los esfuerzos realizados en la última década y media, tanto desde el Estado como en el sector privado, para incentivar las exportaciones no tradicionales, mientras el total de las exportaciones aumentaba, el porcentaje de las exportaciones de recursos natura-

---

[9] A mediados del 2000, con un arancel parejo de 9%, el arancel efectivo de las importaciones, considerando el efecto de los acuerdos comerciales es de 6.5%. Por ende, en el año 2003, cuando el arancel sea de 6%, el efectivo será cercano a 4%.

Cuadro 4. Chile: indicadores
de diversificación exportadora

	1970	1985	1990	1997
Exportaciones b. y servicios (precios 1986, 1985=100)	—	100	191	329
Exportaciones (US$mill corr.)	1,112	3,804	8,614	16,770
Cobre	76%	47%	46%	42%
Materias primas	—	17%	16%	12%
RRNN de 1° procesamiento	> 24%	24%	25%	24%
RRNN de 2° proc. y manuf.	—	11%	13%	22%
N° de productos	200	1,437	2,796	3,771
Mercados	31	120	122	166
Exp. por mercados de destino (%)				
Asia	12	19	26	35
Unión Europea	61	33	37	28
América Latina (sin México)	12	17	13	19
TLCAN	15	24	18	19
Participación % de:				
5 mayores exportadores	86	59	55	47
10 mayores exportadores	90	71	68	60
Número de exportadores	150	2,345	4,125	5,841

FUENTE: Chile, Ministerio de Economía (1998), datos de ProChile y Banco Central.

les sin procesar se ha reducido de dos tercios del total en 1985 a aproximadamente la mitad del total en 1997. Simultáneamente, se han incrementado las exportaciones de recursos naturales procesados y de manufacturas. Las exportaciones no tradicionales que en 1991 representaban 28% de las totales, hoy representan cerca de 40% del total.

En esta tarea de diversificación de la canasta exportadora ha sido fundamental la labor de ProChile, el organismo chileno de promoción

273

de exportaciones que busca y promueve nuevos nichos en el mercado internacional, esforzándose por ir más allá de las exportaciones tradicionales de Chile. Es así como el auge del salmón, de la fruta y del vino chileno en los mercados internacionales más exigentes está bastante ligado al trabajo de este organismo.

Los productos que Chile exporta difieren también según la región de destino. Por ejemplo, Japón —segundo destino de las exportaciones de Chile— importa principalmente recursos naturales sin procesar, que luego elabora. Los países de América Latina, por otra parte, importan un porcentaje mayor de productos industriales.

Chile ha diversificado de tal manera sus mercados de exportación que, en la actualidad, su comercio con las distintas regiones del mundo está bastante equilibrado. Las cifras de los últimos años nos muestran una participación muy balanceada de los distintos mercados de exportación, con alrededor de 30% a Asia y Europa —aunque en el periodo 1997-1999 las exportaciones al Asia disminuyeron por la crisis— y cerca de 20% a América Latina y los países del TLCAN. Esta diversificación de mercados aumenta la capacidad de negociación de una economía pequeña como la chilena y le permite enfrentar mejor los problemas en mercados específicos, como ha ocurrido recientemente con las economías del este de Asia.

La estrategia económica ha apuntado a profundizar la inserción internacional en un mundo que se globaliza, si bien buscando hacerlo de una manera activa, ordenada y equilibrada, perfeccionando e intensificando la vía de la inserción internacional concertada con los países y las agrupaciones de países de mayor importancia política y económica para Chile.

El régimen militar tuvo una respuesta "pasiva" al proceso de globalización. Incorporó al país a este proceso abriendo sus fronteras, unilateralmente, sin promover las actividades externas que sería necesario se realizaran en nuestro territorio ni esperar a que el resto del mundo abra sus fronteras para las actividades que son de interés primordial para el desarrollo nacional. Los rasgos básicos de esta modalidad son la acción unilateral, la apertura y la neutralidad ante las actividades correspondientes.

La Concertación inició una nueva estrategia ante la globalización. Se trata de una respuesta "activa", en el sentido de que Chile define las actividades y los países, subregiones o regiones con los cuales desea profundizar sus vínculos. Se trata de concertar, al mismo tiempo, tanto nuestra inserción en el exterior como la de las otras naciones en Chile. Se avanza en la apertura internacional con aquellos países o agrupaciones de países que están dispuestos a abrir sus fronteras a las actividades económicas de Chile. Para estos efectos, se han suscrito acuerdos económicos internacionales con nueve países, tres con agrupaciones de países y dos con organizaciones multilaterales; además, se participa en dos foros multilaterales.

El año 2000 enfrenta al país a un escenario ya estructurado, en buena medida, conforme a los importantes avances registrados en la estrategia de inserción concertada en aplicación. En virtud de los acuerdos económicos internacionales (15) o los proyectos suscritos (2), Chile tiene compromisos con 63 países de las regiones mencionadas, los cuales representan cerca de 95% de los intercambios comerciales y más de 90% de las inversiones extranjeras en territorio chileno o de nuestro país en el exterior. Los instrumentos suscritos más relevantes se refieren a acuerdos para establecer preferencias comerciales (3), zonas de libre comercio (8), asociación política y económica (1) y, en el campo de las inversiones, los convenios de promoción y protección (47) y los de doble tributación (3).

El elemento común en todos los pactos es la liberación del comercio de bienes. Los compromisos suscritos en la materia determinan que ya existen cuatro zonas de libre comercio en pleno funcionamiento (Colombia, Ecuador, México y Venezuela) y se completarán otras tres hacia el año 2004 (Canadá, Mercosur y Perú). Además, están por definirse los programas de liberación con los países centroamericanos. Los programas excepcionales de liberación vigentes con estos países, para un número reducido de productos, implican compromisos hasta el año 2016. Los acuerdos con Bolivia y Cuba sólo se refieren a preferencias comerciales para productos determinados. Para el resto de los acuerdos (Unión Europea, ALCA y APEC), aún se deberán concertar los respectivos programas de liberación de los intercambios.

1. Los instrumentos de la política comercial

La apertura unilateral

Para un país pequeño como Chile la apertura unilateral es una buena política, ya que contribuye a una asignación de recursos más adecuada y, en consecuencia, maximiza el bienestar de la comunidad como un todo. La apertura unilateral aplicada por Chile, a partir de mediados de la década de los años 70, contribuyó al acelerado crecimiento de las exportaciones tanto tradicionales como no tradicionales, y a estimular una mayor diversificación en términos de productos y mercados de destino.

Los gobiernos de la Concertación no sólo han mantenido, sino que han profundizado esta apertura unilateral. Desde la transición democrática, en marzo de 1990, la economía chilena ha emprendido una segunda etapa de internacionalización, en la cual se combina la continuación de la apertura unilateral con una activa política multilateral y de negociación de acuerdos comerciales. En 1991, el gobierno del presidente Aylwin redujo el arancel externo parejo de 15 a 11%. Simultáneamente, inició la negociación de acuerdos bilaterales y subregionales en el hemisferio occidental. El Congreso aprobó en 1998 una nueva rebaja arancelaria progresiva de 1% anual durante los siguientes cinco años, con lo cual el arancel externo chileno se habrá reducido a 6% en el año 2003. Ésta es una medida realmente audaz en el actual contexto internacional, donde se observa cierto resurgimiento del proteccionismo, que está orientada a contribuir al incremento de los niveles de productividad y competitividad internacional de la economía chilena.

Adicionalmente, se profundizó la apertura del sector de telecomunicaciones, del sector financiero, de infraestructura pública y las privatizaciones. Es decir, se ha puesto énfasis en las áreas "no tradicionales" de la política comercial.

Las negociaciones multilaterales

Los acuerdos económicos internacionales, multilaterales y bilaterales, han complementado y completado la apertura unilateral en aquellos aspectos que ésta no puede intervenir ni resolver.

Los acuerdos internacionales tienden a reducir los costos de transacción de las relaciones económicas internacionales, especialmente en la actualidad, ya que proveen un conjunto de reglas aplicables a sus miembros que generan estabilidad, estimulan la transparencia a través de obligaciones específicas y aseguran su cumplimiento por medio de instrumentos vinculantes que reducen los incentivos de desviarse de las reglas.

El sistema multilateral de comercio es, desde el punto de vista chileno, el foro de negociaciones económicas internacionales más importante, pues participan en él los principales países con los que Chile comercia. Una negociación en este ámbito representa la mejor opción para Chile y la que reporta mayores beneficios por tener carácter multilateral: Chile se beneficia de las concesiones económicas que se intercambien entre sus miembros, independientemente del tamaño y peso relativo y del nivel de desarrollo que ostenta. Sin embargo, ésta es una institución con limitaciones e imperfecta.

Cabe señalar también que, siendo los resultados de la Ronda Uruguay —que concluyó finalmente en 1993— muy significativos, no se lograron todos los avances que esperaba Chile (por ejemplo, en el área de acceso a mercados en agricultura). En consecuencia, la velocidad y profundidad de la apertura comercial que se puede lograr en el plano multilateral es limitada.

Los acuerdos bilaterales y regionales de libre comercio

En la década de los años 90, en un contexto político-económico caracterizado por la formación de bloques económicos excluyentes (TLCAN, UE, Asia-Pacífico, Mercosur, etc.), Chile buscó una forma de "proteger" y profundizar el esquema de desarrollo adoptado durante las dos últimas décadas, caracterizado por su apertura económica y por un crecimiento estimulado por su comercio exterior. Esto explica la búsqueda de los acuerdos económicos internacionales como complemento de su política de apertura unilateral. Chile optó por una política activa de acuerdos regionales para poder avanzar y consolidar la liberalización de su comercio internacional.

Chile ha realizado mayores esfuerzos y ha buscado, de manera constante, oportunidades de negociación con aquellos países o grupos de países con los que más comercia (Mercosur, los países de la Comunidad Andina, la Unión Europea, América del Norte, Corea y Japón), algunos de los cuales han emprendido procesos de integración cuyas repercusiones económicas para la nación andina son muy significativas.

La política de negociación de acuerdos con países o bloques subregionales de las Américas y la negociación del Área de Libre Comercio de las Américas (ALCA) han tenido una importancia especial. El continente americano es el área económica más cercana a Chile, con la cual es posible un proceso de integración real y que concentra más de 40% del comercio exterior del país.

V. Objetivos de las negociaciones comerciales

La negociación de acuerdos bilaterales o regionales busca alcanzar un número importante de objetivos:

a) *Abrir los mercados.* La política de negociación de acuerdos económicos internacionales ha buscado, en primer lugar, abrir los mercados externos para asegurar el mejor desarrollo de las exportaciones de Chile. Esta acción unilateral obviamente no tiene como contrapartida necesaria una apertura de los mercados de los socios comerciales de Chile. Más aún, en virtud de los acuerdos se puede lograr una apertura preferencial, segura y predecible, que facilite el desarrollo de proyectos en el campo exportador.

b) *Asegurar las condiciones de acceso y la estabilidad de las exportaciones.* Nuestra región se ha caracterizado por condiciones económicas y políticas comerciales inestables. Pese a que la apertura comercial en la década del 90 ha sido notable, ello no se ha reflejado con similar intensidad en la remoción de barreras no arancelarias ni en las disciplinas que rigen las diversas dimensiones del comercio. A través de los acuerdos bilaterales ha sido posible resguardar estas condiciones. Tres ejemplos ilustran el punto: Brasil, a raíz de sus dificultades financieras externas, entre 1998 y 1999, aplicó medidas restrictivas a sus importaciones, las que se extendieron a Chile, Bolivia y al resto de sus socios del Mercosur. Dos de estas medidas —la restricción de los créditos para el financiamiento de importaciones y la aplicación de licencias no automáticas para el ingreso de importaciones— se han aplicado a Chile, Bolivia y el resto de los socios de Mercosur, con esquemas de operación excepcionales que, sin derogar las medidas, permiten un sostenimiento parcial de las corrientes de comercio. México, por su parte, aumentó sus aranceles para los socios de la OMC después de 1993, pero no para Chile, en virtud del acuerdo de libre comercio vigente.

c) *Eliminar barreras al comercio que de otras maneras resultaría más difícil.* El sistema multilateral de comercio tiene ciertas reglas que pueden inhibir la capacidad de negociación de un país pequeño como Chile. En efecto, la cláusula de nación más favorecida, que es un pilar del sistema, por medio del cual Chile se ha beneficiado de aperturas negociadas por otros países, es también una limitante en cierta

278

medida: al no ser un productor relevante a nivel mundial de un determinado bien, existen limitados espacios de negociación (regla del principal abastecedor). Miremos este aspecto con un ejemplo concreto. En Chile actualmente hay tres compañías armadoras de automóviles: General Motors, Peugeot y Renault; esta última produce, además, algunas partes y piezas. Chile negoció con México, de manera bilateral, la apertura de las exportaciones de vehículos hacia ese mercado en condiciones muy favorables, al margen de las disposiciones de su legislación automotriz: las reglas de origen son mucho más sencillas que las del TLCAN y, desde 1996, el comercio está liberado por completo. Es así como las exportaciones chilenas de vehículos a México han aumentado de modo significativo. La eliminación de estas barreras no habría sido posible para Chile en una negociación multilateral, puesto que nuestro país no es un productor relevante en el mercado mundial. La negociación bilateral estimuló una exportación que la apertura unilateral no había podido producir.

d) *Avanzar en todas las dimensiones del comercio.* Las negociaciones de la Ronda Uruguay procuraron incorporar un número significativo de nuevas dimensiones a las reglas multilaterales vigentes desde la creación del GATT en 1947. Aun cuando los resultados fueron muy notables, se visualizan diversas debilidades. La complejidad que se agrega a las negociaciones comerciales al incorporar más y sensibles dimensiones, refuerza la idea de que existen mejores perspectivas para resolver a satisfacción este tipo de aspectos bilateralmente. Un objetivo primario es, en consecuencia, promover y proteger las inversiones de Chile en el exterior, las exportaciones de servicios que en general se asocian a éstas y las que no están ligadas a nuestras inversiones. En el marco de estos acuerdos, se han podido avanzar y consolidar medidas para asegurar que los armadores chilenos accedan a las cargas bilaterales, así como desde y hacia terceros países en materia de transporte marítimo, sin restricciones. Recientemente, en el marco de las negociaciones del nuevo tratado con México se eliminó la restricción indirecta que pesaba sobre el transporte de vehículos que beneficiaba el transporte en buques mexicanos, controversia que se prolongaba desde 1991.

Otro tema importante para Chile es la posibilidad de eliminar la aplicación de derechos *antidumping*. Ésta es una tarea muy difícil de lograr en el plano multilateral: en la negociación con Canadá se logró y esperamos poder alcanzarlo pronto con México. Estos avances constituyen, de hecho, medidas ejemplares y de vanguardia para las negociaciones comerciales hemisféricas en curso.

e) *Proteger el acceso de nuestra exportaciones.* La existencia de programas de preferencias unilaterales que discriminan contra algunas de nuestras exportaciones (por ejemplo, preferencias de Estados Unidos y la UE en favor de los países productores de coca; la puesta en marcha del TLCAN; la negociación de acuerdos bilaterales por parte de Estados Unidos con países que tienen exportaciones que compiten con las de Chile en el mercado estadounidense; la negociación de acuerdos entre la Unión Europea con el Mercosur o con Sudáfrica, y la formación misma del Mercosur; pueden tener efectos adversos para las exportaciones de Chile por las secuelas de desviación de comercio y la pérdida de nuestra posición competitiva en esos mercados. Chile busca prevenir estos resultados resguardando, al menos, las mismas condiciones de acceso de las que gozan sus competidores.

f) *Promover la exportación de bienes manufacturados.* La relación de nuestro comercio con la región latinoamericana es distinta a la del resto del mundo. Las exportaciones de productos con más valor agregado tienen mayor estabilidad de precios, e incorporan más empleo, tecnología e innovación, ambos elementos centrales del desarrollo económico.

g) *Resguardar sectores sensibles.* Considerando el rezago competitivo de la agricultura tradicional, orientada al mercado interno, las negociaciones comerciales han buscado plazos de desgravación más prolongados para facilitar la readecuación competitiva de estos sectores, permitiendo que operen los programas de reconversión en marcha.

¿Cuál es la evaluación de los acuerdos negociados hasta el presente?

En primer lugar, el acceso preferencial a mercados de casi 500 millones de habitantes ha redundado en el incremento y la diversificación de las exportaciones chilenas. En la actualidad, aproximadamente 20% de las exportaciones de Chile se realizan en el marco de los acuerdos comerciales.

Las evaluaciones de las acuerdos vigentes con Mercosur, México, Colombia y Venezuela son satisfactorias . Si consideramos los efectos de desviación y creación de comercio, criterio utilizado para medir su impacto sobre el bienestar, éstos resultan muy pequeños. Por otra parte, si uno mira lo que ocurría antes de la crisis asiática, con el comercio de Chile y sus socios comerciales y el resto del mundo, se observará que, en términos globales, el comercio chileno con aquellos países con los que ha suscrito acuerdos y con el resto del mundo ha seguido expandiéndose.

En términos de composición, los estudios indican que los acuerdos han promovido, o bien resguardado, las exportaciones de bienes con mayor valor agregado. Ellas han sido de las principales preocupaciones de los gobiernos de la concertación en los años 90. Pero el incremento de las exportaciones con mayor valor agregado también ha estado acompañado del aumento de exportaciones tradicionales chilenas y de productos agrícolas que, en algunos casos, no se vendían por diversas trabas que afectaban sus posibilidades de acceso a los mercados externos.

Estos conceptos han guiado la negociación de los ocho acuerdos comerciales vigentes (Mercosur, Canadá, México, Ecuador, Venezuela, Colombia, Perú, Bolivia) y son también los que orientan las negociaciones en curso. Entre ellos:

- Tratados de Libre Comercio (Centroamérica, Corea)
- Área de Libre Comercio de las Américas (ALCA)
- Asociación con la Unión Europea
- Programa de liberalización de APEC

Adicionalmente, Chile está ampliando y profundizando algunos de los acuerdos ya existentes (Mercosur, Colombia) y aspira a lograr una creciente convergencia de los acuerdos que ya se han suscrito y que se están negociando. En este marco, la negociación del ALCA, sin duda el proyecto económico y político más ambicioso que se había planteado hasta ahora en el continente americano, adquiere una relevancia especial, ya que permitirá la confluencia de las distintas iniciativas comerciales que la nación chilena ha ido desarrollando en la región.

En lo que hace al ALCA, el gobierno de Chile desea precisar los plazos del final de las negociaciones. Propondremos en la Tercera Cumbre de las Américas de Quebec, en abril de 2001, que los mandatarios instruyan a los ministros de comercio para completar la negociación del ALCA para fines del 2003, de modo que en la Cuarta Cumbre de las Américas, en abril del 2004, pueda firmarse el acuerdo.

Estados Unidos no ha podido concretar su invitación del año 1994 de negociar con Chile, por las dificultades de la administración Clinton para lograr la autorización a fin de negociar por la vía rápida (*fast-track*). El interés de Chile por negociar con Estados Unidos ha cambiado desde principios y mediados de los años 90. Hoy, las razones para negociar con Estados Unidos son las mismas que para hacerlo en el ALCA: mejorar el acceso a ese mercado, eliminando el escalonamiento arancelario; tener reglas claras y permanentes; y —esto es posiblemente lo más importante— lograr mecanismos adecuados para resolver los conflictos comerciales. A mediados del 2000, aprovechando la Comisión Conjunta de Comercio e Inversión, se ha activado la relación económica bilateral con Estados Unidos, originándose varios grupos de trabajo en un amplio espectro de temas comerciales.[10] En caso de que un nuevo clima político en Estados Unidos permita la aprobación de la vía rápida en 2001, este trabajo técnico habrá avanzado lo suficiente como para que Chile sea un socio natural para iniciar negociaciones en pos de un acuerdo de libre comercio.

Mientras tanto, Chile ha negociado sendos acuerdos comerciales con los dos otros socios del TLCAN. El Tratado de Libre Comercio con México, ratificado en 1999, incorpora normas y disciplinas que el convenio de 1991, básicamente de reducción de aranceles, no contenía. El acuerdo comercial con Canadá, firmado en 1996 y ratificado por el Congreso chileno en 1997, es sin duda el más completo y moderno que Chile ha suscrito hasta ahora. Es un instrumento único y ejemplar en el continente, por cuanto contempla la renuncia a la aplicación de mecanismos *antidumping*, una vez liberalizado el comercio. Por otra parte, anexos al pacto Chile-Canadá, se suscribieron sendos acuerdos de cooperación laboral y del medio ambiente, en los cuales ambas partes

---

[10] Algunos, tradicionales en la agenda de las negociaciones económicas: las inversiones, los servicios, compras gubernamentales, normas técnicas y estándares para el comercio de bienes; otros son asuntos novedosos, como el comercio electrónico, las visas de negocios, los asuntos laborales y ambientales, y la participación de la sociedad civil.

se comprometen a respetar su propia legislación nacional y determinados principios internacionalmente aceptados en estas materias. Estos acuerdos no incluyen sanciones comerciales, aunque sí contemplan multas y, más que un espíritu punitivo, expresan una voluntad de cooperación. Estos acuerdos, que permiten una primera aproximación a una temática de creciente importancia en la agenda internacional, son únicos en Sudamérica.

Por otra parte, los convenios de cooperación suscritos con Canadá expresan una preocupación cada vez mayor y con más presencia en los foros de negociación comercial internacional: para que los acuerdos comerciales tengan sentido y legitimidad política es crucial recoger adecuadamente las propuestas e inquietudes de la sociedad civil sobre los temas que se negocian. Sin embargo, Chile ha planteado que establecer este tipo de instrumentos es distinto a vincular las normas ambientales y los derechos laborales al comercio o a tratarlos en sí mismos en los foros comerciales. Se ha negado, asimismo, al establecimiento de sanciones comerciales en caso de no cumplimiento, ya que esto puede alentar una alianza entre sectores interesados en los derechos laborales y el medio ambiente, por un lado, y sectores productivos proteccionistas, por el otro.

En noviembre del 2000 se realizará la tercera ronda de negociaciones con la Unión Europea. En el plano económico, el asunto aspira a concluir con un acuerdo de libre comercio de amplia cobertura. La negociación de libre comercio con la Unión Europea constituye una prioridad, ya que se trata del principal mercado de destino de nuestras exportaciones (26%, entre 1990 y 1999) y la principal fuente de inversión directa (36% del total). Considerando el escalonamiento arancelario en la UE, además de consolidar el acceso a las actuales exportaciones, este hecho mejorará el acceso de productos elaborados, favoreciendo, por ejemplo, a la agroindustria, la química o los textiles.

La negociación con la UE constituye una de las mayores prioridades del sector privado. En cada una de las fases, el contacto con ellos ha sido permanente y fluido, se ha acordado en conjunto la estrategia de negociación y tal comunicación deberá intensificarse en las etapas siguientes.

También estamos avocados a desarrollar una nueva etapa en las relaciones bilaterales entre Chile y Japón. A este efecto, se constituyó un Grupo de Estudio de Alto Nivel que concluirá un estudio sobre el "Impacto Potencial de un Acuerdo de Libre Comercio entre Chile y

Japón", con base en un esquema común y con reuniones conjuntas cada 10 semanas para examinar los avances logrados. Nuestra evaluación es que las negociaciones para un acuerdo de libre comercio bien podrían iniciarse el próximo año. Mientras tanto, las pláticas con Corea se están desarrollando más o menos en los tiempos previstos. Por otra parte, Nueva Zelandia, Australia y Singapur, así como los países del EFTA y la India han expresado su disposición para negociar en la misma dirección. Nos encontramos evaluando tales invitaciones.

En este contexto, manteniendo nuestros principios de apertura comercial y liberalización de mercados, no podemos marginarnos iniciativas importantes que se gesten en cualquiera de nuestros megamercados. En ocasiones, se consulta respecto de cuál es nuestra prioridad en un contexto de superposición de acuerdos: nuestra prioridad es impulsar la liberalización en el acceso al conjunto de nuestros mercados relevantes.

Finalmente, el dato más relevante del 2000 es la posibilidad de ingreso pleno al Mercosur en el contexto del relanzamiento de esta instancia. Dicho acceso supone un paquete de negociación que incorpora coordinación y convergencia macroeconómica; señales efectivas del Mercosur para orientarse hacia esquemas que favorezcan el libre intercambio, incluyendo su convergencia hacia el arancel chileno de 6%, el acuerdo de libre comercio con México y, eventualmente, con Sudáfrica; un esquema de solución de controversias eficaz y transparente que estimule con efectividad el intercambio recíproco. Considerando que la convergencia arancelaria puede tomar un lapso prolongado, Chile aspira a mantener su autonomía para negociar tratados comerciales con sus socios más relevantes, particularmente con la Unión Europea y Estados Unidos.

Nuestro interés por ingresar al Mercosur no ha reducido el atractivo de negociar con Chile. Seguimos siendo percibidos como una experiencia destacada, donde un modelo económico de apertura, como hay muchos, ha coincidido en democracia con una rigurosa gestión macroeconómica, sólidos resultados en crecimiento, orientación exportadora y avances en la reducción de la pobreza.

VI. REFLEXIONES FINALES

Luego de una década de política de comercio internacional exitosa, en 1999 el enfoque aplicado hasta el presente parece exigir una renovación. La crisis económica internacional, la brusca caída de los precios internacionales de las materias primas y, por ende, el impacto adverso en términos de intercambio han reactualizado la inquietud por la vulnerabilidad de Chile frente a las fluctuaciones en el precio de los productos, a pesar de los avances en el proceso de diversificación de las exportaciones. Es necesario abordar una fase de "profundización exportadora", aprovechando para ello los espacios que puedan abrirse con las negociaciones internacionales bilaterales o en el marco multilateral de la OMC y de la consolidación de los avances en la integración económica del continente americano, manteniendo la opción del regionalismo abierto como principio central de la política de comercio internacional de Chile.

REFERENCIAS BIBLIOGRÁFICAS

FLACSO, Frohmann A., Octubre 1999, "Chile: Internacionalización de la Economía y Política Comercial.

Achurra, M. 1995. "La experiencia de un nuevo producto de exportación: los salmones", en: P. Meller y R. Eduardo. Sáez, eds. *Auge exportador chileno. Lecciones y desafíos futuros"*, Santiago, Cieplan, Dolmen.

CEPAL. 1992. "Equidad y transformación productiva: un enfoque integrado", LC/G.1701(SES.23/3), febrero, pp. 112 a 120.

CEPAL. 1994. "El crecimiento económico y su difusión social: el caso de Chile de 1987 a 1992", LC/R. 1483, diciembre, Santiago.

CEPAL. 1996. "Fortalecer el desarrollo. Interacciones entre macro y microeconomía", LC/G. 1898 (SES.26/3), marzo.

Díaz, A. y J. Ramos. 1997. "Apertura y competitividad", en: R. Cortázar y J. Vial, eds. *Construyendo opciones. Propuestas económicas y sociales para el cambio de siglo*, Santiago, Cieplan.

Figueroa, I., 1997, *Principales rasgos de la inserción de Chile en la economía mundial. Año 1996*, Santiago, Dirección General de Relaciones Económicas Internacionales, Ministerio de Relaciones Exteriores de Chile, mayo.

Meller, P. y R. Sáez, 1995. *Auge exportador chileno. Lecciones y desafíos futuros*, Santiago, Cieplan, Dolmen.

Mideplan. 1996. *Balance de seis años de las políticas sociales, 1990/1996*, Santiago, Ministerio de Planificación y Cooperación, agosto.

PNUD. 1996. *Desarrollo humano en Chile 1996*, septiembre.

Rosales, O. 1995. "Política industrial y fomento de la competitividad", *Revista de la CEPAL* 53, agosto.

Chile y Mexico: un caso de crecimiento explosivo del comercio y la inversión bilaterales, sustentado en desarrollos productivos complementarios

Gabriel Rodríguez García-Huidobro*

I. Chile y México: una "relación especial"

Analizar las relaciones comerciales entre Chile y México en los últimos 10 años es un interesante ejercicio no sólo en políticas comerciales comparadas, sino también en la profunda correlación entre decisiones de políticas y resultados comerciales y económicos.

Hoy es un hecho que el comercio bilateral ha tenido un crecimiento explosivo, lo cual ha traído beneficios de gran magnitud para ambos países. Podrá discutirse la necesidad de hacer ajustes, la eliminación de algunas barreras no arancelarias, la simplificación de procedimientos aduanales y administrativos, pero lo claro es que la balanza comercial de los últimos 10 años de relación muestra un resultado sin precedentes en la región (véase la gráfica 1).

* Ingeniero civil por la Universidad Católica. Realizó estudios de posgrado en la Universidad de Oxford, Inglaterra. Fue director del Programa de Nuevas Tecnologías en el Instituto Latinoamericano de Estudios Transnacionales en las sedes de México y Santiago. Se ha desempeñado como empresario en Italia, Chile y México. En la actualidad es director del Departamento Económico de la Embajada de Chile en México. Su publicación más reciente es *La economía chilena y su inserción internacional: la vía hacia el crecimiento con equidad*, México, 1998.

Gráfica 1. Comportamiento de la balanza comercial México–Chile
(1989-mayo del 2000)

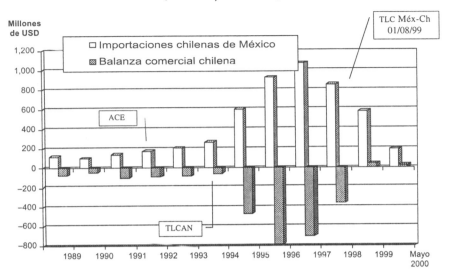

FUENTE: estadísticas del Banco Central de Chile.

Este crecimiento puede explicarse de varias formas. Por un lado, cabe afirmar que las políticas autónomas e independientes de cada país produjeron este resultado: de parte de Chile, la apertura unilateral que venía practicando desde hacía algunos años, así como las acciones de gobierno para promover las exportaciones y los apoyos a las empresas involucradas; de parte de México, la búsqueda de nuevos mercados para su capacidad productiva instalada, que sufrió con la crisis del peso en 1994. Para ambos, las ventajas de la eliminación arancelaria, consecuencia del Acuerdo de Complementación Económica (ACE), firmado en septiembre de 1991.

Es evidente que dicho acuerdo y su posterior ampliación en el Tratado de Libre Comercio en abril de 1998 han sido la plataforma sobre la cual ha ocurrido el crecimiento del comercio y la inversión. El ACE significó una disminución a cero, de prácticamente 95% del universo arancelario mediante un proceso paulatino, pero rápido, de desgravación que llegó a su fin, y con ello se dio el primer impulso a la expansión del comercio. Posteriormente, la crisis devaluatoria de 1994 en México (el llamado "tequilazo") con las inmediatas consecuencias de contracción del mercado interno, y el abaratamiento de los precios relativos de

288

los bienes mexicanos en el mercado internacional, dieron un segundo impulso a las exportaciones de México a Chile, llegando en pocos años a cifras espectaculares.

Esta última situación favoreció a México, pues coincidió con una etapa de alto crecimiento de la economía chilena, que aumentó sus importaciones en forma significativa. Sin embargo, aquí es útil hacer un análisis más profundo que lleve a entender la lógica escondida detrás de este fenómeno y que se relaciona, por una parte, con decisiones de carácter político de ambos países, que buscan explícitamente estrechar sus vínculos y, por otra, la extraordinaria complementariedad del desarrollo económico de ambas naciones en la última década. La teoría muy en boga en el neoliberalismo a ultranza, en el sentido de que no es necesario desarrollar acuerdos comerciales ni relaciones bilaterales especiales para incrementar el comercio, tiene un mentís en este caso. No basta la política de reducción unilateral de aranceles. Una activa política internacional y el establecimiento de acuerdos comerciales sólidos se basan en el aumento del comercio, el impulso de proyectos de coinversión bilaterales con carácter estratégico y el logro de ventajas de reciprocidad que no se obtienen con el unilateralismo.

En ocasión de la visita del entonces canciller chileno José Miguel Insulza a México en 1995, éste hizo declaraciones que mostraban la voluntad política del acercamiento entre ambos países. Ante una pregunta explícita acerca de la posición de Chile referente al desbalance comercial a favor de México que mostraba el intercambio en ese momento, el canciller respondió (cito de memoria) que el país sudamericano estaba en primer lugar interesado en un equilibrio de balanza comercial a nivel mundial y que en ese contexto se entendía que en ciertos momentos y lugares, el intercambio podía favorecer a una nación más que a otra, pero que ésa era una situación dinámica y móvil. De hecho, al momento de escribir este artículo (final de 1999 y lo que va del año 2000), la balanza se muestra favorable a Chile después de casi 10 años de estar inclinada hacia México. Al mismo tiempo que el canciller afirmaba lo anterior, declaraba que el país sudamericano estaba interesado en una relación de carácter estratégico con México, basada en la complementariedad económica y en una visión de cooperación política entre ambas naciones. Hoy, esto se ve reflejado en la decisión de ambas naciones de tener una "relación especial". La visita del presidente electo de México a Chile y el Cono Sur en agosto del 2000 ha corroborado esta disposición.

En el presente artículo buscaremos mostrar el trasfondo de mutuo interés político en la relación bilateral, que se plasmó en una muy rápida y, comparativamente fácil, negociación del ACE y del TLC, así como constataremos la complementariedad de ambas economías, cuyo "descubrimiento" por ambas partes generó un marco de entendimiento muy acelerado.

Al mismo tiempo, buscaremos explorar los desafíos que están abiertos hacia el futuro, los cuales se concentran básicamente en el impulso a las coinversiones en ambos países y la coordinación de políticas en el nivel regional. Esto último se ha visto reforzado especialmente por la decisión de Chile y México de desempeñar un papel muy activo, junto a Brasil y Argentina, en el concierto político y económico regional.

II. EXPLOSIVO CRECIMIENTO DEL INTERCAMBIO COMERCIAL CHILE-MÉXICO

El crecimiento del intercambio Chile-México es un caso paradigmático para observar cómo la decisión política de intensificar las relaciones produce resultados más allá de todo cálculo económico.

En 1990, el presidente Patricio Aylwin, quien encabezaba una alianza de todo el espectro político nacional, asumió en Chile un gobierno democrático después de 17 años de régimen autoritario. Desde el golpe de Estado de 1973, México había mantenido una política irreductible de corte de las relaciones con esta nación sudamericana, incluso haciendo excepción en este caso de su tradicional doctrina internacional de independizar su política exterior de las situaciones políticas internas de cada país. La reapertura de relaciones se produjo en forma coincidente con el establecimiento del gobierno democrático en Chile, utilizando México el símbolo de nombrar embajador en aquel país a quien ocupaba ese cargo al momento del golpe militar.

Es importante caracterizar el ambiente de apertura y negociaciones comerciales internacionales que había en ese tiempo. La etapa en que se reanudan las relaciones con Chile, coincide en México con el gobierno de Carlos Salinas de Gortari, caracterizado por sus reformas macroeconómicas que abrieron la economía de México al comercio internacional y por una agresiva política de firma de acuerdos comerciales internacionales. La iniciativa más importante en este campo es la negociación y posterior firma del Tratado de Libre Comercio de Norteamérica con Canadá y Estados Unidos (TLCAN).

Chile, por su parte, buscaba también un acuerdo con Estados Unidos; sin embargo, éste no fue posible porque el Congreso norteamericano no aprobó (se estaba en pleno periodo de elecciones) el *fast track*, condición esencial que no permitía tener un interlocutor en la negociación, con capacidad de decisión real. En ese periodo, Chile inició negociaciones y firmó posteriormente (1996) un tratado de libre comercio con Canadá, que fue el primero en su género (tratado de última generación según formato ideado por la OMC) pactado por el país sudamericano. Finalmente, al mismo tiempo que intensificaba sus negociaciones con el Mercosur que luego conducirían a su incorporación como "miembro asociado" (1996), Chile iniciaba negociaciones bilaterales con Colombia y Venezuela (1993).

En medio de ese ambiente enmarcado por el cambio político en Chile y el auge del bilateralismo y multilateralismo (vale referirse a las políticas de búsqueda explícita de acuerdos de complementacion económica o de libre comercio como medios para incrementar el comercio intrarregional), se iniciaron las negociaciones para formalizar un tratado de libre comercio entre México y Chile.

Desde el inicio del gobierno del presidente Aylwin, y como consecuencia directa de la reanudación de relaciones diplomáticas, se acordó comenzar negociaciones para firmar un acuerdo comercial de envergadura. Esta decisión de carácter político ocurría en el marco de un estrechamiento de la cooperación política entre ambos países, luego de un largo periodo de alejamiento formal. Decimos formal porque México dio un permanente seguimiento a la situación de Chile, participando activamente en los debates de los foros y organismos internaciones donde se trataba el tema, así como por la presencia de destacados dirigentes políticos que habían sido recibidos en México como exiliados. Entre ellos se contaban muchos que en el gobierno de Aylwin ocuparon grandes responsabilidades de gobierno y que, por tanto, tenían una especial sensibilidad y simpatía hacia México.

México, por su parte, veía en Chile un punto de contacto y un aliado para tener una presencia más significativa en América Latina y sobre todo en el Cono Sur. Esto era especialmente importante, pues las negociaciones en que estaba inmerso para firmar un tratado de libre comercio con Canadá y Estados Unidos movían el centro de gravedad de su imagen internacional hacia el norte. La negociación era difícil para el gobierno mexicano, tanto en el plano de las negociaciones como en el necesario consenso político y social interno que debía conseguir.

La tradicional política internacional de México, que priorizaba una posición más cercana a los países en desarrollo y a las relaciones con naciones de similar signo democrático y social, favoreció tal acercamiento con Chile. Esto ayudaba a balancear su imagen internacional y, al mismo tiempo, le permitía tener un aliado en el sur del continente frente a las históricas rivalidades diplomáticas con Argentina y especialmente con Brasil.

En ese favorable contexto, las negociaciones iniciadas en 1990 tuvieron un desenlace muy rápido. Con el fin de obtener resultados que abrieran el comercio bilateral en la forma más inmediata posible y se observaran los beneficios de manera tangible, se optó por realizar una primera ronda que culminara no en un formal tratado de libre comercio en el formato que hoy llamaríamos OMC, sino un acuerdo de complementación económica. Éste, pese a ser menos amplio en términos de los temas acordados, se centraba básicamente en convenir la máxima eliminación posible de aranceles para ciertos productos, un programa de desgravación paulatina, pero acelerada.

El 22 de septiembre de 1991, en Santiago, a poco más de un año de iniciadas las negociaciones, se firmó dicho acuerdo entre los gobiernos de Chile y México. A este acuerdo, elaborado en conformidad con el Tratado de Montevideo de 1980, se le conoce técnicamente como ACE-17.

Entre los objetivos que explícitamente se dieron a ese acuerdo, más allá del interés de aumentar a corto plazo el comercio recíproco, cabe destacar la voluntad de coordinar y complementar las áreas productivas y de servicios de ambos países y estimular las inversiones recíprocas, facilitando la creación de empresas de carácter bilateral y multilaterales de carácter regional.

Más adelante nos referiremos al carácter complementario de las economías chilena y mexicana, que es la base de los exitosos resultados de la relación entre ambos países, junto con la voluntad política de intensificar la relación para llevarla a un tipo de "relación especial" como decíamos en líneas anteriores.

Sin embargo, aquí nos interesa destacar que desde el inicio existían la disposición y explícita voluntad de avanzar en la coordinación de las áreas productivas, más que de constatar puntos de encuentro, similitudes y aspectos complementarios.

El proceso de coordinación y búsqueda de oportunidades coincidentes que favorecieran a ambos países se produjo poco a poco con el explosivo crecimiento del comercio y podría avanzar a una segunda etapa de madurez con los proyectos de coinversión que comentaremos más adelante.

Lo medular del ACE es que formalizó un cronograma de desgravación arancelaria que, a partir de un gravamen máximo común de 10% al momento de la firma, se acordó reducir en 2.5% por año para llegar a 0% en enero de 1996. El cronograma descrito abarca prácticamente 95% de las fracciones arancelarias, con lo cual cabe afirmar que, en términos prácticos, desde inicios de 1996 Chile y México conforman una "zona de libre comercio".

Conforme a lo anterior, la zona de libre comercio entre Chile y México comenzó a regir con plenitud a partir del 1 de enero de 1998, cuando quedaron totalmente libres de arancel los intercambios recíprocos. Las únicas excepciones fueron aquellos bienes comprendidos en las respectivas listas de excepciones y de las manzanas frescas. Este último producto está en proceso de desgravación progresivo, que culminará en el 2006 cuando quedará completamente liberado de arancel. Cabe destacar que de los 95 ítems de la Lista de Excepciones de Chile 42 disponen de preferencias entre 12 y 71%, y de los 89 ítems de la Lista de Excepciones de México 26 cuentan con preferencias entre 28 y 70%.

Además de lo anterior, que constituye la esencia del acuerdo, se formalizaron mecanismos de definición de regímenes de origen, cláusulas de salvaguardia, condena a las prácticas desleales de comercio y un mecanismo (primitivo aún) de solución de controversias.

El inmediato y explosivo crecimiento del comercio producto del ACE no hizo disminuir el interés por continuar las negociaciones y culminar con la firma de un tratado de libre comercio. Éste fue suscrito el 17 de abril de 1998, de conformidad con lo dispuesto en los artículos XXIV del GATT de 1994, y V del Acuerdo General sobre el Comercio de Servicios, y el Tratado de Montevideo de 1980.

El objetivo del tratado fue consolidar definitivamente una "zona de libre comercio" y crear los mecanismos del moderno comercio internacional que facilitaran el intercambio y la inversión, dando garantías en términos de tratamiento de la inversión, solución de controversias (un mecanismo más sofisticado y efectivo), derechos antidumping, salvaguardias, normatividad métrica y fitosanitaria y propiedad intelectual. Al mismo tiempo, la firma del TLC dejó abierto el camino para llegar a acuerdos como eliminación de doble tributación (que se firmó posteriormente), compras de gobierno y servicios financieros.

En cuanto a las reglas de origen, el tratado modificó el esquema contenido en el Acuerdo de Complementación Económica, basado en la resolución N° 78 de ALADI, por otro, que tiene como referencia el TLC con Canadá. Aquí se aprecia la influencia de las negociaciones comerciales internacionales que se desarrollaban en esa época. Se vivía una fiebre de negociación de acuerdos que creó una suerte de cultura política en este campo. Cabe señalar que el tratado, si bien garantiza el cumplimiento de la normativa mediante la fiscalización y total reglamentación de los procedimientos que deben utilizarse en cada caso en que se quiera certificar el origen, se entrega a los exportadores la tarea de certificación y declaración. Este tipo de acuerdos que implican una participación formal del sector privado empresarial, elementos que hoy pueden aparecer obvios, en su momento significaron novedades radicales, frente a una tradición de control centralizado por parte del Estado. Cabe hacer notar que la participación del sector privado en la negociación del ACE y el TLC con México fue muy activa y operó mediante la conocida fórmula del "cuarto de junto" (en la nomenclatura mexicana) que se refería a la presencia física permanente de representantes del sector privado en el momento de la negociación para asegurar rapidez en las decisiones y negociaciones, así como evaluación instantánea de la trascendencia de cualquier posible acuerdo.

En lo que respecta a las inversiones, el acuerdo hace aplicables los principios de trato nacional y trato de la nación más favorecida, tanto a los inversionistas como a sus inversiones, y en ambos casos son válidos los principios de nivel de trato y nivel mínimo de trato.

En materia de solución de controversias, el Tratado de Libre Comercio avanza sustantivamente en normar este procedimiento con respecto al ACE.

Como decíamos, la consecuencia inmediata de la firma del Acuerdo de Complementación Económica fue un crecimiento sin precedentes del comercio bilateral, que superó la velocidad establecida en el cronograma de desgravación mencionado en líneas precedentes. La firma del TLC fue la obligada conclusión de lo anterior.

De acuerdo con la evaluación de la Cancillería chilena, por medio de la Dirección General de Relaciones Económicas Internacionales,[1] el

---

[1] Dirección General de Relaciones Económicas Internacionales, Ministerio de Relaciones Exteriores de Chile, "Relaciones Económicas entre Chile y México", julio de 1999.

comercio internacional entre Chile y México experimentó un aumento notable durante la década de 1990. De un intercambio global de 181 millones de dólares en 1991, año de la firma del ACE, se llegó a 1,202 millones de dólares al finalizar 1999, vale decir un incremento de casi siete veces en el volumen comerciado.

En 1991, Chile sólo exportaba 43 millones de dólares. En 1999 exportó a México 623 millones de dólares, registrando un aumento en volumen de más de 14 veces. En 1998, mientras los envíos de Chile al mundo sufrieron una contracción de 12%, respecto de 1997 las exportaciones con destino a México se expandieron en casi 30%. A su vez, el mercado mexicano se expandió para Chile en 27.5% en 1999 respecto de 1998. Al mismo tiempo, México ocupó para Chile el octavo mercado con mayor diversificación de productos, con un total de 786 productos distintos en 1999 y un universo de 669 empresas exportadoras.[2]

Hoy, México representa 4% de las exportaciones totales de Chile al mundo y es el tercer socio comercial de Chile en América Latina, muy cerca de Brasil y Argentina, que ocupan el segundo y tercer lugar respectivamente.

Si se toma como referencia 1999, la estructura sectorial de las exportaciones de Chile hacia México tiene un importante contenido de bienes de origen minero (45%), los cuales se componen básicamente de productos de cobre como cátodos, cobre blister y concentrados. Le siguen en importancia los sectores industrial, como el del mueble (20%) y agroindustrial (20%) y en menor proporción los productos pesqueros y forestales.

Respecto de las importaciones de México, éstas crecieron de 138 millones de dólares en 1991 a 578 millones en 1999. La cifra récord se produjo en 1997 con 1,076 millones de importación de productos mexicanos. Hoy, México abastece poco menos de 5% de las necesidades de importación de Chile.

La estructura de las exportaciones de México hacia Chile tiene como componente más significativa los bienes intermedios, con una participación de casi 50%. Le siguen las importaciones de bienes de consumo, con poco menos de 40%. Las compras de bienes de capital dan cuenta de 14% del intercambio.

[2] Dirección General de Relaciones Económicas Internacionales, Ministerio de Relaciones Exteriores de Chile, "Análisis de las exportaciones chilenas en el 2000", julio del 2000.

Cuadro 1. Estructura de las exportaciones de Chile a México 1991-1998
(cifras en porcentaje)

	1991	1992	1993	1994	1995	1996	1997	1998
I. Minería	*20.4*	*5.7*	*8.5*	*23.4*	*29.6*	*30.9*	*52.1*	*54.6*
Cobre	7.5	1.1	2.6	18.0	25.9	25.6	49.0	52.3
Minería no metálica	0.3	2.5	3.7	4.9	1.9	3.2	2.2	1.7
Hierro	6.6	0.5	1.3	0.2	—	—	—	0.4
II. Agropecuario	*20.4*	*46.6*	*41.6*	*41.9*	*37.4*	*31.3*	*16.5*	*17.1*
Frutas frescas	3.4	25.0	27.2	24.6	14.3	8.7	5.2	7.8
Conserva de frutas								
y legumbres	14.1	18.6	12.7	14.0	12.7	14.1	7.1	5.3
Vinos y licores	1.3	1.2	0.8	0.9	1.0	2.3	1.8	1.5
Productos lácteos	—	—	—	0.4	—	0.0	0.0	0.7
Otros productos								
alimenticios	0.2	1.0	0.6	0.5	0.4	0.3	0.3	0.7
Ganado, preparado								
y conservado	—	—	0.0	0.9	0.5	1.5	0.7	0.5
III. Forestal	*3.3*	*4.7*	*7.8*	*6.7*	*9.9*	*2.8*	*2.5*	*2.2*
Celulosa	0.4	0.9	6.0	3.6	7.2	1.4	0.8	0.9
Aserraderos	0.1	0.9	0.2	0.6	1.2	1.0	0.7	0.7
Extracción de								
madera	1.0	2.1	0.8	0.6	0.4	0.0	0.6	0.4
IV. Pesquero	*34.9*	*22.7*	*24.5*	*11.9*	*4.8*	*10.2*	*5.1*	*2.9*
Harina de produc-								
tos marinos	15.0	14.3	19.7	5.7	3.2	2.4	2.6	1.5
Filetes de pescado	0.3	0.1	0.2	0.2	0.2	0.2	0.4	0.6
Crustáceos en								
salmuera	—	0.1	0.1	0.4	0.0	0.0	0.0	0.2
Pescado congelado	0.3	0.6	0.5	0.4	0.2	0.3	0.3	0.2
V. Industrial	*20.1*	*17.3*	*17.0*	*15.5*	*17.0*	*23.6*	*23.4*	*22.6*
Vehículos								
automóviles	—	—	—	—	0.0	0.1	8.8	10.9
Textiles, hilados y								
tejidos	1.1	0.9	2.1	3.7	4.6	7.9	4.8	3.2
Abonos y								
plaguicidas	0.0	0.8	0.9	1.2	2.7	2.7	1.7	1.4
Productos del								
hierro y acero	0.1	0.0	0.0	0.0	0.0	1.9	0.9	1.2
Ropa masculina	0.9	1.4	1.6	1.9	0.4	0.1	0.3	0.6

296

Cuadro 1 (continuación)

	1991	1992	1993	1994	1995	1996	1997	1998
Químicos industriales básicos orgánicos	3.5	2.2	1.0	0.8	0.6	1.0	0.5	0.6
Naves y reparación de barcos	—	—	—	—	—	—	—	0.5
Productos de imprenta	0.1	0.1	0.3	0.2	0.2	0.6	0.4	0.4
Manufacturas de origen plástico	0.1	0.7	2.0	0.7	0.9	0.4	0.2	0.3
Tejidos a punto	1.2	1.8	1.7	1.3	0.8	0.5	0.2	0.3
Calzado con aparado de cuero	0.4	0.1	0.5	0.4	0.4	0.5	0.4	0.3
Químicos industriales básicos inorgánicos	4.6	2.8	1.4	0.2	0.7	0.6	0.3	0.3
Productos químicos nep	0.2	1.2	0.8	0.8	0.8	1.1	0.3	0.2
Publicaciones	1.8	1.1	0.6	0.7	2.0	0.5	0.2	0.2
Maquinaria y equipos especiales para la industria	1.8	1.0	0.4	0.2	0.3	0.4	0.1	0.2
VI. Otros								
Otros	0.9	3.0	0.6	0.5	1.3	1.2	0.4	0.6
Total	*100.0*	*100.0*	*100.0*	*100.0*	*100.0*	*100.0*	*100.0*	*100.0*

NOTA: el cuadro fue realizado, según la clasificación CIIU, a cuatro dígitos, con excepción del sector pesca que se hizo a seis. Principales exportaciones mayores a 1 millón de dólares.
FUENTE: Banco Central de Chile (embarques).
ELABORACIÓN: Dirección General de Relaciones Económicas Internacionales, Dirección de Estudios (mayo de 1999).

Como consecuencia de lo anterior, la balanza comercial también tuvo una evolución muy dinámica durante esta década. En 1991 el déficit de la balanza para Chile ascendía a 43 millones de dólares y llegó en 1996 a 781 millones para bajar en los años sucesivos y pasar a un superávit en 1999 cercano a los 45 millones. El comportamiento de la balanza comercial refleja los cambios del crecimiento y las crisis de cada país en el concierto mundial. Así, a partir de 1994, por efecto de la crisis

Cuadro 2. Importaciones de Chile desde México 1992-1998
(cifras en millones de dólares CIF, de cada año)

	1992	1993	1994	1995	1996	1997	1998
I. Bienes de consumo	59.4	94.6	99.0	214.7	363.1	414.5	332.4
II. Bienes intermedios	88.0	82.5	104.5	273.2	395.3	451.0	395.3
Combustibles y lubricantes	10.7	0.4	12.6	7.8	2.2	2.2	2.1
Otros bienes intermedios	77.3	82.2	98.8	265.4	393.1	448.8	393.2
III. Bienes de capital	30.7	32.5	60.2	112.7	168.8	210.6	122.2
IV. Otros	0.0	0.0	0.0	0.0	0.0	0.0	0.0
V. Total	178.2	209.7	263.7	600.6	927.2	1,076.2	849.9

FUENTE: Banco Central de Chile, con base en informes de aduana.
ELABORACIÓN: Dirección General de Relaciones Económicas Internacionales, Dirección de Estudios (mayo de 1999).

del peso mexicano (el llamado *efecto tequila*), las exportaciones de México a Chile crecieron en forma desmesurada, no sólo por el abaratamiento de los precios relativos de los bienes, sino también porque ese periodo coincidió con una fuerte expansión de la economía chilena, que muestra cifras de crecimiento del producto únicas en el continente.

Cuando en 1997 se produjo la crisis asiática y Chile llegó a un crecimiento cero en 1999, como consecuencia de la baja de sus exportaciones a esa región, esta situación tuvo un efecto negativo en las exportaciones mexicanas, que disminuyeron significativamente como resultado de la contracción de la demanda en Chile. Lo anterior se unió al crecimiento de la capacidad exportadora de Chile que buscaba a México como mercado alternativo de sus productos que antes comerciaba con Asia. Así se incrementaron las exportaciones de productos agroindustriales y de acuacultura, en especial salmón y vinos. Como consecuencia de esto, la balanza empezó a tener un comportamiento inverso, favorable a Chile, y llegó a generar un déficit, aunque pequeño, para México al cierre de 1999.

La gráfica 1 muestra la evolución del comercio entre ambos países hasta mayo del 2000. En los cuadros 1 y 2 se indica el comportamiento por sectores de la balanza comercial entre Chile y México.

III. Chile y México: economías complementarias

Las economías de Chile y México son altamente complementarias, lo cual ha sido determinante en el crecimiento explosivo de las relaciones comerciales bilaterales. Investigadores de la UAM-Xochimilco han hecho un interesante análisis acerca de la complementariedad de las economías de Chile y México. Nos basaremos en dicho enfoque para hacer críticamente este análisis.[3]

Tanto Chile como México han tenido en la última década procesos de construcción de lo que se puede llamar una *nueva economía,* es decir, una visión del desarrollo basada en la apertura al exterior tanto en el comercio como la inversión, la aceptación del libre mercado como el mecanismo más efectivo de asignación de los recursos (este aspecto tiene muchos matices según el país y el sector del cual se hace referencia), la participación activa del sector privado en áreas que históricamente habían sido exclusivas del Estado y, por último, una estrategia de crecimiento que busca desarrollar el ahorro interno como palanca de largo plazo del crecimiento junto a generar atractivos para la inversión extranjera.

Durante la década recién pasada, Chile se caracterizó por sus regulares y elevadas tasas de crecimiento, con excepción de 1999, cuando los efectos de la crisis asiática iniciada en 1998 se hicieron sentir, de modo que el crecimiento llegó a cero, para luego comenzar a recuperarse en el transcurso del 2000.

Las transformaciones económicas se habían iniciado desde 1984, luego de la crisis devaluatoria que llevó a una nueva estrategia de desarrollo basada en los principios descritos en líneas anteriores. Incluso

---

[3] Osorio, Jaime, "Nuevos ejes productivos en el modelo exportador latino-americano: los casos de Chile y México", *Revista Economía, Teoría y Práctica* núm. 10, Universidad Autónoma Metropolitana, 1999.

las reformas vinculadas con la liberalización del comercio internacional, así como las reformas laborales y las referidas al sistema de pensiones, clave para el ahorro interno, se iniciaron poco después del golpe militar de 1973, en condiciones de fuerza que favorecieron su implantación rápida y con poca o nula oposición.

Por su parte, México inició radicales transformaciones en su economía, bajo la presidencia de Miguel de la Madrid, pero alcanzó su auge, en términos de amplitud y ambición de objetivos, bajo la presidencia de Carlos Salinas de Gortari. Estas transformaciones en lo fundamental continuaron en el periodo presidencial siguiente. México, a diferencia de Chile, tenía una economía mucho más cerrada al exterior, de forma tal que el proceso de apertura fue económicamente mucho más difícil y afectó en gran medida no sólo a la pequeña y mediana empresas que debieron enfrentar condiciones de competencia muy complicadas, sino también a las empresas de mayor tamaño y trayectoria.

En seguida analizaremos cómo Chile y México, pese a coincidir en los objetivos básicos de las reformas con que buscaban construir la nueva economía, difieren en las ramas y sectores en torno a los cuales asientan su desarrollo. También discutiremos el grado de avance y maduración de cada país en la construcción de la nueva economía, pero aquí nos interesará más centrarnos en el examen de sus estrategias de crecimiento.

El elemento más determinante en la conformación de estrategias de desarrollo basadas en sectores económicos diametralmente opuestos en ambos países se relaciona con el peso del ahorro interno. En proporción a sus dimensiones de país, el peso del ahorro interno (en lo fundamental proveniente de la reforma mediante privatización, del sistema de pensiones nacional) gravitó mucho más decisivamente en Chile que en México. Así como la nación sudamericana asentó su desarrollo en ese ahorro y generó condiciones de inversión significativas, México se basó en la percepción de capital externo para su desarrollo, con las limitaciones que éste trae en términos de volatilidad y dependencia de vaivenes internacionales. Lo anterior tiene como resultado una diferencia radical en lo que respecta al impacto de la deuda externa en cada país. En el caso de México, ésta incide mucho más y, por tanto, crea dificultades a la inversión productiva.

En cambio, Chile, en razón de la existencia de un significativo ahorro interno, pudo poner condiciones a la inversión extranjera directa (IED) y crear así una mezcla financiera más adecuada para su desarrollo.

Sin embargo, las consecuencias de este fenómeno de acceso a capital para inversión, fueron determinantes en ambas naciones para conformar el portafolio de inversiones, que finalmente será la base del desarrollo exportador, apoyado en sectores muy diversos en cada país. Así, esa inversión favoreció en cada caso los sectores que presentaban un carácter más dinámico para crear una economía de base exportadora.

En el caso chileno, dichos sectores fueron claramente los vinculados con la minería, los productos agrícolas y alimenticios en general y algunos industriales, pero con el carácter de mercancía, como la celulosa y el papel.

La política económica, a partir de mediados de la década de 1970, favoreció claramente a estos sectores, en detrimento de los sectores industrial y manufacturero tradicionales, como el metalmecánico, en especial el automotriz, el textil y la electrónica, por nombrar sólo los principales.

En esos años se creó la Fundación Chile, institución financiada con aportaciones iguales del sector privado y del gobierno chilenos, en cuyas líneas de proyectos se plasma en forma muy clara esta orientación hacia los sectores descritos. La fundación tenía como función básica no la investigación, sino la búsqueda de conocimiento tecnológico en el mundo, que sumado a la capacidad de gestión (operativa y de rentabilidad) pudiera generar proyectos económicamente factibles de reproducirse, por medio de empresarios privados, para luego masificarse. Los proyectos tenían dos características básicas. Por un lado, debían estar orientados a la exportación y, por otro, se ubicaban en tres sectores: agroindustria, acuacultura y forestal. Esta opción no fue clara desde el inicio, pero al poco tiempo, y luego de algunos experimentos fallidos (como el caso de la electrónica), la tendencia a concentrarse en estos tres sectores fue evidente.

No queremos decir que la efectiva labor de promoción de Fundación Chile (claramente guiada por criterios de rentabilidad a nivel empresa) fue el único elemento significativo de la estrategia de desarrollo en Chile, pero podemos afirmar que fue un factor si no decisivo, por lo menos muy determinante. Gran parte de la inversión extranjera se orientó con base en los criterios de experiencia de los proyectos de Fundación Chile. Sin pretender agotar la discusión acerca de los orígenes de la priorización de sectores en Chile, el hecho es que estos tres sectores, además de la minería, hoy sustentan el desarrollo nacional por ser los más dinámicos de la oferta exportadora chilena. Una mirada a las cifras entregadas en los cuadros anexos referentes a las exportaciones chilenas a México confirma en forma casi canónica esta aseveración. Los productos mineros, agroindustriales, del mar y forestales concentran más de 90% de las exportaciones chilenas a México. Un cuadro no muy distinto se muestra si analizamos la oferta exportadora chilena a nivel mundial.

En 1995, 76% de las exportaciones chilenas al mundo provenían de los sectores descritos en líneas anteriores. En 1998 alcanzó 72% y en 1999, pese a la crisis asiática, dicha cifra no descendió de 74%.

En 1999 los principales productos exportados que dieron cuenta de poco más de 50% de las exportaciones totales fueron, en orden decreciente: cátodos de cobre, minerales de cobre y concentrados, uvas, celulosa, vinos con denominación de origen, tablas aserradas de pino, harina de pescado, salmones, manzanas frescas y oro. Esta lista es casi calcada de la estructura exportadora de Chile a México en la última década, con excepción de los vehículos automotrices que aparecieron a partir de 1998, pero cuya estabilidad a futuro como producto de exportación es muy precaria.

La inversión extranjera se ha concentrado en la minería, mientras importantes sectores agroindustriales y de acuacultura han sido receptores de dichos flujos de capital, confirmando con esto la tendencia a concentrar el capital en sectores fuertemente exportadores. En los últimos dos años, al igual que en otros países de América Latina, la inversión extranjera ha comenzado a desplazarse hacia los sectores de telecomunicaciones y eléctrico.

En el caso mexicano, la situación es diametralmente opuesta. Pese a los profundos cambios que ha tenido la reestructuración económica en el sector industrial, éste sigue siendo el motor dinámico del desarrollo y que concentra la mayor parte de la inversión extranjera. El proceso anterior se vio forzado, en cierta medida, porque el sector agrícola, base de un posible desarrollo industrial en el campo, aún no termina su proceso de regularización del ejido, con las consecuencias de falta de seguridad en la inversión. Entre otras, esto ha creado serias dificultades para el desarrollo de proyectos forestales industriales que requieren compactación de superficies de plantío que sólo una propiedad privada individual puede asegurar legalmente.

Para tener una rápida idea de la profundidad de los cambios en México, basta sólo observar que los productos primarios que representaban en 1970 casi 67% descendieron a 23% en 1995. Para ese mismo periodo, las exportaciones manufactureras pasaron de 33 a casi 78%.

Una parte de este desarrollo está basado en la maquila de exportación, en especial del sector automotriz y electrónico, sectores en los cuales se han concentrado las inversiones extranjeras. En ese contexto, la industria maquiladora se ha constituido en la principal fuente de divisas, después del petróleo.

En una situación casi de espejo invertido respecto de Chile, en 1998 poco más de 75% del volumen exportado por México provino de la suma de los sectores automotriz, eléctrico-electrónico, metalmecánico y textil: vale decir exactamente de los sectores que en Chile no han estado en la última década en el centro de la dinámica exportadora. Dicha cifra de 75% se reduce a no más de 70% si analizamos cuatro o cinco años atrás la historia exportadora de México.

Nuevamente, si observamos la estructura exportadora de México hacia Chile en los cuadros adjuntos, la estructura se mantiene e incluso se intensifica en su perfil. En ese sentido, cabe decir que México se ha integrado en forma decidida a un complejo manufacturero mundial, en el cual ocupa un lugar en la segmentación técnico-económica que este sistema conlleva. Esto ha sido válido desde hace algunos años tanto para la industria automotriz como para la electrónica, y en el último tiempo se ha incorporado mediante la maquila, el sector textil de telas y confección. Los sectores indicados suman 27% de las empresas exportadoras, pero dan cuenta de casi 70% de las exportaciones totales de México.

Como último elemento comparativo entre ambos países, es necesario señalar que la diversificación de productos de exportación en el caso mexicano es mucho mayor que el de Chile. Este último muestra un nivel de concentración en una gama de productos mucho más pequeña.

Así, es válido afirmar que al tener ambos países marcadas vocaciones exportadoras, éstas se sustentan en plataformas productivas diametralmente opuestas y finalmente complementarias. En el caso chileno, la concentración ocurre en bienes primarios, mientras que en México la clara orientación es hacia el sector industrial.

Sin embargo, a nuestro juicio es un error afirmar que Chile ha regresado con esto al modelo exportador prevaleciente en el siglo pasado y que México se ha incorporado de lleno a una economía generadora de altos valores agregados.

Los sectores primarios ya no son lo que fueron hace más de un siglo, y la incorporación de tecnologías en los procesos primarios supone niveles de valor agregado que no se sospechaban en esa época. Por otro lado, la significativa componente de maquila en el desarrollo exportador mexicano pone un interrogante serio sobre el valor agregado real que incorpora.

Por tanto, en ambos casos hay un desafío para hacer que las plataformas productivo-exportadoras existentes se conviertan realmente en generadoras de mayor valor y empleo bien remunerado. Éste es uno de los desafíos que una segunda etapa en la relación Chile-México podría ayudar a enfrentar.

IV. Conclusión: los desafíos futuros para consolidar una relación estratégica

Sin discutir los orígenes finales de este carácter complementario de ambas economías, es un hecho que éste ha sido un elemento que, sumado a una explícita voluntad política de negociar acuerdos comerciales lo más amplios posibles, ha llevado a un explosivo aumento del comercio que ha beneficiado a ambas naciones en forma simultánea.

Hoy, los desafíos que se presentan se relacionan con los mecanismos para hacer que este flujo comercial no sólo crezca, sino también se estabilice y solidifique, más allá de los cambios de una economía internacional cada vez más volátil. Aquí es interesante analizar brevemente los procesos de inversión recíprocos que se han dado, antes de identificar las áreas clave en que debieran tomarse acciones muy definidas para que los beneficios de esta relación se multipliquen.

Desgraciadamente, la inversión no muestra las mismas tendencias sólidas y positivas del comercio. No discutiremos las metodologías con las cuales se cuantifican las inversiones internacionales, mediciones que dejan mucho que desear en términos del registro no sólo de las inversiones autorizadas iniciales, sino también de los aumentos de capital y otros mecanismos con efectos similares, que muchas veces no quedan registrados en igual forma.

Los cuadros 3 y 4 muestran claramente que los volúmenes de inversión no son proporcionales a la dinámica y volumen del comercio entre Chile y México. La suma de las inversiones no alcanza los 280 millones de dólares. Si comparamos esta cifra de Chile con las de países como Perú o Argentina, estaremos muy lejos de hablar de dimensiones significativas de inversión.

Es interesante hacer notar que a diferencia del comercio, donde los flujos de ambos países son totalmente complementarios, en el caso de la inversión el rubro agrícola es prácticamente nulo. (Por las metodologías de contabilización que se comentan con anterioridad, en los cuadros adjuntos la poca o nula inversión agrícola de Chile en México se registra en el rubro financiero.) La inversión por parte de ambas naciones se concentra en sectores muy similares, excepto la inversión financiera de Chile, que registra básicamente la presencia de los fondos de pensiones chilenos en México.

Como la inversión es el flujo que ayudaría decisivamente a dar estabilidad a una relación estratégica entre ambos países, su falta de proporción respecto del comercio y más aún su volumen absoluto tan pequeño, comparado con el total del flujo de la inversión extranjera en cada país, es un punto a observar con detenimiento si se quiere avanzar en la consolidación de una *relación especial* entre ambos países. Si esta relación especial se entiende en primer lugar en el ámbito político y de cooperación, la plataforma económica y comercial contribuirá a hacer más sólida aquélla. Por el contrario, su ausencia es signo de debilidad y de falta de compenetración mutua de ambas naciones.

Para concluir, cabe identificar algunos desafíos que plantea la constatación de esta estrechísima complementariedad en la relación de ambos países, a saber:

a) Las recientes declaraciones del presidente electo de México, en el sentido de externar su interés en negociar un acuerdo de libre comercio con el Mercosur, se dan en forma coincidente con la voluntad expresada por el gobierno de Chile de incorporarse plenamente a dicho pacto, sin retroceder en lo avanzado en la reducción arancelaria. Aquí hay dos declaraciones coincidentes que, bien manejadas, pueden implicar una renovación muy completa del Mercosur, hoy día debilitado por roces comerciales internos. La incorporación de México y Chile puede transformar dicho acuerdo con base en una nueva forma de coordinación en la región que favorecerá de modo significativo el avance en las negociaciones con otros bloques internacionales, así como el comercio y las inversiones intrarregionales.

Cuadro 3a. México. Inversión extranjera DL 600 periodo 1974 - 1999* (miles de dólares nominales)

Periodo	INVERSIÓN AUTORIZADA			INVERSIÓN MATERIALIZADA		
	México	*Total DL 600*	*México Total*	*México*	*Total DL 600*	*México Total*
1974-1989	4,728	14,075,348	0.03%	3,205	5,110,902	0.06%
1990	0	1,536,354	0.00%	0	1,314,733	0.00%
1991	0	3,395,110	0.00%	7,000	982,107	0.71%
1992	10,200	3,014,781	0.34%	3,040	998,926	0.30%
1993	750	2,171,270	0.03%	401	1,734,105	0.02%
1994	18,000	5,901,126	0.31%	13,826	2,521,304	0.55%
1995	695	5,987,453	0.01%	621	3,040,610	0.02%
1996	6,351	6,942,565	0.09%	1,255	4,821,872	0.03%
1997	22,055	7,893,718	0.28%	9,883	5,229,822	0.19%
1998*	23,300	6,075,956	0.38%	16,304	5,972,694	0.27%
1999*	75,450	10,780,053	0.70%	65,699	9,085,647	0.72%
Total	**161,529**	**67,773,734**	**0.24%**	**121,234**	**40,812,722**	**0.3%**

Cuadro 3b. México. Inversión extranjera DL 600 periodo 1974 - 1999* (miles de dólares nominales)

PARTICIPACIÓN SECTORIAL CON RESPECTO AL TOTAL

Sector	INVERSIÓN AUTORIZADA			INVERSIÓN MATERIALIZADA		
	México	Total DL 600	México Total	México	Total DL 600	México Total
Agricultura y pesca	0	441,285	0.00%	0	226,196	0.00%
Construcción	3,395	1,206,391	0.28%	2,605	938,944	0.28%
Electricidad, gas y agua	0	9,659,081	0.00%	0	6,948,966	0.00%
Industria	87,726	7,453,096	1.18%	77,872	5,549,788	1.40%
Minería	0	29,613,817	0.00%	0	14,875,354	0.00%
Piscicultura y acuicultura	0	318,806	0.00%	0	172,038	0.00%
Servicios	66,957	15,052,278	0.44%	38,020	9,756,768	0.39%
Silvicultura	0	366,916	0.00%	0	238,109	0.00%
Transporte y comunicación	3,451	3,662,064	0.09%	2,737	2,106,559	0.13%
Total	**161,529**	**67,773,734**	**0.24%**	**121,234**	**40,812,722**	**0.30%**

Cuadro 4. Inversiones chilenas en México, 1990-1998
Estructura sectorial
(en millones de dólares)

Sector	Inversión materializada	Participación (%)	Inversión total de proyecto	Participación (%)
Financiero	125.0	78.7	167.0	52.3
Servicios	17.1	10.8	28.7	9.0
Industria	15.3	9.6	122.2	38.3
Informática	1.4	0.9	1.4	0.4
Energía	0.0	0.0	0.0	0.0
Minería	0.0	0.0	0.0	0.0
Otros	0.0	0.0	0.0	0.0
Total general	158.8	100.0	319.3	100.0
Total del país	23714.5	0.7	41374.7	0.8

FUENTE: Comité de Inversiones Extranjeras sobre informaciones de prensa.

308

b) La complementariedad de las economías mexicana y chilena, constatada a lo largo de este artículo, sumadas a los mecanismos de libre comercio ya negociados y a las líneas muy coincidentes de construcción de una nueva economía en ambas naciones, puede generar una corriente de proyectos, mayor expansión del comercio, e inversiones, en las cuales México sea para Chile una puerta de entrada al mercado del TLCAN y Chile lo sea para México en el Mercour.

c) Una condición *sine qua non* para avanzar en lo anterior es la necesidad de impulsar en forma decidida las coinversiones entre ambos países. Mientras eso no ocurra, los puentes de relación serán débiles y tácticos en definitiva.

Es preciso reconocer que en ese desafío, México va más adelantado, desde el momento en que ha desarrollado proyectos de inversión en las áreas identificadas como las más fuertes de su economía, como la industria y la manufactura. En cambio, Chile no ha identificado en México inversiones de igual envergadura en los campos donde tiene fortalezas innegables, como la agricultura, la agroindustria y la acuacultura. El solo acceso al mercado interno mexicano sería más que suficiente para justificar dichas inversiones, sin contar con la posibilidad de entrada al mercado TLCAN.

En un mundo globalizado, mayoritariamente basado en el libre mercado o encaminándose con aceleración hacia él, y con economías vinculadas de manera estrecha por una expansión sin precedentes del comercio y la inversión internacionales, es una ilusión pretender que todas las naciones son iguales y que el mercado será al final de este proceso un espacio justo y equilibrado.

Las diferencias en los grados de desarrollo, sin hablar de los intereses políticos y geopolíticos, hace necesario que cada país analice con precisión cuáles son sus aliados estratégicos. Aquí se ubica uno de los componentes de la *relación especial* de que hablábamos al inicio.

La estructura exportadora chilena basada en productos primarios tiene límites, como resultado en primer lugar de la competencia internacional (acceso al mercado de productos con latitudes similares) y el tamaño del mercado interno que limita la escala de los proyectos, la volatilidad de los precios de las materias primas y, por último, el efecto de la innovación tecnológica, que (en el caso de la agricultura y la agroindustria) puede generar condiciones de producción independientes del lugar geográfico. Como contrapeso a esto, se podría afirmar que Chile intenta crear una economía de servicios que complemente su desarrollo exportador, pero eso está por verse.

En el caso de México, su capacidad manufacturera e industrial requerirá crecientemente mercados para colocar sus productos y al mismo tiempo realizar una profunda transformación en la agricultura, que la transforme decididamente en un sector exportador dinámico para aprovechar las oportunidades del TLCAN y la reciente apertura con la Unión Europea. Para ello será esencial contar con capacidad empresarial en la agricultura y acceso a redes de comercialización, de las cuales dispone Chile hoy, más allá de su capacidad para utilizarlas debido a las limitaciones de volumen de su oferta exportable.

El enfrentamiento mancomunado entre Chile y México de estos desafíos será el campo fértil donde crecerá la relación especial a que nos hemos referido en este artículo.

Mecanismos de solución de controversias en el Tratado de Libre Comercio Chile-México

Jorge Witker[*]

I. Introducción

Las relaciones económicas entre México y Chile se vieron fortalecidas a partir de 1992 con la suscripción del Acuerdo de Complementación entre ambos países; pero el Tratado de Libre Comercio, suscrito en 1998, crea una estructura jurídica más sólida y da mayor seguridad a los exportadores e importadores de ambas naciones.

Durante el sexenio de Ernesto Zedillo, México ha puesto en práctica una política de apertura comercial muy amplia, ya que se suscribieron varios tratados de libre comercio con diversos países latinoamericanos y con la Unión Europea, por lo cual no en vano es el país con más tratados de libre comercio suscritos en el mundo.

En cambio, Chile a pesar de tener un sector exportador e importador muy dinámico, su política de apertura económica ha buscado la diversificación de mercados, pero se ha mantenido un tanto al margen de la suscripción de instrumentos bilaterales tendientes a crear zonas de libre comercio y sólo cuenta con tres convenios de este tipo: el Acuerdo de

* Doctor en Derecho. Ex catedrático de la Universidad de Chile (1970-1973). Miembro del Instituto Nacional de Investigadores y de la Academia Mexicana de las Ciencias. Autor de numerosos libros y ensayos de su especialidad. Miembro del Instituto de Investigaciones Jurídicas de la UNAM. Árbitro panelista del TLCAN. Distinguido con el premio Universidad Nacional en Ciencias Sociales 2000. Su más reciente libro: *El derecho de la competencia en América*, Fondo de Cultura Económica, Santiago de Chile, 2000.

Complementación con Mercosur (1996), el tratado con Canadá y otro con México (1999).

No sólo debe hacerse el análisis de los tratados de libre comercio desde una perspectiva formal, pues el texto del tratado por sí mismo no revela mucho, también es indispensable conocer los compromisos de desgravación arancelaria para comprender qué se negoció realmente y cuáles pueden ser las consecuencias para cada país firmante.

El tratado que comentaremos no presenta grandes dificultades en ese sentido, toda vez que su antecesor se había encargado de desgravar de la mayor parte de productos que se negocian entre ambos países, por lo que la función del tratado en vigor ha sido en esencia dar mayor seguridad jurídica a las relaciones comerciales. No obstante, existen controversias de diversa índole que no han podido solucionarse y se relacionan con la normatividad interna de cada país.

El ensayo que ahora presentamos tiene la finalidad de mostrar de manera general la importancia de las relaciones económicas entre Chile y México. En segunda se analizan el Acuerdo de Complementación Económica y sus logros principales, así como la regulación del Tratado de Libre Comercio y sus mecanismos de solución de controversias, y se hace un estudio comparativo de éstos en el Tratado de Libre Comercio con Canadá y con el TLCAN; finalmente, presentamos una descripción de las principales controversias existentes entre México y Chile.

II. Relaciones económicas Chile-México

A partir del 22 de diciembre de 1991, mediante la suscripción del Acuerdo de Complementación Económica número 17 —motivado por el proceso de integración regional creado por el Tratado de Montevideo de 1980 (ALADI)—, se fortalecieron las relaciones económicas entre México y Chile.

La intensificación de las relaciones económicas y comerciales derivadas de ese acuerdo propiciaron la suscripción de un nuevo instrumento económico, el Tratado de Libre Comercio, mediante el cual se formaliza el establecimiento de una zona de libre comercio.[1]

---

[1] De acuerdo con los artículos XXIV del GATT, V del GATS y con el Tratado de Montevideo de 1980.

En 1998, las exportaciones de Chile dirigidas a México ascendieron a 488 millones de dólares y se incrementaron a 112 millones de dólares en relación con 1997.[2] Por otro lado, las importaciones se elevaron a 850 millones de dólares,[3] con una contracción de 21%, respecto de 1997.[4]

Para Chile, México fue el octavo destino de las exportaciones en 1999, representando 3.9% de éstas. Tal participación es la más alta en el periodo 1991-1999, la cual refleja una creciente importancia del mercado mexicano para los exportadores chilenos.

Por otra parte, las exportaciones chilenas representaron 0.4% de las importaciones CIF de México en 1999, lo cual muestra el gran potencial que aún representa este mercado para Chile, hecho que es coherente con el crecimiento de este indicador desde 1995.[5]

Durante 1998, la inversión extranjera directa de origen mexicano registró 163 millones de dólares, que representa 0.3% de la inversión total recibida por Chile. Los sectores económicos a donde se dirige la inversión mexicana son a los servicios (59%) y la industria (36%) y constituye 95% del total; en cambio, la inversión chilena en 1997 alcanzó 18 millones de dólares, y en 1996 registró su máximo nivel de 27 millones de dólares.

III. Tratado de Libre Comercio Chile-México

Chile y México han suscrito diversos instrumentos jurídicos, que van desde los Acuerdos de Alcance Parcial y Regional suscritos en el marco de la ALADI, que concluyeron con la suscripción de un Acuerdo de

[2] Durante la década de 1990, las exportaciones dirigidas a México tuvieron un crecimiento relevante. En 1991, Chile sólo exportaba 43 millones de dólares, mientras que en 1998, como ya se señaló, alcanzó 488 millones de dólares. Así, a lo largo de esta década, las exportaciones a México se incrementaron con una tasa de 54% anual, excepto en 1995, debido a la crisis que sufrió la economía mexicana en 1994.

[3] En 1998, las importaciones a México representaron 5% de las compras totales realizadas por Chile al exterior. Dicha reducción afectó tres categorías de bienes mexicanos: los intermedios, los de capital y los de consumo.

[4] DIRECON, Ministerio de Relaciones Exteriores, Dirección General de Relaciones Económicas Internacionales, *Relaciones Económicas entre México y Chile*, julio de 1999.

[5] Véase el "Catastro de Barreras al Comercio 2000" del Ministerio de Economía, Departamento de Comercio Exterior, Chile, 2000.

Complementación Económica, hasta el Tratado de Libre Comercio vigente.

En este apartado describiremos tanto los antecedentes regulatorios que originaron el Tratado de Libre Comercio como la estructura general de su contenido.

Antecedentes: el Acuerdo de Complementación Económica entre México y Chile

El Acuerdo de Complementación Económica entre México y Chile (ACE)[6] fue suscrito en 1991 y entró en vigor el 1 de enero de 1992, bajo el marco regulatorio de la ALADI, con el fin de fomentar el intercambio de bienes, servicios e inversión entre ambos países.

Dicho acuerdo propició la eliminación total de restricciones no arancelarias a partir del 1 de enero de 1992.[7] La supresión de restricciones arancelarias se inició con el establecimiento de un gravamen máximo común de 10% aplicable a las importaciones de productos originarios de sus respectivos países a partir del 1 de enero de 1992 (ACE, art. 3°), con una reducción gradual de 2.5 % anual, hasta llegar a 0.0% el 1 de enero de 1996.[8]

Los resultados del ACE durante los siete años que estuvo en vigor fueron muy positivos, ya que a partir del 1 de enero de 1998, el universo de productos incluidos en él, que corresponde a 98% del universo arancelario, se encontraba libre de arancel.

El éxito de dicho acuerdo se ve reflejado en el crecimiento de más de 500% en las exportaciones de México a Chile, en tanto que el país sudamericano incrementó su participación en el mercado mexicano de 2.7 a 18.4%.

Tal situación exigía a ambos países la suscripción de un instrumento regulatorio que diera mayor certidumbre a los actores económicos

---

[6] Publicado en México en el DOF el 2 de enero de 1992.

[7] Se contemplaban como excepción a este precepto aquellas restricciones a que se refiere el artículo 50 del Tratado de Montevideo de 1980 (art. 2 del ACE).

[8] Con excepción de una serie de productos incluidos en el anexo 1, sujetos a un ritmo de desgravación arancelaria especial, que concluyó el 1 de enero de 1998 (art. 3 del ACE).

de ambos países en sus relaciones comerciales; por ello, el 13 de enero de 1997 se acordó iniciar formalmente las negociaciones para suscribir un tratado de libre comercio.

Estructura general del tratado

Durante 1997 y principios de 1998 se realizaron 10 rondas de negociaciones, que concluyeron con la firma del tratado en Santiago, en el marco de la II Cumbre de las Américas,[9] el cual entró en vigor el 1 de agosto de 1999.

Este tratado establece la creación de una zona de libre comercio —de conformidad con los artículos XXIV del GATT de 1994,[10] y del GATS[11] y el Tratado de Montevideo de 1980[12]—, regida por los principios de *la nación más favorecida, trato nacional y transparencia*.

El TLC profundizó en la regulación de materias ya contenidas en el ACE: acceso a mercado, normas técnicas, reglas de origen, procedimientos aduaneros, inversión y solución de controversias. Además, se incorporó la regulación de la propiedad intelectual y el comercio transfronterizo de servicios que abarca los servicios profesionales y las telecomunicaciones vinculadas con acceso a redes y la entrada temporal de personas de negocios.[13]

El capítulo 1 del tratado contiene las "Disposiciones iniciales", como el establecimiento de la zona de libre comercio y los objetivos del tratado, que por su importancia es oportuno transcribir:[14]

[9] El tratado fue firmado el 17 de abril de 1998 y aprobado el 24 de noviembre de 1998 por el Congreso mexicano, y el 13 de junio de 1999 por el Congreso chileno.

[10] El artículo XXIV del GATT de 1994 establece normas referentes a la aplicación territorial, tráfico fronterizo, uniones aduaneras y zonas de libre comercio.

[11] El artículo V del Acuerdo General sobre el Comercio de Servicios, mejor conocido por sus siglas en inglés GATS, establece normas referentes a los procesos de integración.

[12] Véase art. 1 del TLC.

[13] Se exceptúa expresamente el comercio transfronterizo de servicios de transporte aéreo, de servicios financieros, las compras gubernamentales hechas por una parte o una empresa del Estado, y los subsidios o donaciones otorgadas por una parte o una empresa del Estado, entre otros.

[14] Art. 1-02.

a) Estimular la expansión y diversificación del comercio entre las partes.

b) Eliminar las barreras al comercio y facilitar la circulación de bienes y servicios en la zona de libre comercio.

c) Promover condiciones de competencia leal.

d) Aumentar sustancialmente las oportunidades de inversión.

e) Impulsar y hacer valer los derechos de propiedad intelectual.

f) Establecer lineamientos para la ulterior cooperación entre las partes, así como en el ámbito regional y multilateral encaminados a ampliar y mejorar los beneficios de este tratado.

g) Crear procedimientos para la aplicación y cumplimiento de este tratado, destinados a su administración y la solución de controversias.

El artículo 1-04 impone a cada parte la obligación de asegurar la adopción de las medidas necesarias para cumplir las disposiciones de este tratado en su territorio, en el ámbito nacional o federal, estatal y municipal.

Se prevé la relación con otros tratados internacionales, en los que las partes confirman los derechos y obligaciones existentes entre ellas conforme al Acuerdo sobre la OMC y al Tratado de Montevideo. En caso de incompatibilidad entre las disposiciones de éstos, prevalecerán las disposiciones del TLC.[15]

En cambio, en materia ambiental es a la inversa, pues el artículo 1-06 dispone que en caso de incompatibilidad entre el TLC y las obligaciones específicas en materia comercial contenidas en tres instrumentos internacionales,[16] "estas obligaciones prevalecerán en la medida de la incompatibilidad, siempre que una parte tenga la opción entre me-

---

[15] Véase artículo 1-03.

[16] Estos convenios son:

   a) La Convención sobre el Comercio Internacional de Especies Amenazadas de Flora y Fauna Silvestres, celebrada en Washington el 3 de marzo de 1973, con sus enmiendas del 22 de junio de 1979.

   b) El Protocolo de Montreal Relativo a las Sustancias Agotadoras de la Capa de Ozono, del 16 de septiembre de 1987, con sus enmiendas del 29 de junio de 1990.

   c) El Convenio de Basilea sobre el Control de los Movimientos Transfronterizos de los Desechos Peligrosos y su Eliminación, del 22 de marzo de 1989.

dios igual de eficaces y razonablemente a su alcance para cumplir con tales obligaciones, y elija la que presente menor grado de incompatibilidad con las demás disposiciones de este tratado".

La segunda parte del tratado, formada por cuatro capítulos, se refiere al comercio de bienes y su denominación es la siguiente:

- Capítulo 3: Trato nacional y acceso de bienes al mercado.[17]
- Capítulo 4: Reglas de origen.
- Capítulo 5: Procedimientos aduaneros.
- Capítulo 6: Medidas de salvaguarda.

Las partes establecieron un Comité de Comercio de Bienes,[18] integrado por representantes de cada una de ellas. A petición de cualquiera de las partes o de la comisión, se reúne para vigilar la puesta en marcha de los capítulos 3 a 5. Este procedimiento de consultas se comentará con posterioridad.

Se crearon además diversos subcomités, como el de bienes no agropecuarios, el de agricultura y el de reglas de origen y de aduanas, cada uno de ellos con facultades de vigilancia respecto de la aplicación de las disposiciones de tratado vinculadas directa o indirectamente con las materias de su competencia.

En cuanto a la eliminación arancelaria, a la fecha de entrada en vigor de este tratado (1 de agosto de 1999), las partes se comprometieron a eliminar todos los aranceles aduaneros sobre bienes originarios, con ciertas excepciones contenidas en dos anexos: El 3.04(3), llamado *Programa de desgravación* y el 3-04(4), que contiene una *Lista de excepciones*. A su vez, el programa de desgravación incluye dos listas: una de productos de Chile y otra de México. El único producto de esta lista son las manzanas.

En el caso de Chile se prevé que el arancel aduanero aplicable a las manzanas originarias provenientes de México se reducirá de acuerdo con el cronograma siguiente:

---

[17] Contiene normas relativas al trato nacional, aranceles, medidas no arancelarias, una sección relativa al sector automotor y un procedimiento de consultas.
[18] Véase el artículo 3.16.

Año	Arancel aduanero
1999	8.6%
2000	7.3%
2001	6.1%
2002	4.9%
2003	33.7%
2004	2.4%
2005	1.2%
A partir del 1/1/2006	0.0%

Estos aranceles regirán exclusivamente para las importaciones de manzanas por un cupo inicial de 2,264.5 toneladas métricas, que será incrementado cada año a partir del 2000 y hasta el 2005 en 5% respecto del cupo vigente para el año anterior.

A las cantidades que excedan el cupo señalado se les aplicará un arancel que no exceda al de *la nación más favorecida* vigente al momento de las importaciones, hasta el 1 de enero del 2006, cuando las manzanas frescas originarias provenientes de México estarán libres de gravamen y no sujetas a cupos.

La lista de México prevé que el arancel aduanero aplicable a las manzanas originarias provenientes de Chile se reducirá de acuerdo con el cronograma siguiente:

Año	Arancel aduanero
1999	11.7%
2000	10.0%
2001	8.3%
2002	6.7%
2003	5.0%
2004	3.3%
2005	1.7%
A partir del 1/1/2006	0.0%

Al igual que en Chile, en México se establece un cupo por un monto similar, con un incremento anual de 5%, así como la aplicación del arancel de la nación más favorecida a las importaciones que rebasen el cupo.

El capítulo 6, referente a medidas de salvaguarda, hace una distinción entre medidas bilaterales y medidas globales de salvaguarda, siguiendo los lineamientos generales del GATT de 1994 y el Acuerdo de Salvaguardas de la OMC.

En los procedimientos para adoptar medidas de salvaguarda, cada parte encomendará las resoluciones relativas a daño grave o amenaza de éste a la autoridad investigadora competente.[19] Estas resoluciones serán objeto de revisión por parte de tribunales judiciales o administrativos en la medida que lo disponga la legislación interna. Las resoluciones negativas acerca de la existencia de daño no podrán modificarse, salvo por este procedimiento de revisión.

El artículo 6-05 impide a las partes solicitar la integración de un grupo arbitral, de conformidad con el artículo 18-06, cuando se trate de medidas de salvaguarda que sólo hayan sido propuestas.[20]

La tercera parte del tratado, "Normas técnicas", cuenta con dos capítulos: el 7, cuya regulación se refiere a medidas sanitarias y fitosanitarias,[21] y el 8, que alude a medidas relativas a normalización.

En materia de medidas sanitarias y fitosanitarias existe la posibilidad de llevar a cabo consultas técnicas,[22] y cuando no se obtengan resultados satisfactorios mediante éstas, si las partes así lo acuerdan, podrán hacer las consultas previstas en el capítulo 18 acerca de solución de controversias (específicamente el artículo 18-08).

En el capítulo 8 se señala la obligación de cada parte de publicar un aviso y notificar por escrito a la otra parte la propuesta de adoptar o

---

[19] Para el caso de Chile, la Comisión Nacional Encargada de Investigar la Existencia de Distorsiones en el Precio de las Mercaderías Importadas, y para el caso de México la Secretaría de Comercio y Fomento Industrial.

[20] El anexo 6-04 presenta la descripción detallada de las fases del procedimiento, como el inicio del procedimiento, el contenido de la solicitud, las consultas, los requisitos de notificación, la audiencia pública, la información confidencial, la prueba de daño, la deliberación y el informe.

[21] En este capítulo se establece la creación de un Comité de Medidas Sanitarias y Fitosanitarias, y los siguientes subcomités: de Salud Animal, de Sanidad Vegetal, de Inocuidad de los Alimentos, de Pesca y de Agroquímicos.

[22] Artículo 7-12.

modificar algún reglamento técnico o cierto procedimiento de evaluación de la conformidad aplicado a un reglamento técnico. Además, se crea un Comité de Medidas referentes a la Normalización y un Subcomité de Normas de Telecomunicaciones, aunque no existe un procedimiento para solución de controversias, pero se regula la cooperación técnica entre ambos países.[23]

La cuarta parte del tratado regula las materias de inversión, servicios y asuntos relacionados, y se integra por seis capítulos, cuyo sector de normatividad es el siguiente:

- Inversión (capítulo 9).
- Comercio transfronterizo de servicios (capítulo 10).
- Servicios de transporte aéreo (capítulo 11).
- Telecomunicaciones (capítulo 12).
- Entrada temporal de personas de negocios (capítulo 13).
- Política en materia de competencia, monopolios y empresas de Estado (capítulo 14).

No profundizaremos en el contenido de cada uno de estos capítulos, sino que analizaremos la parte referente a los mecanismos de solución de controversias que cada uno de ellos prevé.

El capítulo 9, denominado "Inversiones", establece un procedimiento de solución de controversias entre una parte y un inversionista de la otra parte, y permite determinar dos tipos de procedimientos mediante consultas y negociación (art. 9-19) o por medio de arbitraje.

Para someter un asunto a arbitraje, el inversionista contendiente debe notificar por escrito a la parte contraria su intención de someter una reclamación a arbitraje por lo menos 90 días antes de que se presente la notificación (art. 9-20).

Siempre que hayan transcurrido seis meses desde que tuvieron lugar los actos que motivan la reclamación,[24] un inversionista contendiente podrá someter la reclamación a arbitraje de acuerdo con lo siguiente:

---

[23] Artículo 8-12.
[24] Siempre que el inversionista no haya sometido la misma reclamación ante un tribunal judicial o administrativo de la parte contendiente.

a) El Convenio del CIADI,[25] siempre que tanto la parte contendiente como la parte del inversionista sean Estados miembros del mismo.

b) Las reglas del mecanismo complementario cuando el contendiente o inversionista, pero no ambos, sea parte del convenio del CIADI.

c) Las reglas de arbitraje de la CNUDMI.[26]

Un inversionista contendiente podrá someter una reclamación al procedimiento arbitral en los casos siguientes:[27]

a) Si consiente someterse al arbitraje en los términos de los procedimientos establecidos en este tratado.[28]

b) Si el inversionista y, cuando la reclamación se refiera a pérdida o daño en una participación en una empresa de la otra parte que sea una persona jurídica propiedad del inversionista o que esté bajo su control directo o indirecto, la empresa renuncian a su derecho a iniciar cualquier procedimiento ante un tribunal administrativo o judicial conforme al derecho de la parte contendiente, u otros procedimientos de solución de controversias.

Cuando un tribunal dicte un laudo definitivo desfavorable a una parte, el tribunal sólo podrá ordenar, por separado o en combinación, lo siguiente:

---

[25] El CIADI es el Centro Internacional de Arreglo de Diferencias Relativas a Inversiones, y se refiere al Convenio sobre Arreglo de Diferencias Relativas a Inversiones entre Estados y Nacionales de otros Estados, celebrado en Washington el 18 de marzo de 1965.

[26] Reglas de Arbitraje de la Comisión de Naciones Unidas sobre Derecho Mercantil Internacional (CNUDMI), aprobadas por la Asamblea General de las Naciones Unidas el 15 de diciembre de 1976.

[27] Artículo 9-22.

[28] La regulación del procedimiento por este tratado incluye lo referente al nombramiento de árbitros y método de nombramiento (9-24), integración del tribunal en caso de que una parte no designe árbitro o las partes contendientes no logren un acuerdo en la designación del presidente del tribunal arbitral (art. 25), consentimiento para la designación de árbitros (9-26), acumulación de procedimientos (9-27), notificaciones (9-28), participación de una parte (9-29), documentación (9-30), sede del arbitraje (9-31), derecho aplicable (9-32), interpretación de los anexos (9-33), dictamen de expertos (9-34), medidas provisionales de protección (9-35), etcétera.

a) El pago de daños pecuniarios y los intereses que procedan.

b) La restitución de la propiedad, en cuyo caso el laudo dispondrá que la parte contendiente podrá pagar daños pecuniarios, más los intereses que procedan, en lugar de la restitución.[29]

Asimismo, un tribunal podrá también ordenar el pago de costas de acuerdo con las reglas de arbitraje aplicables. El laudo dictado por un tribunal será obligatorio sólo para las partes contendientes y respecto del caso concreto (art. 9-37).

Este capítulo establece un Comité de Inversión y Comercio Transfronterizo de Servicios, facultado para vigilar la administración de este capítulo y del 10, discutir materias de servicios transfronterizos e inversión de interés bilateral, y examinar bilateralmente temas relacionados con estas materias que se tratan en otros foros internacionales.[30]

Los capítulos 10 a 12 no cuentan con un procedimiento de solución de controversias específico; a su vez, el capítulo 13, denominado "Entrada temporal de personas de negocios", en su artículo 13-07, restringe el empleo de los mecanismos de solución de controversias del capítulo 18, en los términos siguientes:

1. Una parte no podrá iniciar los procedimientos previstos en el artículo 18-05 (dar intervención a la Comisión, elaborar buenos oficios y llegar a la conciliación y mediación) respecto de una negativa de autorización de entrada temporal conforme a este capítulo, ni en cuanto a ningún caso particular comprendido en el artículo 13-03, salvo que: *a)* el asunto se refiera a una práctica recurrente, o *b)* la persona de negocios afectada haya agotado los recursos administrativos a su alcance respecto de ese asunto en particular.

2. Los recursos mencionados en el numeral anterior, inciso *b,* se considerarán agotados cuando la autoridad competente no haya emitido una resolución definitiva en un lado, contado a partir del inicio del procedimiento administrativo, y la resolución no se haya demorado por causas imputables a la persona de negocios afectada.

---

[29] Artículos 9-36.
[30] Anexo 17-01 (1).

La quinta parte del tratado se refiere a la propiedad intelectual, mientras que el capítulo 15 regula lo relativo a los derechos de autor, artistas intérpretes o ejecutantes, productores de fonogramas, marcas de fábrica o de comercio y denominaciones de origen.

La sección E de ese capítulo, titulada "Observancia de los derechos de propiedad intelectual", impone la obligación de las partes de establecer en su legislación procedimientos de observancia de los derechos de propiedad intelectual de diversos tipos: procedimientos y recursos civiles y administrativos (arts. 15-27 a 15-35), así como prescripciones especiales relacionadas con las medidas en frontera y con la importación de mercancías de marca de fábrica o de comercio falsificadas, o mercancías piratas que incluyen el establecimiento de procedimientos penales para los casos mencionados (arts. 15-36 a 15-46).

Finalmente, la sexta parte del tratado contiene diversas disposiciones administrativas e institucionales. Se integra por los capítulos 16 a 20, de los que comentaremos sólo las disposiciones más trascendentes:

- La administración del tratado está a cargo de dos órganos: la Comisión de Libre Comercio y el Secretariado.
- La Comisión de Libre Comercio se integra por el ministro de Relaciones Exteriores de Chile y por el secretario de Comercio y Fomento Industrial de México,[31] y su función principal es velar por el cumplimiento y la correcta aplicación del tratado, además de establecer comités o grupos de expertos permanentes.[32]
- El Secretariado lo determina la comisión; se integrará por secciones nacionales y su principal función será prestar asistencia a la citada comisión.[33]
- El capítulo 19 regula excepciones específicas con motivo de la seguridad nacional (art. 19-03) de divulgación de información (art. 19-04), de tributación (art. 19-05) y balanza de pagos (art. 19-06).

---

[31] Art. 17-01.

[32] Art. 17-02.

[33] Una vez que se haya iniciado un procedimiento de solución de controversias mediante la intervención de la comisión o conforme al acuerdo sobre la OMC, el foro seleccionado será excluyente del otro (art. 18-2 [2]).

- Finalmente, el capítulo 20, "Disposiciones finales", contiene normas referentes a las modificaciones y adiciones, adhesión, reservas, denuncias, negociaciones futuras, etcétera.

En seguida se analizarán los procedimientos y mecanismos de solución de controversias del capítulo 18.

IV. Mecanismos de solución de controversias

Los procedimientos y mecanismos de solución de controversias son regulados por el capítulo 18 del TLC, el cual se divide en dos apartados, el primero de los cuales define el procedimiento general, en tanto que el segundo se refiere a los procedimientos internos y solución de controversias comerciales privadas.

Con anterioridad describimos la estructura y contenido del TLC Chile-México, haciendo la especificación de la existencia de procedimientos propios para la solución de controversias, por ello, hechas las salvedades anteriores, en seguida describiremos el procedimiento general para resolver controversias.

Procedimiento general

La solución de controversias plantea dos opciones: por un lado, las partes pueden acudir a la comisión o someterse al procedimiento establecido por la Organización Mundial de Comercio,[34] siempre que la cooperación y las consultas entre los Estados miembros no sean suficientes para resolver el problema.

El primer procedimiento ante la Comisión son las consultas, mediante las cuales cualquier parte podrá solicitar por escrito a la otra la realización de consultas respecto de una medida adoptada o en proyecto o relacionada con cualquier otro asunto que afectase la aplicación del tratado.[35]

[34] Artículo 18-04.
[35] Véase artículo 18-05.

Treinta días después de la entrega de la solicitud para las consultas, cualquier parte o ambas podrán solicitar por escrito que se reúna la comisión, a efecto de que se ventile una controversia para resolverla mediante la intervención de la comisión, el planteamiento de buenos oficios, la conciliación o la mediación.[36]

En caso de no resolverse el conflicto dentro de los tres días siguientes a la reunión de la comisión, mencionada en el párrafo anterior, o en su defecto en el plazo que determinen las partes, cualquiera de éstas podrá solicitar la integración de un grupo arbitral.[37]

El grupo arbitral se conforma por cinco miembros, dos nacionales de cada parte y un presidente del grupo, nombrado por las partes dentro de un plazo de 15 días. En caso de desacuerdo entre ellas dentro del plazo señalado, una de las dos, electa por sorteo, lo designará, pero el presidente no podrá ser nacional de la parte que lo designa.[38] Dicho grupo arbitral presentará dos informes: uno preliminar,[39] fundado en las argumentaciones y comunicados de las partes, y otro final, el cual será obligatorio para éstas.[40]

Procedimientos internos y solución de controversias privadas

Cuando un asunto de interpretación o de aplicación de este tratado surja en un procedimiento judicial o administrativo interno de una parte y cualquiera de éstas considere que amerita su intervención, o cuando una instancia judicial o administrativa solicite la opinión de alguna de las partes, la escogida lo notificará a la otra parte y a su sección del Secretariado. La comisión procurará, a la brevedad posible, acordar una respuesta adecuada.[41]

El tratado dispone expresamente: "Ninguna parte podrá otorgar derecho de acción en su legislación contra la otra parte, con funda-

---

[36] Artículo 18-06.
[37] Art. 18-09.
[38] Art. 18-13.
[39] Art. 18-14 y 18-15.
[40] Art. 18-17.
[41] Art. 18-18.

mento en que una medida de la otra parte es incompatible con este tratado".[42]

Finalmente, en la medida de lo posible, cada parte promoverá y facilitará el recurso al arbitraje y a otros medios alternativos para solucionar las controversias comerciales internacionales entre particulares en la zona de libre comercio.[43]

La comisión estableció un Comité Consultivo de Controversias Comerciales Privadas, integrado por personas con conocimientos especializados o experiencia en la solución de controversias comerciales internacionales de carácter privado. El comité presenta informes y recomendaciones de carácter general a la comisión acerca de la existencia, uso y eficacia del arbitraje y de otros procedimientos para solucionar esas controversias en la zona de libre comercio.

No existe un procedimiento específico en materia de prácticas desleales de comercio internacional, sino que se siguen las disposiciones del procedimiento general, el cual puede realizarse ante la comisión o mediante el entendimiento de solución de controversias de la OMC.

Es oportuno reflexionar sobre esto último. Si bien el objetivo del tratado es crear de una zona de libre comercio y la generalidad de los productos que se comercian entre ambos países no está sujeta a gravamen alguno, en tratados como el TLCAN las controversias sobre prácticas desleales, principalmente en cuanto a *dumping,* constituyen el mayor porcentaje de conflictos que se presentan en las relaciones comerciales.

---

[42] "Cada parte dispondrá de procedimientos que aseguren la observancia de los convenios de arbitraje y el reconocimiento y ejecución de los laudos arbitrales que se pronuncien en esas controversias. Para tal fin, las partes se ajustarán a las disposiciones de la Convención de Naciones Unidas sobre el Reconocimiento y Ejecución de Sentencias Arbitrales Extranjeras de 1958, o de la Convención Interamericana sobre Arbitraje Comercial Internacional de 1975", art. 18-19 (2).

[43] Véase la resolución publicada en el DOF el 4 de septiembre de 1998, en la cual se modifica el mecanismo para garantizar el pago de contribuciones en la importación de mercancías sujetas a precios estimados. Este acuerdo establece que los importadores de las mercancías incluidas en el acuerdo a un precio menor que el indicado en éste deberán acompañar a la solicitud de importación una fianza a favor de la Tesorería de la Federación, con el fin de garantizar el pago de las contribuciones y cuotas compensatorias que se causarían por la diferencia entre el valor declarado y el precio estimado.

Chile ha sido promotor de la eliminación de esta regulación; muestra de ello es el Tratado de Libre Comercio con Canadá, en el cual tampoco se regulan de manera específica las prácticas desleales. Esta situación obedece, a su vez, a políticas internacionales puestas en marcha con gran éxito en diversos procesos de integración (como la Unión Europea o el Tratado Anzcerta, que crea un mercado común entre Australia y Nueva Zelanda) y en los cuales las prácticas desleales se resuelven mediante la legislación sobre competencia.

V. Conflictos que se han presentado en las relaciones comerciales Chile-México

Existen diversas cuestiones que no se han podido resolver mediante el TLC y que constituyen importantes barreras al comercio entre ambos países. En este punto comentaremos algunas de las más sobresalientes desde el punto de vista de los exportadores chilenos.

Algunos problemas relacionados con políticas de importación son los siguientes:

1. Los requisitos establecidos para la importación temporal de muestras, cuyo monto no debe ser superior a 50 dólares o en su caso ingresar inutilizadas.
2. El cobro de derechos de trámite aduanero, los cuales, conforme al Acuerdo de Complementación Económica 17, debían haber cesado hace algunos años.
3. Problemas de clasificación arancelaria.
4. Imposición de precios mínimos de referencia o precios estimados.[44]

Habíamos mencionado el tratamiento especial que se dará a la importación-exportación de manzanas frescas, para las cuales se estableció un cupo de 2,264.5 toneladas con incrementos anuales de 5% hasta el año 2006, cuando se desgravarán completamente. En la práctica se

---

[44] Véase Catastro de Barreras al Comercio 2000, elaborado por el Departamento de Comercio Exterior del Ministerio de Economía.

presenta un problema adicional para los exportadores chilenos: las manzanas se encuentran sujetas a precios mínimos de referencia, "lo que implica para los exportadores pagar una fianza por la diferencia entre el precio FOB de entrada y el precio mínimo establecido por la aduana hasta que se compruebe la no subfactoración del producto".[45]

El precio de referencia señalado para las manzanas no hace distinción por tamaño, variedad o calidad, es decir, se trata de un precio único, situación que genera una importante distorsión en los precios de este producto.

Existen otros problemas relacionados con medidas sanitarias y fitosanitarias para la importación de conservas de productos del mar, así como dudas acerca de los requisitos para las papas chilenas; por otra parte la certificación de normas oficiales mexicanas (NOM) debe realizarse en laboratorios calificados, los cuales se encuentran en México, por lo que cumplir con este requisito implica erogar gastos adicionales.

Continuando con las normas oficiales mexicanas, las relacionadas con el etiquetado NOM-050 y NOM-051 referentes a información comercial y a especificaciones generales de etiquetado para alimentos y bebidas no alcohólicas preenvasadas, respectivamente, pueden llegar a convertirse en verdaderos obstáculos al comercio por lo amplio de su cobertura.

Desde la perspectiva mexicana, destaca la salvaguarda impuesta por el gobierno de Chile al trigo, a la harina de trigo, al azúcar y a aceites vegetales comestibles.[46]

La investigación se inició el 30 de septiembre de 1999 y se aplicó una medida provisional mediante la resolución del 22 de octubre del mismo año. Finalmente, el gobierno chileno determinó imponer una medida de salvaguarda el 22 de enero del 2000.[47]

Aún falta mucho para eliminar por completo las barreras arancelarias y no arancelarias existentes al comercio entre Chile y México; sin embargo, los esfuerzos realizados hasta ahora han redituado amplios beneficios para ambos países.

---

[45] El 24 de agosto de 1999, el Ministerio de Agricultura chileno presentó, ante la Comisión Nacional Encargada de Investigar la Existencia de Distorsiones en el Precio de las Mercaderías Importadas de Chile, una solicitud de investigación sobre salvaguardas.

[46] UPCI, Informe de Labores de 1999, México, UPCI, p. 68.

[47] *Ídem.*

Por otra parte, existe la voluntad de seguir avanzando en el esfuerzo de conformación de un área de libre comercio de las Américas (ALCA), cuya conformación se encuentra prevista para el año 2005, por lo que aún hay tiempo para adecuar las regulaciones internas a los compromisos internacionales, a fin de consolidar una integración regional incluyente y abierta a la globalización contemporánea.

Cuarta parte

Políticas exteriores
e inserción internacional

Apuntes de política exterior para el gobierno de Vicente Fox: 2000-2006

Jorge Castañeda*

El comienzo del gobierno del presidente Vicente Fox en México, coincidirá no sólo con el comienzo de un nuevo siglo, algo siempre cargado de simbolismos, sino también con el término de una importante reestructuración del sistema económico internacional iniciada al concluir la Guerra Fría, que ha cambiado profundamente nuestras percepciones del mundo, privando de paso de todo sentido a muchas concepciones e instrumentos de política internacional que antes parecían sólidos e inamovibles. A este respecto, podríamos decir que todas las políticas exteriores, de cualquier nación, precisan transitar por esa circunstancia de revisiones y acomodos para seguir siendo eficaces

La política exterior en México requiere de determinados ajustes a las nuevas circunstancias nacionales e internacionales. Si bien ha sido objeto de un virtual consenso en el país a lo largo por lo menos del

* Doctor en Historia Económica por la Universidad de París. Actualmente es profesor de tiempo completo en la UNAM y profesor de medio tiempo en la Universidad de Nueva York. Ha sido asesor del gobierno de México para asuntos centroamericanos y del Caribe, así como investigador residente de la Fundación Carnegie en Washington. Ha impartido clases como profesor visitante en las universidades de Berkeley, Princeton y Dartmouth College, y es autor de ocho libros. Su más reciente publicación se titula *La herencia: arqueología de la sucesión presidencial en México*.

último medio siglo, también es cierto que el país, el mundo y las relaciones entre México y el mundo han cambiado tanto que hoy nos encontramos en una situación de tránsito. Los principios y las premisas tradicionales de la política exterior permanecen vigentes y nos sirven como puntos de referencia, pero obviamente no bastan para indicarnos qué camino seguir en el siglo XXI y en un mundo tan distinto al que vivimos hace algunos años. Más que revisar y subrayar de nuevo los lineamientos tradicionales de la política exterior de México en la segunda mitad del siglo XX, conviene entonces sugerir algunas ideas preliminares y generales de lo que pueden ser los ajustes necesarios para el futuro.

Estos lineamientos se inscriben en la línea rectora de toda política exterior de México, y en particular se inspiran en dos tésis básicas. La primera es que la inercia geográfica nos ha llevado a una relación económica, comercial, financiera, fronteriza y hasta turística con Estados Unidos, que es prácticamente imposible de cambiar. Desde finales del siglo XIX no han prosperado ninguno de los intentos por diversificar nuestro comercio exterior, nuestras fuentes de crédito o de inversión, y es difícil pensar que algún esfuerzo a futuro en este mismo sentido pueda fructificar. Ésta es una realidad más o menos inamovible de nuestra historia y de nuestro porvenir. Por tanto, la política exterior de México no puede ni debe basarse en la búsqueda de una diversificación de nuestras relaciones económicas; la tentativa sencillamente carecerá de éxito. En cambio, la política exterior sí puede tener como propósito el contrarrestar, reequilibrar y diversificar nuestras relaciones políticas y culturales, nuestra fuerza como país y nuestra presencia en el mundo en otros ámbitos. No debemos centrar la política exterior en la relación económica con los Estados Unidos, pero tampoco debemos resignarnos a una determinación absoluta de lo económico; sí existen márgenes. La segunda tésis enfatiza la especificidad de la política exterior: posee propósitos, instrumentos y ámbitos propios. No debe ser confundida con la indispensable tarea de allegarnos en el extranjero los recursos que exige nuestro desarrollo, ni con las negociaciones comerciales y financieras internacionales que México debe llevar constantemente a cabo. Es preciso coordinar y adecuar la política exterior con esas —y muchas otras— tareas, pero no subsumirla en ellas. A partir de estos límites, se presentan seis desafíos de la política exterior de México para el principio del nuevo milenio, que son a la vez seis tareas por cumplir.

I. Un país seguro, honesto y en paz

El primer desafío —casi condición de posibilidad para los demás— consiste en tratar de proyectar al mundo una visión diferente de México: construir una imagen de un país seguro, honesto y en paz. Por un lado, en el resto del mundo impera una impresión de México como un país de reformas económicas importantes, o de ciertos adelantos en materia democrática. Pero en los últimos años también se ha generado en el exterior una imagen del país que suele subrayar aspectos como la inseguridad, la corrupción, los conflictos armados o la violencia social. México es visto ya sea como un paraíso de la inversión, o como una nación en un estado de caos permanente, donde se secuestra, se asesina, se asalta, se roba y donde se confrontan todos los mexicanos. Sin modificar esa imagen, no va a ser posible realmente realizar una política exterior eficaz.

Éste es un esfuerzo distinto del que hay que llevar a cabo para atraer la inversión extranjera y el crédito, o para celebrar acuerdos de libre comercio con otros países. Se trata de dos ámbitos distintos, aunque obviamente vinculados: uno actúa sobre el otro, y viceversa. Si la imagen del país se deteriora demasiado, en algún momento esto comenzará a afectar los flujos de inversión o de crédito; o al revés, si la imagen económica del país mejora enormemente, entonces sin duda también mejorará la otra. Son, sin embargo, dos caminos diferentes que hay que cuidar y atender con el mismo énfasis.

El empeño tiene un doble punto de partida: primero, el reconocimiento por parte de las autoridades nacionales de que la imagen en el exterior, si bien exagera algunos aspectos de la realidad mexicana, en muchos otros casos la refleja cabalmente; la opinión foránea que se tiene de México como un país inseguro, no es opuesta a la impresión que tenemos muchos mexicanos; la visión que impera en el exterior de un país plagado de dosis elevadas de corrupción y de violencia social, no difiere demasiado de la que guardamos muchos mexicanos. Por tanto, hay que reconocer la realidad para empezar realmente a transformarla; no va a ser posible proyectar una imagen distinta del país si no se cambia la realidad que proyecta dicha imagen.

Una segunda premisa de este esfuerzo debe tomar en cuenta su inevitable carácter multipartidista y consensual. Por una sencilla razón: en materia de inseguridad, de honestidad, de paz social —a diferencia quizá de los aspectos económicos—, prácticamente cualquier grupo, partido, o punto de vista posee una especie de veto. De nada sirve que vaya a Europa nuestra secretaria de Relaciones Exteriores para hablar de los avances de la negociación en Chiapas, si al día siguiente Marcos —que tiene mucha más presencia en determinados círculos europeos que la Cancillería— dice exactamente lo contrario. Lo mismo sucede con las ONG y con los partidos de oposición, si éste no es un esfuerzo de todos —tomados de la mano— es muy difícil que prospere. Cualquier grupo o sector puede sabotear el intento de generar y proyectar una imagen diferente.

Reconstruir la realidad interna y la imagen externa de un país honesto, seguro y pacífico constituye, por último, la única manera de cuadrar un círculo perverso y resolver la contradicción entre la necesaria vigencia del principio de no intervención y la mirada externa cada vez más exigente y acuciante. Para poder seguir enarbolando la consigna de la no intervención, debemos dejar de temerle internamente; para ello es imprescindible poner la casa en orden.

Esta tarea debe acompañarse de un gran esfuerzo para proyectar la imagen de un país que no es sólo un Edén de la inversión, sino también una nación provista de una enorme vitalidad cultural. Lo que realmente nos puede distinguir en el mundo de hoy, no es que seamos especialmente eficientes, que dispongamos de una mano de obra barata o que sigamos los dogmas de la economía neoliberal mejor que otros, sino que tenemos, como país, una vitalidad creativa excepcional.

II. Construir nuestra propia agenda con Estados Unidos

Un segundo desafío consiste en imponerle ciertos ajustes a nuestra relación con Estados Unidos. En ella hay cuatro capítulos susceptibles de actualización; los cuatro parten de la necesidad de contar otra vez con una verdadera agenda mexicana con nuestro vecino del norte, para ya no simplemente reaccionar ante las posturas norteamericanas. Entre 1979 y 1994 tuvimos un pliego petitorio propio: primero, hasta 1987, impulsar nuestra visión de la crisis centroamericana; después, negociar y lograr la ratificación del TLC entre 1990 y finales de 1993. Se puede estar de acuerdo o en desacuerdo con cualquiera de estos dos ejes, o con ambos, pero tenían el inmenso mérito de existir: ahora nos hallamos sin brújula, sin ambición, sin agenda.

a) El primer capítulo de la actualización debe estribar en la profundización del Tratado de Libre Comercio de América del Norte. No hay razón alguna para pensar que el tratado es un documento negociado de una vez y para siempre e inamovible, que no debe ser transformado o mejorado en muchos de sus aspectos. Ya hemos detectado, a lo largo de los primeros cinco años de aplicación, muchos elementos que no han funcionado bien —desde la desgravación demasiado rápida para la agricultura hasta los mecanismos de solución de controversias para la inversión extranjera, que colocan en una posición más ventajosa a los inversionistas foráneos que a los mexicanos—, así como aquellos ámbitos donde conviene ir más allá de donde se fue en la negociación de 1993. Existen, para empezar, varios rubros estrictamente económicos o comerciales donde tendría sentido profundizar el Tratado de Libre Comercio; por ejemplo, los mecanismos de financiamiento compensatorio que nunca se establecieron en 1993, sobre todo en materia de infraestructura y de gasto de cohesión social. Se ha comprobado en ambos lados de la frontera que la infraestructura mexicana no da abasto a la magnitud del incremento del comercio y de la inversión entre los dos países. En segundo lugar, en materia de medio ambiente y laboral, los acuerdos paralelos negociados en 1993 no incorporaron una serie de factores de gran importancia, que quizás en ese momento no era posible tomar en cuenta, pero que ahora sí lo son. Éstos incluyen sanciones más severas por incumplimiento, procedimientos más expeditos de denuncia, mecanismos más transparentes para dirimir conflictos, y un espacio de participación más amplio para la sociedad civil.

b) Otra interrogante de esta relación bilateral que cada día reviste mayor importancia, consiste en determinar si debemos o no ir hacia un acuerdo migratorio con Estados Unidos, pero sin reducirlo a un nuevo convenio *bracero*. No es evidente que podamos seguir con la actual política mexicana —la misma desde hace muchísimos años—, basada en una relativa indiferencia frente al tema migratorio, esperando aprovechar indefinidamente lo que fue durante muchos años el mejor de los mundos posibles: la salida de un número considerable de mexicanos que encuentran empleo en Estados Unidos y que envían remesas a México, sin que ello entorpezca en exceso ni las relaciones bilaterales ni el bienestar de esos mexicanos. Esa "época dorada" de la migración mexicana a Estados Unidos parece haber llegado a su término en 1992, con la aprobación simbólica de la propuesta 187 en California y de los subsiguientes cambios en la política federal norteamericana. Estados Unidos cada día realiza más esfuerzos para reducir el número de inmigrantes que pueden cruzar sus fronteras sin documentos, y para aumentar el costo e incluso elevar hasta la muerte el peligro para los que siguen intentándolo. Estos esfuerzos repercuten de modo inevitable en el flujo migratorio.

Por tanto, resulta difícil imaginar que pueda sostenerse por mucho tiempo la tesis o la realidad de un flujo generalizado y libre. Habrá que decidir si le conviene al país negociar un acuerdo migratorio que permitiera conseguir un número mucho más elevado de visas y de entradas documentadas a Estados Unidos del que tenemos hoy, a cambio de algún tipo de corresponsabilidad para regular el flujo no documentado. Esto encierra un dilema desgarrador, ya que cualquier corresponsabilidad en la regulación del flujo no documentado entraña, de alguna manera, el restringir ciertos movimientos de la población mexicana dentro de la República. Pero la otra alternativa tampoco es especialmente atractiva, visto que el *status quo* ya dejó de ser ideal, como sí lo fue durante muchos años. El propio gobierno ha reconocido la posibilidad de negociar acuerdos migratorios sectoriales o regionales con Estados Unidos, que por cierto comienzan a proliferar a pequeña escala y en el desorden más completo. Existe también el antecedente cubano: un número importante de visas cada año y una regulación más estricta y compartida del flujo indocumentado.

c) El tercer capítulo bilateral se refiere, por supuesto, al narcotráfico. Más allá de la reiteración de las posturas tradicionales de México —es preciso combatir la demanda con igual vigor que la oferta; hay que desmantelar los cárteles de Juárez y de Houston, del golfo y de Los Ángeles—, se entreabren varias avenidas de acción para una política exterior más audaz y proactiva en este renglón. En primer lugar, el gobierno de México debe llevar a cabo una gran campaña dentro de Estados Unidos, semejante a la que se realizó en ocasión del Tratado de Libre Comercio, para abrogar la legislación norteamericana relativa al proceso de certificación. Mientras se mantenga esa legislación, vamos a seguir sufriendo el calvario de la certificación o descertificación cada año. Resulta imprescindible la derogación de dicha ley por parte del Congreso estadounidense. No es imposible, hace un par de años se perdió un intento por muy pocos votos tanto en el Senado como en la Cámara. Con el apoyo del gobierno estadounidense y una gran campaña mexicana se puede alcanzar esta meta, aunque no de la noche a la mañana. De ser posible resultaría conveniente evitar que, a cambio, se impusiera una certificación multilateral, como la que se ha impulsado erróneamente en la OEA; lo ideal es evitar cualquier juicio externo, de cualquier índole.

Asimismo, es necesario rechazar las formas cada vez más intervencionistas de cooperación con Estados Unidos en materia de lucha contra el narcotráfico. En particular, es preciso examinar detenidamente, tal como lo han sugerido en varias ocasiones los propios norteamericanos, si realmente debemos seguir entregándole una responsabilidad creciente a nuestras fuerzas armadas en la lucha contra el narcotráfico. Ello implica, necesariamente, una mayor responsabilidad de nuestras fuerzas armadas en la relación con Estados Unidos, lo que no es deseable ni para ellas ni para el interés nacional.

Por último, conviene buscar la manera de iniciar un diálogo latinoamericano con Estados Unidos sobre un nuevo enfoque hacia la droga, incluyendo la despenalización a largo plazo de ciertas sustancias actualmente ilícitas, la adopción de estrategias de "reducción de daño" provocado por el consumo, y la utilización de mecanismos de mercado para aminorar los estragos procedentes del carácter prohibido del comercio de estupefacientes, inspirándonos un tanto en los trabajos de la Fundación Soros y del Lindesmith Center. Sin una cabal estrategia a largo plazo en esta materia, nos puede tomar desprevenidos la próxima gran crisis interamericana, a saber: la imposibilidad para Washington de asistir impávido ante el ascenso de las guerrillas y de los cárteles en Colombia, y la inmensa dificultad para el Estado colombiano, con o sin apoyo externo, de vencer a sus adversarios.

d) Debemos empezar a reflexionar sobre un tema surgido en Europa desde la firma del Tratado de Roma en 1958: si el proceso de construcción de instituciones supranacionales favorece más a los países grandes y poderosos dentro de distintos esquemas de integración económica, o a los países más pequeños. En términos analógicos, ¿a quién favoreció la creación de las instituciones de Bruselas en los años 60 y 70? ¿A los países de menor dimensión y población de la Comunidad Europea —Holanda, Bélgica, Luxemburgo— o a los países grandes —Alemania y Francia—, principalmente? Si concluimos que las instituciones supranacionales auxilian más bien a los países pequeños y menos a los grandes, ya que éstos no las necesitan tanto como aquellos, entonces debemos determinar si dentro de la profundización del Tratado de Libre Comercio de América del Norte no podemos abanderar la creación y construcción paulatina de distintas instituciones supranacionales, desde el North American Development Bank de San Antonio —que nunca despegó— hasta muchas otras de gran interés para México. El proceso podría abarcar, también por supuesto, la construcción de instituciones políticas.

III. UN MERCADO COMÚN DE LA CUENCA DEL CARIBE

Un tercer desafío es ubicar, dentro de un marco conceptual estratégico más ambicioso, los procesos de negociación comercial, económica y financiera que se han llevado a cabo durante los últimos años con los países de Centroamérica y el Caribe. Existe un viejo proyecto —algo utópico pero no por ello imposible— de crear un mercado común de Centroamérica y el Caribe con México. No es algo sencillo porque en el pasado, más que complementariedad, entre nuestras economías imperaba la simetría. Con nuestro auge exportador manufacturero de los últimos años esto ha cambiado; más aún, nuestras ventas hacia América Latina en general crecen a ritmos más elevados que hacia otros países. Hoy no parece tan lejana la posibilidad de ir avanzando, junto con los países de Centroamérica y del Caribe, hacia la construcción de un auténtico mercado común que luego nos permitiera negociar la ampliación del TLC con Estados Unidos en forma colectiva y ya no individual. Podríamos aprovechar la experiencia del TLC, del Mercosur y de la Unión Europea para diseñar un esquema que, en materia comercial, financiera, migratoria, de infraestructura, y de divergencias y de afinidades, se propusiera ampliar los exiguos mercados centroamericanos y del Caribe, generar economías de escala y fomentar allí mismo las actividades que nosotros poco a poco iremos dejando atrás. El proyecto puede ser muy atractivo para la ampliación del mercado mexicano, para la búsqueda de nuevos proveedores, y también como un contrapeso frente a Estados Unidos. Asimismo, puede contribuir a lograr la cuadratura de un círculo clásico de nuestra política exterior: compaginar nuestros vínculos culturales, históricos y afectivos, pero carentes de sustento económico, con América Latina, con un sano y objetivo interés nacional, tanto mexicano como de nuestros vecinos de la Cuenca del Caribe.

IV. FORTALECER NUESTRA PRESENCIA EN LOS ORGANISMOS INTERNACIONALES

Un cuarto reto de gran pertinencia es el hacer más activa nuestra presencia en los organismos internacionales. Existe una larga tradición mexicana de actividad y creatividad dentro de los organismos tanto regionales como internacionales, pero en los últimos diez años, por razones internas y externas, nuestra presencia no ha sido lo que fue antes o lo que puede ser. Podemos proceder hoy a revigorizar de manera importante nuestra presencia en estos organismos, y ello en tres direcciones específicas:

a) Tomar nuestro turno de nuevo como miembros no permanentes en el Consejo de Seguridad de las Naciones Unidas, y ser más elocuentes y activos en los procesos de reforma de la Carta de las Naciones Unidas. Han pasado ya casi veinte años desde que formamos parte del Consejo de Seguridad y por distintas razones la Cancillería y la Presidencia de la República han considerado inadecuado e incluso peligroso que México vuelva a participar en el Consejo. En efecto, hacerlo siempre trae consigo ciertos riesgos, pero resultaría casi imposible revigorizar la presencia mexicana en el conjunto de los organismos internacionales mostrando renuencia o franco temor ante la participación en los foros de mayor importancia y prestigio. Además, esa actitud es incompatible con cualquier pretensión de ocupar, de manera rotativa o completa, uno de los nuevos escaños permanentes que podría resultar de la reforma de la Carta. Aquí es preciso recordar que, en las relaciones internacionales, el papel de *free rider* es insostenible: si nosotros queremos lograr el apoyo de otras naciones para nuestra agenda, debemos corresponder a solicitudes análogas de otros, y para ello es indispensable la ocupación de espacios. Asimismo, convendría tratar de adquirir una presencia más dinámica y más afirmativa en los organismos especializados de Naciones Unidas. Provoca perplejidad que desde la elección de Jaime Torres Bodet para la Dirección General de la UNESCO hace casi medio siglo, sólo hemos dirigido dos organismos internacionales: la recién creada OMT durante un periodo muy breve en los años 90, y la ONUDI en el mismo lapso.

b) Un segundo elemento —y que podría ser objeto de una política de Estado en México— consistiría en llenar de manera más cabal las cuotas de mexicanos en los organismos internacionales. Desde hace muchos años no ocupamos nuestras cuotas; a los mexicanos no suele gustarnos trabajar en los organismos internacionales. Se trata de una vieja tradición que, sin embargo, podríamos revertir gracias a una política de Estado que fomentara la participación de mexicanos en los distintos organismos. De ese modo, le brindaríamos un nuevo impulso a nuestra presencia en dichos organismos, ya no como gobierno pero sí como nación.

c) Por último, en lo que se refiere a las agencias financieras internacionales, deberíamos tratar de ser más activos y más propositivos en lo tocante a la creación de la llamada nueva arquitectura del sistema financiero internacional. En lugar de ser meros seguidores o adeptos de la postura norteamericana en el sentido de defender el *status quo* y que sean exclusivamente los mecanismos de mercado los que se encarguen de resolver los problemas del sistema financiero internacional, podríamos, al contrario, tomar la delantera utilizando el prestigio que hemos ganado en el mundo por las reformas económicas llevadas a cabo, y por el doloroso y en ocasiones excesivo rigor de nuestra política macroeconómica. Podríamos usar ese prestigio para proponer una serie de reformas en el sistema financiero internacional, que no serían reformas radicales o iconoclastas, sino simplemente propuestas de países o bancos centrales tan ortodoxos como los de Europa Occidental o, en ciertos casos, como algunos gobiernos de Asia. Deberíamos abandonar la posición de decir no a todo y ser más propositivos, sobre todo porque ningún país latinoamericano ha hecho realmente un esfuerzo en este ámbito.

V.   Una nueva mirada hacia América Latina

A principios de agosto, el presidente electo de México, Vicente Fox, realizó una gira de cuatro días al Cono Sur y Brasil. Fue la primera vez que un líder mexicano investido con esta categoría viaja a América del Sur. Ciertamente, José López Portillo efectuó una visita de cortesía al primer mandatario venezolano, Carlos Andrés Pérez, el 21 de septiembre de 1976, pero la estancia fue breve y claramente destinada a anticiparse a su reunión con el presidente de Estados Unidos. Lo propio ocurrió con el encuentro de Ernesto Zedillo y sus contrapartes centroamericanos en noviembre de 1994. En efecto, las giras llevadas a cabo durante el interminable interregno mexicano por los predecesores de Vicente Fox a diferentes países y Estados Unidos, o bien fueron inexistentes (en los casos de Luis Echeverría y Miguel de la Madrid), o sólo procuraron salvar las apariencias y evitar ir primero a "chercher l'investiture à Washington", como se decía en Francia durante la Cuarta República. En cambio, Fox se propuso mandar un claro mensaje interno y externo con su primer periplo al extranjero en calidad de presidente electo, de manera que expusiera los contenidos de su política exterior.

La señal interna es cristalina en su transparencia. Ricardo Lagos, de Chile y Fernando de la Rúa, de Argentina, pertenecen a la nueva horneada de mandatarios latinoamericanos recién electos con programas de centro-izquierda, gracias a alianzas explícitas de esa misma coloración política, en respuesta a la exigencia de humanizar las reformas económicas del Consenso de Washington, de imprimirles un sello social y una mejor distribución del ingreso y de las oportunidades, y a combatir la percepción —y en muchos casos la realidad— de una estrecha vinculación entre dichas reformas y una corrupción creciente. Fernando Henrique Cardoso de Brasil, fue electo en 1994 y de nuevo en 1998 con un programa y una coalición más centristas, pero también le ha otorgado una alta prioridad a la política social, sobre todo a la educativa y de salud; además, debido a su propio pasado, es visto como un gobernante de centro-izquierda. En los tres casos, nos hallamos ante regímenes respetuosos de la ortodoxia económica imperante pero a la vez comprometidos con la lucha frontal y explícita contra la desigualdad y la pobreza. En los tres casos se trata de gobiernos de coalición, carentes de mayorías amplias y automáticas en el poder legislativo, y que por ello se ven obligados a negociar, a pactar y a trabajar con aliados estratégicos o efímeros en las cámaras. En los tres casos, por último, aunque en dosis diferentes, se ha seguido adelante con el ajuste de cuentas frente al pasado, en estricto apego a derecho pero con una voluntad persistente de "saber", si no de vigilar y castigar. El mensaje que Vicente Fox envió a la sociedad mexicana a través de su primer viaje al exterior consistió entonces en corroborar, ahora ya en los hechos, lo anunciado durante su campaña: mientras dependa de él, su gobierno se inspirará en muchos de los rasgos inscritos en los procesos en curso en el Cono Sur.

La segunda señal originada por el recorrido latinoamericano de Vicente Fox es, obviamente, de naturaleza externa. A nadie escapa que el segundo viaje, que podríamos llamar "el paquete Nafta", realizado a finales de agosto, y que incluyó encuentros con el Premier Jean Chrétien de Canadá, con el presidente Clinton y con los dos aspirantes a sucederlo —Al Gore y George W. Bush—; reflejó claramente la enorme importancia, el significado primordial, que reviste para México la relación con Norteamérica. Desde hace décadas, y sobre todo a partir de la firma del Tratado de Libre Comercio con Estados Unidos y Canadá, México forma parte de ese bloque económico y dicha pertenencia constituye una realidad incontrovertible e inamovible para proyectar las coordenadas de México en el mundo. Pero ello no impide buscar regiones o temas que permitan una relativa diversificación o relaciones privilegiadas con ciertos países y en ciertos ámbitos. Es el caso, justamente, del Mercosur. En tres frentes, por lo menos, se entreabren perspectivas interesantes de estrechamiento de vínculos con los integrantes del mecanismo, sobre todo ahora que Chile ha decidido buscar su ingreso como miembro pleno.

Lo primero, es iniciar la negociación de un Acuerdo de Libre Comercio con el Mercosur como tal, y ya no acuerdos individuales con los gobiernos de cada país. Así se lo han propuesto los cuatro países a México, y el régimen de Vicente Fox deberá pronunciarse al respecto. Si bien un convenio de esta índole no necesariamente provocará una enorme expansión del comercio entre las naciones interesadas, permitirá destrabar litigios comerciales espinosos con Brasil y abrirá espacios para que afloren complementariedades latentes de comercio e inversiones. Y además, sentará las bases para que, en caso de revitalizarse la iniciativa americana de la Zona de Libre Comercio de las Américas, México y el Mercosur negocien en bloque y ya no por separado. No resultará fácil reducir las brechas que siguen separando a México y a Brasil, en particular, pero es indispensable intentarlo nuevamente y con un renovado ánimo de buscar convergencias.

La segunda vertiente es la búsqueda de posturas comunes de los cuatro o cinco (con Chile) países del Mercosur y México durante las negociaciones económicas internacionales en curso, desde la construcción de una nueva arquitectura financiera internacional hasta la nueva ronda de la OMC, iniciada y abortada en Seattle en 1999. Como lo ha dicho el presidente chileno Ricardo Lagos, América Latina difícilmente podrá incidir en estos procesos —y muchos otros, desde la reforma de la Carta de las Naciones Unidas hasta la implementación de los acuerdos de Río y de Kyoto en materia ambiental— si no habla con una sola voz, o por lo menos tiene un enfoque común de algunos países en algunos temas. Estas convergencias, que por supuesto deben ampliarse a otras naciones y a otros ámbitos, podrían permitirle a la región lograr una participación más eficaz y pertinente en la edificación del nuevo andamiaje jurídico y regulatorio de la globalización.

El tercer renglón de acercamiento México-Mercosur es evidentemente el de la cultura. Ya se ha avanzando mucho en tiempos recientes; a través de las casas del Fondo de Cultura Económica, por ejemplo, México ha cobrado una nueva presencia académica y editorial en Buenos Aires y Santiago. Pero se puede hacer mucho más, desde el lanzamiento de políticas de apoyo a la traducción de obras mexicanas al portugués y viceversa, hasta la apertura, en coordinación con los sectores privados mexicano y locales, de institutos culturales mexicanos (al igual que en Nueva York, Madrid, Chicago y París), e incluyendo una política de fomento más activa al intercambio de exposiciones, muestras de cine, expansión editorial e intercambios académicos. México tiene el enorme privilegio de poder apoyarse en las llamadas comunidades Chile-Mex, Argen-Mex y Uru-Mex, es decir los miles de ciudadanos de los países del Cono Sur que se acogieron a la tradicional y noble política de asilo mexicano en los años setenta y ochenta, y cuyo cariño e interés por todo lo mexicano constituye un acervo de enorme valor para una política cultural activa y audaz en esos países.

Vicente Fox fue a América del Sur antes que nada a escuchar, a indagar sobre las posibilidades existentes de negocios, de convergencias, de acuerdos y de iniciativas. En su condición de presidente electo, no pudo entonces tomar decisiones ni asumir compromisos más que de orden muy general y abstracto. Pero avanzó en la detección de oportunidades precisas, y al mismo tiempo desarrollar la sólida relación personal que ya tiene con sus colegas latinoamericanos. El "premio o bono a la democracia" para la alternancia mexicana, que se busca en los mercados y en la relación con Estados Unidos, también se puede alcanzar en América Latina.

VI. Potencias medias y una mirada común

Finalmente, un último desafío reside en brindarle un marco conceptual a nuestra relación con el resto del mundo, más allá de las negociaciones inmediatas —como con la Unión Europea— o de las relaciones tradicionales con América Latina. Quizá convendría retomar la idea que han propuesto distintos estudiosos y diplomáticos mexicanos y extranjeros en diferentes momentos y buscar una relación privilegiada con países de dimensiones, ambiciones e historia y personalidad semejantes al nuestro. Se encuentran no sólo en América Latina, sino en todo el mundo; la vaga idea de potencias medias o regionales puede resultar útil al respecto. No vamos a intensificar nuestras relaciones comerciales o financieras con ellas, (no es factible) ni siquiera partir de afinidades políticas o ideológicas (como en el caso del tercermundismo de antaño): el TLC y la membresía en la OCDE lo inhiben. Pero sí podríamos construir una relación privilegiada, partiendo de situaciones geopolíticas semejantes, con países como Brasil, Sudáfrica, la India, Indonesia, Egipto y otros; con países que por distintas razones viven una situación afín a la nuestra, ya sea por sus niveles de desarrollo o por su presencia regional. Compartimos con ellos únicamente una ubicación geopolítica análoga, y podemos coincidir con ellos exclusivamente en cuanto a una mirada común y el ser vistos de un modo común por los demás. Esto no es poco y podemos sacarle un gran provecho a esta comunidad de situaciones.

Tanto con estos países como con Estados Unidos, Europa y América Latina, tenemos que hallar nuestra particularidad en el mundo, lo que nos hace diferentes a los demás. Propongo hacer de la difusión de la cultura mexicana la piedra angular y la ventaja comparativa de nuestra política exterior, en lugar de un pretencioso y engañoso primermundismo, un tercermundismo inviable o de una ilusa excelencia macroeconómica y una competitividad esclavista. Debemos multiplicar y fortalecer los institutos culturales mexicanos en el mundo, reclutar a artistas, escritores, académicos y otras figuras culturales de México para convertirlos en abanderados de esa presencia, promover becas para atraer a estudiosos y estudiantes extranjeros a México y repetir, hasta donde sea posible, la experiencia de países como Francia (IFAL, Alliance Française), España (Institutos Cervantes), Alemania (Institutos Goethe), Inglaterra (British Council) en cuanto a fomentar el conocimiento del país.

La cultura mexicana ha sido —y sin duda seguirá siendo— siempre nuestra mejor carta de presentación en el mundo, y quizá sea la única que tengamos que sea realmente nuestra y realmente una carta. La literatura y la cocina mexicanas, la arquitectura y los sitios arqueológicos, las iglesias y la artesanía, la música y la pintura, los colores y sabores de todos los pueblos de México son lo que honestamente puede identificarnos afuera, y enorgullecernos ante cualquier embate, cualquier crítica, cualquier atisbo de escepticismo. Es nuestra verdadera ventaja comparativa: no el petróleo o el sol, ni las naranjas o jitomates del TLC, ni los talentos cosmopolitas de nuestros funcionarios. En épocas en las que naciones como Francia e Italia enfatizan su diferencia a través de su pasado y su manufactura cultural, México, cuyos esplendores culturales no le piden nada a países como ésos, debería dedicarle la misma importancia, los mismos recursos, la misma voluntad política a esta tarea. Nuestra vocación en el mundo, y en México, es la cultura.

El país se ve obligado hoy a reencontrar y reconquistar su lugar en el mundo. Se ha desperdiciado mucho tiempo, y no todo el terreno perdido se podrá recuperar. Los términos de entendimiento y ubicación ya no son los de antes y los márgenes de maniobra en muchos renglones se han estrechado. Pero ningún mexicano entendería que su país, con cien millones de habitantes y dotado de una historia y una vitalidad fuera de serie, abdicara de su papel en el mundo. Es hora de retomarlo.

Política exterior chilena: problemas y prioridades

José Miguel Insulza*

I. Introducción

Este trabajo sintetiza los principales temas de la política exterior de Chile en los últimos años, a partir de algunas preguntas elementales:

¿Qué hace un país en vías de desarrollo, del mismo tamaño que los grandes protagonistas de la política internacional, con una economía abierta, determinada posición geográfica y objetivos nacionales que tienen que ver con la democratización, el crecimiento económico y la justicia social, para encontrar un papel en las complejas realidades de un mundo en transición? ¿Cómo puede promover, con los recursos limitados que posee, sus intereses internacionales? ¿Cuáles son estos intereses, las amenazas potenciales, los probables aliados que comparten objetivos similares o compatibles?

Está claro que lo primero es aceptar, con una actitud positiva, los procesos de globalización y regionalización que están ocurriendo. A Chile, como a todos los demás países medianos del mundo, le es imposible —y muy inconveniente— rechazar la globalización cultural, po-

* Especialista en Relaciones Internacionales. Realizó estudios de posgrado en la Universidad Ann Arbor. Fue director en el Instituto de Estudios de Estados Unidos en el Centro de Investigaciones y Docencia Económica de México. Subsecretario y ministro de Relaciones Exteriores y ministro secretario general de la Presidencia en el gobierno de Eduardo Frei Ruiz-Tagle. En la actualidad se desempeña como ministro del Interior. Su último libro es *Ensayo sobre política exterior de Chile*, Los Andes, Santiago, 1998.

lítica y económica. Tenemos una economía nacional que está plenamente integrada a la economía mundial: más de un tercio de lo que el país produce se va al extranjero y más de un tercio de lo que consume proviene del exterior. La inversión extranjera se ha multiplicado, pero también capitales chilenos se invierten afuera en una forma sin precedentes.

Este proceso de internacionalización es la característica más dinámica del desarrollo económico chileno. Durante la última década, nuestro país tuvo una tasa promedio de crecimiento de 7% anual y su PIB se duplicó. Esto sería una justificación suficiente para mantener abierta la economía; pero, además, la tendencia no puede revertirse, porque es parte de una tendencia mundial que nos sobrepasa. Cuando toda esta apertura se inició, dos décadas antes, el intercambio comercial de Chile representaba aproximadamente 0.26% del comercio mundial. Hoy, ese porcentaje ha aumentado a 0.32%. Lo que muestra este pequeño porcentaje es que muchos otros países también están aumentando su presencia en el comercio mundial, algunas veces a una velocidad superior a la nuestra.

Por lo tanto, nuestra discusión acerca de la internacionalización ya no se refiere a si tendríamos que participar, sino más bien a las próximas medidas que debiéramos adoptar para mejorar, tanto cualitativa como cuantitativamente, nuestra posición en los mercados mundiales. Tampoco hay discusión respecto de que todo este proceso de globalización continuará afectando en forma creciente la vida del ciudadano común, quien viajará más, aprenderá más idiomas, se adaptará a las nuevas tecnologías y verá sus patrones de consumo alterados casi todos los días.

Una segunda característica de la actual situación es que, junto con el proceso de globalización, un importante proceso de integración está teniendo lugar en muchas regiones del mundo, incluida América Latina. En el plano comercial, por ejemplo, se han concluido, en la última década, más acuerdos regionales, económicos y políticos, que en los 40 años precedentes del GATT.

Desde luego, la Unión Europea es el pacto regional más relevante, seguido por el TLCAN. Pero en Asia, en América Latina e incluso en África los acuerdos económicos y de cooperación política están ocupando un lugar preponderante frente a las instituciones regionales usuales y ampliamente simbólicas —la OUA, la OEA, etc. En América Latina, el Mercosur o el Grupo de Río inspiran a más personas responsables de adoptar decisiones que la más tradicional Organización de Estados Americanos.

Las razones de estas nuevas formas de asociación son muchas y tienen que ver con la naturaleza del proceso de globalización. El regionalismo siempre ha existido, pero en el pasado las asociaciones buscaban reservar el mercado interno para sus miembros. En la nueva realidad de la globalización, semejante asociación proteccionista ya no es posible; pero al mismo tiempo hay muchas nuevas ventajas en la asociación, vista no como una forma de aislamiento, sino más bien como una herramienta para competir en la economía internacional.

A medida que el mundo se hace más globalizado, desde los puntos de vista económico y político, las grandes diferencias entre un puñado de estados más grandes y el resto se tornan más visibles y más relevantes. Los países se ven, al mismo tiempo, forzados a competir en la arena mundial, sin los mismos recursos para hacerlo que las naciones mayores. Su única opción, si desean mantener un papel activo, es una política de alianzas, que serán inicialmente de naturaleza económica y luego derivarán en los ámbitos de la política y la seguridad.

Es interesante destacar, sin embargo, que emprender nuevas formas de asociación regional no parece ser incompatible con la continuación del proceso de internacionalización y apertura económica. De hecho, por ejemplo, las barreras arancelarias y no arancelarias para terceros países que comercian con el Mercosur se han reducido en forma significativa desde que comenzó el proceso, que es precisamente lo contrario de lo que uno habría esperado de un sistema de integración hace dos décadas. Es por esta razón que preferimos usar la expresión "regionalismo abierto", para señalar que la integración pretende dar a América Latina un papel más importante en los asuntos mundiales y no aislarla del resto del planeta.

Un tercer elemento que debemos reconocer radica en los límites a nuestra acción internacional. Estos límites obedecen tanto a nuestras carencias de muchos recursos como a las restricciones impuestas por nuestras realidades institucionales y nuestros objetivos nacionales en un momento dado. Este reconocimiento no significa, por ejemplo, que no tengamos más problemas con nuestros vecinos, sino más bien que debemos enfrentar tales circunstancias de maneras que no sean incompatibles con nuestros esfuerzos de integración regional y con nuestros objetivos nacionales.

La importancia de las instituciones para nuestra política exterior se deriva claramente de la afirmación anterior. Si bien expresiones como el imperio del derecho internacional, el respeto de los acuerdos internacionales, la solución pacífica de los conflictos y el desarrollo institucional en general sólo tienen un papel limitado en la teoría internacional, para nosotros constituyen la esencia de los instrumentos "posibles" de política exterior.

Sin embargo, debo advertir que estamos hablando de tendencias, no de realidades absolutas. Si bien nuestra región está viviendo un periodo de democracia e integración sin precedentes, subsisten numerosos problemas. Algunos de ellos son de naturaleza internacional: permanecen sin resolver algunas disputas territoriales y el tráfico de drogas hace mucho tiempo que se ha constituido en un asunto internacional. Otros son de naturaleza interna, como la agitación social y política, pero podrían fácilmente transnacionalizarse. Por último, unos más están ligados con las insuficiencias propias de la democracia, que no siempre se asocia como quisiéramos a la participación, al pluralismo y al respeto a las libertades individuales. El nuestro es un continente en transición; pese a nuestros problemas, estamos haciéndolo mejor que hace dos décadas, pero aún por debajo de las expectativas de hace cinco años.

Para diseñar nuestra política exterior debiéramos reconocer que la internacionalización y creciente interacción con otros estados y actores no sólo tiene lugar en el campo económico, sino que tiende a cubrir todos los aspectos de la vida nacional. La interdependencia ocurre en materia de población, donde habrá que esperar grandes migraciones en toda nuestra región, mientras avanzamos hacia el desarrollo a diferentes ritmos, con diferentes tasas de crecimiento; en materia de seguridad, puesto que la globalización no sólo multiplica los "medios de producción", sino también los "medios de destrucción"; o en materia ambiental, ya que problemas como la pérdida de la capa de ozono o la contaminación de los mares nos afectan profunda y directamente.

Por lo tanto, no evitemos tomar parte en el manejo colectivo de los "bienes públicos" internacionales, puesto que disfrutamos de ellos y su pérdida nos perjudicaría. Esta afirmación implica un grado de responsabilidad internacional por lo que ocurre en nuestra región y en el planeta. En el mundo de hoy, nadie puede esperar participar en la vida internacional y solamente recibir beneficios sin incurrir en costos.

Por el contrario, la práctica de la responsabilidad es probablemente la mejor manera de unirse a la comunidad internacional y cosechar los notables beneficios del progreso colectivo. Sin embargo, para un país como el nuestro, que cuenta con tan variados recursos, esto en general significa sumar fuerzas a través de la actividad multilateral, más que tratar de encontrar caminos aislados. Esto no sólo se ajusta bien a nuestras potencialidades, también concuerda con nuestra visión de la manera en que el sistema internacional debiera funcionar, a través de la cooperación más que a través de decisiones o medidas unilaterales.

Ésta es la razón por la que Chile participa intensamente en el multilateralismo mundial y regional, tratando de combinar los esfuerzos de integración regional y plena internacionalización económica, con una actitud de participación responsable en los asuntos públicos y ejerciendo nuestras obligaciones en un grado compatible con nuestros recursos.

Hemos incorporado todas estas consideraciones en nuestro programa internacional en los últimos años. Ellas se expresan, de manera permanente, en tres prioridades fundamentales:

1. La integración y la cooperación regionales y subregionales en América Latina.
2. Una política económica internacional que fortalezca nuestra integración a la economía mundial, promoviendo al mismo tiempo nuestro desarrollo nacional.
3. La contribución al establecimiento de órdenes mundial y regional más seguros y más estables.

En torno a estas tres prioridades generales, exponemos a continuación los principales aspectos de nuestra política exterior.

II. INTEGRACIÓN

La nueva integración en América Latina

El tema de la integración es quizá tan antiguo como la historia independiente de nuestra región, aun cuando la mayor parte de debates e iniciativas en la materia se han quedado en la retórica. A pesar del entusiasmo, de las ambiciosas declaraciones y del número de instrumentos redactados a lo largo de varias décadas, no hubo ningún avance específico hacia el logro de una auténtica unidad.

En un mundo que efectivamente avanzaba hacia la regionalización, América Latina era una de las pocas áreas que se movía en dirección contraria. De todas las regiones y subregiones del mundo, incluidas en un estudio del GATT publicado hace una década, sólo dos —África del Norte y América Latina— tenían en 1985 un menor volumen comercial entre sus países que en 1955. Luego de 30 años de retórica, había menos integración que antes. Como podría esperarse, tras muchos años de hablar sobre algo y no hacer nada al respecto, toda iniciativa que se anunciaba carecía de credibilidad.

Cuando hoy hablamos sobre la integración de América Latina, nos referimos a un nuevo proceso que sólo se ha desarrollado con mayor intensidad durante los últimos años en nuestra región, aun cuando algunas instituciones creadas antes todavía sean de utilidad. Esta "nueva integración" se ha caracterizado por un mayor pragmatismo que en el pasado, lo que ha llevado a estrechar vínculos que incluyen mecanismos formales e informales, procesos multilaterales o bilaterales, sistemas regionales o subregionales e instrumentos de cooperación generales y sectoriales.

El alcance de tales instrumentos, que tiende a variar considerablemente, incluye comercio de bienes y servicios, construcción de infraestructura física, sistemas de interconexión eléctrica, desarrollo tecnológico, ejercicios militares conjuntos y posiciones comunes en materia de política exterior. En muchos aspectos, el proceso carece de orden. Sin embargo, lo que en realidad importa es que funciona: en la década de los 90 el comercio intrarregional duplicó las cifras mundiales; en el caso del Mercosur, las cuadriplicó; las inversiones intrarregionales han aumentado a una velocidad sin precedentes, la coordinación y cooperación política han experimentado un gran incremento y en todas partes se observan signos físicos de integración, como caminos, ductos, sistemas de distribución eléctrica y turismo regional.

La integración ya no se concibe como un instrumento para defenderse del resto del mundo, sino como un elemento productivo que fomenta la inserción internacional de la región, que está estrechamente relacionada con problemas de mayor envergadura como la democracia y la competitividad. Si bien en el pasado se buscaba lograr la protección de los mercados y la reglamentación y distribución de los sectores, con el fin de impulsar las industrias florecientes de los países miembros y manejar el comercio, hoy se persigue aumentar la competitividad internacional y promover la liberalización conjunta, adaptándose a los nuevos conceptos económicos de la región.

El caso del Mercosur, unión aduanera integrada por Argentina, Brasil, Paraguay y Uruguay, es el más sobresaliente. Además de liberalizar el comercio de bienes entre las naciones participantes, el Mercosur aplica un arancel externo común y exige a sus miembros negociar en forma conjunta cualquier acuerdo comercial con terceros países. El Área de Libre Comercio incluye a Chile y Bolivia, unidos a los cuatro originales mediante un mecanismo de cooperación política creado con posterioridad y de un Acuerdo de Libre Comercio suscrito en 1996.

El Mercado Común de América Central es objeto de un prometedor proceso de revitalización, considerando la historia y los niveles de interdependencia existentes entre sus miembros. Este nuevo ímpetu está respaldado por un acuerdo de concertación política celebrado por los países de América Central durante la década de los 80. En la Comunidad Andina —que incluye a Bolivia, Colombia, Ecuador, Perú y Venezuela— se han registrado sucesivas iniciativas de revitalización en los últimos años, con el propósito de acelerar la integración entre los países miembros, siguiendo un modelo más acorde con las nuevas ideas económicas imperantes en América Latina.

No obstante, los sistemas subregionales no agotan las posibilidades existentes en esta área. Otras iniciativas bilaterales complementan esta tendencia a nivel regional. México y Chile firmaron un interesante Acuerdo de Complementación Económica en 1991, que estableció un área de libre comercio entre ambos países que ya se ha puesto en marcha plenamente. Está en vigencia, desde 1999, un segundo acuerdo, que incluye servicios y otros rubros dentro de un marco similar al TLCAN (igual al que Chile suscribió con Canadá en 1997). Todos los países andinos tienen pactos comerciales con Chile. La Comunidad Andina y el Mercosur se han embarcado en un ambicioso proyecto de asociación futura. Las naciones de América Central ya acordaron crear un área de libre comercio con México y suscribieron un Acuerdo Marco con Chile, que en el caso de Costa Rica derivó en un ALC.

Durante los últimos años, América Latina ha logrado un mayor avance en la verdadera integración de su economía que en las tres décadas anteriores. El flujo de bienes y servicios entre los países de América Latina ha experimentado un sostenido aumento. Si esta tendencia continúa, en unos cuantos años más la región alcanzaría los mismos niveles de interdependencia comercial que mostraba la Unión Europea en sus inicios; es decir, alrededor de 25% del volumen total de comercio exterior de sus miembros.

La cooperación económica se ha visto completada por acuerdos de concertación política. En América Central, los países participantes pusieron freno a un conflicto regional que amenazaba la estabilidad del área. En Sudamérica, se han iniciado procesos de cooperación que permitirían superar las antiguas formas de establecer relaciones, marcadas por la rivalidad y desconfianza mutua. El Grupo de Río se ha convertido en un mecanismo de cooperación en política exterior que puede llevar a la adopción de posiciones conjuntas en temas de interés internacional que afecten a América Latina y hacer posible el diálogo con las principales regiones y potencias del mundo.

En resumen, la cooperación política, el fortalecimiento del comercio y las inversiones intrarregionales, y la creación de vínculos en todos los ámbitos han surgido sin mayor planificación, pero con creciente eficacia.

Esencial para todo esto es la existencia de un mercado mundial cada vez más integrado, en el que todas las regiones produzcan y compitan en diferentes grados. Los modelos que caracterizaron a los años 50 y 60, cuando el crecimiento interno y las industrias de sustitución de las importaciones eran las palabras de moda, han dado paso a una importante apertura de la economía mundial, en la que el comercio internacional y los flujos de capital se han multiplicado en forma exponencial.

En cuanto a las tendencias regionales que favorecen la integración, están las de índoles política y económica. Hasta hace 20 o 30 años, algunos académicos pensaban que era posible lograr la unidad económica en América Latina, a pesar de la enorme diversidad política. Hoy sabemos que no es así y que la afinidad política es un requisito esencial para una verdadera integración. Esto no quiere decir que todos los sistemas políticos deban ser idénticos. Pueden tener distintas estructuras y formas de elegir a sus autoridades o de expresar la separación de poderes. Pero para que la unidad sea fructífera, todos los sistemas deben partir de un poder legítimo, así como respaldar ciertos principios y valores. En nuestro caso, la exigencia común es la democracia.

Las democracias de la región aún son muy imperfectas. La corrupción, la producción y el tráfico de drogas, las violaciones a los derechos humanos, la existencia de partidos políticos débiles, el atraso institucional y la tensión social siguen siendo amenazas para los gobiernos democráticos. Sin embargo, no puede negarse que durante las últimas dos décadas la democracia ha hecho grandes progresos en América Latina. El compromiso de nuestras naciones con los principios y las normas democráticos tiene cada vez más fuerza y alcance, mientras que la participación multilateral para resguardar y promover la democracia se ha hecho más significativa. En algunos casos, tales como el Mercosur, un gobierno democrático es requisito expreso para convertirse en miembro.

En la última década, junto con la superación de las crisis y el inicio de reformas estructurales, se ha generado un proceso de afinidad económica en el que todas las reformas apuntan en la misma dirección. Algunos países suelen estar más cerrados que otros o no coincidir totalmente en sus políticas económicas. No obstante, la tendencia hacia una modernización económica se observa en todos los países de la región.

La nueva integración se ha visto favorecida por la múltiple participación de agentes, en especial del sector privado y de la sociedad civil. En experiencias anteriores, los gobiernos eran los únicos actores. Firmaban acuerdos y trataban de aplicarlos usando únicamente la voluntad política, aun cuando en la práctica no hubiera vínculos entre las sociedades. El nuevo proceso de integración no sólo incluye a muchos otros actores, sino que en algunos casos empezó a desarrollarse a ese nivel incluso antes de que los gobiernos dieran los primeros pasos en esa dirección. Chile es un ejemplo interesante. Mientras algunos políticos del régimen militar aún rechazaban la integración, los inversionistas chilenos ya estaban presentes en Argentina y Perú, atraídos por el proceso de apertura económica de dichos países.

El nuevo proceso de integración en Chile

Si bien durante toda su historia democrática, Chile ha sido uno de los países que con mayor entusiasmo ha impulsado la integración de América Latina, debe reconocerse que llegamos atrasados a este nuevo proceso, probablemente porque la democracia sólo volvió a nuestro país en 1990. Antes, los nuevos gobiernos democráticos no incluyeron a Chile en sus iniciativas, como por ejemplo el Grupo Contadora y, luego, el Grupo de Río.

357

La dictadura militar tampoco parecía demasiado interesada. En la segunda mitad de los 80, un conocido partidario del gobierno militar publicó un artículo titulado "Adiós América Latina"; en él se veían reflejadas las nociones de los ideólogos del régimen. Su principal argumento era que, debido a los profundos cambios económicos experimentados en Chile en los últimos años, nuestra economía se había alejado, tanto en su estructura como en sus perspectivas, del resto de América Latina. Por lo tanto, el principal objetivo de Chile tendría que unirse a la región Pacífico de Asia y estrechar sus vínculos con países del mundo que tuvieran un pensamiento similar.

Con la llegada de la democracia en 1990, el presidente Patricio Aylwin integró a Chile al Grupo de Río y luego suscribió acuerdos de Libre Comercio con México, Venezuela y Colombia.

En 1994, el presidente Eduardo Frei Ruiz-Tagle consideró como una prioridad las relaciones con América Latina y, más específicamente, nuestra opción a favor del Mercosur. Se abandonó así la idea "excepcionalista" y se asumió un compromiso irrestricto con la participación regional, principal característica de nuestra política exterior.

En su primer discurso, luego de asumir el mando en marzo de 1994, Frei proclamó su decisión de establecer una "alianza estratégica" con nuestros vecinos que fuera más allá de materias puramente comerciales y se extendiera a una amplia cooperación en los ámbitos económico y político. Luego vino la disposición de unirse al Mercosur como miembro asociado, acción que después de dos años de negociaciones y la aprobación del Congreso Nacional se materializó en octubre de 1996.

Existían varios motivos por los que Chile no podía mantenerse al margen de este proceso. Desde cualquier punto de vista, sea político, geográfico, económico o cultural, esta área es el primer marco natural de nuestras acciones externas. El comercio y la inversión han avanzado, paso a paso, en esa dirección. Nuestras exportaciones al Mercosur se duplicaron en la década de los 90 y la mayor parte de ese crecimiento (excluyendo el cobre) corresponde a productos con valor agregado. Lo mismo se aplica a la mayoría de las economías latinoamericanas.

Por otro lado, ningún otro país en América Latina invierte más en el Mercosur que Chile, el cual se ha convertido en el mayor inversionista regional en Sudamérica. Las inversiones chilenas en Argentina superan los 15 mil millones de dólares y se extienden a Brasil, Colombia, Perú y otras naciones, en cantidades similares.

Al mismo tiempo, se están llevando a cabo ambiciosos bosquejos de integración con nuestros vecinos, principalmente con Argentina, pero también con Perú y Bolivia. Los proyectos para la construcción de dos corredores interoceánicos que unan los puertos del Atlántico y del Pacífico desde Chile a Brasil, vía Paraguay y Bolivia; el trazado o la modernización de 14 pasos fronterizos hacia Argentina, a través de los Andes; y la terminación de la carretera que va desde La Paz, Bolivia, a Arica, en el norte de Chile, presentan nuevas oportunidades para estrechar vínculos económicos y sociales. Los ductos de gas natural que ya enlazan a Chile y Argentina, han llegado a ser una importante fuente de energía para nuestro país, en tanto que las exportaciones de petróleo desde Argentina cubren más de 50% de nuestras importaciones totales, gracias al nuevo ducto entre Nuequén y Talcahuano. Actualmente, se encuentran en ejecución trabajos similares de sistemas de suministro de gas y energía eléctrica en el norte y sur del país.

Los acuerdos del Mercosur también se han extendido a áreas tales como salud, educación, cultura, turismo, medio ambiente, energía, investigación científica y coordinación policial en temas como el control de drogas. En todos estos aspectos, Chile participa activamente.

Nuestra asociación con el Mercosur tiene también un fuerte contenido estratégico, pues este mecanismo, que con gran rapidez se amplió de la cooperación económica a la política, repercute directamente en la estabilidad y seguridad del país. La nueva asociación entre Argentina y Brasil cambia por completo el escenario geopolítico de la subregión del marco de equilibrio estratégico a uno de cooperación. Esta nueva relación, que transforma un escenario marcado por profundas rivalidades en uno caracterizado por la integración económica y la cooperación política, no puede ser ignorada por ningún vecino, y menos que nadie por Chile.

Desde el punto de vista de los países que originalmente integraron el Mercosur, la reciente decisión del presidente Ricardo Lagos de incorporar a Chile como miembro pleno se aprecia como un paso decisivo hacia su consolidación. Chile es en lo económico menor que los dos socios principales; pero aun así constituye un mercado interesante y abierto, una buena plataforma para nuevos negocios y una costa abierta al Pacífico, además de poseer una imagen de estabilidad económica muy útil para el bloque.

Chile y sus vecinos

A comienzos de los 90, cuando la democracia retornó a Chile, nuestras relaciones con los países vecinos, especialmente con los cuales compartimos fronteras (Argentina, Bolivia y Perú), aún estaban marcadas por puntos de conflicto que obstaculizaban el camino de la integración. Esta "antigua" agenda, normal para los cánones de América Latina, acentuaba los tradicionales conflictos limítrofes, heredados desde los orígenes de nuestra independencia, a comienzos del siglo XIX.

Hemos puesto énfasis en la solución de los problemas pendientes por dos razones fundamentales: primero, una relación estable con los países fronterizos siempre constituye un elemento esencial de la seguridad nacional; y segundo, esta estabilidad también es indispensable para nuestras políticas de integración y cooperación regionales. De ahí la necesidad de establecer estrechos vínculos con nuestros vecinos, lo que redunda en sólidas relaciones económicas, políticas y sociales, así como en la creación de una atmósfera de confianza mutua y cooperación pacífica. A medida que se multiplican y diversifican los intercambios entre países, la red de relaciones se estrecha cada vez más, aumentado la estabilidad y dificultando el surgimiento de conflictos. En resumen, en una atmósfera adecuada, la integración y cooperación políticas se ven fortalecidas por su propia dinámica interna, situación que hemos experimentado en los últimos años.

Chile y Argentina comparten la segunda frontera más larga del mundo (más de 5,000 kilómetros), que se extiende desde el desierto nortino hasta los hielos y canales australes. Desde la segunda mitad del siglo XIX y hasta tiempos recientes, esa larga frontera ha dado lugar a numerosos desencuentros, a pesar de la barrera natural de los Andes. No obstante, también es cierto que Chile y Argentina han disfrutado los beneficios de la cooperación en muchas ocasiones durante esos últimos 170 años, desde que el Ejército Libertador cruzó los Andes para consolidar nuestra independencia, convirtiéndose luego en la piedra angular de la expedición de San Martín hacia Perú. Desde el punto de vista cultural y económico, Chile y Argentina siempre han estado unidos por vínculos más poderosos de lo que muchos de sus nacionales pudieran creer.

Durante la pasada década, a medida que se avanzó a pasos agigantados hacia el entendimiento político y la integración, se fue poniendo término a esta mezcla de cooperación y rivalidad. Del séptimo u octavo lugares que tenía a comienzos de los 90, Argentina ya es el tercer socio comercial de Chile. Esto ha sido posible no sólo debido a los acuerdos comerciales y a la apertura económica de ambos países, sino también a actos concretos de integración, como la construcción de oleoductos y gasoductos que han aumentado sustancialmente nuestra interdependencia energética y el incremento sustantivo de la inversión chilena en Argentina.

En 1991, los presidentes Carlos Menem, de Argentina, y Patricio Aylwin, de Chile, entendieron la necesidad de consolidar el progreso logrado en los últimos años con el fin de solucionar de una vez, en un nuevo marco democrático, todos los conflictos limítrofes pendientes. De los 24 puntos, 22 se solucionaron prontamente. Quedaron dos por resolver, uno mediante arbitraje y el último con un tratado ad-hoc.

El resultado del arbitraje de Laguna del Desierto, negativo para Chile, constituyó un difícil momento. A pesar de todo tipo de presiones por parte de los sectores tradicionales, el presidente Frei nunca se retractó de su decisión de aceptar el veredicto; pero las heridas abiertas demoraron la última solución pendiente, el Tratado de Campos de Hielo, estancado por bastante tiempo en ambos congresos. Sin embargo, las negociaciones finales culminaron en 1999, por lo que todos los problemas fronterizos entre Chile y Argentina parecen ya cuestión del pasado.

Existen muchos otros avances hacia la integración. Los dos más importantes son, probablemente, la decisión de las fuerzas armadas de ambos países de realizar maniobras conjuntas, en una actitud muy distinta a la desconfianza de hace sólo dos décadas, y la ratificación final de Tratado Minero, firmado por los presidentes Frei y Menem en diciembre de 1997 y aprobado hace poco (agosto del año 2000), que permite la celebración de acuerdos de explotación minera conjunta en la frontera de ambos países, algo impensable hace algunos años.

En un futuro cercano, se abrirán nuevas vías de cooperación para los dos vecinos del sur de América Latina, en lo que respecta a la defensa de su soberanía, el tránsito fronterizo, la cooperación antártica, la protección de sus espacios marítimos y, en general, la estabilidad del Cono Sur.

Nuestras relaciones con Perú han progresado considerablemente en los últimos años, gracias a un esfuerzo concertado para resolver los problemas pendientes y cooperar en pro de los intereses comunes. La inversión chilena en Perú creció con rapidez y mantenemos un importante intercambio comercial. La suscripción del Acuerdo de Libre Comercio, el primer tratado de envergadura firmado por ambas naciones en 70 años, y un convenio de tráfico aéreo que permitió aumentar las conexiones aéreas, crearon el marco propicio para avanzar en las últimas cuestiones pendientes. Al mismo tiempo, la participación de Chile como garante en el conflicto entre Perú y Ecuador contribuyó a disipar en gran medida la desconfianza que prevalecía.

Así, ambas naciones pudieron reiniciar las negociaciones en materias pendientes desde el Tratado de 1929, que estableció los límites entre Chile y Perú. Estas materias se relacionaban con algunas instalaciones construidas en el puerto chileno de Arica, para ser usadas por Perú. El mejor signo de los nuevos tiempos en las relaciones entre Chile y Perú es que los asuntos postergados por 70 años se resolvieron en pocos meses y la entrega a Perú de las instalaciones en Arica, a comienzos del 2000, clausuró también definitivamente el capítulo "tradicional" con ese país.

El cierre de esta fase con Argentina y Perú, no se ha extendido a Bolivia debido, básicamente, a que ambos países ni siquiera están de acuerdo con la naturaleza de sus problemas. Si bien Chile y Bolivia se rigen por un Tratado, firmado en 1904, que establece sus límites en forma definitiva, Bolivia continúa sosteniendo que este instrumento es injusto, pues se le privó de "acceso soberano" al mar. Como resultado, Bolivia ha hecho de este conflicto —que Chile no reconoce como tal— el eje de su política exterior.

Por consiguiente, las relaciones chileno-bolivianas están marcadas por una extraña contradicción. En los últimos años, se ha avanzado en la integración de ambos países. En 1993 suscribimos un pacto económico que permitió un aumento considerable de nuestro comercio y existen condiciones para iniciar negociaciones con el fin de transformarlo en un Acuerdo de Libre Comercio. Chile es el tercer inversionista extranjero en Bolivia, en áreas tales como ferrocarriles y electricidad. En 1994 se estableció un convenio permanente de consultas políticas, así como diferentes tratados de prevención de drogas, transporte aéreo, turismo y cooperación científica, que se encuentran en plena vigencia. No obstante, Chile y Bolivia no tienen relaciones diplomáticas, pues Bolivia se niega a establecerlas hasta que Chile acepte renegociar los acuerdos territoriales relacionados con el acceso soberano al mar.

Aquí, la palabra clave es "soberano", porque Chile ya otorga pleno acceso, libre tránsito e instalaciones de depósito para los productos bolivianos. Chile incluso se ha ofrecido a analizar cualquier tipo de mejoras a estas líneas y la nueva legislación portuaria permite que nacionales o compañías bolivianos adquieran propiedades en los puertos. En resumen, Bolivia podría tener todo el acceso a los puertos y costa chilenos que requiera para su desarrollo económico, pero no al costo de revisar los límites acordados por ambos países hace casi un siglo.

III. INTERNACIONALIZACIÓN

Los países con economía abierta deben vincular su política exterior con el logro de sus principales metas económicas. Esto no es simplemente una tarea para los actores económicos. Incluso en la era de la globalización, las políticas estatales en este campo continúan siendo irremplazables. Por consiguiente, la dimensión económica de la política exterior adquiere gran importancia.

Nuestra política de internacionalización es plenamente compatible y complementaria con nuestra política de integración, definida como "regionalismo abierto". No queremos cimentar la integración latinoamericana en un sistema cerrado. En forma expresa, rechazamos cualquier intento por volver a la era del crecimiento interno. Por el contrario, la creación de un área económica más amplia e integrada en el sur de América Latina tiene por objeto fortalecer nuestra presencia en los mercados y la política mundiales.

Los mercados abiertos son una característica esencial del modelo de desarrollo chileno. Esta posición nos ha llevado, en los últimos 20 años, a adoptar una serie de políticas que han transformado a la economía chilena: nuestros aranceles son bajos, no existen controles a las importaciones o exportaciones ni otras barreras para-arancelarias y poseemos un régimen totalmente abierto para las inversiones extranjeras, lo que ha dado como resultado cifras sin precedentes de flujo de capital extranjero.

Ciertamente, no hay sustitutos para las medidas internas que un país debe adoptar a objeto de abrir su economía. No obstante, al mismo tiempo, uno no llega a una economía mundial abierta por completo, y tenemos que competir con otros países, tal como lo estamos haciendo, por mayores y mejores mercados. Por lo tanto, estamos obligados a aplicar una activa política comercial, mediante actividades de promoción y negociaciones.

Los resultados de nuestra política de apertura comercial se ven reflejados en la positiva evolución de nuestro comercio para con el mundo, desde inicios de los 80 y, en especial, durante los años 90. En 1990, Chile exportó 8.4 mil millones de dólares; en 1999, las exportaciones ascendieron a 16.5 millones de dólares, sin contar con los servicios, que pueden calcularse en otros 4 mil millones de dólares. Ello corresponde a casi 30% de nuestro PNB. Al mismo tiempo, las importaciones alcanzaron, en promedio, alrededor de 15 mil millones de dólares. En los últimos 10 años, el comercio exterior aumentó a un ritmo muy superior al crecimiento del PNB.

Al mismo tiempo, nuestras exportaciones se han diversificado, abarcando más mercados con más productos. Exportamos más de 30% a Europa y más de 40% a Norte y Sudamérica. Nuestras exportaciones han aumentado en todas las regiones del mundo, con una interesante apertura a nuevas áreas, como Europa del Este o África, a las que aún exportamos muy poco, pero donde se triplicaron nuestros mercados en los últimos años.

También hemos experimentado un crecimiento en el número de productos exportados, que ha aumentado de menos de 500 hace dos décadas a más de 3,600 el año pasado. La minería, que en 1975 representaba 70% de nuestras exportaciones, representa hoy sólo 50%, pues la participación de los productos industriales llegó a 22% y los servicios a casi 20% de las exportaciones totales.

En cuanto a las inversiones, los últimos años han sido sobresalientes en lo que respecta al flujo de capitales a Chile y a las inversiones chilenas en el extranjero. En sólo los primeros tres años de la década pasada, Chile recibió más inversiones extranjeras directas que en los 17 años de dictadura y el flujo ha continuado en los años más recientes, alcanzando en 1999 un nuevo récord. Al mismo tiempo, las inversiones chilenas en el extranjero alcanzaron más de 15 mil millones de dólares, invertidos en más de 500 proyectos distintos, la mayoría en Sudamérica. El gobierno ha suscrito 40 convenios para la promoción y protección de las inversiones y seguirá negociando acuerdos para evitar la doble tributación, todo ello con el fin de estimular la internación y salida de flujos de capital productivo.

Todas estas positivas características deben confrontarse, sin embargo, con algunas importantes limitaciones para nuestra inserción internacional, que también hay que considerar al momento de elaborar nuestras políticas. Algunas de éstas son totalmente opuestas a nuestras ventajas; estamos en camino de superarlas, pero aún falta un largo trecho por recorrer.

En primer lugar, somos básicamente exportadores de productos primarios. Es cierto que exportamos más productos manufacturados y servicios que antes, pero nuestro perfil general corresponde al de un país que exporta productos con poco valor agregado. Hemos aumentado en mucho el número de productos que exportamos, pero sólo 10 de ellos concentran más de la mitad de nuestras exportaciones, sobre todo el cobre, otros minerales y algunos productos agrícolas y pesqueros.

Este perfil no es producto sólo de las decisiones internas, sino también de las normas vigentes en algunas regiones y países en que se incentiva la importación de materias primas por sobre la importación de manufacturas. Europa es un claro ejemplo de esto: los productos con algún grado de elaboración pagan aranceles mucho mayores que las materias primas que los componen, haciendo más atractivo exportar estas últimas.

Esta realidad afecta la estabilidad de las exportaciones chilenas, debido a que dependemos demasiado de los precios internacionales de algunos productos básicos, que tienden a experimentar marcadas fluctuaciones. Por ejemplo, la caída del precio del cobre en los mercados mundiales provocó la reducción del valor total de las exportaciones para 1999, efecto que —unido al impacto de la crisis asiática en la demanda y precios de otros productos básicos— causó un severo déficit en nuestra balanza comercial.

Aun cuando estamos muy diversificados en términos de continentes, también mostramos una gran concentración en algunos países. Once mercados (Estados Unidos, Japón, Brasil, Argentina, Reino Unido, Corea del Sur, Alemania, China, Taiwán, Italia y Holanda) reciben más de 70% del total de las exportaciones de Chile. A pesar de que, en algunos casos, estas cifras ocultan el hecho de que muchos productos tienen por destino terceros territorios (como aquellos embarcados al puerto de Rotterdam, que figuran como exportaciones a Holanda), lo cierto es que esta excesiva concentración en algunas naciones nos vuelve vulnerables a los cambios de política o las crisis económicas locales.

Este breve resumen permite extraer algunas conclusiones sobre nuestra política de internacionalización. Sus principales objetivos son simples: estabilizar los principales mercados de exportaciones chilenas, exportar a más mercados y productos con mayor valor agregado.

Sistema multilateral

En las últimas dos décadas, Chile ha sido un fiel partidario del sistema de comercio multilateral, participando activamente en las negociaciones del GATT, en la OMC y en los acuerdos regionales celebrados mediante la Asociación Latinoamericana de Integración (ALADI). El énfasis que hemos puesto en el multilateralismo nos ha hecho más competitivos y puesto a jugar un papel decisivo en la internacionalización de nuestra economía. Estos logros han aumentado nuestra convicción de que ningún convenio puede sustituir a un sistema de comercio multilateral abierto y transparente.

Chile fue uno de los primeros países en ratificar los acuerdos de la Ronda Uruguay (fueron aprobados por unanimidad en las dos cámaras del Congreso) y promover la plena aplicación de estos tratados, así como la continuación de las negociaciones referentes a la llamada "agenda incorporada", es decir, aquellos puntos donde el pacto constituía un mandato expreso de negociación. Hoy nos encontramos entre los promotores de la "Millenium Round" (Ronda del Milenio), nueva ronda de negociaciones que debería iniciarse el 2000 o 2001, si se consigue superar el fracaso de Seattle. Esta ronda no busca convertirse en una nueva y engorrosa negociación multilateral, como la Ronda Uruguay, sino brindar un enfoque integral que arroje resultados equilibrados en un plazo más corto y que aborde los temas que la anterior dejó inconclusos.

Si bien estamos poniendo todo nuestro esfuerzo en esa dirección, todavía no estamos del todo satisfechos con el multilateralismo. Aún quedan muchos obstáculos en el camino hacia ese sistema abierto y transparente que representa nuestra meta final. Por esta razón, nuestras políticas no pueden excluir otras iniciativas tendientes a abrir nuevos mercados para los productos chilenos, mediante negociaciones regionales y bilaterales que sean compatibles con los acuerdos de la OMC.

De allí surge la necesidad de establecer negociaciones múltiples. Estamos interesados en América Latina, tema que ya hemos abordado. También nos importan las negociaciones con la Unión Europea, los países del Asia Pacífico y los de América del Norte, a la vez que no descartamos la posibilidad de negociar con naciones específicas, tal como ocurrió con el caso de América del Norte.

APEC y el Asia Pacífico

Chile se unió a la APEC en 1994, precisamente cuando el grupo se embarcaba en una ambiciosa política de liberalización comercial. La APEC nunca ha tratado de ser una zona de libre comercio o algo parecido. Su ámbito de acción es multilateral; por lo tanto, pretende promover, a través de sus acciones, la liberalización a nivel de la WTO. Para tales efectos, luego de suscribir la Ronda Uruguay, los países miembros acordaron en la Cumbre de Jefes de Estado celebrada en Bogor, Indonesia, abrir totalmente sus economías (aranceles cero y ninguna barrera comercial a ningún producto) hacia el año 2010, en el caso de países en desarrollo. Cabe destacar que éste no era un tratado comercial, que por esencia es *quid pro quo*, sino más bien un convenio de liberalización unilateral en el que cada economía es responsable de elaborar su propio plan y programa, siempre que cumpla con la fecha establecida.

Chile presentó su plan de acción, que constituye un argumento maestro para la liberalización total hacia el año 2010 —aun cuando, como país en desarrollo, nuestra obligación es hacerlo hacia el 2020.

Sin embargo, el desarrollo del proceso integral de liberalización acordado en Bogor no ha estado libre de obstáculos, principalmente por dos motivos: primero, los planes de algunos países no establecen con claridad las metas que se pretenden lograr y las fechas de reducción de aranceles; segundo, las últimas reuniones de la APEC han tendido a apartarse de la meta original y a acercarse hacia la propuesta de "liberación sectorial" —que implica tratar de liberalizar algunos sectores con la esperanza de dar nuevos ímpetus al proceso.

Chile y México no han participado en este experimento, porque pensamos que en la práctica contradice las metas establecidas en Bogor. Tal como esperábamos, la liberalización sectorial ha dado hasta ahora pocos resultados. Sólo cabe esperar que la APEC vuelva a su camino original, aunque probablemente no de forma inmediata, debido a los retrasos provocados por la crisis asiática.

Mientras tanto, continuamos promoviendo nuestros puntos de vista respecto de la liberalización mediante los acuerdos comerciales, teniendo en mente que ya contamos con convenios con tres miembros americanos de la APEC (Canadá, México y Perú). Ya hemos iniciado conversaciones con Nueva Zelandia y, más recientemente, con Corea, tendientes a negociar tratados bilaterales de libre comercio, iniciativa que no sólo repercutirá en nuestras exportaciones, sino que probablemente origine negociaciones similares con otros países de la APEC.

Cooperación con la Unión Europea

Hasta 1995, las relaciones entre la Unión Europea y Chile se limitaron a un acuerdo de cooperación técnica y para el desarrollo. Similar situación existía con los países miembros que, a pesar de un fuerte comercio con Chile, no parecían interesados en desarrollar ningún tipo de vínculo institucional, salvo en el campo de la cooperación para el desarrollo.

A partir de 1994, la Unión Europea decidió impulsar una política de "asociación" hasta entonces reservada sólo a países ubicados en la periferia de la Unión. En diciembre de 1995, se celebró un convenio de asociación política entre la Unión Europea y Chile, seguido en junio de 1996 por otro de cooperación, similar al firmado por la Unión Europea y el Mercosur, con el expreso propósito de lograr un pacto comercial que incluyera "la liberalización de todos los intercambios".

En este marco, se hizo posible avanzar hacia la conclusión de negociaciones comerciales de envergadura, que Chile conducirá en estrecho contacto y coordinación con el Mercosur. Para estos efectos, la Comisión Europea aprobó en 1999 las "directrices" del Consejo, a pesar de algunos problemas debidos a la inclusión de la agricultura en las negociaciones, área vital para los países del Mercosur, pero no muy aceptable para algunos europeos, en especial Francia.

Éxitos y dificultades en América del Norte

En cierto momento, alrededor de 1994, el ingreso de Chile al TLCAN pareció probable, hasta el extremo de que algunas personas de nuestro país tendieron a privilegiarlo sobre el Mercosur. El debate sobre el *fast track* (vía rápida) entre el gobierno de Clinton y el Congreso estadounidense demoró lo suficiente para enfriar las expectativas en Chile. Ahora la posibilidad de un acuerdo comercial con Estados Unidos se analiza con una actitud mucho más distendida, si bien constituye una importante meta para Chile.

Desde la interrupción de las negociaciones para ingresar al citado acuerdo, producida en 1995, Chile ha celebrado convenios bilaterales con Canadá y México muy similares a él, con excelentes resultados para todas las partes involucradas. Si a esto agregamos la serie de tratados de libre comercio con América Latina, parece extraño que el único acuerdo que no hemos negociado se relacione con nuestro principal socio comercial externo y principal fuente de inversiones extranjeras.

Las dificultades de Estados Unidos para negociar convenios comerciales en América Latina son aún más lamentables en el contexto del estado actual de las relaciones hemisféricas, que atraviesan por un momento crucial en este periodo posterior a la guerra fría. Por un lado, nunca en nuestra historia común nos habíamos enfrentado a situaciones en que hubiera una mayor coincidencia en cuanto a metas y preocupaciones. La II Cumbre de las Américas, celebrada en Santiago, culminó con la clara sensación de que las oportunidades de cooperación hemisférica se encuentran en su mejor momento; todos los países americanos están interesados en consolidar la democracia y el estado de derecho; defender los derechos humanos; promover mercados abiertos con el fin de desarrollar el comercio y las inversiones en toda la región; mejorar la calidad de vida, la igualdad de oportunidades y la calidad de nuestro medio ambiente, y combatir el narcotráfico y el crimen organizado.

Sin embargo, esta prometedora situación aún no ha dado frutos concretos. De hecho, se encuentran pendientes varios asuntos relacionados con la posibilidad de establecer una relación más rica y con mayor grado de igualdad entre Estados Unidos y los países de nuestra región. Mantener actitudes unilaterales por encima de la cooperación en materias de vital importancia como el tráfico de drogas o las relaciones con Cuba, parece indicar que, con respecto a las relaciones internacionales, distintas fuerzas estadounidenses todavía tienen una visión más apegada al pasado que al presente, tal vez no tanto en el gobierno actual, pero sí en algunos sectores del Congreso y la sociedad.

El tema del libre comercio es el más ilustrativo. El gobierno de Estados Unidos ha dado claras muestras de voluntad para negociar con el continente americano un acuerdo de libre comercio, habiendo iniciado negociaciones en la Cumbre de Santiago. Sin embargo, estas pláticas, así como las bilaterales con Chile, han debido enfrentar grandes obstáculos en el Congreso y en muchos grupos de interés del país.

El debate sostenido durante muchos meses en Washington va mucho más allá de las relaciones con América Latina. No obstante, en nuestra región existe la sospecha de que en Estados Unidos aún predomina una serie de concepciones erradas sobre América Latina que amenazan con convertirse en un serio impedimento para las relaciones hemisféricas.

América Latina exporta a Estados Unidos siete veces más que hace 30 años; lo que resulta más importante, somos el primer mercado de expansión de las exportaciones estadounidenses en el mundo. Según cifras de 1997, las exportaciones estadounidenses a América Latina superan las que realiza a Japón e igualan las efectuadas a la Unión Europea. Al mismo tiempo, 40% de las exportaciones de América Latina se vende en Estados Unidos. No obstante, esta cifra es comparativamente más baja que la de hace 20 o 30 años.

En 1997, Brasil compró más productos estadounidenses que China; Argentina, más que Rusia; Chile, con 15 millones de personas, más que India, cuya población asciende a casi mil millones de personas; y el Caribe duplicó las compras de productos estadounidenses llevadas a cabo por Europa Oriental. La tasa de crecimiento de las exportaciones de Estados Unidos hacia el hemisferio triplica la tasa mundial, lo que conduce a los expertos a predecir que en los primeros años de esta década las exportaciones de este país hacia América Latina podrían igualar el total de las que van hacia la Unión Europea y Japón, creando un millón de nuevos empleos.

Al mismo tiempo, luego de los críticos años de la década de los 80, las inversiones de Estados Unidos en América Latina han aumentado gracias a las favorables condiciones de que goza en cuanto a estabilidad y rentabilidad, que son mejores que en cualquier otra parte del planeta.

Contrariamente a lo que algunos pudieran pensar, esto no ha creado ningún tipo de nueva dependencia de América Latina con Estados Unidos. Por lo contrario, se han diversificado las opciones latinoamericanas y, en algunas subregiones como el Cono Sur, las cifras del comercio e inversión con otras partes del mundo son iguales o mayores.

Por todas estas razones, resulta difícil entender a algunos críticos estadounidenses que se refieren a las relaciones entre su país y América Latina, en un marco de desigualdad implícita, como si nuestra región no tuviera nada que ofrecer en términos de comercio e inversiones. Cuando mencionamos la posibilidad de celebrar un acuerdo bilateral o multilateral de comercio, no buscamos un sustituto de la Política del Buen Vecino ni de la Alianza para el Progreso. Esos tiempos ya pasaron, y lo que ahora se necesita es una perspectiva que considere la nueva realidad de las relaciones hemisféricas.

IV. Cooperación

La globalización ha hecho crecer la importancia de materias ("bienes públicos internacionales", "bienes comunes") que son mundiales por naturaleza, y no pueden resolverse sin la cooperación de varios países. Los ejemplos se dan en todas las áreas de actividad, desde el agotamiento de la capa de ozono hasta la necesidad de normar los recursos marinos y el creciente desarrollo del comercio internacional. El establecimiento de una normatividad de los bienes y las actividades comunes sólo se logrará mediante la cooperación, la creación de regímenes internacionales, la aplicación de las leyes vigentes o la negociación de nuevos acuerdos regionales o mundiales.

Nuestra participación en los esfuerzos de la comunidad mundial por hacer frente a los desafíos mundiales y regionales de este tipo está determinada por tres factores: las materias que pueden presentar mayor o menor interés para nosotros como nación; nuestra posibilidad de realizar un aporte significativo; y los recursos de que disponemos para este tipo de cooperación.

Aplicando estos criterios, hemos dado prioridad a cinco áreas, en las cuales se concentra nuestra cooperación multilateral, regional o mundial:

a) Paz y seguridad.
b) Derechos humanos.
c) Desarrollo social.
d) Libre comercio.
e) Medio ambiente.

Examinaremos brevemente nuestras políticas en cada una de estas áreas, con excepción del libre comercio, tema que ya se trató.

Paz y seguridad

Preservar la paz y fortalecer la seguridad internacional es preocupación prioritaria de los sistemas multilaterales, sean mundiales o regionales. La Organización de las Naciones Unidas y la Organización de Estados Americanos fueron creadas para este fin y Chile trata de cooperar lo más posible para la consecución de estas metas. De allí la importancia que hemos asignado a nuestra participación como miembros del Consejo de Seguridad de la ONU en el periodo 1996-1997; a nuestro papel en el exitoso proceso de paz entre Perú y Ecuador, y a nuestra adhesión a todos los acuerdos existentes de control de armas.

Nuestro involucramiento en el Consejo de Seguridad de las Naciones Unidas estuvo orientado a aportar nuestras capacidades para favorecer las soluciones negociadas y la diplomacia preventiva, respaldando las operaciones de paz cada vez que era necesario para evitar conflictos y, en especial, promoviendo la protección de víctimas civiles y población inocente.

Sin embargo, la realidad es que con frecuencia surgen estallidos de violencia en el mundo y que siempre se requiere de la presencia multilateral e institucional; en lo posible, antes de que se quebrante la paz o, en caso contrario, para restaurarla. Por consiguiente, las operaciones de paz constituyen un elemento esencial del sistema multilateral, al que cada país debe contribuir según su capacidad.

Por esta razón, luego de varios años de ausencia, el gobierno democrático de Chile reinició en esta década su participación en las operaciones de paz, primero en El Salvador, luego en Camboya y últimamente en Bolivia, así como en los trabajos de la UNSCOM en Irak.

Nuestra colaboración responde a una política expresa, definida por el presidente Frei en 1996. En síntesis, nos resistimos a involucrarnos en operaciones de restauración de la paz, es decir, en intervenciones cuyo objetivo sea restablecer la paz contra la voluntad de las partes en conflicto. Dichas maniobras implican un grave peligro para la vida de las fuerzas de paz y, como en el caso de Somalia e inicialmente Bosnia, sus resultados son dudosos. En tales casos, estimamos preferible que se logre un acuerdo diplomático que más tarde sea respaldado por dichas fuerzas, en las cuales estamos dispuestos a contribuir. Chile ha privilegiado además la acción multilateral sistemática y masiva del derecho a la vida de las personas, aunque todos los mecanismos y las instancias previas han fallado. Hablamos, por ejemplo, de la protección de la minoría Kurda en Irak, el auxilio a víctimas en el conflicto Bosnia-Herzegovina y el intento de iniciar negociaciones en Burundi cuando la violencia parecía inminente. Todas estas soluciones, así como los convenios alcanzados para evitar o mitigar los efectos de las sanciones impuestas a la población civil iraquí por el gobierno sientan valiosos precedentes para la regularización del derecho humanitario, iniciativa a la que Chile sistemáticamente ha brindado su respaldo.

372

Aparte de restaurar y mantener la paz, un sistema internacional estable requiere de un compromiso claro ante el control y la restricción de armas. De acuerdo con este propósito, en Chile se ha desarrollado una activa política con el fin de actualizar nuestra responsabilidad en esta materia. Entre 1994 y 1999, Chile ratificó el Tratado de No Proliferación de Armas Nucleares y el Tratado sobre Armas Químicas; se convirtió en miembro de la Conferencia de las Naciones Unidas sobre Desarme, y suscribió el Tratado de Prohibición de Ensayos Nucleares y el Tratado de Proscripción de Minas Terrestres Antipersonales.

Esta actitud constituyó una clara señal de cambio de la tradicional política del gobierno autoritario de negarse a suscribir y ratificar acuerdos de control de armas y una muestra de voluntad de liderar iniciativas de desarme en nuestra región y en el mundo.

Derechos humanos

Un concepto más amplio de paz y seguridad se relaciona estrechamente con el fortalecimiento de la democracia y los derechos humanos. El orden mundial futuro debe sentar las bases para que las naciones y las personas prosperen y tengan acceso a los grandes avances experimentados durante los últimos años en materia de ciencia y tecnología. Por ello, los derechos humanos y el desarrollo social deben marchar a la par en lo que respecta a la creación de un orden mundial.

La protección de los derechos humanos ha mejorado sustancialmente desde que se promulgara la Declaración Universal de Derechos Humanos, hace 50 años. El sistema multilateral se ha transformado, a niveles regional y mundial, en una fuente necesaria de progreso y liderazgo en este campo. Las resoluciones de los organismos de las Naciones Unidas o de la Comisión Interamericana y la Corte de Derechos Humanos, poseen gran trascendencia para los países miembros, que sienten la obligación de responder aun cuando a veces no cumplan las resoluciones.

La Conferencia de las Naciones Unidas sobre Derechos Humanos, celebrada en Viena en junio de 1995, nos permitió evaluar el avance realizado en las últimas cinco décadas. Posteriormente, se crearon algunas importantes instituciones —como el Alto Comisionado para los Derechos Humanos, el Tribunal Internacional para Bosnia-Herzegovina y la recientemente aprobada Corte Penal Internacional.

Sin embargo, la Conferencia también reveló que aún existían ciertas diferencias que obstaculizaron la plena puesta en marcha de los compromisos asumidos por cada nación en materia de derechos humanos.

La primera diferencia radica en la confusión, deliberada o no, entre derechos humanos y derechos sociales y económicos. No podemos negarnos si algunos desean dar a esos derechos el mismo nivel que los originalmente contenidos en la Declaración Universal, siempre que ello no se convierta en excusa para no respetarlos todos. No se trata de que menospreciemos los problemas socio-económicos enfrentados por gran parte de la humanidad —de hecho, para nosotros el desarrollo social también constituye una prioridad. Sin embargo, la pobreza, o la lucha por erradicarla, no es una excusa para dejar de lado los derechos humanos.

En otro debate, algunos tienden a justificar las violaciones a los derechos humanos invocando diferencias culturales y religiosas. Ello ocurre sobre todo en algunas áreas —como derechos de la mujer o de los niños, de los trabajadores y otros—, a las que, en general, se les atribuyen "visiones occidentales", olvidando que, en esencia, la Declaración Universal es general en sus términos, precisamente debido a una intención universal, aceptada por todo el mundo.

También existe mucha sensibilidad hacia la actitud condescendiente de algunos países desarrollados, que tienden a ser más críticos con los demás que con ellos mismos. No cabe duda de que muchos gobiernos y ONG se inclinan más a pasar por alto las serias violaciones cometidas en los países desarrollados, para concentrarse sólo en aquellos en desarrollo donde es probable que las violaciones sean más numerosas, pero no las únicas. Un importante requisito para fomentar la causa de los derechos humanos es que las naciones eviten juzgar a los demás de manera unilateral y permitan que el sistema multilateral funcione.

La trascendencia de estos debates y el temor de que involucrarse demasiado en ellos vaya a perjudicar sus relaciones bilaterales, son algunas de las razones invocadas por ciertos países para no participar en las instituciones del sistema de derechos humanos.

En vez de hacerse eco de esta actitud pragmática, Chile ha optado por cooperar en las instituciones de derechos humanos y ha cumplido tres periodos consecutivos en la Comisión de la ONU y en la Comisión y la Corte Interamericana. A pesar de que nuestras actuaciones distan mucho de ser perfectas —principalmente por nuestra incapacidad de resolver algunas situaciones pendientes desde el periodo autoritario—, creemos que contamos con la capacidad para realizar un sustantivo aporte y que estamos obligados a hacerlo, en vista de la gran importancia que el sistema multilateral otorgó a vigilar y censurar las violaciones de los derechos humanos en Chile durante el régimen de Pinochet.

Al mismo tiempo, Chile también ha actualizado su participación en todos los acuerdos internacionales sobre derechos humanos, además de que suscribió, el 11 de septiembre de 1998, el Estatuto de la Corte Penal Internacional.

Desarrollo social

Paz, seguridad y derechos humanos también se encuentran íntimamente vinculados a las condiciones materiales en que vive la creciente población del planeta.

La mayor parte de las instituciones creadas en las Naciones Unidas desde 1945 se relacionan con problemas de desarrollo, desde una perspectiva sectorial (FAO, UNIOD, OMS) o mundial (UNCTAD, PNUD). Aun cuando muchas experiencias han resultado frustrantes y la ayuda para el desarrollo nunca ha sido muy generosa o fructífera, las actividades en este campo han continuado y se han extendido a instituciones como el Banco Mundial, el Banco Interamericano y el FMI.

No obstante, todo este esfuerzo es insuficiente a la luz de la dramática realidad de más de mil millones de personas, que viven en la pobreza absoluta, condición que sufre casi la mitad de la población de América Latina. Debemos aumentar las iniciativas tendientes al desarrollo, mismas que, dada la naturaleza y gravedad del problema, sólo pueden ser multilaterales.

Chile fue principal impulsor de la Cumbre de Copenhague sobre Desarrollo Social y ha seguido con suma atención los sucesos posteriores a esa conferencia, concentrándose sobre todo en el seguimiento regional. Desde la presidencia del ECOSOC, cargo que Chile asumió dos veces durante la década pasada, hemos tratado de fomentar las reformas que las instituciones sociales de las Naciones Unidas requieren, en especial las que abordan temas como el desarrollo sustentable. Al mismo tiempo, hemos intentado coordinar actividades entre las Naciones Unidas, el Banco Mundial y el FMI. A pesar de ello, aún sentimos que el problema del desarrollo social sobrepasa a las soluciones y que, en el siglo que viene, éste puede tornarse en el problema internacional más difícil de controlar.

En estrecha relación con los derechos humanos y el desarrollo social, encontramos un tema al que Chile ha otorgado especial importancia: la situación de los trabajadores, sobre todo en el nuevo marco de la globalización. Además de ser la primera vez en que un chileno es elegido para un alto cargo en el sistema de las Naciones Unidas, la elección de Juan Somavía, destacado diplomático chileno y embajador ante las Naciones Unidas, para dirigir la Organización Internacional del Trabajo testifica nuestro compromiso con los temas sociales desde un punto de vista multilateral.

Desarrollo sustentable

Hasta comienzos de los 90, Chile no tenía ninguna política ambiental, lo que obviamente acarreó resultados negativos que aún intentamos solucionar. Tanto a nivel nacional como internacional, hemos tratado de cumplir el proyecto establecido por la Cumbre de la Tierra, celebrada en Río Janeiro en 1992.

A partir de esa Cumbre, Chile ha avanzado en la ejecución de sus acuerdos mediante leyes que cubren los principios básicos de prevención ambiental, cooperación y responsabilidad de quien contamine. Hemos asumido como Estado la obligación de desarrollar instrumentos para una adecuada política preventiva y tratado de dar a las organizaciones sociales un puesto activo en materia ambiental.

En la región, participamos en las gestiones de organización de la Cumbre sobre Desarrollo Sustentable, efectuada en Santa Cruz, Bolivia, durante diciembre de 1996, donde se aprobó una agenda hemisférica.

Chile ha ratificado todos los acuerdos derivados de la Cumbre de la Tierra y considera de gran importancia las actividades de seguimiento. Obviamente, la puesta en marcha de la mayoría de las decisiones sobre cooperación internacional se encuentra en una etapa inicial y aún nos queda mucho camino por recorrer en lo que respecta al establecimiento de las instituciones y los programas correspondientes. Existen importantes temas, de alta prioridad para Chile —como el recalentamiento mundial y la capa de ozono—, donde los resultados obtenidos en las últimas conferencias de Kyoto y Buenos Aires no pueden ocultar ni la negativa de algunos países desarrollados a asumir la responsabilidad por los problemas que ellos generaron ni la total falta de voluntad de algunos grandes contaminadores del Tercer Mundo para limitar sus emisiones.

Nuestras políticas ambientales deben considerar dos regímenes internacionales específicos a los que Chile puede contribuir grandemente; el derecho del mar y el Tratado Antártico, que son el reflejo de nuestros intereses nacionales directos.

El derecho del mar es esencial para Chile, en su calidad de país con importantes intereses económicos y ambientales derivados de su extensa y productiva costa. Con respecto a la Antártida, siempre hemos respaldado el ingenioso régimen que ha hecho posible realizar actividades científicas en una atmósfera de paz y proteger el medio ambiente en esta crucial parte del mundo.

V. CHILE Y MÉXICO

La década pasada presenció un florecimiento de las relaciones entre Chile y México sin antecedentes en nuestra historia común. Es cierto que entre ambos países existieron siempre buenas relaciones y una corriente de buena voluntad que se manifestó especialmente en los planos político y cultural, pero siempre desde una distancia que no era sólo geográfica.

La solidaridad de muchos años y la presencia de muchos chilenos en México fueron importantes a la hora de restablecer relaciones diplomáticas en 1990. No obstante, el desarrollo del comercio, de las inversiones, del turismo y de la cultura ha creado un marco en el cual Chile y México se han transformado en socios cercanos, dispuestos a emprender también aventuras comunes en la arena internacional.

Para ello tenemos ya numerosas coincidencias: hemos trabajado juntos en la APEC, las instituciones interamericanas y las organizaciones internacionales de comercio, sustentando en general principios comunes. En el comienzo del nuevo milenio, con gobiernos que se inician en ambos países en medio de grandes esperanzas democráticas de nuestros pueblos, se abren expectativas importantes de una cooperación aún mayor. Las dos naciones han aceptado los desafíos de la globalización y realizado enormes esfuerzos por adecuar no sólo sus economías, sino también su accionar político a las nuevas demandas de progreso que impone la comunidad internacional. La integración, las relaciones hemisféricas, la democracia y las protecciones nacional e internacional de los derechos humanos, la soberanía y la autodeterminación, la cooperación sobre la base del respeto mutuo, la promoción del comercio libre, la preocupación por el ambiente y el desarrollo social, así como la búsqueda permanente de la paz y la solución pacífica de las controversias son principios que compartimos y esperamos desarrollar en cooperación en nuestras agendas internacionales.

La reciente visita a Chile del presidente electo de México, Vicente Fox, fue una ocasión para comprobar estas identidades y para verificar nuestro compromiso con una política regional abierta al mundo que se despliegue en todo al ámbito latinoamericano, desde México en el norte hasta Chile en el sur. Esta comunidad de intereses debería expresarse durante los próximos años en la práctica de nuestra política exterior.

QUINTA PARTE

LOS ESPACIOS Y EL IMPACTO
DE LA CULTURA

El lugar de la cultura

ALBERTO RUY SÁNCHEZ*

Para hablar de la manera en que es vista, cultivada y propagada la cultura en México trataré de señalar primero cuatro actitudes sociales bien diferenciadas con respecto a ella y un contraejemplo comparativo:

1. La cultura considerada sobre todo como negocio.
2. La cultura considerada principalmente como creación de individuos.
3. La cultura considerada exclusivamente como educación que eleva al pueblo.
4. La cultura como patrimonio e identidad de una comunidad, una región o una nación.

Aunque es evidente que la mezcla y el equilibrio de las cuatro actitudes es deseable, lo normal es que una u otra posiciones prevalezcan y determinen no sólo el valor que una sociedad le da a la cultura, sino también las políticas gubernamentales que le conciernen. En un extremo de este cuadrángulo de visiones estaría la posición de México. En el opuesto la de Estados Unidos. Es lógico que en cada extremo se

* Escritor y editor mexicano. Es doctor en Comunicación por la Universidad de Jussie de París. Actualmente desempeña el cargo de director de la editorial Artes de México. Es autor de 14 libros de ensayo, poesía y novela. Ha sido profesor invitado en universidades de Estados Unidos, Europa y el norte de África. A lo largo de su carrera ha recibido varios premios internacionales, entre los cuales destacan el Xavier Villaurrutia, El Prix des Trois Continents y el de la Orden de las Artes y de las Letras del gobierno de Francia.

consideren o se integren de diferente manera las otras actitudes enumeradas.

La primera visión de la cultura, la de los negocios, es la que predomina en Estados Unidos, donde la empresa cultural por excelencia es la de los medios de comunicación. Se considera que tienen razón natural de existir, antes que ninguno, los proyectos culturales que sean no sólo autosuficientes, sino que además produzcan ganancias. La palabra clave en esta concepción es empresa. El resto de la cultura es excedente, lujo prescindible.

Es interesante ver cómo se integran otras de estas actitudes cuando una de ellas es predominante. En el caso de Estados Unidos, el valor de la creación artística está dado principalmente por su posición en el mercado que se logra también a través de la crítica. Pero son el hombre o la mujer de empresa y su gasto en las artes los que funcionan como eje de esta concepción. Las colecciones de una gran parte de los principales museos públicos estadounidenses son producto de coleccionistas privados que donaron sus obras. Los museos y otras instituciones se sostienen en muy alta proporción por donaciones públicas, muchas veces de los mismos coleccionistas. Existen grandes fundaciones que apoyan a las artes y a otras labores culturales. Pero incluso en la legislación norteamericana sobre esas instituciones se exige que lo aportado por donadores privados, cada año, sea su ingreso principal. El máximo organismo público para incentivar a las artes en ese país, el National Endowment for the Arts, se ha visto disminuido al considerar los legisladores conservadores que las obras de los artistas y escritores que han recibido becas representan "un peligro para la moral pública" y un desperdicio de recursos.

La educación humanista y artística en la mayoría de las universidades norteamericanas se ha desarrollado como algo posterior a la formación tecnológica o a la científica. Y con frecuencia se ve en peligro su presupuesto. La empresa productiva sigue siendo el eje de la educación que en un momento de riqueza llega a generar un excedente de educación cultural. La cultura es vista como un suplemento, importante pero no indispensable en la vida social. A menos que sea negocio, como en el caso de las industrias culturales. Desde este punto de vista la cultura no define a la nación. Es una gracia, un ademán social, un símbolo más de riqueza si acaso, no la esencia de una sociedad.

En las últimas décadas, al aumentar en Estados Unidos la preocupación social por el crecimiento de las minorías raciales, comienza a considerarse cada vez más también el concepto de cultura como parte de la definición de una comunidad minoritaria que defiende sus derechos. Hay culturas, así en plural. Y es asunto primordial de los empresarios de cada comunidad preocuparse por financiar su propia cultura minoritaria. Los gobiernos regionales pueden llegar a sentirse concernidos. Casi nunca lo hace el gobierno federal, a menos que sea un requisito para la equidad o la paz sociales.

El esquema norteamericano de visión de la cultura es fiel al espíritu del protestantismo austero y productivo. De ahí el auge y la importancia de las industrias culturales en Estados Unidos. Pero las otras formas de cultura, no todas susceptibles de ser directamente industrializadas, ven disminuidas sus posibilidades de existencia en este caso. La cultura en su más grande diversidad creativa es, en la mayoría de las ocasiones, enemiga de la austeridad funcional del capitalismo.

Es interesante notar que en el nuevo desarrollo de las tecnologías de comunicación, en internet por ejemplo, los contenidos propiamente culturales ocupan un lugar muy subordinado a otros temas y muchas veces recóndito. Véase por ejemplo cómo, en las páginas de los grandes buscadores como Yahoo o American On Line, las clasificaciones de las páginas culturales son difíciles y corresponden con fidelidad a esa visión de la cultura como excedente. En este último, por ejemplo, existen 21 clasificaciones temáticas para entrar a diversos listados de páginas, pero ninguno se refiere en lo explícito a la cultura. El más cercano es "Entertainment". Cuando los editores de páginas mexicanas tratan de situarlas en los buscadores norteamericanos no encuentran la categoría de temas "culturales" que les conviene. No existe en aquella mentalidad. Al hacer estas páginas sus adaptaciones regionales, la concepción anticultural, o más bien acultural, se hace más evidente. En la versión de American On Line para México todo lo cultural ha quedado clasificado, además de bajo "Entretenimiento", en el rubro de "Estilos de vida", donde un escritor halla espacio al lado de consejos para decoración y recetas de pasteles. En otros portales el arte y la literatura se sitúan bajo la sección "People", como hacen algunos diarios de provincia muy influenciados por periódicos norteamericanos que ubican todas las noticias de la escena cultural en una sección llamada "Gente", que incluye espectáculos y/o sociales. Por obviedad, subordinadas a estas otras actividades. Así, un lector tiene que pasar primero por los chismes de una vedete más o menos de moda o los problemas de contratación de un locutor de televisión antes de enterarse de la muerte de un compositor aunque sea el más importante del país, la celebración de un concierto, la aparición de una novela o cualquier otra actividad cultural. La misma clasificación se establece en todas las páginas provenientes de Estados Unidos.

Lo anterior no impide pensar en el medio mismo como un gran difusor de contenidos culturales, emitidos por personas e instituciones muy diversas y disponibles de una manera inusitada para un gran público. Pero la valoración que dan a la cultura los principales buscadores es coherente con la visión norteamericana que he descrito a muy grandes rasgos y que sirve como contraejemplo del caso mexicano.

La conducta que hemos situado en el otro extremo de la lista, la que considera a la cultura como patrimonio y definición de la identidad, es la predominante en México. Es tanto una actitud en gran parte generalizada en la población como clave de las políticas estatales sobre la cultura. El Estado mexicano se ha considerado principal responsable de la difusión cultural por mucho tiempo, antes y después de la Revolución. Ya Porfirio Díaz emprendía la monumental restauración de las pirámides de Teotihuacan haciendo de ellas un símbolo de nuestra riqueza cultural, un emblema de nuestra identidad grandiosa y de paso un gesto grandilocuente que definiría a su gobierno. El mismo rumbo hacia el pasado y sus huellas estuvo vigente durante el siglo xx.

Cualquier comparación del lugar que ocupa la cultura en diversos países de América Latina muestra que en México existe una actitud diferente con respecto a ella que se traduce en un alto valor simbólico, que a algunos observadores en ocasiones ha llegado a parecer demagógico o por lo menos exagerado. Y se traduce también en un gasto gubernamental muy grande, entre otras acciones. Pero no sólo el Estado dedica un alto presupuesto a ella, sino que también en varias empresas privadas mexicanas se ha afincado la costumbre de gastar en proyectos culturales que no se convierten en beneficios económicos inmediatos. Se trata sin duda de privilegios simbólicos. Detrás de ellos está la idea de que las actividades culturales poseen un valor en la vida de la comunidad, en la vida del país finalmente. Aunque éstas representan una pequeñísima parte de lo que se dedica estatalmente a la cultura.

Esta visión del Estado como principal responsable de la cultura y de ella como patrimonio nacional no impide el funcionamiento de las empresas culturales privadas. El ejemplo más claro es el de la televisión, que funcionó durante medio siglo prácticamente como un megamonopolio: Televisa, con gran impacto en la vida de los mexicanos. Pero incluso la existencia de industrias culturales como la de la televisión en su etapa monopólica privada se ha basado en una legislación que considera al Estado como dueño absoluto de todo privilegio a transmitir radio y televisión en el país y a las empresas privadas como simples concesionarias de ese derecho. Las ondas de transmisión y la jurisprudencia para usar el aire para transmitirlas son legalmente patrimonio nacional.

Legislación significativa de la actitud patrimonialista con respecto a la cultura

Algo diferente, pero aún más patrimonialista, se intentó hacer con el cine. Desde la posguerra, y sobre todo durante los años 70, se intentó convertir al cine mexicano, en todos sus aspectos incluyendo la exhibición, en un monopolio de Estado. El Banco Cinematográfico pasó de ser, en los años 40, una institución de apoyo a los productores privados, a una empresa pública controladora de todo el ramo. A la cabeza de esa institución estuvieron alternativamente, en los 60 y hasta 1982, un hermano del presidente y luego una hermana del siguiente mandatario.

Como para subrayar doblemente el carácter patrimonialista de esa industria cultural sobra decir que en esa época la producción de películas mexicanas tuvo un alto contenido ideológico. Porque esta concepción de la cultura como patrimonio e identidad, llevada al extremo, llega a considerarla como un apéndice ideológico de la política del Estado, un brazo funcional de ella.

Un momento intenso de esa posición altamente ideológica estuvo representado, en la primera mitad del siglo XX, por la simbiosis entre el movimiento de los pintores muralistas mexicanos y su casi siempre perfecta coherencia con la ideología y la política gubernamental de la época. El mismo nacionalismo que era dominante en las artes plásticas impregnaba entonces al cine, la danza, la música y una buena parte de la literatura. Su resurgimiento en el cine de los 70 no era extraño ni inédito.

Y toda la actividad de esa cultura nacionalista patrimonial tuvo su antecedente en una política estatal que ponía énfasis más bien en la prédica educativa. Durante la segunda década del siglo XX, impulsada por José Vasconcelos, la actitud patrimonialista del Estado emprendió una cruzada pedagógica y la posición que hemos mencionado como aquella que considera a la cultura primordialmente como educación fue la dominante. En esta concepción la cultura es adquisición de conocimientos universales que elevan el nivel mental de la población. La cultura es incluso un saber que transforma a las personas en seres distintos de manera cualitativa. La cultura es al final metamorfosis trascendente de la gente en general y por lo tanto del país.

Es significativo el acto de Vasconcelos de editar por primera vez en México libros de los clásicos griegos y latinos en grandes tirajes que eran distribuidos a lo largo del país, muchas veces entre analfabetas que comenzaban a leer gracias a un ejército de nuevos profesores rurales preparados como misioneros de la cultura. También es representativo que muchos jóvenes artistas de diversos campos se alistaron en estas cruzadas como profesores vasconcelistas. La cohesión de los creadores culturales alrededor del gobierno fue muy grande, pero no siempre directamente ideológica a favor del Estado. La ideología vasconcelista tenía puntos de confluencia con la ideología del gobierno posrevolucionario que se convertiría en el PRI pero resultaba en muchos otros puntos una extravagancia. Sin embargo, su impulso fue definitivo. Él fue quien formuló e hizo que se desarrollara la primera gran oleada de pintura mural en México. Se pensaba sobre todo en el carácter pedagógico de los murales. Pero con el tiempo, kilómetros y kilómetros de pedagogía pintada se convirtieron en prédica convencional de una ideología oficial. Así, muchos de los misioneros vasconcelistas fueron una década y media después cruzados del nacionalismo cultural que estaría vigente hasta el final de los años 50. Y la ideología "revolucionaria" del PRI tuvo su movimiento artístico del siglo.

Con el surgimiento del movimiento cultural llamado "La Ruptura", en los 60 y 70, el muralismo fue quedando obsoleto. Y la independencia de las políticas estatales se volvió un valor más de los artistas. Sólo en el cine de los 70 hubo ese resurgimiento estatizante que mencionamos.

Las políticas culturales del gobierno mexicano en los 80 y 90 se formularon tratando de asimilar y multiplicar las diferentes tendencias del siglo. Es justamente en la última década cuando se vuelve a incluir de manera formal a los creadores individuales dentro de los esquemas oficiales de apoyo a la cultura. Pero esta vez bajo un sistema de becas, el Sistema Nacional de Creadores de Arte, que no se inmiscuye de ninguna forma en el contenido de las obras y cuya adjudicación es determinada por los artistas mismos, no por los funcionarios estatales. Ese Sistema es parte de un organismo más amplio de apoyo a proyectos culturales de índole muy diversa, el Fondo Nacional para la Cultura y las Artes (Fonca), regido por similares principios de independencia creativa. Este programa no sustituye ni reduce las acciones de promoción del arte contemporáneo del Instituto Nacional de Bellas Artes, que se hacían de cualquier modo antes al apoyar exposiciones y ediciones selecciona-das por los funcionarios en turno.

Así, hasta la concepción de la cultura vista primordialmente como tarea artística individual tiene su lugar en las políticas gubernamenta-les de México. Claro que no faltan grupos de comerciantes de arte con-temporáneo sobre todo, o su equivalente patrocinado que son los "curadores" de exposiciones, más que los creadores mismos, que qui-sieran ver transformada la política cultural del país en exclusiva o en lo primordial hacia un movimiento de apoyo a artistas actuales. Sus artículos manifiestan su utopía del país como una obra de arte efímero, de la cual ellos obtendrían ganancias por supuesto, reuniendo en un solo impul-so la actitud que ve a la cultura como creación y la conducta que la ve como negocio.

Al terminar el siglo, el despliegue de acciones promocionales de la cultura realizadas por las instituciones gubernamentales de México es impresionante por su proliferación y su diversidad. Parte de su política ha sido a la vez generar recursos propios cada vez en mayor medida y hacer que empresas y personas privadas participen en las labores de rescate, estudio y promoción del patrimonio cultural.

Una sola asociación privada, llamada Adopte una Obra de Arte, formada por individuos pudientes de diferentes regiones del país, en el año 2000 reunió más de tres millones y medio de dólares para la restauración de obras artísticas y arquitectónicas que tenían urgencia de ello a lo largo de toda la República. La idea de rescatar un patrimo-nio regional fue motivación clave en cada uno de los grupos de donadores regionales orgullosos de su riqueza cultural y dispuestos a gastar para conservarlo.

Alrededor de muchos de los museos de México se ha tratado de orga-nizar, con mayor o menor éxito, a donadores individuales o de empre-sas privadas que en ocasiones llegan a sostenerlos o a sufragar una parte de sus actividades vitales. Son más los museos que todavía no cuentan con una asociación así. Existe una Federación Nacional de Amigos de los Museos, con cerca de 50 agrupaciones registradas como miembros. Pero los museos siguen siendo en lo primordial responsabilidad gubernamental, no siempre del gobierno federal sino también de las administraciones locales.

Aunque también hay algunos museos completamente privados. Entre ellos el Franz Mayer es ejemplo innegable de funcionamiento eficiente y de una inversión particular más que considerable puesta en definitiva al servicio del público mexicano. Franz Mayer fue un hombre del mundo de las finanzas, emigrado a México a principios de siglo, que se convirtió en un coleccionista excepcional del arte mexicano, con un énfasis en las artes aplicadas. Él valoraba algunas artesanías, como la de la talavera de Puebla, en una época en la que eso era extravagancia pura. Al morir, en 1974, no sólo donó sus decenas de miles de obras de arte mexicano, sino que dejó también en un fideicomiso administrado en forma rigurosa por el Banco de México los recursos económicos necesarios para que su museo no sólo existiera, sino que fuera uno de los más importantes del continente. Su legado así como el funcionamiento y sentido de su museo son excepcionales y ejemplares. Esto último incluso para el gobierno mismo.

Para darnos una idea de la dimensión del aparato estatal de la cultura en México recorramos algunas cifras (proporcionadas por el equipo redactor del Informe Estadístico del CNCA, algunas publicadas en el periódico *Reforma* el 21 de julio del 2000). El Consejo Nacional para la Cultura y las Artes (CNCA) cuenta en el 2000 con 16,000 empleados. Y su presupuesto para ese mismo año es de 3,859,751,000 pesos. Aproximadamente 406 millones de dólares. Una cantidad anual que creció en 42% con respecto a la de cinco años antes (en términos reales: considerando, la inflación); sin embargo, no llega a representar 1% del producto interno bruto que la UNESCO recomienda que un gobierno gaste en cultura. Es apenas, tomando como referencia 1998, 0.0716% del PIB. El presupuesto total total ejercido por el CNCA en el sexenio del 1995 al 2000 es de 15,236 millones 441 mil 100 pesos, aproximadamente 1,604 millones de dólares.

Sólo una de las instituciones pertenecientes al CNCA, la más grande de ellas, el Instituto Nacional de Antropología e Historia (INAH), tiene cerca de ocho mil empleados y su presupuesto es de 391 millones 398 mil pesos, casi 42 millones de dólares. Todas las ruinas prehispánicas del país dependen de ella, lo mismo que una red importante de museos regionales en las ciudades y museos de sitio en las ruinas, las escuelas, los centros de investigación, así como fonotecas, bibliotecas, filmotecas, publicaciones, exposiciones dentro y fuera de México. En comparación, el Instituto Nacional de Bellas Artes (INBA), de quien dependen los museos de arte de los siglos XIX y XX (no los de arqueología e historia) y las escuelas de artes, cuenta con cinco mil cincuenta empleados y un presupuesto de 944 millones 681 mil pesos, cerca de 105 millones de dólares.

En su programa de actividades para el año 2000 el CNCA subraya antes que nada lo que llama la "Preservación, investigación y difusión del patrimonio cultural". En su primer párrafo declara sus principios y confirma lo que hemos venido diciendo sobre la actitud ante "la cultura como patrimonio" que guía a las acciones estatales en este terreno:

El patrimonio cultural constituye un pilar fundamental de la identidad nacional y una síntesis insustituible de nuestra tradición y nuestro presente cultural, por lo que su recuperación, preservación, investigación y difusión seguirán siendo tareas prioritarias. En particular culminará la atención especial a sitios y monumentos de gran valor emblemático y se renovarán nuestros principales museos como una forma de consolidar los espacios y medios de difusión del patrimonio, estrategia detonadora de proyectos y acciones similares en diversas regiones del país.

(Programa de Cultura Dos Mil, CNCA, México, 2000, p. 11.)

El índice de los siguientes temas de acción que se incluyen en ese informe son, por el orden jerárquico en el que se presentan: "Educación e investigación artísticas; difusión de las artes; cultura en medios audiovisuales, fomento al libro y la lectura; estímulos a la creación artística; fortalecimiento y difusión de las culturas populares; descentralización de los bienes culturales; cooperación cultural internacional; desarrollo cultural infantil; animación cultural."

Las diferentes escuelas de artes del CNCA (música, danza, diseño, teatro, pintura, escultura, grabado) tienen siete mil quinientos alumnos. Cada materia mencionada cuenta con un centro de investigación y el conjunto con una biblioteca considerable y un "centro multimedia".

Todo forma una especie de gran universidad artística, con seminarios paralelos, su propia difusión cultural, orquesta, coros, congresos. Están en un nuevo conjunto de edificios, construidos cada uno por alguno de los principales arquitectos de México. Se le conoce como el Centro Nacional de las Artes, donde además hay un teatro abierto al público.

En el tema de la difusión se puede mencionar que en el 2000 el Consejo organiza 132 exposiciones de arte, nacionales e internacionales, en 15 de sus principales museos. Más de 250 conciertos. Una temporada de ópera, con cinco obras y varias representaciones de cada una. Una de danza con más de 600 representaciones públicas. Una más de teatro profesional, con 10 puestas en escena. En una década, el Consejo suma más de 300 mil actividades de difusión cultural.

En medios audiovisuales tiene estudios de cine, una cinemateca, un canal de televisión nacional, varios de radio y una amplia producción de series de video y películas de largometraje. En el campo de las publicaciones produce poco más de un libro al día durante el año. El Sistema Nacional de Bibliotecas cuenta con 6,010 en toda la república. La Red Nacional de Librerías posee cerca de 50 en diferentes ciudades y más de mil puntos de venta afiliados. Su catálogo de distribución incluye casi tres millones de títulos. Hace venta de libros por internet. Organiza 19 premios literarios. El programa de culturas populares e indígenas, en el 2000, dará dinero para apoyar mil cien proyectos de comunidades para producir, mostrar, preservar o estudiar su cultura, temas de los que publica 72 libros.

Mención aparte merece una de las secciones del CNCA dedicada exclusivamente al apoyo de la creación artística, el Fondo Nacional para la Cultura y las Artes. De él depende el Sistema Nacional de Creadores, al que pertenecen cerca de 500 artistas de diferentes disciplinas, algunos por tres años y los más grandes de edad, considerados "eméritos", de por vida. Cada año se otorgan 100 estímulos o becas a jóvenes creadores menores de 25 años. Y muchos proyectos de publicaciones, revistas independientes, traducciones, obras de teatro, danza, conciertos independientes, becas de estudios en el extranjero, intercambios de artistas con otros países y exposiciones también reciben apoyo de este organismo donde consejos rotativos de artistas deciden a quiénes se adjudican. Existe además un Sistema Nacional de Fomento Musical, por medio del cual se apoya económicamente a 144 orquestas, 431 coros, y 45 bandas provenientes de 48 lugares distintos de la República. En una década, el Fonca ha repartido más de ocho mil estímulos.

La dimensión de las actividades culturales del Estado no evita, más bien motiva y ayuda a las actividades privadas. La edición 2000 de la *Guía de Museos y Galerías Artes de México* lista más de 500 sitios: museos y galerías, públicos y privados, de las cinco principales ciudades culturales del país: Oaxaca, Monterrey, Guadalajara, San Miguel de Allende y Distrito Federal.

Para terminar este panorama breve e indicativo, de ninguna manera exhaustivo, del lugar que ocupa la cultura en México, vale la pena recordar el caso de Francisco Toledo en Oaxaca. Este pintor, grabador, escultor, ceramista, considerado como uno de los más importantes artistas vivos en México, se ha convertido a lo largo de los años en un promotor infatigable de la cultura de su región, Oaxaca. Hace casi 15 años donó una colección importante de obras de arte mexicano a la Casa de la Cultura de su ciudad natal, Juchitán. Años después formó y abrió al público el Instituto de Artes Gráficas de Oaxaca (IAGO), con una colección de grabados que es una de las más relevantes en América Latina, con obras originales de Goya, Ensor y muchos otros. Se encuentra ubicada en una construcción muy céntrica de la ciudad de Oaxaca, que fuera su casa. En ella formó una biblioteca pública de arte con más de 10 mil volúmenes. Más tarde emprendió la formación del Museo de Arte Contemporáneo de Oaxaca, en un muy bello edificio antiguo, el Palacio de Cortés, situado en la misma calle peatonal donde se encuentra el IAGO. Una galería-museo dedicada a la fotografía está muy cerca, el Centro Fotográfico Manuel Álvarez Bravo, en un edificio que también era su casa. Ahí mismo instaló una biblioteca para ciegos con libros en escritura Braille, Biblioteca Jorge Luis Borges, y una fonoteca con su colección de discos propia. Cada vez que se cambia termina haciendo de su casa un lugar abierto al público y de sus cosas objetos de exhibición. Así, su más reciente donación a la ciudad es la cinemateca de Oaxaca el Pochote, cuyo nombre fue tomado del árbol de espinas que reina en el jardín de la casa que alberga y muestra una rica colección de cine en video. En las afueras de la metrópoli instaló una fábrica de papel hecho con una planta regional en vías de extinción, para lo cual ha multiplicado sus sembradíos.

Toledo participó activamente en el rescate del Convento de Santo Domingo, ahora centro cultural y museo, con lo que se convirtió en una especie de ombdusman, conciencia pública de la restauración, conservación y estética de la ciudad. Sólo una fuerte idea de la cultura como patrimonio público puede motivar acciones y actitudes como las que él ha emprendido en Oaxaca. Francisco Toledo ha transformado por completo la vida cultural de su lugar de origen y del país, poniendo su creación y su negocio al servicio de su idea de compartir el arte con el público.

Chile: los espacios de la cultura

AGUSTÍN SQUELLA*

En Chile se produjo un cambio de gobierno el 11 de marzo de 2000. Si en algún terreno sería significativo este cambio de gobierno es que traerá consecuencias importantes en el ámbito de la cultura, puesto que el nuevo presidente ha declarado una y otra vez, con sinceridad e incluso con vehemencia, que la cultura ocupará una posición central en las preocupaciones de su administración. Prueba de ello es que Ricardo Lagos, a poco más de dos meses de haber asumido su cargo, el 16 de mayo de 2000, compartió con el país lo que será la política cultural de su actuación; es decir, expresó los principios que su gobierno suscribe en materias culturales, los objetivos que se propone alcanzar y las líneas inmediatas de acción que serán emprendidas para acercarse cuanto antes al cumplimiento de esos objetivos.

2

Últimamente me parece que no tengo suficiente seguridad de poseer los antecedentes necesarios para intervenir en actividades a las que se

* Doctor en Derecho. Profesor de Filosofía del Derecho. Miembro de la Academia de Ciencias Sociales, Políticas y Morales del Instituto de Chile. Ex rector de la Universidad de Valparaíso. Ha sido designado por el presidente Ricardo Lagos como asesor principal para política cultural, con el encargo de preparar el diseño de una nueva institucionalidad y nuevos contenidos del esfuerzo de Chile en materia cultural. Su publicación más reciente es *Introducción al derecho*, Editorial Jurídica de Chile, marzo de 2000.

me invita para desarrollar una determinada ponencia, lo cual es raro tratándose de una persona que en los últimos 30 años no ha hecho otra cosa que concentrarse en ocupaciones académicas en las que ese tipo de labores son algo así como el pan de cada día.

Debo reconocer que algo semejante me ocurrió cuando recibí la invitación de Luis Maira para contribuir con un trabajo en este libro. Como es evidente, acepté esa invitación, mas no porque me sintiera seguro de estar en condiciones de hacer eso que se llama aportación, sino fundamentalmente por la amistad que me liga a él desde hace muchos años, cuando ambos, así como muchos otros, procurábamos conciliar cierta visión cristiana del hombre con la necesidad de reformas sociales que terminaran en nuestro continente con un cuadro de inaceptables desigualdades en las condiciones de vida de la gente. Si Raymond Carver dice que amigo es aquél por el cual uno está dispuesto a equivocar el camino, amigo bien puede ser también alguien por quien uno está dispuesto a participar en una actividad académica respecto de la que no se siente del todo seguro en cuanto a la aportación que es posible efectuar en realidad.

Ignoro cuánto conservo de lo que acabo de llamar "cierta visión cristiana del hombre", aunque no albergo dudas de que las desigualdades en las condiciones materiales de vida de Iberoamérica me siguen pareciendo inaceptables. Convengo, en todo caso, que he aprendido también que tales desigualdades no se terminan a partir de acciones puramente políticas y que todo lo más a que podemos aspirar en la lucha contra las mismas desigualdades es a conseguir avances sostenidos, aunque graduales. "Un paso a la vez", enseña a este respecto Norberto Bobbío, en tanto que Juan Linz, en el prólogo de su libro titulado *La quiebra de las democracias,* no deja de estar en lo cierto cuando escribe que es comprensible que, en nombre de la pobreza y la desigualdad que un régimen democrático no corrige con suficiente rapidez, nos sintamos de pronto inclinados a modificar la democracia y las libertades civiles que esa forma de gobierno a la vez presupone y garantiza, o a amenazarla con actos revolucionarios. Sin embargo, añade ese autor, los que piensan de ese modo "tendrían que estar muy seguros de que en una lucha no electoral las bazas están a su favor" y, sobre todo, están obligados a recordar que "por cada revolución que ha tenido éxito, han habido más contrarrevoluciones victoriosas que han supuesto no sólo el mantenimiento del status quo, sino una pérdida de lo que se había ido ganando y unos costos tremendos para los que estaban a favor de aquellos cambios radicales". En otras palabras —ahora de Raymond Aron—, la democracia es la única forma de gobierno que nos enseña que la historia de los pueblos está escrita en prosa, no en verso.

No me interesa transmitir en este instante ningún tipo de pesimismo, sino reconocer que había lecciones que aprender y que la gradualidad de los cambios no es algo de lo que tendríamos que avergonzarnos. Sin embargo, y utilizando de nuevo ese pensamiento de Raymond Aron, tampoco vamos a resignarnos a que la historia de los pueblos se escriba en una mala prosa, descuidada o grosera, como de pronto me parece que pudiera estar ocurriendo en nombre de ese pensamiento único que se ha impuesto hoy en la economía mundial. Mientras todo el progreso se concentre en los cuatro o cinco buenos barrios de las cuatro o cinco mejores ciudades de nuestros países, estaremos obligados a seguir buscando fórmulas políticas y económicas que colaboren a superar ese estado de cosas. Ignoro si exagero cada vez que afirmo esto, pero a menudo guardo la impresión de que muchas de nuestras actuales sociedades se parecen a un barco en el que unos pocos van cómodamente instalados en los camarotes de lujo, mientras muchos se las arreglan con mantas sobre la cubierta o en las bodegas; sin olvidar, por último, a los que nadan alrededor de la embarcación y tratan con desesperación de subir a ella.

Por lo mismo, habrá que ingeniárselas para combinar de algún modo los tiempos lentos de la economía con los más rápidos de la política, advirtiendo que, si ayer constituyó un error despreciar a la primera en nombre de la segunda, hoy quizás estemos incurriendo en el error opuesto de creer que la política ha muerto o que no enfrenta más alternativa que doblegarse ante las verdades económicas. Refiriéndose a nuestras naciones latinoamericanas, y sin hacer ahora mayor cuestión de si lo que llamamos América Latina "es un invento francés", "un delirio literario", "una ilusión", "un cuento chino", "una comedia de equivocaciones", "una marca registrada" o simplemente "un cuento de nunca acabar", Carlos Fuentes pidió cierta vez que nuestras imaginaciones política, económica e incluso moral, igualen algún día a nuestra imaginación verbal, de modo que —como asegura Fernández Retamar— nuestras ciencias sociales se pongan a la altura de nuestro arte y de nuestra poesía. Más concreto todavía, Octavio Paz, en una entrevista que concedió a nuestro escritor y ensayista Sergio Marras, expresó estas admirables palabras: "He criticado al socialismo, o a lo que se ha hecho pasar por tal. Ahora déjeme decirle que al liberalismo actual le faltan muchas cosas, sin las cuales la vida no es digna de ser vivida. Si pensamos en aquella tríada con la que comienza el mundo moderno, la libertad, igualdad y fraternidad, vemos que la libertad tiende a convertirse en tiranía sobre los otros; por lo tanto, debe tener un límite; la igualdad, por su parte, es un ideal inalcanzable a no ser que se aplique por la fuerza, lo que implica despotismo. El puente entre ambas es la fraternidad, la gran ausente en las sociedades democráticas capitalistas. La fraternidad —sigue todavía Paz— es el valor que nos hace falta, el eje de una sociedad mejor. Nuestra obligación es redescubrirla y ejercitarla".

Llama la atención, sin embargo, que después de esa crítica al socialismo y al liberalismo —mejor, a cierto tipo de socialismo y a cierta clase de liberalismo— Octavio Paz, en la misma entrevista a que acabo de referirme, luego de declarar que nuestras sociedades están obligadas a cambiar si quieren sobrevivir, concluya lo siguiente: "Ignoro las formas que adoptará este nuevo pensamiento, pero presumo que recogerá muchos elementos de nuestras dos grandes tradiciones, la liberal y la socialista". Por su parte, Mario Vargas Llosa, aun luego de admitir que "la democracia como fenómeno político no significa necesariamente ni desarrollo económico ni una mayor justicia social", comenta, a mi entender con razón, que "o la democracia política se completa y enriquece con una política económica que permita verdaderamente un desarrollo y abra el camino hacia la justicia social, o corre el riesgo de fracasar y desplomarse también; porque, evidentemente, en sociedades tan profundamente escindidas, con unos desequilibrios y desigualdades tan gigantescos, muy difícilmente una democracia puede sobrevivir".

3

Permítanme ahora compartir otra declaración.

Cuando supe que tendría que compartir este diálogo con Alberto Ruy Sánchez, pedí algunas de sus novelas y descubrí ese volumen apasionante que él tituló *Con la literatura en el cuerpo*, un bello e inteligente libro que transita por lo que su autor llama "los puentes secretos de la melancolía". Pues bien: cómo podré yo sentarme a conversar —pensé entonces— con una persona que escribe tan envidiablemente bien y que tiene un tan buen conocimiento de su país, en circunstancias de que, ocupándome yo de esa filosofía regional que es la filosofía del derecho, todo lo más que haré en semejante compañía no pasará de algunas divagaciones generales en torno al tema "Los espacios de la cultura".

Pero ya estoy aquí y no tengo escapatoria ni más alternativa que darme a la tarea de expresar algo al respecto. Algo, a fin de cuentas, sin más valor que el de cualquier intento exploratorio de alguien que está más habituado a trabajar con conceptos, y quizás apenas con palabras y no con auténticos problemas, aunque nunca hay que desdeñar los dilemas que nos presentan las palabras, porque, en último término, se trata de los asuntos que nos plantea el propio pensamiento.

4

"Los espacios de la cultura", dijimos recién. ¿Y qué podrán ser los espacios de la cultura? ¿Qué sentido guardarán en esa frase la palabra "espacios" y la palabra "cultura"? ¿Por qué siempre que se habla de la cultura nos dedicamos a señalar los espacios que ella tiene o que le faltan? ¿Qué hace la cultura en medio de un libro que examina dos transiciones y las perspectivas estratégicas de la relación entre México y Chile? ¿Se trata sólo de un gesto para que no se considere que aquí se va a analizar sólo la economía, de los negocios, y quizás algo de la política, que es lo que acontece hoy comúnmente en casi todos los foros internacionales?

He ahí algunas de las preguntas que me asaltan casi de inmediato, lo cual no es raro, porque quienes trabajamos en filosofía sabemos que esta vieja actividad está relacionada antes con una determinada manera de hacer preguntas que con un conjunto perfectamente terminado de respuestas, a merced de las cuales se nos revelaría de pronto algún tipo de realidad superior a aquella que ponen de manifiesto las ciencias y otros modos de saber. Encaremos entonces esas preguntas, y tal vez otras que surjan en el camino, para ver si de ese modo es posible colaborar al diálogo sobre este tema.

Si resulta en cierto modo curioso lo que acontece con la palabra "espacio", más curioso es lo que pasa cuando esa palabra se junta con "cultura".

En la primera y más conocida de sus acepciones, "espacio" tiene un significado que hasta el diccionario es capaz de expresar bellamente: "continente de todos los objetos sensibles que existen". Esto se refiere, claro está, al gran espacio, ése que una inolvidable película juntó con la palabra "odisea", esto es, con la idea de un viaje largo en el que abundan tanto las aventuras adversas como favorables al viajero.

"Continente" es lo que contiene en sí a otra cosa, aunque también es la palabra que reservamos para aludir una de esas grandes extensiones de tierra de nuestro planeta que están separadas por los océanos. Entonces, si la cultura de nuestros respectivos países debe tener su espacio, esto es, su continente, estaríamos obligados a procurar que esta última palabra no viniera en este caso utilizada en su significado de algo que está separado del resto, porque entonces le acontecería a la cultura que queda ella también aparte de otras extensiones en las que se concentra nuestro interés, por ejemplo, la economía o la política.

"Cultura" es también una palabra complicada. En un sentido amplio del término, como dijo entre nosotros el filósofo Jorge Millas, cultura es todo lo que resulta de la "acción conformadora y finalista del hombre". De acuerdo con este significado, cultura es todo lo producido por el hombre, o sea, todo lo que no le provee la naturaleza, todo lo que el hombre ha sido capaz de colocar "entre el polvo y las estrellas".

Esta última imagen pertenece a un jurista —Gustav Radbruch—, y prueba que los juristas pueden también expresarse bellamente, porque bello es en realidad ese pensamiento que identifica como cultura todo lo que hemos colocado entre el polvo y las estrellas, o sea, entre la oscuridad de lo que está bajo nuestros pies y las pequeñas y lejanas luces que brillan sobre nuestras cabezas.

En la época estival florecen en Chile los retamos, unos arbustos de escaso follaje y diminutas flores amarillas que despiden un olor intenso y dulce que identifico como el perfume oficial del verano chileno. Vistos al costado de los caminos donde crecen profusamente, los retamos no son un objeto cultural, aunque sí lo es el manojo que alguien prepara con sus flores para regalarlo a un semejante o para instalarlo en la mesa de su propia habitación. Tampoco llamamos cultura al cobre que abunda en el vientre de nuestras montañas, pero sí damos ese nombre a la paila que hecha de ese metal nos ofrece un gitano al borde de la carretera. Del mismo modo, no consideramos cultura al feliz jolgorio de los pájaros en cada amanecer, pero sí al breve y sencillo saludo que dos transeúntes intercambian cuando cruzan su marcha en un paraje desierto a esa misma hora del alba.

En un sentido ahora más restringido, llamamos "cultura" a la producción de un tipo particular de objetos, los objetos bellos que resultan de las bellas artes, las cuales se diferencian de las artes artesanas que producen los objetos útiles. Me parece que es en este segundo sentido que los editores de este volumen utilizan la palabra "cultura" a propósito de este apartado, porque otras secciones tratan también de asuntos culturales, en el sentido amplio que de esta expresión hemos mencionado hace un instante, porque recaen igualmente, como es el caso de la economía y de la política, sobre cosas que el hombre hace a partir de acciones conformadoras y finalistas que es capaz de proponerse.

No puedo evitar detenerme ahora un instante para recordar lo que Leszek Kolakovski dice de los productos de la filosofía y del arte. Estas dos actividades, la de filosofía y la de artistas, darían lugar a productos que poseen una misma manera de envejecer. Se trata de una hermosa idea que ese autor explica de la siguiente manera: "los productos de la técnica envejecen en el sentido de que los que rinden menos son suplantados por los que rinden más, lo que tiene como consecuencia el que en este terreno no sólo se los deja de utilizar, sino que además deja de hacerse necesario el conocimiento de los anteriores para fabricar los nuevos medios". "De ese modo, la diligencia es suplantada por el avión y el constructor de aviones no necesita conocer cómo se hace una diligencia". En cambio, "las obras de arte envejecen en el sentido de que es inimaginable que un pintor moderno pinte con la técnica de Rembrandt o que un escritor moderno escriba como Dante, pero no envejecen en el sentido de que sean suplantadas por las nuevas obras". A la inversa, las viejas obras "conservan su valor individual".

De ese modo, entonces, la Filosofía se parece más al arte que a la técnica, porque "es difícil imaginar que alguien pueda hoy hacer filosofía como Platón o Confucio; pero, por otra parte, el conocimiento de la filosofía moderna no está en condiciones de suplir el conocimiento de Confucio o Platón".

5

Retomemos el hilo central de esta reflexión.

¿Qué querrá expresarse cuando la palabra "cultura", como ocurre con frecuencia, se junta con la palabra "espacio"?

Tengo la impresión de que ese encuentro entre ambas palabras proviene de manera habitual de la convicción de que la cultura, o los objetos que ésta produce, o bien las personas que valoran en especial esos objetos y los buscan para incorporarlos de una forma estable a sus vidas, se encontrarían limitadas a ciertos ámbitos más bien cerrados, claramente identificables, pero en cierto modo exclusivos, y también, quizás, excluyentes. Tales serían los "espacios" de la cultura, una especie de continentes en los que coexisten los objetos bellos y sensibles que provienen de la actividad de poetas, narradores, pintores, escultores, cineastas, músicos, actores —a qué seguir—, o sea, de personas que cada cierto tiempo se ponen en marcha para que otros puedan disfrutar y juzgar el resultado de las acciones emprendidas. Se trataría entonces de identificar esos espacios y, sobre todo, de ampliarlos, en la creencia de que la cultura debería lanzarse a una especie de conquista de nuevos y mayores espacios, de modo que su visibilidad, y también su aprovechamiento, se incrementaran de una manera importante. Así, con la expresión "espacios de la cultura" se querría aludir a una cultura en cierto modo confinada, a la que se desearía dar una mayor expansión humana y, por tanto, social.

Condenada a vivir en residencias obligatorias, según la índole de sus diversos tipos de objetos (museos; salas de exposición, de teatro, de cine, de concierto), la cultura sufriría una cierta forma de destierro, de confinamiento, de relegación a un lugar en el que se movería libremente, pero del cual no podría salir sin autorización, volviéndose entonces apremiante la pregunta acerca de cómo terminar con una reclusión que, por momentos, parecería adoptar el sentido de una pena antes que el alcance natural de un territorio en el que un objeto cultural cualquiera viviría por su misma índole o carácter.

Los espacios de la cultura son entonces los confines de la cultura. Unos confines que estaríamos tan dispuestos a aceptar como a remover, en una extraña maniobra que tanto circunscribe como expande el recreo, la diversión, el conocimiento y el consuelo de los que nos proveen los distintos objetos culturales.

Hay, sin embargo, un tercer significado de la palabra "cultura", la cultura como ethos, como el sello, la atmósfera, el colorido de una comunidad en las cosas que conciernen al espíritu. Quiero aludir así a lo que otros llamarían tradición, aunque dando a esta última palabra no el sentido estático de un depósito fijo y estable de pautas para observar, sino el significado dinámico de un proceso mudable, de una evolución, de donde se deduce que tradición e innovación no serían más dos fuerzas adversarias que simplemente se enseñan los dientes una a otra. Se trataría más bien de dos polos en tensión que se opondrían no para ver cuál de ellos termina por anular al otro, sino para producir el fuego, la chispa deslumbrante del cambio, del devenir, hasta alcanzar un estado; en fin, que no sería el que teníamos antes, aunque tampoco el que hubiéramos trazado sólo a partir de nuestros deseos.

Tradición e innovación se contraponen así en toda cultura, también por cierto en las nuestras, en la chilena y en la mexicana, aunque ese enfrentamiento tiene que resultar inevitablemente más fecundo, con resultados también más inesperados y sorprendentes, en una cultura que como la de México puede exhibir en este sentido una mayor, más evidente y más rica tradición que la de Chile.

"Las culturas —en boca de Octavio Paz— son realidades que resisten con inmensa vitalidad a los accidentes de la historia y del tiempo". Pero lo que acontece en Chile, según expresiones de Bernardo Subercaseaux, es un "déficit de espesor cultural", que ese mismo autor considera como una de nuestras marcas más persistentes, en medio de un escenario "que con frecuencia ha estado ocupado por la disputa entre dos tipos de centauros: los hombres montados a caballo en libros y los hombres montados a caballo en la realidad". Es evidente, agregaríamos por nuestra cuenta, a partir de esa doble imagen de Subercaseux, que hoy parecen dominar casi sin contrapesos los hombres que cabalgan en la realidad, aunque también llama con positividad la atención el hecho de que estemos presenciando, en la actualidad en Chile, una evidente expansión no sólo de la novela —pienso en autores como Carlos Franz, Gonzalo Contreras, Carlos Cerda, Diamela Eltit, Marcela Serrano y Andrea Maturana—, sino además del ensayo, como lo muestran obras recientes de Adriana Valdés, Nelly Richard, Sonia Montecino, Carla Cordua, Humberto Gianini, Martín Hopenhayn, Alfredo Jocelyn-Holt, Juan de Dios Vial Larraín, José Joaquín Brunner, Manuel Antonio Garretón y Tomás Moulian.

En aquello que llamamos cultura como ethos, sería conveniente que aprendiéramos a distinguir entre las simples modas, las tendencias y los modelos, puesto que las primeras sólo marcan pautas superficiales y efímeras, las segundas cursos más firmes y estables de los acontecimientos humanos, mientras que los terceros son reconocidos como cierto ideal que tendríamos que alcanzar, o al menos no perder nunca de vista, aun al precio de apartarnos de las modas o de estar obligados a corregir las tendencias a partir de las opciones que seamos capaces de crear en un momento dado. Yo noto en tal sentido, sobre todo en los asuntos que conciernen a las economías del mundo y de los estados, que las tendencias se imponen cada vez más sobre las opciones, lo cual trae consigo cierto olvido de los modelos, cuando no un franco desprecio por éstos. Pareciéramos estar siempre más preocupados del curso que en efecto llevan las cosas que del que deberíamos imprimirles a partir de la idea de lo que queremos que las cosas sean; esto es, permanecemos alertas a las tendencias para plegarnos simplemente a ellas, y desatentos frente a las opciones que adoptaríamos y seguiríamos de una manera más consciente. Sin olvidar, por otra parte, que eso que conocemos como tendencias no son muchas veces otra cosa que las opciones que, en un momento dado, han conseguido imponerse sobre las demás, presentándolas así, de manera arbitraria o interesada, como un curso casi natural que no interrumpiríamos y ni siquiera modificaríamos.

Pero para lograr algo semejante se requiere un mayor fortalecimiento de la sociedad civil. "En la situación que estamos viviendo —sostenía Carlos Fuentes a inicios de los años 90—, en que se nos han caído teorías económicas y políticas, la política de nuestros países se ha revelado como una entidad balcánica, fracturada, sin continuidad, y la economía, por su parte, se ha mostrado desastrosa, anticuada, anacrónica, injusta; y lo único que ha quedado en pie es la cultura: una realidad cultural, una creación cultural aportada por la sociedad civil que es su creadora. Las soluciones tienen que salir entonces de la sociedad civil y de su identidad con la cultura —continúa Carlos Fuentes—. La identidad de sociedad y de cultura es lo que creo podrá ofrecerle soluciones a nuestros países, desde México a Chile y Argentina, en las décadas que vienen. Es un gran desafío. Se tiene que romper con los cartabones del pasado. Nuestros países son un enorme hecho que está allí, un enorme acontecimiento, sociedades de tradición indo-hispánica, que han sido regidas desde el centro y desde arriba, y que se encuentran ahora en un desafío desde las bases y los márgenes de la sociedad." ¿Qué va a resultar de todo esto?, se pregunta finalmente el escritor mexicano. "¿Cómo lo vamos a llamar?" Y él responde, escueto, "no lo sé", aunque sí sabe que todo ese proceso que describe, según sus propias palabras, supone la obligación de "domesticar" no sólo al Estado, sino también a los otros dos centros tradicionales de poder en Iberoamérica: la Iglesia y el ejército.

Esa larga cita del pensamiento de Fuentes nos suscita ahora algunas preguntas. ¿Es que efectivamente los márgenes desafían al centro o es que éste se impone ahora con más fuerza, a raíz de lo que se ha dado en llamar "globalización" y que no pocos entienden como "occidentalización", e incluso como mera "norteamericanización"? ¿Es que es cierto que las bases ciudadanas encaran a las cúpulas gobernantes para exigirles la preeminencia de un poder ascendente sobre uno descendente o que tales bases se resignaron ya a la condición de simples consumidores que quieren ir todos los fines de semana al supermercado y que no se les moleste cada cuatro o cinco años con elecciones de representantes en los órganos del Estado?

6

Respecto de la primera de esas dos preguntas, tengo que decir que de un tiempo a esta parte me he visto envuelto en un problema con la palabra "globalización", una palabra nueva, de poco calado por lo mismo, y que, a diferencia de las viejas palabras que siempre nos crean el dilema de devolverles un sentido a veces perdido por el uso o por el maltrato que les damos, nos propone la diferente cuestión de proponerle un sentido.

Seguramente ustedes conocen el libro de Guy Sorman *El mundo es mi tribu*. En ese título, y como buen liberal que sabe combinar sus ideales con un razonable pesimismo, Sorman cuenta que a los seis años cruzó por primera vez una frontera y que desde entonces atraviesa fronteras y más fronteras con la vana esperanza de verlas desaparecer.

La primera que cruzó Sorman fue la que separa Francia de Bélgica. Corría el año 1950. Escribió que el tren que había tomado con su tía Lotte en París se detuvo al llegar a territorio belga y que ambos fueron bruscamente obligados a descender para ser interrogados por la policía aduanera.

Todo el problema había sido ocasionado por un frasco de colonia que la tía de Sorman llevaba consigo. La ordenanza de aduanas permitía pasar menos de un litro de alcohol y el frasco de la discordia contenía justo un litro. Pero la tía Lotte no se amilanó. Acusó de nazis a los empleados de la aduana y consiguió que no le confiscaran su colonia merced al ardid de vaciar un poco de su contenido para que éste se redujera a menos de un litro. Sólo entonces los burócratas se dieron por satisfechos y permitieron a Sorman y a su tía continuar el viaje.

Las fronteras que preocupan a Sorman son las que primero puso la mundialización, las que debilitó luego la internacionalización y las que parece estar borrando ahora la globalización.

Sorman no hace una distinción entre esos tres conceptos, aunque a mí me parece que la hay y que se explicaría más o menos como sigue:

La mundialización fue un proceso que tuvo que ver con la acción de descubrir y ocupar el mundo, la tierra en que vivimos, y poseyó un sentido territorial y geográfico. Se trató también de un proceso que el hombre fue completando gradualmente y cuyo momento estelar se produjo con los grandes viajes y descubrimientos del siglo XV.

La internacionalización fue un proceso posterior, que se inició cuando los estados nacionales suscribieron acuerdos que pusieron en acción organismos de tipo supranacional a los que se atribuyó un creciente grado de injerencia en los asuntos internos de cada Estado. Se trata de un proceso predominantemente político y jurídico, que si bien continúa reconociendo la existencia de fronteras, se muestra dispuesto a abrirlas en beneficio de metas que expresan y a la vez sobrepasan el interés individual de los estados.

¿Y que pasa ahora con la globalización? De los tres procesos ciertamente es el más difícil de describir, quizá por su mayor proximidad y porque tiene también una pretensión cultural más amplia. Con todo, se trataría de un proceso que expande y uniforma las aspiraciones humanas, a la vez que querría sustituir la conciencia de los destinos locales por la idea de un destino común para la totalidad del planeta.

De este modo, la mundialización descubrió y colocó las fronteras, al tiempo que la internacionalización abrió esas mismas fronteras. Por su parte, la globalización equivaldría a la supresión de las fronteras y a la integración de los hombres desde pequeños rebaños locales a la gran manada planetaria que parece enfilar su marcha en una sola dirección: la de la tierra prometida que ofrece la alianza entre democracia y economía libre.

Una pregunta interesante de analizar es la de si la globalización a la que estaríamos asistiendo implica una sustitución de las lealtades domésticas y nacionales por aquellas comunes que nos impone una pertenencia cada vez más evidente, estrecha e independiente, al mundo que todos habitamos, o si se trata nada más que de una ampliación de nuestras fidelidades; esto es, que tendremos ahora que sumar nuestras nuevas lealtades planetarias a nuestras antiguas lealtades nacionales. Con un toque ahora de optimismo, Sorman cree lo segundo, de modo que el desafío no consistiría en abdicar las domésticas, sino en aprender a combinarlas con las que conservamos a escala planetaria.

Por otra parte, como escribió Héctor Aguilar Camín recientemente, otro de los retos de la globalización es que "el Estado nacional vive cercado por los amagos convergentes y opuestos de la globalización y la descentralización. La globalización lo empuja a los dictados del mercado mundial, a las capitales tecnológicas y financieras del mundo; la descentralización lo empuja a las urgencias y necesidades locales de la aldea, la comunidad, el municipio". Y continúa "nuestras identidades culturales padecen también el asalto de las fuerzas contrastantes de la globalidad y la peculiaridad; la globalidad que uniforma y amenaza, la peculiaridad que resiste y ampara", ante lo cual este autor concluye que "no hay fórmulas de verdadera transacción entre el mercado mundial y la aldea". Se trataría, según él, de "imanes divergentes" que nada conciliaría, salvo la "modernidad extrema".

Una de las situaciones que a mí me preocupan en el contexto antes señalado, es la reiterada declaración acerca de la muerte de las utopías y del fin de las nostalgias, aunque la verdad es que el obituario es mucho más extenso, porque ya hace rato se nos ha notificado de la muerte de Dios, de la muerte de la idea de progreso, de la muerte de las ideologías, de la muerte de la política a manos de las verdades económicas, de la muerte incluso de la propia razón. Sin embargo, lo curioso de este funeral múltiple es que, no obstante la prosapia de los cadáveres que van dentro de las urnas, sea tan escaso el número de deudos que acompaña el cortejo, en circunstancias que hasta hace unos pocos años eran literalmente millones los que adoraban a quienes hoy están siendo sepultados.

Concentrándome sólo en el discurso que declara la conclusión de las utopías y de las nostalgias, nada más quiero advertir del peligro que veo en ello, porque si las utopías las entendemos no como el diseño de mundos perfectos, si no tan sólo como el diseño de mundos mejores que el que habitamos actualmente, su fin equivaldría al término de nuestras probabilidades de imaginar esos mundos mejores. Por otra parte, si la nostalgia no es otra cosa que lo que sentimos cada vez que damos valor a las cosas buenas que tuvimos en el pasado, decretar su finalización equivaldría a una clausura de nuestra memoria. Entonces, despojados de la posibilidad de soñar y de recordar, me pregunto qué nos quedaría sino un inestable y empobrecido presente que no desea saber nada de donde viene ni adónde realmente quiere dirigirse.

No voy a relacionar nostalgia con melancolía, pero tampoco me resisto a mencionar las siguientes palabras de Alberto Ruy Sánchez, puestas en el prólogo de su libro *Con la literatura en el cuerpo:* "la melancolía se vuelve subversiva y disonante, disidente, cuando el conformismo generalizado exige participar en la euforia colectiva… Todos los testimonios de la disidencia hablan de este fenómeno eufórico que anula la reflexión, la duda y la diversidad".

"No es ilusión la utopía —dice Pedro Henríquez Ureña—, sino el creer que los ideales se realizan sin esfuerzo y sin sacrificio. Hay que trabajar. Nuestro ideal no será la obra de uno, dos o tres hombres de genio, sino de la cooperación sostenida, llena de fe, de muchos, de innumerables hombres modestos". Unas palabras que me recuerdan otras de Héctor Aguilar Camín en la entrevista que éste dio hace poco tiempo a la revista chilena *Capital:* hacer mejor una sociedad "no es algo que pueda lograrse rápido o por atajos revolucionarios o por epopeyas gloriosas. El único camino, si es que hay ese camino, es algo bastante menos épico: trabajo, oportunidades, crecimiento económico, ahorro…"

Y consensos, cabría agregar quizás a las menciones que hace el autor mexicano, porque, tal como ha hecho notar entre nosotros Sergio Marras en su espléndido libro de entrevistas a escritores del continente que tituló *América Latina, marca registrada,* en América Latina hemos ido pasando de la lógica del conflicto a la de los consensos. Esto constituye ciertamente un bien, aunque bajo dos condiciones; a saber, primero, que no lleguemos a estigmatizar el conflicto como si se tratara de una patología social, y, segundo, que no hagamos pasar por consensos los que son simples acuerdos.

Respecto de lo primero, cabría recordar que no hay sociedades sin conflictos; esto es, sin contraposiciones fuertes entre intereses opuestos o no plenamente coincidentes, los cuales muchas veces consiguen volver más dinámicas las soluciones a determinados problemas. De lo que hay que recelar, por lo mismo, no es de los conflictos, sino de los conflictos a cualquier precio que promuevan quienes están antes por soluciones de fuerza que por el diálogo, la transacción y el compromiso.

En cuanto a lo segundo, quisiera insistir un tanto en la diferencia que veo entre consensos y acuerdos. Llamo consensos a las coincidencias que, en determinados asuntos públicos relevantes, existen desde un comienzo entre quienes piensan de manera diferente en otro tipo de materias, y acuerdos a las transacciones a que es posible llegar cuando las posiciones originarias frente a determinado asunto público relevante no son las mismas, de modo que un proceso de encuentro, diálogo y compensación de puntos de vista conduce a cada uno de los lados en desacuerdo a ceder algo de su respectiva posición. En Chile, por ejemplo, me parece que tenemos ciertamente un consenso en que la democracia es la mejor forma de gobierno para el país, aunque las limitaciones con que nuestra democracia fue restablecida a partir de 1988, y que en su mayoría persisten hasta hoy, son sólo el resultado de acuerdos políticos que se produjeron en su momento y que, como tales, son factibles de revisarse en cualquier instante.

Considero que es un error presentar como consensos los que son simples acuerdos o, dicho en un lenguaje más fuerte, poco ético cualquier discurso que pretenda mostrar a la opinión pública los acuerdos como consensos, puesto que al hacerlo se quiere inducir la idea ciertamente interesada de que se trata de materias o asuntos que están fuera de discusión y que, por lo tanto, son por completo intangibles.

Los consensos son más firmes y también más estables; los acuerdos lo son menos y están sujetos a revisión cuando las circunstancias así lo aconsejen. Los acuerdos se trabajan, se buscan con laboriosidad; en cambio, los consensos se producen sin mayores contradicciones y sin que los que concurren a ellos tengan que hacerse concesiones recíprocas. Ambos, acuerdos y consensos, son importantes para la democracia, pero mientras los primeros sirven para instalar esta forma de gobierno, los segundos lo son para su mejor funcionamiento. Son, sin duda, más trascendentes los consensos que los acuerdos, pero lo que no resulta admisible es que en nombre de la mayor resonancia de los primeros se quiera simplemente agregar a ellos los segundos.

En relación con los acuerdos, no hay que olvidar que la democracia es discusión y transacción entre puntos de vista opuestos; es, a fin de cuentas, un método para adoptar decisiones colectivas que puedan conseguir un alto grado de aprobación. Por eso es que en una democracia la mayoría no aplasta de manera simple a las minorías, sino que trata de llegar a convenios con ellas. Pero cuando el pacto se torna imposible, no queda otra cosa que hacer valer la regla de la mayoría, una regla puramente cuantitativa —acostumbran afirmar los enemigos de la democracia—, pero en América Latina ya hemos aprendido la lección de que es preferible contar cabezas que cortarlas, como dice Bobbio. En consecuencia, la palabra "acuerdos" empalma muy bien con la palabra "democracia", a condición de que admitamos cuál es el origen y cuáles sus límites y de que no pretendamos hacerlos pasar por consensos.

En este orden de ideas, un pensador lúcido como Paul Ricoer llama a evitar tanto el extremo de la lógica del conflicto a cualquier precio como el de a cómo dé lugar. Alfredo Jocelyn-Holt, uno de nuestros historiadores, expresa con alguna ironía que la lógica chilena de los 60 e inicios de los 70 fue la de avanzar sin transar y que la actual podría ser la de transar sin detenerse. Lo que hay que hacer, según me parece, es ver los acuerdos como una manera de poner fin a los conflictos, pero no como un modo de acabar en definitiva con ellos.

Pienso que tanto la experiencia política mexicana como la chilena, por caminos evidentemente distintos, enseñan que no es posible contentarse con democracias aparentes y ni siquiera con democracias limitadas. En sociedades cada vez más plurales, como en las que nos toca vivir, la democracia, por el compromiso que ella asume con las libertades, es la forma de gobierno que mejor favorecería el desarrollo de la cultura en cualquiera de los significados que dimos a esta palabra al inicio de la presente intervención. Como ya casi nadie duda de eso, ahora el problema de los demócratas no consiste en persuadir a los no demócratas de que la democracia es la mejor forma de gobierno que es factible adoptar, sino en convencerlos de que ésta no debe tener las injustificadas e inaceptables limitaciones que los no demócratas quieren introducirle quizá como un modo de no perder por completo la batalla.

7

Concluyo con una referencia al tema de la cultura de Chile y México.

En mi opinión, hay un hecho reciente y hermoso que es viable colocar como la nueva primera piedra de las relaciones culturales entre nuestros dos países. No me refiero al Convenio de Cooperación Cultural y Educativa que ambos estados suscribieron hace pocos años, durante el gobierno de Patricio Aylwin. Tampoco me refiero a la variada actividad cultural que todos los años produce el vínculo entre los dos países, muchas veces producto de contactos personales apoyados por la gestión de las embajadas u otro tipo de organismos, misma que puede ser advertida en los informes periódicos que emiten los encargados de los asuntos culturales chilenos y mexicanos. Todo eso tiene ciertamente un valor. Habrá que dar vida al Convenio antes señalado, a fin de que las intenciones que en él se expresaron den paso a un cada vez mayor número de acciones culturales y educativas. Entre tanto, habrá que continuar favoreciendo que la cultura de Chile y México encuentre esos espacios regulares de hospitalidad que se parecen a los que una persona de un lugar brinda a otra que la visita desde una nación diferente.

Lo que quiero aludir es la recepción que nuestro poeta Gonzalo Rojas hizo en México de la primera versión del Premio Octavio Paz de Poesía y Ensayo. Todos recordamos aquí que el lunes 20 de abril de 1998 amanecimos con la noticia de la muerte de Paz. Todos sabemos que Gonzalo Rojas había llegado a México justo un día antes, el 19, aunque no tenía necesidad de hacerlo, puesto que el premio sería entregado el 28 de ese mes. Rojas llegó a territorio mexicano procedente de Buenos Aires, donde también había sido premiado, ya que decidió no regresar a Chile antes de emprender ese viaje, sino volar directamente desde Argentina. Todos sabemos que, de acuerdo con las fechas, Gonzalo Rojas no alcanzó a ver a Octavio Paz antes de su muerte, pero sabemos también que el poeta y ensayista mexicano, valiéndose de una llamada telefónica a Chillán, había comunicado de manera personal a Rojas que a él le sería otorgado el premio.

Pues bien: Gonzalo Rojas contó al recibir el premio que se había estremecido con la voz de Octavio Paz al otro lado de la línea. Dijo además en su discurso de recepción del premio que se honraba por haber nacido y escrito en el mismo horizonte de tiempo del poeta mexicano y también por haber sido, con su hermano Octavio Paz, apenas "un parpadeo de la historia". Asimismo, expresó que si todos tenemos una palabra que resume nuestra niñez, en su caso esa palabra fue "relámpago", que significa vivísimo e instántaneo resplandor producido de pronto en las nubes, chispa de luz cegadora que anticipa el estampido del trueno.

Sí, en efecto, el relámpago es una luz, mientras que el trueno es apenas un ruido. Entonces, si ustedes me permiten una analogía, luz y no ruido es lo que necesitamos dar a los vínculos culturales entre nuestros dos países, lo cual representa que en este campo hay que preferir el calor y la visibilidad al estruendo.

Como ustedes ven, no he propuesto ninguna hipótesis, simplemente porque no tengo ninguna que proponer. Sólo me he limitado a unas cuantas reflexiones, quizá bastante subjetivas y no del todo bien hilvanadas.

Siempre he creído que no hay buenas causas. Sólo hay las malas causas y la causas perdidas. Estas últimas son, casi siempre, las buenas causas, tal vez algo así pase con la cultura y sus espacios: que es una causa perdida, o sea, una buena causa.

Lo anterior puede sonar algo contradictorio, pero no lo es. A mí me gusta recordar unas reflexiones de Scott Fitzgerald, el novelista norteamericano. El afirmó cierta vez que la prueba de una inteligencia superior consiste en la posibilidad de mantener en la cabeza dos ideas opuestas a la vez sin perder la capacidad de funcionar. "Uno debiera, por ejemplo, ser capaz de ver que las cosas no tienen remedio y, sin embargo, estar dispuesto a cambiarlas". Y añadió: "Habría que mantener en equilibrio el sentido de la futilidad del esfuerzo y el sentido de la necesidad de luchar, la convicción de la inevitabilidad del fracaso y, sin embargo, la determinación de triunfar".

Para referirlo ahora con un refrán paraguayo que repite Augusto Roa Bastos: "En un callejón sin salida, la única salida es el callejón".

8

Tal como anticipamos en la parte inicial de este texto, Chile tiene hoy una política cultural en marcha, que fue anunciada públicamente por el presidente Ricardo Lagos en una ceremonia que el 16 de mayo del 2000 congregó acerca de 500 personas en el Museo de Bellas Artes de Santiago.

Dicha política, en síntesis, constituye una explicación de los principios en los que el gobierno cree en materia cultural, de los objetivos que se propone alcanzar y de las líneas de acción que emprenderá para llegar a ellos.

Al colocar a la cultura en el centro de sus preocupaciones, el presidente Lagos ha interpretado la convicción ciudadana de que la cultura está, de hecho, en el centro de las preocupaciones de todos los chilenos. Si antes que aludir a la cultura, las personas mencionan como sus inquietudes lo relacionado con el empleo, la salud, la educación y la seguridad, ello se debe a que esos cuatro bienes satisfacen las necesidades más básicas de la gente; es decir, son las que constituyen una condición para el acceso a los habitualmente más intangibles bienes de tipo simbólico que provee, difunde y atesora la actividad cultural de un país.

Chile no se conforma sólo con el crecimiento de su economía. Tampoco se satisface con el desarrollo económico, o sea, con el hecho de que el crecimiento de la economía se traduzca en reales beneficios para las generaciones presentes. No le basta, asimismo, que ese desarrollo resulte equitativo, que los beneficios que provee alcancen para todos y no sólo se concentren en un sector pequeño y limitado de la población. También le es insuficiente la meta de que tal desarrollo, además de equitativo, sea también sustentable, que es aquel tipo de desarrollo en el que los beneficios que obtienen las generaciones actuales no se consiguen al precio de aquellos a los que tendrán derecho las generaciones futuras.

Más allá de todas esas metas, nuestro propósito es alcanzar buenos niveles de un desarrollo auténticamente humano, o sea, niveles de un tipo más exigente de desarrollo que se mide no sólo por indicadores económicos, sino por criterios que dependen también de la satisfacción de las necesidades y expectativas más intangibles y profundas de la persona humana, relacionados con la creación, el acceso y el goce de los bienes simbólicos que provienen del arte y la cultura.

Crecimiento de la economía, progreso económico, desarrollos con equidad y sustentable: en esas cuatro direcciones venimos trabajando desde hace varias décadas, porque en ellas reconocemos un imperativo a la vez ético y económico. Sin embargo, a lo que debemos apuntar, mirando al horizonte ya no tan lejano del segundo bicentenario de nuestra independencia nacional, es a una mejor calificación en lo que a desarrollo humano se refiere.

Pero antes de precisar principios, objetivos y líneas de acción, la política cultural a que venimos aludiendo establece la siguiente relación entre democracia y cultura:

La democracia es una forma de gobierno en la que las decisiones colectivas se adoptan con la mayor participación posible de quienes quedan vinculados por esas mismas decisiones.

La democracia es también la forma de gobierno que asume un compromiso más directo con la libertad de las personas.

Asimismo, la democracia, que presupone las igualdades jurídica y política de los ciudadanos, busca conseguir una mayor similitud en las condiciones materiales de vida de la gente.

Por otra parte, la democracia, en la medida que asume y expande los valores mencionados, crea condiciones favorables para que los bienes culturales se originen con autonomía, y se expresen y difundan sin obstáculos al interior de la sociedad.

En fin, el reconocimiento y respeto que la democracia hace y siente por la autonomía moral y creativa de la gente, trae consigo una diversidad en los planes de vida, en las opciones creativas y en las preferencias estéticas de los individuos, una diversidad que la democracia es capaz de combinar con la indispensable cohesión social que un país debe poseer para desarrollarse y progresar como tal.

Por tanto, quien dé valor a la participación, a la libertad, a la igualdad, a la autonomía y a la diversidad, cuenta con buenas razones para preferir a la democracia como forma de gobierno.

Si, entre las distintas formas de gobierno, la democracia es la que mejores resultados exhibe en las cinco direcciones señaladas, es evidente que durante la pasada década el país hizo progresos considerables en lo que concierne a participación, libertad e igualdad, así como en cuanto a la valoración de la autonomía y la diversidad.

Todo ello mejoró durante ese mismo lapso las condiciones necesarias para un florecimiento de las distintas expresiones culturales y artísticas, para una más adecuada protección, mayor conocimiento y mejor difusión de nuestro patrimonio cultural.

No es el momento de reproducir en extenso la política cultural del gobierno, aunque bien vale la pena destacar, en lo que a sus principios concierne, que ella asume que sin Estado hay ciertamente cultura, pero que el papel de este último es determinante para que exista desarrollo cultural.

Lo anterior quiere decir que lo que sucede en el orden cultural dentro de una sociedad acontece antes por iniciativa de las personas que por una acción deliberada de parte del Estado, de donde se concluye que el papel preferente de éste está relacionado con la creación y promoción de las mejores condiciones posibles para que las expresiones artísticas y las manifestaciones culturales puedan surgir, difundirse y ser apreciadas por el público libre y espontáneamente.

El Estado no define el tipo de cultura que conviene a la sociedad, aunque tampoco renuncia a tener una presencia activa en el campo cultural que le permita favorecer las condiciones que hacen posible tanto la libertad de los creadores como aquélla de la que debe gozar el público para preferir y escoger entre diferentes bienes culturales.

La libertad de creación artística y cultural es un derecho fundamental de la sociedad que el Estado a la vez reconoce y promueve, del mismo modo que reconoce y promueve el derecho del público para desarrollar preferencias y elegir entre una variedad de propuestas artísticas y culturales.

412

Por último, si uno tuviera que poner de relieve otros tres aspectos de la política cultural del gobierno, me gustaría agregar que la administración actual no creó política cultural en sus primeros meses de ejercicio, sino que hizo explícita una de ese tipo. Asimismo, que lo que el gobierno hizo entonces no fue notificar al país su política cultural, sino compartir con éste una política semejante. En fin, el gobierno no se va a quedar en el enunciado de una política cultural, sino que va a emprender acciones que hagan de esa política mucho más que un conjunto de buenos propósitos.

De partida, la política cultural que el presidente Ricardo Lagos anunció el 16 de mayo, en una ceremonia que tuvo lugar en el Museo de Bellas Artes, no es nada ampulosa ni menos amenazante. Se trata, simplemente, de una identificación lo más precisa posible de los principios que, en materia cultural, suscribe el actual gobierno, de los objetivos a mediano y largo plazos que se propone alcanzar y de las líneas de acción que está dispuesto a emprender para acercarse con prontitud a tales objetivos.

En cuanto a que el gobierno no creó, sino que hizo explícita su política cultural, con ello quiere expresarse que dicha política se asienta muy claramente en lo que fue toda la rica y diversa reflexión teórica que, en materia de políticas culturales, tuvo lugar en el país durante la década pasada. En esos 10 años, diversas instituciones, tanto públicas como privadas, produjeron suficientes análisis y valiosas proposiciones al respecto. Tal fue el caso, por ejemplo, de las dos comisiones culturales constituidas durante ese tiempo por el gobierno y del encuentro que sobre políticas y gestión culturales organizó la Cámara de Diputados en 1996.

De otra manera no se entendería que el gobierno haya podido entregar una política cultural a poco más de dos meses de haber entrado en funciones. Este hecho —inédito en la historia chilena— no es únicamente el resultado de la voluntad de un presidente y de un gobierno que admiten la centralidad a la vez que la transversalidad de la cultura, en un país que aspira a mucho más que a una buena tasa de crecimiento. Lo es también, como decíamos, de que otros antes habían preparado el camino para ello.

Por lo demás, si un gobierno da prioridad a la cultura —como es el caso del actual— no puede carecer de una política al respecto; esto es, no puede hallarse falto de un conjunto de principios, objetivos y líneas de acción que, puestos en conocimiento de los distintos actores culturales y de la sociedad en su conjunto, orienten las decisiones gubernamentales futuras de ese mismo campo.

Seguidamente, el gobierno tiene y comparte una política cultural y no notifica ni impone una política de ese tipo.

En efecto, uno de los rasgos sobresalientes de la actual política cultural es que queda deliberadamente abierta al examen y la discusión política de modo que, como resultado de ellos, vaya ella a perfeccionarse en el futuro. Es más, una de las líneas de acción que esa política promete de manera explícita, consiste en promover y organizar ese análisis y debate público, a través de diálogos que están teniendo lugar en diferentes puntos del país.

De este modo, la política anunciada se asume a sí misma como la política de un gobierno y no como una política de Estado. Por otra parte, es cierto que lo que Chile requiere en materia cultural es antes una política de Estado que una de gobierno. Pero habría resultado precipitado, y desde luego presuntuoso, que el gobierno actual diera a su política cultural el carácter de política de Estado. Para conseguir esta última y más exigente condición, se requieren un análisis y un debate público, lo que ahora se encuentra en marcha. Sólo de un análisis y debate semejantes es probable esperarse que lo que hoy es una política cultural de gobierno pase mañana a ser una política cultural de Estado, es decir, una política respecto de la cual exista certeza en cuanto a su estabilidad y confianza, en cuanto a la representatividad de la que ella es portadora.

Por último, el gobierno parte de enunciar su política cultural, aunque no se quedará ciertamente en su solo enunciado. Así lo demuestran los programas que han preparado los principales organismos públicos a través de los cuales el gobierno actúa en materias culturales, artísticas y del patrimonio, tales como la Dirección de Bibliotecas, Archivos y Museos; la División de Extensión Cultural del Ministerio de Educación; la Dirección de Asuntos Culturales del Ministerio de Relaciones Exteriores; el Departamento de Cultura del Ministerio Secretaría General de Gobierno, y el Consejo de Monumentos Nacionales.

A todo lo cual se suma el importante incremento de recursos que tendrán tanto el Fondart como el Fondo Nacional del Libro y la Lectura, puesto que, por compromisos de la propia política cultural del gobierno, el primero de esos fondos verá duplicados los recursos que distribuye en el lapso de tres años; mientras que el segundo asignará,

414

en los próximos siete años, al menos el doble de los que distribuyó durante sus primeros siete años de existencia.

Por otra parte, desde marzo de este año trabaja una Comisión Presidencial de Infraestructura Cultural, cuyo cometido es realizar los estudios y formular las proposiciones que permitan un mejoramiento sustancial en la materia dentro de los próximos seis años.

Pero una de las iniciativas más importantes que se encuentra actualmente en marcha está relacionada con el diseño de una nueva institucionalidad cultural pública, es decir, con la configuración de un organismo público de alto nivel, equivalente a un ministerio y no dependiente de un ministerio determinado que, junto con reunir a las reparticiones gubernamentales del ámbito de la cultura, las artes y al patrimonio cultural que hoy se encuentran dispersas en diferentes ministerios, administre también un gran fondo nacional de desarrollo cultural.

En cuanto a lo primero, la creación de un organismo de ese tipo facilitará pasar desde una institucionalidad cultural pública dispersa a una concentrada —con toda la ganancia de mayor coherencia, eficacia y coordinación que ello significa—, en tanto que lo segundo ayudará a incrementar los recursos públicos que el Estado coloca anualmente en el desarrollo artístico, cultural y del patrimonio, además de diversificar las líneas en las que se distribuyen tales recursos, incluyendo entre éstas la creación artística, la conservación patrimonial, la cultura regional, las industrias culturales y las becas para artistas, creadores y administradores culturales.

El gobierno cuenta ya con un documento titulado "Bases para una nueva institucionalidad cultural", que se encuentra en proceso de consulta al interior de todos los ministerios involucrados. Personalmente me he preocupado también de someter ese documento a consulta con varias y destacadas figuras y expertos en el área. Así las cosas, puede afirmarse que nos hallamos muy cerca de un proceso legislativo en el que todos recibirán la oportunidad de opinar y que tiene que conducir al resultado que todos esperamos: una institucionalidad cultural pública concentrada, liviana, así como más participativa, pluralista y eficaz, y que permita y facilite una presencia activa del Estado en el desarrollo del arte, la cultura y el patrimonio cultural, sin que pretenda marcar las partes de acción.

Los años 90 constituyeron una década de avance cultural. Así lo muestran los datos estadísticos de que disponemos. Los asistentes al teatro pasaron de 25,175 en 1989 a 61,132 en 1999, los asistentes a recitales de 31,681 a 76,282, y los asistentes a conciertos de 14,137 a 46,244, todo ello como promedios mensuales. Por otra parte, la disminución de espectadores de cine en similar periodo, que fue de 3%, se ha visto revertida a partir de 1998, año en el que empieza a producirse un notable incremento en el número de salas.

Por otra parte, el crecimiento en la publicación de libros ha sido notable. Se pasó de 377 títulos en 1989 a 8,313 en 1999, o sea, la publicación aumentó 22 veces en una década, lo cual está fuertemente ligado a la entrada en vigencia de la Ley de Fomento al Libro y la Lectura.

La década actual debe resultar aun más promisoria. Ello depende, ante todo, de los creadores, de los artistas, de los administradores culturales, de quienes cuidan el patrimonio cultural de la nación, del público y de las organizaciones que dedican sus esfuerzos a la creación artística, a la difusión cultural y a la preservación del patrimonio. Pero también del Estado —incluidos los poderes Ejecutivo y Legislativo— y de su voluntad para continuar el camino iniciado en 1990: favorecer la existencia de mejores y más estables condiciones, desde el punto de vista de las instituciones, los recursos, la infraestructura y los incentivos, para que el arte, la cultura y el patrimonio cultural de la nación tengan el desarrollo que reclaman los habitantes de un país que hace tiempo percibieron que su bienestar individual y colectivo dependen también, en buena medida, del acceso a esos bienes del espíritu que llamamos objetos culturales.

"Nadie se enamora de una tasa de crecimiento", escribieron los estudiantes de París en los muros de la ciudad durante los acontecimientos de 1968.

Treinta años más tarde, esa verdad sigue vigente, porque una buena tasa de crecimiento, con ser indispensable para conseguir un auténtico desarrollo humano, no es un fin en sí misma, sino la condición sobre la cual es posible avanzar hacia una sociedad más igualitaria en las condiciones materiales de vida y dotada de mayor espesor y autoestima en los bienes culturales que produce para satisfacción de su espíritu.

NOTA FINAL DE LOS EDITORES

PERSPECTIVAS Y RETOS DEL FUTURO

Retos del nuevo gobierno mexicano

Carlos Elizondo Mayer-Serra*

En los últimos 20 años, México sufrió una profunda transformación en sus instituciones políticas. Como ya se analizó en este libro, de un sistema autoritario, basado en un presidencialismo con el poder discrecional de castigar a sus enemigos y recompensar a sus amigos y responsable de la distribución de la mayoría de las posiciones políticas (incluido su sucesor), se pasó a un sistema más democrático, con un Ejecutivo investido de mayores límites y con instituciones electorales sólidas capaces de asegurar elecciones limpias y justas. El último paso de este proceso de cambio fue la derrota de Francisco Labastida, candidato del PRI en las elecciones del 2 de julio.

En este capítulo se estudian los retos que Fox enfrenta. En la primera sección, se analiza la victoria del presidente electo y se discuten los retos a corto plazo. En la segunda parte se revisarán algunos dilemas estructurales que enfrentará el nuevo gobierno.

* Doctor y maestro en Ciencia Política por la Universidad de Oxford. Desde 1991 es investigador del CIDE y su director general desde enero de 1995. Ostenta el título de Investigador Nacional del Sistema Nacional de Investigadores del Conacyt. Es colaborador del periódico *Reforma* desde 1993. Se especializa en temas de economía política y política mexicana; entre sus publicaciones más recientes se *encuentran Mexico: Foreign Investment and Democracy* y *La fragilidad tributaria del Estado mexicano: una explicación política*.

1. Fox será el primer presidente no priísta en 71 años; pero lo más importante fue que, por primera vez en la historia de México, donde los golpes de Estado y las revoluciones han iniciado la mayoría de los cambios, el entierro del viejo régimen, una transferencia de poder entre partidos, se dio como resultado de la emisión pacífica de los votos de los ciudadanos. El día de la elección no fue caracterizado por una heroica defensa del voto por parte de la oposición o ilegalidades del partido en el poder violando los derechos ciudadanos. Fue una elección normal, como en las democracias avanzadas, sin irregularidades significativas. Minutos después del cierre de las urnas, las encuestas de salida fueron transmitidas en los más importantes noticiarios de radio y televisión, anunciando el triunfo de Fox.

Este resultado hizo evidente que las instituciones electorales, construidas después de más de 20 años de reformas graduales en respuesta a una creciente oposición, hacían posible la derrota del PRI, en caso de que el electorado así lo decidiera a la hora de emitir su voto. La reforma electoral aprobada en 1996, la cual implicó una reforma constitucional que todos los partidos aprobaron en el Congreso, aseguró que los votos serían contados con gran cuidado. Los controles establecidos

Cuadro 1. Gasto público federal total para partidos
políticos entregado por el IFE en el 2000

	Millones de pesos	%
Total	2,938.00	100.0%
Alianza por el Cambio (PAN-PVEM)	886.60	30.2%
PRI	891.40	30.3%
Alianza por México (PRD-PT)	1,002.80	34.1%
Otros	157.20	5.4%

FUENTE: *Reforma*, julio 17 del 2000, y Presupuesto de Egresos de la Federación.

NOTA: otros, como PCD, PARM y PDS.
    a) Otros: PCD, PARM y PDS.
    b) Otros incluyen a PCD, PARM y PDS.

Cuadro 2. Presencia de los candidatos presidenciales en radio y televisión (del 1 de marzo al 28 de junio del 2000)

	Televisa	%	Azteca	%	Radio	%	Total	%
				Publicidad pagada (segundos)				
C. Cárdenas	14,611	27.0%	6,354	27.2%	13,200	9.7%	34,165	16.0%
V. Fox	10,810	20.0%	4,340	18.5%	44,400	32.8%	59,550	28.0%
F. Labastida	27,176	50.3%	11,576	49.5%	64,800	47.8%	103,552	48.6%
Otros	1,476	2.7%	1,130	4.8%	13,140	9.7%	15,746	7.4%
Total	54,073	100.0%	23,400	100.0%	135,540	100.0%	213,013	100.0%
				Cobertura informativa (segundos)				
C. Cárdenas	30,461	24.7%	27,737	20.1%	335,280	21.3%	393,478	21.4%
V. Fox	31,088	25.2%	38,217	27.7%	528,420	33.5%	597,725	32.5%
F. Labastida	29,822	24.2%	37,877	27.5%	435,420	27.6%	503,119	27.4%
Otros	31,868	25.9%	33,919	24.6%	277,080	17.6%	342,867	18.7%
Total	123,239	100.0%	137,750	100.0%	1,576,200	100.0%	1,837,189	100.0%

FUENTE: *Reforma*, 30 de junio del 2000.
NOTA: otros incluyen a Camacho Solís, Rincón Gallardo y Muñoz Ledo.

Cuadro 3. Valoración de la información con respecto a los candidatos
presidenciales en radio y televisión (del 19 de enero al 3 de junio del 2000)

	Cobertura informativa (segundos)					
	Televisa			TV Azteca		
	% neg.	% neutral	% pos.	% neg.	% neutral	% pos.
C. Cárdenas	5%	49%	46%	13%	54%	33%
V. Fox	16%	57%	16%	21%	39%	40%
F. Labastida	9%	50%	41%	11%	36%	53%
Otros	9%	49%	41%	20%	29%	51%

FUENTE: *Reforma*, 30 de junio del 2000.
NOTA: otros incluyen a Camacho Solís, Rincón Gallardo y Muñoz Ledo.

en este proceso probablemente no tienen paralelo en la historia mundial. El proceso electoral de julio fue mucho más equitativo que en el pasado, tanto en términos monetarios como en acceso a los medios de comunicación.

El dinero gastado por el IFE para organizar y controlar las elecciones, más el financiamiento público a los partidos otorgado por parte del IFE, es una cantidad de recursos muy importante, como se observa en el cuadro 4. Pero ese dinero fue bien invertido. Dio a México por primera vez en su historia una elección sin impugnaciones y minimizó el riesgo de que dinero privado de dudosa procedencia financiara las campañas. El riesgo de una elección fraudulenta hubiera resultado más caro;[1] sin embargo, en los próximos años, la democracia deberá ser gradualmente más barata.

La rápida aceptación de la victoria de Fox por Zedillo, un presidente que proviene del PRI, más el reconocimiento de la derrota por parte de Labastida, el candidato presidencial priísta, es el resultado de

[1] Con todo, si el electorado hubiera otorgado la mayoría a Labastida, estas instituciones, organizando con la misma calidad las elecciones, hubieran resultado insuficientes para convencer a la mayoría de los analistas y a los partidos de oposición que México finalmente era democrático.

Cuadro 4. Participación del IFE y del Poder Judicial
en el gasto programable

	Justicia	PGR	Poder Judicial [1]	IFE [2]
1991	0.69%	0.29%	0.41%	0.85%
1992	0.98%	0.51%	0.47%	0.74%
1993	0.95%	0.47%	0.48%	1.06%
1994	1.03%	0.53%	0.50%	0.97%
1995	1.02%	0.50%	0.52%	0.46%
1996	1.08%	0.46%	0.62%	0.55%
1997	1.24%	0.49%	0.74%	1.00%
1998	1.47%	0.53%	0.93%	0.52%
1999 [3]	1.46%	0.54%	0.92%	0.50%
2000 [4]	1.57%	0.57%	1.00%	1.04%

[1] Incluye únicamente impartición de justicia.

[2] Este concepto lo integran el Instituto Federal Electoral, el Tribunal Federal Electoral y el Registro Federal de Electores, constituidos en 1991. A partir de 1997 sólo lo conforma el Instituto Federal Electoral. A partir de 1998, el recién creado Tribunal Electoral del Poder Judicial está incluido en el Poder Judicial. Para el año 2000, su presupuesto ascendió a 1,352 millones de pesos (17% del gasto programado).

[3] Es el valor del cierre previsto.

[4] Es el proyectado.

FUENTE: página WEB de la SHCP, Cuaderno de Información Oportuna, varios años; Presupuesto de Egresos del 2000 y el V Informe de Gobierno de Ernesto Zedillo.

una larga historia de reformas electorales. En estas reformas, una oposición cada vez más fuerte forzó al PRI a concederles espacio electoral, para mantenerlos en el juego democrático, a pesar de que este partido intentó no perder el control sobre el proceso. Es decir, con el fin de evitar una radicalización de la oposición, la cual habría creado riesgo de inestabilidad mediante una participación política extrainstitucional, como bloqueos, huelgas o guerrillas, el PRI cedió espacios políticos paulatinamente a la sociedad.

Estas reformas electorales permitieron que la oposición ganará gradualmente poder en los niveles estatal y municipal.[2] Después de la crisis de 1995, las presiones políticas por mayor participación llevaron a que el gobierno cediera el control sobre el proceso electoral a una institución completamente autónoma (el IFE) y aceptara, además, renunciar a las más evidentes desigualdades en el proceso electoral.[3]

Cambios estructurales más profundos explican las nuevas reglas electorales y la propia aceptación de la derrota. En el transcurso de su sexenio, Zedillo hizo clara su intención de respetar el voto. En elecciones locales la oposición ganó posiciones crecientemente durante su administración. La necesidad de mantener finanzas públicas equilibradas para evitar una nueva crisis restó margen al gobierno. Un final de sexenio estable, económica y políticamente, fue percibido por el presidente como su más importante legado.

La capacidad de la maquinaria del PRI para movilizarla en áreas rurales fue limitada por una sociedad más abierta y mejor informada, por una nueva ley, por observadores internacionales y por partidos de oposición más fuertes en el México rural. La participación fue más baja en aquellos estados, tradicionalmente priístas, donde el desempeño de Labastida fue mejor, como se observa en la gráfica 1. Si el PRI hubiera logrado movilizar en estos estados el mismo nivel de participación de los estados modernos, el resultado habría sido diferente. A esto hay que agregar una creciente capacidad de la oposición para movili-

---

[2] Algunos datos resumen el dramático cambio que tuvo lugar en los últimos 12 años. En 1988, la oposición gobernaba 39 municipios, que representaban el 1.84% de la población total de México. En 1999, la oposición gobernaba más de 500 municipios, 24% de todos los municipios, con más de la mitad de la población nacional. Véase Alonso Lujambio, *El poder compartido*, México, Océano, 2000, pp. 83 y 84.

[3] Para una descripción detallada de la evolución de la ley electoral, véase Ricardo Becerra, Pedro Salazar y José Woldenberg, *La mecánica del cambio político en México*, México, Cal y Arena, 2000, p. 491.

Gráfica 1. Porcentaje de votos Fox/Labastida
vs. participación electoral por estado

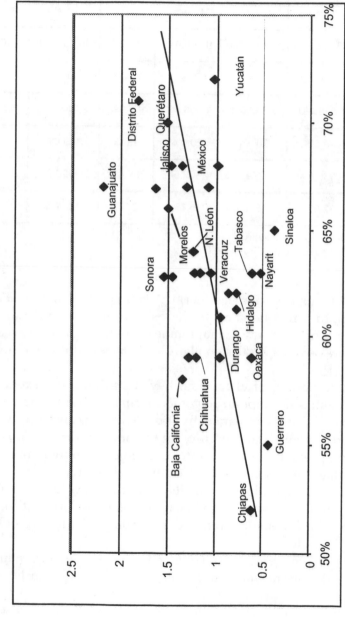

FUENTE: elaboración propia con datos de *Milenio*, 11 de julio del 2000.

Cuadro 5. Votos urbanos y rurales de los candidatos presidenciales, 2000

	Labastida	Fox	Cárdenas	Otros	Total	Porcentaje
Total	13,576,385	15,988,740	6,259,048	957,455	36,781,628	100%
	36.91%	43.47%	17.02%	2.60%	100.00%	
Rurales	4,539,687	2,689,065	1,956,502	167,998	9,353,252	25.4%
	48.5%	28.8%	20.9%	1.8%	100.0%	
Urbanos	9,036,698	13,299,675	4,302,546	789,457	27,428,376	74.6%
	32.9%	48.5%	15.7%	2.9%	100.0%	

NOTA: se excluyen los votos nulos.
FUENTE: IFE y *Reforma*, 10 de julio del 2000.

zar a los votantes tradicionales del PRI. Alianza por el Cambio, liderada por el PAN, tuvo más de la mitad de los votos que el PRI en las zonas rurales y mayor apoyo que Cuauhtémoc Cárdenas. Fox incluso ganó la mayoría de los votos rurales en algunos de los estados que el PAN gobierna.

Si, como parece ser el caso, no hay crisis de fin de sexenio, Fox tendrá la ventaja de empezar su gobierno sin la necesidad de imponer programas de austeridad para enfrentar una crisis económica. Su capital político se podrá usar para promover nuevas reformas y no en enfrentar una profunda recesión. Éste es un lujo que ningún presidente mexicano había tenido desde 1970, cuando Echeverría heredó una economía que había crecido con estabilidad por más de 12 años; sin embargo, Echeverría tuvo que lidiar con una profunda crisis política, como resultado del movimiento estudiantil de 1968 que terminó con la masacre de Tlatelolco.

Se puede argumentar que la democracia no implica alternancia de poder. Desde esta perspectiva, lo relevante es que existan libertades civiles, condiciones justas de competencia y que, en principio, el partido en el poder pueda ser derrotado. Estas tres condiciones existían en México, aunque esto sólo se acepta una vez derrotado el PRI.

Gráfica 2. ¿Usted considera que México es una democracia?

Fuente: *Reforma*, 12 de julio del 2000.

Por ello, la victoria de Fox hace difícil cuestionar la existencia de una democracia como se observa en la gráfica siguiente. Esto otorga a Fox un bono de legitimidad propio de todo gobierno democrático que inicia. Fox comienza con una autoridad fuerte, con la capacidad para pedir directamente el apoyo de sus simpatizantes a efecto de promover reformas,[4] aun si éstas afectan grandes intereses de grupo en el corto plazo. Provenir de la oposición puede permitir a Fox, en principio, negociar más efectivamente las viejas complicidades del sistema e informar a la sociedad de los costos de ciertas estructuras que operan a favor de intereses de grupo específicos.

Estados Unidos y otros países importantes estarán más confiados con un régimen que cumple sin ambigüedades el principio de elecciones justas y competitivas. Si Salinas creó una luna de miel con los mercados mundiales basada en la idea de que México se había transformado en una economía de mercado gracias a un liderazgo con visión global que sustituía a los tradicionales priístas nacionalistas y proteccionistas, Fox puede recrear una visión positiva de México, recalcando sus credenciales democráticas y empresariales.

Por primera vez en muchos años, México ha estado en las primeras planas de los periódicos y revistas más importantes del mundo no como resultado de un gran escándalo de corrupción, violencia o una nueva crisis económica. Ahora lo notable han sido las positivas expectativas

---

[4] Como la Constitución no incluye la figura del referéndum, Fox no puede solicitar directamente a la sociedad su opinión acerca de temas clave y debe negociar en el Congreso, donde no tiene mayoría.

en el futuro gobierno. Incluso Jesse Helms, por mucho tiempo enemigo de México, fue promotor de una felicitación oficial del Senado de Estados Unidos a Fox y Zedillo, dado que Estados Unidos, a su juicio, finalmente tendrá un socio en quien podrá confiar plenamente.[5]

El nuevo gobierno enfrenta muchos retos, el más inmediato: administrar la larga transición (cinco meses) del día de la elección a la toma de posesión. Pocas áreas en el sector público cuentan con servicio civil; por tanto, un primer paso es construir un equipo capaz de establecer una relación provechosa con la alta burocracia para asegurar la continuidad de las funciones gubernamentales claves y, en su caso, instrumentar las reformas que se juzguen necesarias.[6] El vacío de poder entre las administraciones priístas entrantes y salientes implicó en los últimos meses del viejo sexenio y los primeros del nuevo un alto riesgo de incoherencia en la política. Esto explica de algún modo la magnitud de la crisis de 1994.

El presidente Zedillo colaboró en la transición entre los dos gobiernos. Desde el año pasado, inició un proceso de entrega de la administración que le permite tener mayor información al gobierno entrante, comparado con lo utilizado en el pasado. Inmediatamente pasada la elección, Fox cambió su estilo agresivo y ha mostrado generosidad con Zedillo por su actitud no partidista y democrática.

Con todo, la transición entre los gobiernos puede no ser lo transparente y profesional que debiera, dado que las tensiones en el periodo entre la elección y la toma de posesión pueden deteriorar las relaciones entre los dos gobiernos y el control sobre la burocracia del actual gobierno no está garantizada, ya que, por ejemplo, funcionarios corruptos inseguros de su futuro pueden buscar destruir o alterar información.

Otra fuente de conflictos puede provenir del futuro gobierno de Fox. Al momento de escribir estas líneas, el gabinete no está definido.

---

[5] Jim Cason y David Brooks, "Helms, entusiasmado con la elección del panista" en *La Jornada*, 14 de julio del 2000.

[6] Aunque no existe un servicio civil de carrera en los niveles medios y altos de la burocracia, en los niveles bajos los trabajadores tienen su puesto asegurado y el sindicato que los representa, históricamente priísta, ha sido capaz de asegurarles bajas cargas de trabajo y virtual seguridad laboral aun si el desempeño de los trabajadores es bajo. Los bajos salarios están compensados en algunas áreas con corrupción.

Los probables candidatos a ocupar importantes posiciones fueron encargados, muchas veces en parejas, de la transición en las distintas áreas del gobierno. Falta por ver la calidad del gabinete y la capacidad de liderazgo del futuro presidente. En muchos casos los distintos grupos han competido por ser originales y audaces en sus propuestas de cambio, con lo cual se abren más opciones de reforma de las que pueden atenderse, de modo que es crucial un presidente con claridad en las prioridades y en la articulación entre propuestas de los más diversos colores.

Entre los muchos grupos que lo apoyaron, Fox tendrá que ser especialmente cuidadoso con sus partidarios más de derecha. El nuevo presidente proviene de una cultura diferente de la élite que ha gobernado desde que los liberales derrotaron a los conservadores en la segunda mitad del siglo XIX.

El PRI fue heredero de la tradición liberal del siglo XIX que luchó en contra de la Iglesia y sus privilegios. Fox y el PAN provienen de un pasado católico que vio en esta lucha liberal una amenaza a su libertad religiosa. Algunos de los miembros de esta ala de derecha seguramente intentarán imponer una agenda social en educación y salud que pueden rechazar muchos votantes de Fox (y algunos de sus más cercanos colaboradores no panistas), ya que su agenda de cambio, la principal razón por la cual los votantes seleccionaron a Fox como su candidato, nunca fue especificada.

Cuadro 6. De las siguinetes, ¿cuál es la razón principal por la que usted votó por ese candidato?

	Labastida	Fox	Cárdenas	Otros	%
Por un cambio	15%	66%	18%	1%	43%
Por costumbre	82%	12%	5%	1%	7%
Por lealtad al partido	79%	8%	12%	1%	5%
Por obligación	56%	31%	13%	0%	2%
Por el candidato	50%	28%	18%	4%	9%
Por propuestas de gobierno	42%	37%	17%	4%	22%
Es el menos malo	40%	37%	20%	3%	4%
Otra	43%	34%	22%	2%	6%
No sabe	55%	27%	14%	3%	2%

FUENTE: *Reforma*, 3 de julio del 2000.

La aprobación por parte del Congreso del estado de Guanajuato de una ley que castiga penalmente el aborto de mujeres violadas desató una fuerte reacción de importantes grupos sociales. Como respuesta, el PRD, con el apoyo del PRI, despenalizó en la ciudad de México el aborto en caso de riesgo para la madre o malformación del producto. Por más que la gubernatura de Guanajuato vetó la ley, contra la necesidad de buscar crear vínculos con los partidos de oposición a su gobierno, Fox enfrentará una primera alianza entre el PRI y el PRD. El clima se ha enrarecido aún más con la actitud beligerante y conservadora de un sector de la Iglesia con una presencia en el debate público inusual para la política mexicana.

Muchos empresarios financiaron a Fox, el primer presidente que surge del sector privado. Dos caminos se abren de esta fuerte afinidad: o los empresarios demandan concesiones y apoyo, una vez que los tecnócratas fríos y distantes han sido sustituidos por amigos que entienden la difícil vida del empresariado, o Fox es capaz de atraer su confianza, ganando el espacio para implantar cambios que pueden ser costosos para los intereses de los empresarios en el corto plazo —como sería una reforma fiscal radical para incrementar los ingresos públicos—, pero dando la posibilidad al nuevo gobierno de crear las condiciones propicias para un crecimiento económico sustentable. El nuevo gobierno les puede dar la certidumbre de que no atacará sus intereses de largo plazo.

Un candidato con retórica populista, como Fox, crea grandes expectativas de un cambio radical, incluidas actitudes de revancha en contra de aquellos que se beneficiaron del poder en el pasado. Fox deberá controlar estas demandas para evitar el desgaste de perseguir el pasado en vez de construir el futuro, a la par de castigar los casos de corrupción a los que se enfrente.

En el corto plazo, las expectativas de cambio podrán satisfacerse fundamentalmente en el terreno simbólico, ya que la política económica tiene reducido margen de maniobra. Todavía está por verse qué cambios promoverá Fox, pues sus propuestas de campaña fueron diversas, y qué reformas legales podrá impulsar ya que su partido no tiene la mayoría en el Congreso, pero apoyado en su legitimidad puede obtener el espacio inicial necesario.

El electorado no le dio un cheque en blanco al nuevo presidente. En ambas cámaras, el PAN no tiene mayoría. Para que se aprueben sus propuestas, Fox necesitará la cooperación de su compañero de fórmula en la Alianza por el Cambio, el PVEM, y del PRI y/o el PRD.

Cuadro 7. Conformación del Poder Legislativo

Senadores de acuerdo con la filiación partidista				
	Total	% de votos*	% de curules	Distorsión de la representación
Alianza por el Cambio	**50**	**38.99%**	**39.06%**	**0.07%**
PAN	45		35.16%	
PVEM	5		3.91%	
PRI	**59**	**37.60%**	**46.09%**	**8.49%**
Alianza por México	**19**	**19.29%**	**14.84%**	**-4.45%**
PRD	17		13.28%	
PT	1		0.78%	
PSN	0		0.00%	
CD	1		0.78%	
PAS	0		0.00%	
Total	**128**		**100%**	

Diputados federales de acuerdo con la filiación partidista				
	Total	% de votos	% de curules	Distorsión de la representación
Alianza para el Cambio	**224**	**39.14%**	**44.80%**	**5.66%**
PAN	207		41.40%	
PVEM	17		3.40%	
PRI	**211**	**37.79%**	**42.20%**	**4.41%**
Alianza por México	**65**	**19.14%**	**13.00%**	**-6.14%**
PRD	50		10.00%	
PT	7		1.40%	
PSN	3		0.60%	
CD	3		0.60%	
PAS	2		0.40%	
Total	**500**		**100%**	

FUENTE: IFE
*Excluye votos nulos del total.

431

La reacción del PRI ha sido advertir a Fox que no colaborará con el PAN, incluso en iniciativas que ellos inicialmente habían apoyado, como la apertura del sector eléctrico a los inversionistas privados y la eliminación de la tasa cero del IVA en alimentos y medicinas. De hecho, algunos priístas buscan una alianza con el PRD para controlar el Congreso. Esto no sería ninguna sorpresa, ya que la ideología y los orígenes del PRI están más cercanos al PRD que al PAN. La reforma económica fue el proyecto del presidente, no del PRI, cuyo sector más tradicional piensa que las reformas fueron, de hecho, las causantes de su derrota el 2 de julio.[7]

Con la derrota de Labastida, el PRI tendrá que aprender a mantener la unidad sin el apoyo del presidente, la guía última en la ideología y en la selección de sus líderes y candidatos. Es una misión compleja, pues el partido fue creado desde el poder con el objetivo de ser un instrumento del presidente. El PRI tendrá que idear procedimientos democráticos para seleccionar líderes, candidatos e ideología, aunque la creación de estas nuevas instituciones no será fácil.

En la actualidad nos encontramos en un momento de confusión en el que el resultado es difícil de imaginar. A pesar de ello, existen tres escenarios posibles. El primero, que el PRI se fragmente parcialmente, mientras unos se mantendrían independientes, otros buscarían reacomodo en el PRD o en otro partido y un número considerable permanecerían en un PRI más pequeño. El segundo, que un joven líder surja con un nuevo discurso y una ideología moderna entre el PAN y el PRD, transformando al PRI en un partido competitivo. Por último, el más probable, que la vieja guardia mantenga una unidad básica del partido mediante algún tipo de reglas democráticas que les permita acordar los asuntos clave para la vida del partido, pero manteniendo la defensa de sus raíces ideológicas, el nacionalismo revolucionario.

En cualquier caso, quien retenga al PRI tendrá recursos significativos no sólo en términos de tejido social, capital humano, nombre e

---

[7] En un sentido, tienen razón. La economía de mercado dio mayores espacios a grandes grupos de la sociedad; sin embargo, olvidan los priístas antineoliberales que estas reformas, así como la austeridad fiscal concomitante, fueron inevitables después de los excesos de la década de 1970. Gracias a estas reformas, la economía no finalizó con hiperinflación, a la Alan García en Perú, y el PRI fue capaz de llegar al nuevo milenio en el poder, después de casi 20 años de irrupción de las crisis recurrentes y el estancamiento en el PIB per cápita.

infraestructura como edificios, pero también en financiamiento público, el cual está basado en el número de votos que obtuvo en esta elección, siendo una cifra importante.[8] Unido, el PRI todavía es el principal actor en ambas cámaras y en septiembre del 2000 tenía 19 (de 31) gubernaturas. A pesar de que algunas de ellas pueden perderlas en los próximos años, el gran peso en el Senado lo mantendrán, ya que se renovará hasta dentro de seis años. Con todo, el PRI es un partido caro, acostumbrado a innumerables apoyos públicos y que tendrá que aplicar una política neoliberal de ajuste del gasto a su interior para sobrevivir.

Todavía está por verse si el PRI sigue una estrategia de oposición terca, como fue la del PRD en los últimos años; sin embargo, si éste es el objetivo de la dirigencia del PRI, este partido no será tan disciplinado como en el pasado. Si no hay una gran fractura en el PRI, Fox podrá buscar coaliciones con algunos miembros del PRI para políticas específicas, como la aprobación del presupuesto.

En los temas más cargados de ideología o que afectan más directamente a intereses de grupo, como la reforma al sector eléctrico o la ley fiscal, grandes sectores del PRI se resistirán. Aun en este tipo de asuntos, Fox puede buscar el apoyo de algunos congresistas priístas, mediante presión, apoyo financiero, capacidad para beneficiar los intereses representados por los legisladores o como resultado de simpatía ideológica de algun priísta que provenga de la tecnocracia. De cualquier modo, las reformas constitucionales parecen difíciles, debido a que para realizarlas se necesita la aprobación de dos tercios de ambas cámaras y la mayoría de las legislaturas locales, donde el PRI tiene la mayoría en más de la mitad.[9]

Por su parte, el PRD fue la gran decepción de las elecciones en el número de votos obtenidos. A pesar de retener el gobierno de la ciudad de México por un escaso margen, se fue hasta un lejano tercer lugar nacional y capturó sólo 10% de las curules de la Cámara de Dipu-

---

[8] De hecho, el PRI tendrá más recursos que el PAN, pues tendrá que repartir sus votos con el PVEM, el partido verde. Estadísticas preliminares sugieren que el PRI tendrá alrededor de 700 millones de pesos, contra 630 del PAN y 171 del PVEM. *Reforma*, 17 de julio del 2000, p. 10-A; sin embargo, esta cifra, puede ser menor si enfrenta adeudos.

[9] La Constitución limita a cualquier partido a tener los dos tercios de los diputados necesarios para reformar la Constitución.

tados. Como resultado de su desafortunada alianza con partidos marginales, el PRD tendrá menos de la mitad de los recursos que obtendrá el PAN; no obstante, la dirigencia del PRD reaccionó minimizando la victoria de Fox. Desde su punto de vista, el nuevo gobierno no implica un cambio real, por lo que el proyecto económico "neoliberal" continuará. Para algunos perredistas, incluido Cárdenas, la victoria de Fox fue el resultado de algún tipo de conspiración entre Zedillo y Fox, este último considerado el candidato más cercano al proyecto "neoliberal".[10] Algunos miembros del PRD también han sugerido la necesidad de buscar una alianza con el PRI, e incluso Ricardo Monreal, un antiguo priísta, propuso una especie de fusión entre los dos partidos.

A pesar de esta reacción inicial del PRD, Fox podría llegar a acuerdos con este partido para legislar. El PRD retuvo la ciudad de México con la victoria del ex presidente del partido, Andrés Manuel López Obrador. A pesar de ello, el PRD no tiene la mayoría en la Asamblea Legislativa, y Fox obtuvo más votos que López Obrador en la ciudad de México. A esta distribución de poder y preferencias electorales se agrega la distribución de responsabilidades institucionales. El techo de deuda pública de la ciudad de México es aprobado por la Cámara de Diputados federales, y el presidente tiene entre sus responsabilidades aceptar la sugerencia de López Obrador acerca de quién ocupará los cargos de jefe de policía y de procurador capitalino. Esto crea buenos incentivos para que el PRD se flexibilice, por lo menos en los primeros dos años de gobierno, es decir, antes de las elecciones intermedias, cuando la atmósfera política podría polarizarse nuevamente.

Por último, no debe pensarse que la lealtad del PAN está garantizada. Contrario al PRI, el PAN se fundó y ha vivido como oposición al poder. Es el único partido con instituciones internas fuertes y con un claro programa de gobierno. Los panistas de primera línea ajenos a la corriente cercana a Fox están en el Congreso, incluidas las coordinaciones en ambas cámaras de este partido, aunque pocos de ellos fueron incluidos en el equipo a cargo de la transición. El PAN será el partido en el gobierno, pero el futuro gobierno no tiene ganado su apoyo.

Después de las exitosas elecciones del 2 de julio, Fox tiene la ventaja de contar con el fuerte apoyo de los ciudadanos más participativos y activos. Nunca la clase media mexicana había estado tan optimista con

---

[10] Véase la entrevista de Cuauhtémoc Cárdenas en *La Jornada*, 10 de julio del 2000.

Cuadro 8. Elecciones en la ciudad de México

	Votos	Porcentaje
Vicente Fox, Alianza por el Cambio	1,927,872	44.43%
Votos para presidente		
A. M. López Obrador, Alianza por la Ciudad de México	1,694,118	39.26%
Votos para jefe de gobierno		
Diferencia entre los dos candidatos	233,754	

FUENTE: *Reforma,* 6 de julio del 2000.

un candidato presidencial de oposición. En 1988, la última elección presidencial en la que la victoria del PRI fue cuestionada, los ciudadanos de clase media tendieron a votar por Clouthier, el candidato del PAN, y muchos vieron en Cárdenas a un candidato menos atractivo que el propio Salinas. Como puede verse en el cuadro siguiente los mexicanos más jóvenes, urbanos y educados dieron a Fox un amplio apoyo.

En contraste, Fox tuvo menos votos de los votantes más pobres y menos educados. El nuevo gobierno deberá buscar ampliar su base social con el fin de ir desarticulando o utilizando para su provecho las organizaciones sociales que han sido intermediarias entre el gobierno y la sociedad. Una situación crítica en este sentido es obtener una relación funcional con los principales sindicatos, soporte clave de los gobiernos del PRI, especialmente en tiempos de austeridad, cuando los salarios eran forzados a la baja. No es sorpresa que los líderes sindicales tradicionalmente leales pidan ahora al nuevo gobierno que no siga la estrategia priísta de contener el crecimiento de salarios reales. La ventaja de Fox se basa en que muchas de estas organizaciones estaban con el PRI, porque éste era el partido en el gobierno. Los recursos públicos en manos del nuevo gobierno pueden cambiar fácilmente las lealtades de algunos de estos grupos. La ley laboral actual también da al gobierno facultades integrantes en su relación con los sindicatos.[11]

[11] Los sindicatos más independientes pueden también buscar espacios en el nuevo entorno para ampliar su influencia y para ganar beneficios destinados a sus agremiados.

Cuadro 9. Características de los votantes
para la elección presidencial (julio del 2000)

	Labastida	Fox	Cárdenas	Otros	Porcentaje de entrevistados
Total	36%	45%	17%	2%	100%
Nivel de estudios					
Universidad o más	22%	60%	15%	3%	15%
Preparatoria	28%	53%	16%	3%	21%
Secundaria	34%	49%	15%	2%	22%
Primaria	46%	35%	18%	1%	34%
Sin estudios	46%	30%	21%	3%	8%
Género					
Hombre	32%	47%	20%	1%	52%
Mujer	40%	43%	14%	3%	48%
Edad					
55 o más	42%	34%	23%	1%	13%
45-55	38%	45%	16%	1%	14%
35-45	36%	44%	16%	4%	24%
25-35	34%	48%	15%	3%	31%
18-24	32%	50%	17%	1%	18%

FUENTE: encuesta de salida del *Reforma*, 3 de julio del 2000.

Algunos beneficios como los proyectos de vivienda del Infonavit, la institución a cargo de la administración de los fondos de vivienda deducidos de todos los trabajadores formales del sector privado, son controlados por los líderes de los sindicatos. Si bien es posible una confrontación, los sindicatos probablemente buscarán una relación de trabajo para evitar confrontaciones y proteger sus intereses, pero esto dependerá de si el nuevo gobierno atenta o no contra sus intereses fundamentales.

2. Ahora se analizarán algunos de los retos estructurales que enfrentará el nuevo gobierno. El sistema político y económico mexicano ha vivido una profunda transformación en los últimos 20 años. La economía está orientada ahora al mercado y ya no es cuestionable llegar al poder mediante los votos. En ausencia de una especie de pacto de la Moncloa (como en España)[12] o una coalición electoral de la oposición

[12] Sin embargo, el pacto de la Moncloa fue fundamentalmente un acuerdo en torno a la política salarial para evitar confrontaciones en este ámbito.

para derrotar a la tiranía (como en Chile), la lenta pero constante transición dirigida por el gobierno evitó un colapso, como sucedió en algunas transiciones de Europa del Este y América Latina. No hubo evacuación de un ejército extranjero que dejara desprotegido al antiguo régimen, como en Alemania Oriental o Checoslovaquia, o una derrota militar que dejara desamparado al gobierno, como en Argentina. Un día, en la mañana del 3 de julio, los mexicanos de repente amanecimos en un país democrático. La silenciosa transición de un sistema autoritario altamente institucionalizado había sido completada.

Sin embargo, durante este proceso tan largo de reforma política y económica, la capacidad del Estado para regular conflictos y promover bienestar sostenido se desgastó. La reforma del Estado de Salinas tenía como objeto reducir el tamaño del aparato público, pero, al mismo tiempo, hacerlo más capaz para asegurar el crecimiento económico sostenido y el aumento del bienestar de los mexicanos. Esta promesa está lejos de haberse cumplido. La economía ha crecido desde 1996, pero la grave crisis de 1995 ha impedido una mejoría a todos los sectores frente a los niveles de bienestar de 1994. Para 1998, el PIB per cápita era similar al nivel de 1981.

Dentro de la esfera del Estado, las empresas públicas que quedan y el gobierno funcionan con serios problemas. El poder de los sindicatos y consideraciones políticas de diversa índole impiden la conformación de un gobierno más eficiente, salvo en algunas áreas. Los niveles medio y bajo de la burocracia están mal pagados y existe una sistemática corrupción en ciertos sectores. Los precios de algunos bienes provistos por el sector público (como la electricidad doméstica o el agua) son menores a sus costos, lo cual, aunado a la baja disponibilidad de recursos públicos, puede crear graves cuellos de botella que impidan sostener el crecimiento. El Estado enfrenta deudas financieras y sociales onerosas, pero tiene una débil recolección fiscal.

En la sociedad, los desequilibrios son preocupantes. La economía informal y el crimen han crecido en la última década. Diversos grupos sociales disfrutan algún tipo de privilegio. Los ricos tienen guardaespaldas que cargan armas ilegales o cierran las calles de sus domicilios al acceso público. Algunas vecindades pobres protegen a sus miembros de la policía cuando roban o matan a alguien que llega de fuera de su comunidad o le prenden fuego a una persona si creen que ha cometido un delito en la comunidad. Algunas partes de México son modernas y competitivas, capaces de exportar manufacturas relativamente sofisticadas

Gráfica 3. PIB per cápita (pesos de 1993)

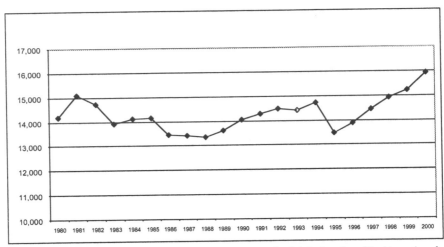

NOTA: el dato del 2000 contempla el PIB de la primera mitad del año y la población estimada por Conapo, que es superior a la reportada en el Censo de Población y Vivienda de INEGI, 2000.

FUENTE: Hugo Ortiz Diet, México, Banco de Datos, 1999, *El inversionista mexicano*, INEGI y Conapo.

a todo el mundo; otros sobreviven vendiendo bienes robados o en la agricultura infraproductiva.

Los retos que quedan son muy complejos. Las instituciones democráticas que han emergido pacíficamente deben mostrar ahora su capacidad para resolver las demandas de la sociedad mexicana. En una democracia, el poder público está siempre más disperso entre los distintos poderes y niveles de gobierno y más limitado por la ciudadanía y los medios de comunicación; afortunadamente, esto hará que el abuso sea menos probable. Sin embargo, el nuevo gobierno democrático deberá ser capaz de satisfacer los bienes públicos que exige la sociedad y de imponer a algunos grupos los costos de ciertas políticas cruciales para sostener el crecimiento económico.

La transformación del sistema político mexicano tuvo como base los límites impuestos a la presidencia por el nuevo modelo económico —paradójicamente impulsados por la presidencia desde 1985— y una distribución más plural del poder político, respecto al Congreso y a las entidades federales y municipales, resultado de una ley electoral más justa y el fortalecimiento de los partidos de oposición. Sin embargo, con excepción de la ley electoral y algunos cambios en el Poder Judicial, las instituciones que definen las responsabilidades del presidente han permanecido sin muchos cambios.

Estas instituciones funcionaron durante los días de dominio del PRI porque el presidente controlaba el partido y este último tuvo el dominio sobre el Congreso hasta 1997. La Presidencia era muy fuerte, no por sus atribuciones legales, pues éstas no son mayores que las de otros sistemas presidenciales, sino porque el PRI dominaba el espacio político.

De hecho, en muchas áreas, como en la aprobación del presupuesto, las leyes vigentes dan más poder que en otras constituciones a la Cámara Baja, única responsable del presupuesto. El presidente no puede vetar el presupuesto aprobado por los diputados, y no hay ninguna cláusula en caso de que no exista acuerdo en la Cámara antes de fin de año. Tampoco existe cláusula alguna si las dos cámaras no logran aprobar la Ley de Ingresos, sin la cual no se pueden cobrar los impuestos.

Aquí no se discutirán los detalles de los cambios necesarios, pero estos cambios no deben estar basados sólo en la idea de moda de fortalecer el poder del Congreso o de los estados. La Presidencia debe tener poder de veto sobre el presupuesto, incluidos quizá vetos parciales; ambas cámaras deben ser responsables tanto de los ingresos como de los egresos y, en caso de no ser alcanzado un acuerdo, debe definirse un mecanismo para resolver el *impasse*. Por otra parte, el Congreso debe desarrollar capacidades técnicas en esta área, ya que Hacienda domina los tiempos, la información y el análisis de las discusiones presupuestales. La reelección en el Poder Legislativo debe considerarse como una opción para crear más capacidad y responsabilidad entre los congresistas. El ejercicio del gasto hacerse mucho más transparente.

Otras leyes que deben modificarse son las referentes a las relaciones fiscales entre los estados y la Federación, dada la separación entre las responsabilidades de ingreso y gasto. Los estados y municipios prefieren pedir a la Federación que utilizan las potestades tributarias que tienen, y éstas pueden ampliarse. Las disposiciones que definen quién sustituye al presidente en caso de que muera también deben repensarse, sólo por mencionar algunos cambios necesarios.[13] Estoy seguro de que

[13] México no tiene vicepresidente. En caso de que el presidente muera, enfrente graves problemas mentales o renuncie, ambas cámaras tendrán que elegir por mayoría el nuevo presidente. Éste es un proceso largo e incierto bajo las actuales condiciones de pluralidad. Es mera suerte que desde 1934 todos los presidentes finalizaran su sexenio.

pueden mejorarse muchas otras disposiciones legales y numerosas voces han concluido rápidamente que debe redactarse una nueva constitución. La Constitución de 1917, argumentan, fue pensada y adaptada mediante una serie de reformas para un mundo autoritario, ahora muerto. Pocas de estas reformas fueron pensadas para la nueva pluralidad.

Algunos de los aliados de Fox han sido grandes defensores de una reforma constitucional de fondo. Tal curso de acción parece difícil de llevar a cabo, una vez que el PRI tiene más de un tercio de los votos, los necesarios para bloquear cualquier reforma a la Constitución. Fox podría tener la tentación de buscar otra ruta hacia la reforma, como la elección de un congreso constituyente, lo cual sería ilegal. Por fortuna, esto sucederá difícilmente, sobre todo porque la victoria de Fox fue el resultado de instituciones electorales fuertes y el costo de socavarlas sería alto.

Reformar de modo radical la Constitución cuando una nueva era comienza ha sido la solución fácil imaginada en cada cambio de régimen y donde las diferencias simplemente se han ahondado. Esto ha ocurrido, irónicamente, a pesar de las dificultades bien conocidas de respetar la nueva constitución una vez promulgada. Nuestra relación con la ley, por decir lo menos, es ambigua. De manera paradójica, estas dificultades son en parte el resultado de los grandiosos esquemas que suelen acompañar a las reformas constitucionales.

Una vez que la asamblea constitucional está formada, sus miembros luchan con denuedo por aprobar leyes políticamente correctas, como dar más poder al Congreso, a los estados, a la sociedad, así como ampliar los derechos sociales de todos. Un diseño constitucional desequilibrado puede resultar muy difícil de adaptar a las restricciones de gobernar una sociedad tan compleja y desigual como la mexicana.

De hecho, más que nuevas leyes, el reto es reforzar las ya existentes, promoviendo reformas relevantes para mejorar los mecanismos del proceso legal, lo cual es un tema importante pero poco estudiado. En materia penal, por ejemplo, la tendencia es a incrementar las penas para los delitos graves, mientras el problema real es castigar a los delincuentes. Sólo se resuelve un mínimo porcentaje de delitos denunciados a las autoridades por la sociedad, como se observa en las gráficas 4 y 5. Esta incapacidad para imponer la ley es un gran reto, debido a la debilidad administrativa del Estado, su baja legitimidad y la actitud muy laxa de la sociedad mexicana respecto a la ley, como se muestra en la gráfica 6.

El problema no sólo es dar más certidumbre a la sociedad para que la autoridad no abuse de sus poderes, ciertamente un problema grave, sobre todo en las regiones más atrasadas del país. Quizás aún más importante es asegurar a la sociedad que la impunidad de los delincuentes no se convierta en la regla.

La fragilidad del estado de derecho está agravada por los problemas derivados del tráfico de drogas. Las mafias mexicanas tienen el poder coercitivo para corromper a los jueces y a la policía o, en su defecto, matarlos si no aceptan ser comprados. Debido a las adicciones de los ciudadanos de Estados Unidos y el carácter no liberal de las instituciones que regulan la decisión de consumir drogas, la sociedad mexicana se enfrenta a un reto que parece sobrepasar sus capacidades institucionales y que minimiza los esfuerzos para enfrentar los graves problemas de seguridad pública que han aparecido a partir de la destrucción de la maquinaria autoritaria, la cual fue también un mecanismo de control social.

Pasemos ahora a lo que es el principal reto que enfrentará el nuevo gobierno: su débil capacidad de recaudación fiscal. América Latina tiene un bajo nivel de ingresos tributarios para su nivel de PIB per cápita y sus condiciones demográficas, sociales y políticas. En promedio, esta menor recaudación es de alrededor de ocho puntos porcentuales.[14] En América Latina, la capacidad de recaudación de México es una de las más bajas, como se observa en la gráfica 7. A pesar de muchos esfuerzos por crear una ley fiscal más neutral que permita incrementar los ingresos, en los pasados 20 años la recaudación fiscal ha permanecido virtualmente sin cambios, como se ve en la gráfica 8.

A lo largo de la historia de México, la débil base fiscal ha sido una restricción severa. Esto ha llevado durante largos periodos a ingresos públicos muy limitados, como en la primera mitad del siglo XIX, cuando la falta de recursos se tradujo en golpes de Estado protagonizados por soldados inconformes por la falta de sueldos. Menos trágicamente, pero muy costoso, gastar menos de lo que se recauda llevó a los excesos de gasto de las décadas de 1970 y 1980, que finalizó con la moratoria de la deuda. En aquellos periodos de estabilidad que México disfrutó, la estabilidad del presupuesto público fue alcanzada fundamentalmente

---

[14] Inter-American Development Bank, *Facing up Inequality in Latin America 1998-1999 Report*, Washington, 1999, p. 180.

Gráfica 4. Casos resueltos por delitos denunciados en la ciudad de México en 1990-1996 (porcentaje del total)

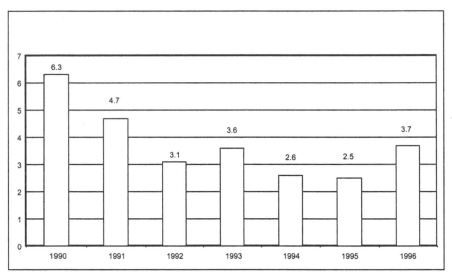

FUENTE: Inge Lore Mascher en *Este País*, núm. 106, enero del 2000.

Gráfica 5. Casos resueltos por delitos denunciados en 1994 (porcentaje del total)

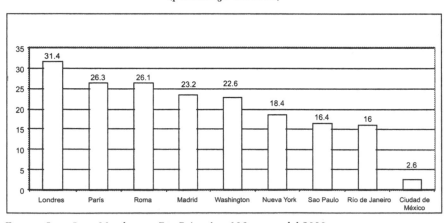

FUENTE: Inge Lore Mascher en *Este País*, núm. 106, enero del 2000.

Gráfica 6. Diga con cuál de estos enunciados está más de acuerdo.

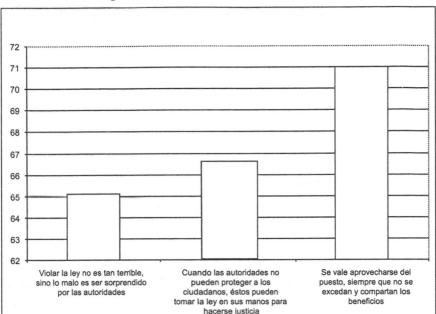

FUENTE: Alduncin y Asociados, agosto de 1995, en *Este País*, número 80, noviembre de 1997.

como resultado de un gasto público contenido. El más claro ejemplo de esto fue el porfiriato. El presupuesto estuvo equilibrado por décadas, pero 70% de los mexicanos eran analfabetos, sólo por mencionar uno de los varios problemas sociales no enfrentados por el gobierno. Un presupuesto balanceado, basado en poco gasto dada la baja recaudación, puede crear déficits sociales políticamente inmanejables.

Incrementar los impuestos resulta muy complicado cuando los contribuyentes no perciben con claridad los beneficios del pago de aquéllos. El gasto público en México es de aproximadamente 4 puntos del PIB más bajo de lo que podríamos esperar, dado su nivel de ingreso.[15] Sin más recursos públicos, las desigualdades de la sociedad mexicana y la elevada pobreza de muchos, dada esta desigualdad y el relativamente

---

[15] BID, *op. cit.* gráfica 8.4.

Gráfica 7. Ingresos fiscales y PIB per cápita en América Latina y el Caribe
(1994-1996)

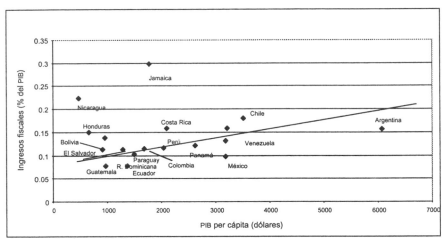

NOTA: excluye seguridad social.
FUENTE: *América Latina frente a la desigualdad 1998-1999*, BID.

Gráfica 8. Ingresos del gobierno federal

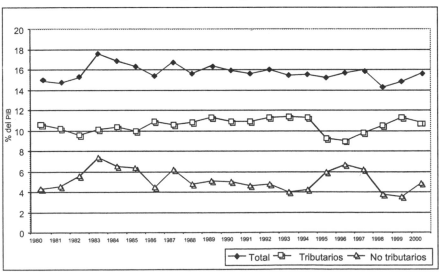

NOTA: el dato de 1999 es una estimación y la del 2000 una proyección.
FUENTE: elaboración propia con base en datos de la SHCP.

444

Cuadro 10. Pasivos estimados del sector público
(% del PIB de 1999)

	Porcentaje
Deuda interna	10.4
Deuda externa	19.3
Deuda total	**29.7**
ISSSTE	15
IMSS	50
Infonavit	1.9
IPAB	10.3
Fideicomisos y fondos de fomento	6.5
Pidiregas	2.5
Deuda estatal	3
Pasivos no contabilizados como deuda	**89.2**
Total	**118.9**

FUENTE: Informe Económico Grupo Financiero Bancomer, noviembre-diciembre de 1999.

Gráfica 9. Concentración del ingreso y aceptación de la democracia

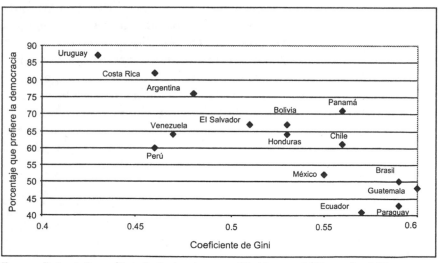

FUENTE: *Facing to Inequality in Latin America,* IADB, Washington, 2000, cuadro 1.22.

445

bajo PIB per cápita, persistirán aun en el escenario más optimista de crecimiento.[16]

Cómo confrontar las agudas desigualdades de las sociedades latinoamericanas no tiene una respuesta fácil. Mayor gasto público en sí mismo no es la solución. De hecho, es necesario un análisis más serio respecto a dónde el Estado podría aún dar espacio a la iniciativa privada, como es el caso del sector eléctrico —y crear mecanismos que aseguren que el gasto social sea progresivo.[17] Cómo terminar con las ineficiencias que resultan de un gobierno politizado y muy fuertes sindicatos es también un reto.

Mayor calidad en el gasto puede ayudar; sin embargo, incluso si la calidad del gasto aumenta, como puede verse en el próximo cuadro, con las altas obligaciones que vienen del pasado, como el pago del servicio de la deuda, lo cual incluye el rescate bancario, el financiamiento del viejo sistema de pensiones, y las pensiones del sector público crecientemente en números rojos; los recursos que sobran para mayor inversión en la gente y en bienes públicos necesarios para una democracia son insuficientes. El gobierno de Fox tendrá que enfrentar rápidamente la necesidad de una profunda reforma de la ley fiscal para incrementar los ingresos, a la par de hacer el gasto público más eficiente y transparente.

Como se muestra en la gráfica 9, en sociedades altamente desiguales, los valores democráticos son más débiles que en sociedades en las cuales los recursos están mejor distribuidos. Los sectores más pobres ganan escasos beneficios de las instituciones democráticas basadas en el principio de que todos son iguales, un principio particularmente vacío en sociedades donde las inequidades son tan grandes que la mayoría de los bienes sociales están concentrados en aquellos que más tienen. Para los más ricos, la democracia es un riesgo latente para sus privilegios.

Con el fin de construir una democracia estable, el nuevo gobierno tendrá que enfrentar esta tensión a través de una administración efectiva, que evite recesiones costosas y estimule el crecimiento estable a través de las reformas estructurales aún pendientes, así como implementando una política fiscal que sea capaz de incrementar el gasto público, y a través de éste, las oportunidades de los más pobres.

[16] Según Nora Lustig y Miguel Székely, aun creciendo al 5% anual, los pobres extremos se erradicarán completamente hasta el año 2033, y erradicar la pobreza moderada tomaría 17 años adicionales. Véase Lustig N. y M. Székely, *México: Evolución económica, pobreza y desigualdad*, BID, CEPAL y PNUD, 1997, p. 78.

[17] Véase John Scott, "Who Benefits from the State in High-Inequality, Middle Income Countries? The Case of Mexico", CIDE, mimeografiado del 2000.

Chile: perspectivas
y retos del futuro

Luis Maira*

I. Antecedentes y cursos de la transición chilena

A lo largo de este libro se ha examinado, desde diversos ángulos, la transición chilena a la democracia, iniciada tras la derrota del general Pinochet en el plebiscito del 5 de octubre de 1988.

Sin duda, la imagen favorable que de manera generalizada tienen los analistas internacionales sobre el proceso chileno está asociada al curso ordenado y pacífico de este proyecto. Esto a su vez, se vincula de modo muy directo con los exitosos indicadores de la economía en la década de los años noventa, donde a pesar de la recesión de los años 1998-99, el crecimiento promedio anual del PIB fue del 6.7%, el más alto entre los países latinoamericanos para ese periodo.

En términos generales, es posible sostener que las autoridades que encabezaron el gobierno chileno tomaron la decisión tácita de postergar los proyectos de cambio institucional y las acciones para juzgar a los responsables por violaciones de derechos humanos, para fortalecer

* Especialista en Relaciones Internacionales. Ha sido fundador y primer director en el Instituto de Estudios de Estados Unidos del CIDE en México. Fue miembro de la Cámara de Diputados entre 1965 y 1973. También se desempeñó como ministro de Planificación y Cooperación en el gobierno del presidente Eduardo Frei Ruiz-Tagle. Embajador en México desde 1997. Participó en la transición como miembro del Acuerdo Nacional y del Comité Nacional por el No, en 1988. Su último libro es *Chile, la transición interminable*, Grijalbo, México, 1999.

un contexto de orden y gobernabilidad políticas fundadas en un crecimiento económico dinámico.

Semejante ecuación puede ser materia de muy diversos juicios y, de hecho, así ha ocurrido. Pero está claro que el camino elegido por los dos primeros gobiernos de transición fue atrasando y dificultando, en forma cada vez más nítida, la resolución de importantes asuntos pendientes. Durante 1999 parecía menos cercana que en 1990 la solución del dramático episodio de los presos políticos desaparecidos o la aprobación de las reformas constitucionales destinadas a poner término a los enclaves autoritarios de la Carta de 1980, que otorgaban al chileno la condición de un régimen político semidemocrático, rasgo que mantiene hasta ahora.

Como lo ratifican muchas otras experiencias, durante las transiciones suelen alterarse los cursos de acción que sus conductores elaboran con gran cuidado. En esos casos, se comprueba que el diseño político traza determinados caminos pero luego los acontecimientos transcurren por cauces inesperados que, a su vez, conducen a resultados enteramente imprevistos. Esto ciertamente ocurrió en más de uno de los principales asuntos de la transición chilena, aunque también resulta evidente que no es justo cobrarles cuentas a los actores gubernamentales, dado lo complejo e inédito del proceso histórico que encararon y la fortaleza de los "poderes fácticos" que tuvieron que enfrentar.

Es indiscutible que los arquitectos de la primera etapa de la transición chilena —el presidente Patricio Aylwin y sus importantes ministros políticos Edgardo Boeninger, en la Secretaría General de la Presidencia, y Enrique Correa, en la Secretaría General de Gobierno—, no pensaban que los asuntos pendientes se complicarían tanto; más bien creían que se resolverían favorablemente con el tiempo y que éste trabajaba en pro del avance de los distintos puntos contenidos en la agenda de la transición a su cargo.

En cambio, desde el comienzo de la administración encabezada por el presidente Eduardo Frei Ruiz-Tagle, las percepciones cambiaron. Se fue haciendo cada vez más evidente que los asuntos postergados no tenían visos de progresar, lo que llevaba al país al escenario de una transición inconclusa y, en alguna medida, interminable. Esta situación se hizo abruptamente muy clara en 1996, cuando los senadores de Renovación Nacional rechazaron un proyecto de reforma constitucional presentado por el gobierno que ya había sido aprobado oficialmente en un Consejo Nacional de ese Partido, realizado en Temuco, a proposición de la mesa directiva presidida por Andrés Allamand.

A partir de ese episodio, los chilenos parecían condenados a vivir por tiempo indefinido bajo reglas que habían considerado aceptables sólo para las fases iniciales de la transición política a la democracia. Esto significaba, a su vez, aceptar un sistema con unas Fuerzas Armadas en posesión de un alto grado de independencia incompatible con los supuestos democráticos y una tutela institucional sobre el régimen político, a través del Consejo de Seguridad Nacional; donde los partidos de derecha que constituyeron la primera minoría electoral —Renovación Nacional y la Unión Demócrata Independiente— disponían de mayoría en el Senado y de un poder de decisión y control incluso sobre las leyes ordinarias, debido al peso decisivo del bloque de Senadores Designados (9 frente a 38 senadores elegidos) y del sistema electoral binominal. Un sistema en donde el esclarecimiento de las peores violaciones de los derechos humanos carecía de mecanismos de solución que permitieran llegar a una solución judicial.

Resulta obvio que la verificación de semejantes dificultades, no previstas inicialmente, produjo grandes tensiones al interior de la Concertación de Partidos Políticos por la Democracia, llevando a la configuración de dos actitudes (que acabaron por ser dos posiciones), que los analistas denominaron como "autocomplacientes" y "autoflagelantes". Los primeros, tendían a valorizar los éxitos económicos y sociales logrados por los gobiernos de Aylwin y Frei, insistiendo en que los asuntos pendientes, aunque importantes, podían esperar y resolverse a través de una ingeniería política adecuada, una vez que el país afianzara el consenso que posibilitaría el reconocimiento de los grandes logros obtenidos. La visión más crítica, en cambio, subrayaba las oportunidades perdidas y el hecho de que conseguir los objetivos pendientes resultaba cada vez más difícil, con el agravante que el nuevo cuadro político tendía a incrementar los conflictos sociales, erosionando gradualmente la base de apoyo social que respaldaba a la coalición gobernante.

Curiosamente, el alineamiento en una u otra de estas posturas no originó conflictos que contrapusieran como tales a los cuatro partidos que integran la coalición de gobierno (Democracia Cristiana, Partido Socialista, Partido por la Democracia y Partido Radical). Como en otras situaciones, la polémica transcurrió en medio de un alineamiento transversal de dirigentes políticos y expertos de uno y otro partido. Esto confirma una enseñanza que también ratifican otras transiciones: el trabajo común genera lealtades y solidaridades que muchas veces trascienden las visiones ideológicas iniciales de los responsables de las políticas públicas.

Tal era el debate cuando la justicia inglesa ordenó la detención del general Augusto Pinochet, en octubre de 1998, acogiendo la solicitud hecha por la justicia española que pedía su extradición. Este episodio operó como un verdadero catalizador de la situación política chilena y tuvo una serie de efectos, tampoco previstos, que influyeron de modo determinante en la elección presidencial de diciembre de 1999 y en el nuevo escenario político que hoy prevalece.

Entre estas consecuencias determinantes y reordenadoras que produjo el asunto Pinochet se deben subrayar las siguientes:

1. El proceso llevado ante la Cámara de los Lores afianzó, a escala mundial, la idea de que los casos de genocidio, tortura y graves violaciones a los derechos humanos, así como la situación de los detenidos desaparecidos constituyen delitos de amplia jurisdicción internacional. Estos crímenes son imprescriptibles y las debilidades para juzgarlos colocan en muy mala posición a los países donde han tenido lugar, por más leyes de amnistía o reclamos de soberanía que éstos invoquen.

2. Este nuevo consenso internacional acabó por tener un enorme impacto al interior del Poder Judicial chileno. Sus integrantes, desde los ministros de la Corte Suprema hacia abajo, entendieron muy bien que un elemento esencial de su legitimidad en el mundo estaba asociado con la solución de los casos pendientes. A su vez, esto abrió un cauce para la solución interna de los procesos iniciados contra Augusto Pinochet, comenzando por su desafuero.

3. Los partidos de derecha, y en particular su líder Joaquín Lavín, entendieron que no podían seguir asociados con una defensa cerrada y absoluta del régimen militar, puesto que esto colocaba un techo a la adhesión que podían recibir, que no sobrepasaba un tercio del país. La "despinochetización" de sus posturas y plataformas que Lavín realizó durante la campaña presidencial pasada abrió nuevos horizontes para este sector en la búsqueda futura del poder.

4. Al interior de la Concertación y, en particular en la percepción del presidente Ricardo Lagos, se retomó la idea de dar priori-

dad a la solución de los asuntos no resueltos, para concluir de una vez por todas con el proceso de la transición.

Una clara confirmación de que las condiciones políticas han cambiado drásticamente con respecto a las tendencias prevalecientes en la primera mitad de los años 90, es el hecho de que ahora las encuestas de opinión llegan a asignar un 67% de importancia al tema de los presos políticos desaparecidos y el que los propios partidos de derecha hayan presentado un proyecto de reformas constitucionales para "cerrar la transición". Al margen de que esta iniciativa pueda considerarse insuficiente, la sola existencia de este proyecto refleja bien que existe un nuevo clima político en Chile, impensable hace un par de años.

5. Este nuevo contexto favorece la posibilidad de mirar hacia el futuro y dar un nuevo significado a los asuntos de importancia estratégica que el país enfrenta a mediano y largo plazos. El inicio de la administración Lagos coincide así con una superación de las visiones de corto plazo y del auge de los temas coyunturales que caracterizó el quehacer de los dos primeros gobiernos de la Concertación.

El proceso a Augusto Pinochet —producto exclusivo de la acción del poder judicial y los gobiernos de dos países europeos—, probablemente sea el más sorpresivo e impensable de los muchos episodios políticos por los que ha atravesado la transición chilena. Ha sido, paradójicamente también, uno de los que ha tenido efectos políticos más numerosos y significativos sobre la realidad nacional. Como se desprende del recuento realizado, este asunto ayudó a desatar varios nudos ciegos y tornó más flexibles algunas situaciones que parecían muy rígidas. Para el gobierno del presidente Ricardo Lagos, tuvo el efecto virtuoso de un ordenamiento secuencial de sus trabajos: primero, era necesario concluir la prolongada transición que se arrastraba desde fines de 1988; luego, poder mirar a un horizonte más extenso y despejado, en función del reencuentro de las perspectivas estratégicas que sólo la resolución de los asuntos coyunturales hacía posible de abordar.

Por lo mismo, existe la sensación cierta de que la puesta en marcha del tercer gobierno de la Concertación en Chile se encuadra en un contexto político más fluido, en donde se vuelve a asumir la perspectiva de una democracia plena y se tornan posibles mayores consensos políticos en torno a los diversos retos que el país encara hacia el futuro.

Éstos pueden originar un diálogo más constructivo entre las diversas fuerzas políticas y la articulación de políticas de Estado en frentes tan determinantes como la inserción internacional, las estrategias de desarrollo social y la superación de las desigualdades, los planes para el aumento del capital social básico del país y la adecuación a los desafíos del cambio científico-técnico provenientes del escenario global.

Por un lado, el gobierno de Lagos tendrá que vivir lo que parecen las últimas convulsiones de un largo ciclo de disparidades y enfrentamientos políticos internos que, en Chile, arrancan de los años sesenta, mientras por otro tiene la posibilidad de situar al país en un nuevo carril, con los ojos puestos hacia el futuro, en un momento que coincide simbólicamente con el arranque de un nuevo siglo.

Todo parece indicar que el presidente Ricardo Lagos tiene clara conciencia del doble carácter de estos retos, y de la necesidad de trabajar eficaz y separadamente frente a ellos. Esto explica que haya retomado con vigor, pese a la reticencia de las propias organizaciones que agrupan a las víctimas directas de las violaciones de derechos humanos, los trabajos de la llamada Mesa del Diálogo. Ésta fue establecida por el presidente Frei y allí, por primera vez, los altos mandos de las Fuerzas Armadas, luego de un prolongado debate con abogados de derechos humanos, han establecido un compromiso de contribuir en un plazo de seis meses a reunir toda la información disponible para la ubicación de los restos de los opositores eliminados por los organismos de seguridad del régimen militar.

Junto con eso, el nuevo gobierno ha demandado respeto al principio de la plena independencia de los poderes públicos, insistiendo en que sólo al Poder Judicial corresponde decidir la situación del general Pinochet en los procesos que tiene pendientes y que todos los demás actores institucionales deben respetar su trabajo, acatando las resoluciones que tome al respecto la justicia. En forma simultánea, el equipo político de La Moneda ha buscado crear las condiciones para que esta vez sea posible aprobar las enmiendas pendientes de la Constitución, de tal modo que Chile tenga una Carta Fundamental que cuente con el consenso y respaldo activo de las diversas fuerzas políticas y organizaciones de la sociedad civil existentes en el país.

Aunque aún resulta prematuro determinar el grado de éxito que tendrán estos empeños, no hay ninguna duda de que el propósito de la administración Lagos es resolverlos cuanto antes para crear justamente las condiciones que permitan ocuparse de los asuntos que integran la agenda chilena de la primera parte del siglo XXI. Ello tendrá que hacerse al mismo tiempo que se atienden algunas de las prioridades más inmediatas de la ciudadanía, lo que será determinante en la calificación y respaldo, a corto plazo, del gobierno. Tal es el caso de los problemas de seguridad pública y desempleo que tanto preocupan a la opinión pública chilena en el último tiempo.

2. LA SITUACIÓN CHILENA
AL INICIO DEL SIGLO XXI

A fin de examinar las perspectivas y retos que Chile tiene como país es conveniente partir con una recapitulación de las condiciones y elementos que hoy lo caracterizan.

En la actualidad, Chile es un típico país de desarrollo intermedio: sus habitantes tienen un ingreso per cápita de unos 5,000 dólares, expectativas de vida de unos 75 años y menos de 5% de la población es analfabeta. Pero, por añadidura, ha llegado a esta condición en un plazo bastante corto, como resultado de un acelerado y dinámico proceso de desarrollo ocurrido entre los años 1985 y 1998.

La rapidez de las transformaciones acaecidas en el ámbito económico-social provoca dos espejismos comprensibles. Una primera distorsión es la de quienes siguen viendo a Chile como el país atrasado que era hasta hace algo más de una década. La segunda es la de quienes pierden toda perspectiva y sobredimensionan el progreso alcanzado, considerando que somos prácticamente una nación en vísperas de ingresar al Primer Mundo. Los trabajos clásicos sobre modernización, a la manera de los de Samuel Huntington o Barrington Moore, son elocuentes en su descripción de estas cambiantes etapas del desarrollo de una nación como "inestables" y "poco propicias para alcanzar consensos que perfeccionen los regímenes políticos".

Las grandes transformaciones que Chile ha experimentado coinciden, por otra parte, con la maduración de una revolución mundial científico-técnica y con una gran reestructuración del sistema internacional que ha llevado a muchos historiadores a describir los años finales del siglo XX como un tiempo en el que se ha vivido "un cambio de era".

Circunstancias externas tan significativas han determinado una serie de retos y presiones adicionales que han ido acompañadas de tendencias desestabilizadoras o difíciles de manejar.

En todo caso, durante esa década y media, Chile ha tenido un crecimiento muy importante de su población económicamente activa, que ha pasado de menos de tres millones y medio de personas ocupadas a más de cinco millones trescientos mil. Ha habido un notable incremento en el volumen y sofisticación del sector servicios, además de un incremento sostenido de las exportaciones y del comercio exterior que ha hecho de Chile —junto con México— el país latinoamericano más interconectado a la economía mundial. Estos cambios, además de reflejarse en una sofisticación e incremento del consumo de las personas, han modificado —como parte de un reflejo cultural— la pirámide de las edades, acercando las tasas de natalidad a las que son propias de los países desarrollados (alrededor de 1.5%), aumentando considerablemente las expectativas de vida y conduciendo a un notorio envejecimiento de la población, fenómeno que hará sentir plenamente sus efectos alrededor del año 2025. A esas alturas, Chile tendrá una considerable presión sobre su sistema de seguridad social, un incremento de varios puntos del PIB en los gastos de salud y un ajuste difícil para generar empleos e incorporar al segmento más joven de la población a una actividad productiva de calidad, a menos que impulse, con la debida anticipación, un cambio en sus políticas sociales y en sus estrategias de desarrollo actuales.

Al mismo tiempo, en los años noventa se advirtió una progresiva disparidad en la distribución territorial del progreso y la modernización. Debido a su mayor crecimiento, Chile se fue convirtiendo en un país más heterogéneo tanto productiva como socialmente. Hoy resulta posible establecer, en sus trece regiones político-administrativas y, gracias a la calidad de sus mapas de pobreza, notorios contrastes geográficos entre sectores pobres y sectores modernos, que se ubican muchas veces a escasa distancia pero que no tienen mayor interconexión entre sí.

El impacto de la demostración de mayor riqueza y mejor calidad de vida de los núcleos más acomodados, tiene efectos políticos y plantea demandas sociales de los grupos más pobres muy difíciles de asumir por las autoridades públicas que, entre otras cosas, tienen una enorme dificultad para orientar las decisiones de inversión y generación de empleos a los territorios donde estos viven.

En la actualidad, se ha ido rompiendo la antigua visión de Chile como una sociedad cuya población tenía un destino compartido y existía un grado importante de solidaridad entre sus diversos segmentos. Ahora mucha gente, especialmente la que enfrenta mayores carencias, lo percibe como una nación donde el sector público está lejano y carece de medios para resolver sus problemas; mientras que los verdaderos articuladores de decisiones acerca del progreso nacional —los líderes del sector privado—, no los toman en cuenta porque sus territorios disponen de poca infraestructura y escasos recursos naturales, a la vez que carecen de una mano de obra y cuadros técnicos modernos para desempeñarse en los establecimientos productivos ligados a las actividades exportadoras.

De manera simultánea, el país enfrenta otra dificultad, también característica, de las naciones que han vivido ciclos de crecimiento rápidos: la distribución del ingreso se ha hecho menos equitativa, con todos los efectos que eso tiene en cuanto a restringir el aumento del ahorro y la inversión nacional. Entre 1987 y 1998 (años que fueron medidos por la acreditada encuesta de Caracterización Socio-Económica Nacional, CASEN), los montos percibidos por el 10% más pobre y el 10% más rico de la población prácticamente se mantuvieron estables: alrededor de 1.7% para el DECIL más bajo y 41% de ingresos para el más alto. De este modo, Chile fue un país capaz de reducir considerablemente la pobreza que cayó de 45% de la población total a 22.8%, pero mantuvo pautas de desigualdad cada vez menos aceptables para los grupos mayoritarios de la población, mismos que hicieron del reclamo de un crecimiento con equidad la aspiración más importante reflejada en la elección presidencial de 1999.

Las tendencias y problemas descritos, que son muy bien conocidos por el actual equipo de gobierno, pues muchos de sus integrantes, comenzando por el propio presidente de la República, tuvieron importantes responsabilidades en la conducción de las políticas públicas en los años noventa, tendrán graves e importantes repercusiones en las próximas décadas. Esto es precisamente lo que hace de la dimensión futura algo tan importante en el Chile actual. Pero ahora es posible decir que, al menos en el ámbito de la propuesta y el diseño, se han asumido los mayores desafíos y la carta de navegación para abordar nuevas metas y objetivos está claramente trazada.

Una descripción pedagógica de las tareas que Chile tiene que emprender durante la primera década del siglo XXI, de la que se desprenden importantes secuencias e impactos para los años posteriores, ha sido hecha por el propio presidente Ricardo Lagos en su primer mensaje al Congreso Nacional, el 21 de mayo de 2000.

El proyecto de nación del presidente Lagos

El gobierno de Lagos aspira a proyectar una mirada de futuro. Las visiones prospectivas o, lo que es lo mismo, una genuina preocupación por la proyección de Chile a largo plazo, es uno de los elementos más distintivos del tercer gobierno de la Concertación. Esto constituye un enfoque apropiado para el gobierno que inicia un nuevo siglo y que realizará su trabajo, además, en un momento cuando se consolidan sustanciales transformaciones políticas, económicas, culturales y tecnológicas, en el sistema internacional.

El gobierno del presidente Patricio Aylwin se concentró en las tareas para transitar de la dictadura a la democracia, y para ello acortó a cuatro años la duración de su mandato a través de la reforma constitucional de agosto de 1989, pensando que ese plazo bastaba para lograrlo. Por cierto, no alcanzó a hacerlo, puesto que resultó más difícil y prolongado de lo que se había previsto inicialmente.

El gobierno del presidente Eduardo Frei Ruiz-Tagle también inició su trabajo con una reforma constitucional que redujo su gobierno de ocho a seis años. Para ese periodo, y de un modo acorde con su propio estilo político, enfatizó la oportunidad histórica que se le presentaba a Chile para dar el salto hacia una sociedad moderna, subrayando tareas a corto y a mediano plazos, como el mejoramiento de la calidad educativa, la lucha contra la pobreza, el reforzamiento de la infraestructura del país y el fortalecimiento de sus planteles productivos. Ellas concentraron la mayor parte de su gestión, que sólo se vio complicada por los problemas económicos y políticos de su último año y medio de gobierno.

El presidente Lagos ha encontrado un mayor espacio y, a la vez, una mayor necesidad para ocuparse de temas cuya realización excede su propio periodo presidencial. Así, se desprende de la más inmediata de sus metas estratégicas: *llevar a Chile a ser un país desarrollado el año 2010,* al celebrar el segundo centenario del inicio de la Independencia nacional.

Conforme al balance que el presidente hace:

"En los años noventa hicimos el histórico paso del autoritarismo a la democracia. Junto con ello, duplicamos el tamaño de nuestra economía, creamos más empleos que nunca en nuestra historia para un periodo de 10 años, expandimos las comunicaciones, democratizamos los municipios, mejoramos las remuneraciones, reformamos profundamente la educación, enfrentamos la verdad en las violaciones de los derechos humanos, construimos viviendas y parques, y transformamos la infraestructura física del país con nuevas carreteras, puertos y aeropuertos."

Entre tanto, el mundo ha tenido un inmenso cambio que ha tenido un gran impacto en Chile. A partir de allí, Lagos nos recuerda que:

"Las tecnologías de la información y el conocimiento están produciendo una verdadera revolución planetaria, al punto que hoy esas nuevas tecnologías aportan un tercio del PIB en muchos países desarrollados. Ellas abren posibilidades y transformaciones muy espectaculares para un país como Chile que, aunque distante de los centros de desarrollo mundial, es dueño de una base de creatividad, inteligencia, confianza, orden económico y equilibrio institucional que puede convertirnos en una nación ejemplar en el nuevo milenio."

Frente al umbral de una nueva época, el país necesita tanto un liderazgo eficaz como una nueva ola de reformas que lo pongan a la altura del vertiginoso progreso que impulsa y transforma al mundo actual.

En lo inmediato —entre el 2000 y el 2006—, se trata de poner en marcha un programa con tres pilares rectores: afianzar el desarrollo, lograr la integración del país y consolidar un nuevo espíritu entre los chilenos.

1. *Abrir las puertas al desarrollo.* El presidente Lagos tiene la convicción de que ninguna persona: mujer, hombre o niño, debe quedar en Chile sin acceso al bienestar que surja del crecimiento económico y de la incorporación a la revolución tecnológica.

El país debe asumir la vanguardia entre los países que usan las tecnologías de la información, especialmente Internet, como motor del nuevo progreso. "Un progreso que se basa en la flexibilidad de las empresas y no en su tamaño, en la inteligencia de la gente y no en la cercanía geográfica, en la cooperación y no el antagonismo".

Un objetivo específico es colocar al Estado chileno a la vanguardia mundial en conectividad.

Para ello, Chile ya dispone del mayor número de computadoras per cápita de América Latina, a la vez que se acerca al liderazgo regional en el porcentaje de usuarios de Internet. Por lo mismo, en la actualidad se trabaja de manera muy profunda con el sector privado para multiplicar en los próximos años el uso productivo de esa red, asegurando nuevas y más eficaces aplicaciones de ella a los temas de desarrollo del país.

Un buen ejemplo de estas perspectivas se da en la educación. Chile tiene 38,000 computadoras conectadas por la Red Enlaces, que cubre 5,200 escuelas, lo que en la actualidad permite que dos millones y medio de estudiantes tengan acceso a Internet. La meta es tener a todas las escuelas de Chile dentro de la Red Enlaces para el año 2006, sin que exista ese año ninguna —por pequeña y alejada que esté— que no tenga conexión a Internet.

En la misma dirección, dos entidades del sector público, el Banco del Estado y la Corporación de Fomento, han abierto líneas de crédito para que 100,000 empresas emergentes dispongan de equipos computacionales y tengan adiestramiento para trabajar en Internet. En un país interesado en la equidad, la modernidad tecnológica no puede ser un privilegio de las grandes empresas.

A su vez, el gobierno intentará, dentro de su quehacer, proveer cada vez más servicios a través de Internet, profundizando lo ya hecho en áreas como la recaudación de impuestos y las compras del Estado. Para el año 2004, se espera recaudar unos 2,100 millones de dólares de impuestos por medio de Internet, buscando tener también la gran mayoría de los servicios de trámite que ofrece el sector público en una Ventanilla Electrónica Única. Al mismo tiempo, se buscará poner en marcha una Red de Enlace Cultural, con toda la información sobre arte, cultura y recreación disponible en el país.

Todo este trabajo habrá de hacerse a la vez que se produce el capital de riesgo que permita manejar, especialmente a los jóvenes, nuevos proyectos. Al mismo tiempo, se buscará administrar los recursos públicos con responsabilidad y eficiencia, generando un superávit estructural equivalente al 1% del PIB, a partir del presupuesto del 2001.

2. *Integrar al país.* La segunda gran preocupación del presidente Lagos es cerrar las muchas diferencias que separan a los chilenos. Éstas son cada vez más variadas y se expresan en áreas como los ingresos, las percepciones culturales y los condicionamientos derivados del aislamiento territorial. Evitar que las diferencias sigan creciendo y se conviertan en brechas insuperables es una importante determinación estratégica para tener un país viable y con gobernabilidad.

Para abrir una perspectiva de mayor igualdad de oportunidades a mediano y largo plazo, una responsabilidad decisiva recae sobre la educación. La mirada del presidente chileno abarca aquí diversas facetas, todas ellas ligadas a objetivos ambiciosos y precisos: ampliar la cobertura parvularia en 120,000 lugares; en ese decisivo segmento educativo, ofrecer nuevos espacios a los hijos de madres trabajadoras y jefas de hogar. Establecer una escolaridad promedio de doce años, haciendo de la enseñanza media un tiempo de obtención de herramientas creativas y espíritu innovador que permita, por sí misma, integrar a los jóvenes al mundo del trabajo moderno. Ofrecer espacios en la educación superior para todos, de acuerdo con sus capacidades y sin que sean un obstáculo las restricciones económicas. Para ello, se propone establecer una ampliación del crédito fiscal a los Institutos Profesionales y Centros de Formación Técnica, subsidiando a los egresados de los Centros de Educación Superior que se instalen en las diferentes regiones y participen en tareas de desarrollo local.

Al mismo tiempo, es necesario avanzar en el ámbito de la ciencia y la tecnología, doblando los recursos destinados a este objetivo hasta alcanzar una cifra superior a 1% del PIB, de tal modo que los progresos que se realicen en este campo se puedan llegar a las universidades y centros de educación superior de las diversas regiones de Chile.

Tener un país más integrado también implica el impulso de reformas sustantivas del sector público para acelerar la descentralización. Se trata de aumentar los proyectos de inversión que se deciden directamente en las regiones, llegando al menos a un 50% del total de la inversión pública en el año 2006. Al mismo tiempo, establecer un número creciente de proyectos de interés social, cuyos fondos se decidan localmente en los propios municipios. Modificar la ley de rentas municipales para disminuir las inmensas brechas de recursos entre municipios ricos y pobres. Establecer normas que favorezcan la instalación de nuevas industrias fuera de la Región Metropolitana, creando incentivos tales que el ubicar nuevos proyectos productivos en Santiago o en las regiones mayores tenga un costo mas alto que si éstos se llevan a lugares apartados y pobres.

Dentro de esta misma línea, Lagos plantea una mirada integradora del mundo rural, el cual tiene una importancia enorme para preservar la identidad de las raíces de Chile. Un pleno desarrollo de la agricultura supone homologar los establecimientos agrícolas en función de sus expresiones más eficaces y modernas. No hay ninguna razón para tener, como hasta ahora, dos agriculturas —una moderna y ligada al circuito exportador que llega hasta la VII Región; y otra retrasada, protegida y basada en los cultivos tradicionales de granos, más al sur—. Es necesario tener una sola, competitiva y eficaz actividad agrícola, que pueda trabajar con la misma ambiciosa dimensión de búsqueda de nuevos mercados externos que hoy tienen los sectores ligados a la fruticultura de exportación, la madera y el vino.

La integración de Chile pasa también por un compromiso serio con la integración física del país y por la sustentabilidad de sus recursos naturales. Aquí la meta es llevar a estándares de pavimento y calidad vial 13,000 kilómetros adicionales de la extensa red de caminos chilenos, conectando todas las capitales comunales con las provinciales, a través de un camino pavimentado.

La preocupación por el medio ambiente se traduce en una idea central: "El nuevo progreso será sustentable o no será". La visión concreta de Chile en unos años más se torna al respecto muy precisa:

> Quiero que lleguemos al bicentenario con una adecuada protección de nuestros bosques, nuestros ríos, lagos y mares; habiendo resuelto los problemas de basuras y desechos; y con un aire limpio en todas nuestras ciudades. Propongo, desde ya, que todos juntos construyamos el sendero de Chile, un camino peatonal que recorra nuestro Chile por la precordillera desde Visviri hasta el extremo austral, como un tributo a nuestra naturaleza maravillosa, que podemos conquistar y recorrer a pie.

En la perspectiva de avanzar hacia un país más integrado, el Presidente Lagos se propone otras tareas importantes y complementarias: el logro de una verdadera igualdad de oportunidades para las mujeres, un nuevo trato hacia los pueblos originarios y una incorporación más eficaz del aporte de los centenares de miles de chilenos que viven en el exterior.

El incremento de los derechos de la mujer se plantea desde una perspectiva muy autocrítica:

> A pesar de nuestros buenos índices en materia de desarrollo humano, tenemos uno de los más bajos en participación laboral de la mujer, sólo un 36%. Esto refleja la desigualdad y la discriminación en nuestra sociedad para la mujer, la cual no está plenamente integrada.

Para hacer frente a este atraso, se le ha dado un mandato concreto a una de las entidades de participación que se propone crear, el Consejo de Diálogo Social. Éste debe proponer acciones específicas que adapten los sistemas de cuidado infantil y faciliten la incorporación de las madres al trabajo, mejorando también los sistemas de remuneración, horarios y condiciones de seguridad en que se desempeñan las mujeres.

La política hacia los pueblos originarios surge a partir de la conflictiva situación que han vivido en los últimos años mapuches y pehuenches, y de las dificultades que sigue teniendo la verdadera integración de otras comunidades indígenas como los aymaras, atacameños y rapa-nuis. Una nueva política indígena no sólo se encamina a hacer justicia en cuanto a sus demandas materiales, también a preservar su cultura para ganar una riqueza mayor como país. En semejante esfuerzo, tienen un espacio efectivo tanto las actitudes de reconocimiento como de reparación hacia estos pueblos. Dentro de esta perspectiva, se constituyó, junto con el inicio mismo del gobierno, un Grupo de Trabajo sobre Pueblos Indígenas, que elaboró un Plan de Acción Inmediata, con una alta participación de todos los sectores. Más allá de eso, el gobierno de Lagos ha propuesto una reforma constitucional para el reconocimiento de los derechos de los pueblos indígenas y la creación de una Comisión de Verdad Histórica que se haga cargo de recopilar y honrar su contribución al desarrollo del país y, a partir de allí, asuma sus demandas y expectativas en una perspectiva de más largo aliento.

Por último, la plena integración de los chilenos pasa por el reconocimiento de la gran comunidad que hoy vive en el exterior, a la que el presidente Lagos gráficamente ha llamado la XIV Región de Chile. Prácticamente un millón de chilenos (algo más de 6% de la población total del país) vive de manera estable fuera del territorio nacional. Existen comunidades chilenas significativas en más de 50 países. Es el interés de éstas mantener sus vínculos espirituales con su patria original, aportando a su crecimiento y grandeza.

Estas comunidades chilenas son un activo de primer orden para una política exterior de mayor envergadura que la que hasta ahora hemos aplicado. El conocimiento de otros idiomas, el dominio de culturas distintas, las relaciones preferentes con líderes y autoridades políticas de las naciones en que viven, las capacidades de innovación tecnológica y conocimientos universitarios, así como los aportes productivos que pueden hacer estos chilenos desde su ámbito, pueden ser determinantes para el progreso y engrandecimiento del país.

Uno de los mayores aprendizajes de la nueva sociedad democrática chilena, es que el respeto a la diversidad no sólo es un objetivo justo en

461

una sociedad moderna y tolerante. Es también muchas veces un recurso material para avanzar a una mejor situación.

3. *Engrandecer el espíritu de los chilenos.* La última gran preocupación del presidente Lagos tiene que ver con el afianzamiento de un nuevo espíritu del que busca impregnar a Chile y al que define como "un espíritu de optimismo, unidad y grandeza".

Objetivamente, Chile es un país pequeño en el que sólo vive 0.3% de la población mundial. Sin embargo, por sus tempranas decisiones de apertura internacional, como otros países pequeños, tiene una estrecha vinculación con el sistema global, al punto que el 50% de los bienes y servicios que el país produce tiene su suerte ligada con lo que ocurre en los mercados mundiales. Al ser Chile uno de los países más integrados al entorno mundial, le resulta fundamental hacer oír su voz en un momento de grandes transformaciones productivas y de un rediseño del sistema internacional.

Una nación así necesita asociar sus esfuerzos con otros países de la región latinoamericana para hacer valer sus posiciones y hacer pesar sus intereses. Semejante acción debe partir por afianzar ciertos principios permanentes que siguen siendo válidos: la solución pacífica de las controversias, el apego al derecho internacional, la intangibilidad de los tratados, y el respeto a la autodeterminación de los pueblos.

Pero a ellos, en los últimos años se agregan nuevos criterios que son propios del cambio de época que la humanidad vivió a finales del siglo XX: la adhesión irrestricta a la proyección mundial de los derechos humanos y a los valores de la democracia, la prioridad del desarrollo social; la equidad de género; el respeto a la diversidad étnica y cultural; la protección del medio ambiente; la apertura económica y el impulso del progreso científico y tecnológico.

Para dar forma en el mundo a esa valiosa combinación de valores permanentes y nuevos, los chilenos tienen que estar convencidos y seguros de ellos. Se trata de plasmar, a partir de su vigencia y encarnación cotidianas, el nuevo espíritu de Chile. Desde esta perspectiva, es preciso diseñar una inserción internacional que ayude al afianzamiento de América Latina como una región a partir de dos ejes: el ámbito subregional identificado con el Mercosur, en el que Chile busca una integración plena, y el ámbito latinoamericano donde la relación especial con México y los buenos acuerdos con las comunidades del Caribe,

462

Centroamérica y el área andina nos permitirán tener una voz más vigorosa y ser oídos.

Lagos señala:

> En este mundo que se está articulando, si no hablamos con una sola voz,
> no seremos oídos. Para hablar en este mundo y resolver dónde se discuten
> las nuevas normas, quién las discute, cómo las discute, de qué carácter
> son en el orden económico y regulatorio internacional, en esta aldea glo-
> bal, quién va a fijar las normas, cómo nos incorporamos en ese debate
> como el pequeño país que somos.

La proyección espiritual de Chile que el presidente Lagos propone se funda, por último, en un gran impulso a la propia cultura. Chile, como cualquier otro país, no tendrá éxito en la sociedad del conocimiento si no desarrolla su identidad, su creatividad y un nuevo quehacer solidario a través de la cultura. Para ello hay que diseñar lineamientos y compromisos en materia de creación y difusión cultural, y asegurar la conservación del patrimonio nacional. Es indispensable establecer una infraestructura cultural a lo largo del país y desarrollar un programa nacional para vincular a la juventud con la cultura.

En el pasado inmediato, Chile basó su proyección externa más en el aporte de sus figuras universales que en su fortaleza económica. En su visión de país, el Presidente Lagos recupera esta idea.

> Es allí, entre los jóvenes, donde están los Matta, los Neruda, los Arrau y
> las Mistral de este siglo [...] Sé que hay sed de cultura y deporte en todo
> Chile.... por eso, he puesto la cultura en el centro de las tareas de mi
> gobierno, porque creo que tan importante como el avance material en un
> mundo que se globaliza, es entender que la cultura es la que nos afinca a
> las tradiciones permanentes de Chile.

La nueva visión de país que Lagos busca para Chile no se funda en la arrogancia de las metas logradas en el crecimiento, sino en la síntesis plena de historia, desafíos actuales y opciones definidas para afianzar el porvenir.

> En el pasado, hemos sufrido inmensos dolores como Nación que comien-
> zan a superarse lentamente. Secamos nuestras lágrimas, restañamos nues-
> tras heridas, tratamos de enfrentarnos con la verdad aunque por momentos

463

el sufrimiento fue muy fuerte. Hemos aprendido a respetarnos. Y hemos tenido la sabiduría —y en muchos casos el coraje— para obtener del dolor un propósito común de paz social, progreso económico y estabilidad política.

El inicio de un nuevo siglo es siempre un tiempo apropiado para trazar proyectos ambiciosos y abrir nuevos caminos. El proyecto de país del presidente Lagos y sus tres pilares rectores tienen el valor de hacer muy nítido para el conjunto de la sociedad chilena ese trayecto por recorrer. En su primera etapa, genera por sí mismo la base conceptual que hace posible materializar ese trayecto.

La administración Lagos recién comienza. Pero una de sus diferencias es que se empeña en recuperar una de las mejores tradiciones del pasado republicano del país: la capacidad para diseñar tareas y establecer consensos acerca del futuro próximo, asumiendo los retos y concretando los nuevos empeños. Este diseño, que aún falta ejecutar, abre la posibilidad de cambiar el escepticismo en esperanza, la simple espera en quehacer activo y las metas en propósitos logrados. Lo que alguna vez pareció a los chilenos una transición muy lenta, casi interminable, puede transformarse ahora en el cierre de una etapa decisiva para recrear la convivencia nacional y en un tiempo que les abra, de cara a las próximas décadas, un horizonte más pleno de desarrollo, libertades y equidad.